Langlebige Softwarearchitekturen

Dr. Carola Lilienthal ist Geschäftsführerin der WPS Workplace Solutions GmbH in Hamburg und verantwortet dort den Bereich Softwarearchitektur. Sie hat 1995 an der Universität Hamburg ihr Diplom in Informatik gemacht und dort zum Thema »Komplexität von Softwarearchitekturen« promoviert. Seit 2003 analysiert sie international im Auftrag ihrer Kunden die Architektur von Softwaresystemen und berät Entwicklungsteams, wie sie die Langlebigkeit ihrer Softwaresysteme verbessern können. Insgesamt hat sie mit ihrem Team über dreihundert Softwaresysteme zwischen 30.000 und 15 Mio. LOC in Java, C++, C#, ABAP, PHP und TypeScript untersucht. Besonders am Herzen liegt ihr die Ausbildung von Softwarearchitekten und Entwicklern, weshalb sie aktives Mitglied bei iSAQB, International Software Architecture Qualification Board, ist und ihr Wissen aus über 25 Jahren Softwareentwicklung regelmäßig auf Konferenzen, in Artikeln und bei Schulungen weitergibt.

Carola Lilienthal

Langlebige Softwarearchitekturen

Technische Schulden analysieren, begrenzen und abbauen

4., überarbeitete und erweiterte Auflage

dpunkt.verlag

Carola Lilienthal
Carola.Lilienthal@wps.de
www.llsa.de
www.langlebige-softwarearchitektur.de

Lektorat: Christa Preisendanz
Lektoratsassistenz: Julia Griebel
Copy-Editing: Ursula Zimpfer, Herrenberg
Layout & Satz: Birgit Bäuerlein
Herstellung: Stefanie Weidner, Frank Heidt
Umschlaggestaltung: Eva Hepper, Silke Braun
Druck und Bindung: mediaprint solutions GmbH, 33100 Paderborn

Bibliografische Information der Deutschen Nationalbibliothek
Die Deutsche Nationalbibliothek verzeichnet diese Publikation in der Deutschen Nationalbibliografie; detaillierte bibliografische Daten sind im Internet über *http://dnb.d-nb.de* abrufbar.

ISBN:
Print 978-3-98889-004-7
PDF 978-3-98890-136-1
ePub 978-3-98890-137-8

4., überarbeitete und erweiterte Auflage 2024

Wieblinger Weg 17
69123 Heidelberg

Hinweis:
Dieses Buch wurde mit mineralölfreien Farben auf PEFC-zertifiziertem Papier aus nachhaltiger Waldwirtschaft gedruckt. Der Umwelt zuliebe verzichten wir zusätzlich auf die Einschweißfolie. Hergestellt in Deutschland.

PEFC-zertifiziert
Dieses Buch stammt aus nachhaltig bewirtschafteten Wäldern und kontrollierten Quellen
PEFC/04-31-0810
www.pefc.de

Schreiben Sie uns:
Falls Sie Anregungen, Wünsche und Kommentare haben, lassen Sie es uns wissen: *hallo@dpunkt.de*.

5 4 3 2 1 0

Geleitwort

Eigentlich ...

... wissen Softwareentwickler(innen) und -architekt(inn)en ganz genau, worauf sie bei Entwicklung und Änderung von Software achten sollten: Einsatz etablierter Architektur- und Entwurfsmuster, saubere Modularisierung, lose Kopplung, hohe Kohäsion und Durchgängigkeit (Konsistenz und innere Ordnung), dazu eine große Portion sinnvoller weiterer Entwurfsprinzipien. Haben wir alle gelernt, geübt und erfolgreich genutzt.

Dennoch ...

... geht in den Tücken der Praxis so einiges schief: Viele Softwaresysteme erkranken über kurz oder lang an der IT-Seuche Nr. 1 – der »generellen Verrottung«: Folgen dieser Malaise:

- Wartungs- und Änderungskosten steigen unaufhaltsam auf ein schier unerträgliches Maß an.
- Intransparenz wohin man nur schaut. Kaum jemand überblickt noch die Konsequenzen von Änderungen. Selbst kleine Erweiterungen werden zum technischen Vabanquespiel.
- Arbeit an solchen Systemen wird zur Qual – obwohl Softwareentwicklung an sich zu den interessantesten Tätigkeiten überhaupt gehört. ☹

Der folgenden Abbildung liegt kein reales System zugrunde, spiegelt aber meine Erfahrung in Dutzenden mittlerer und großer Systeme aus unterschiedlichen Branchen und Technologien wider:

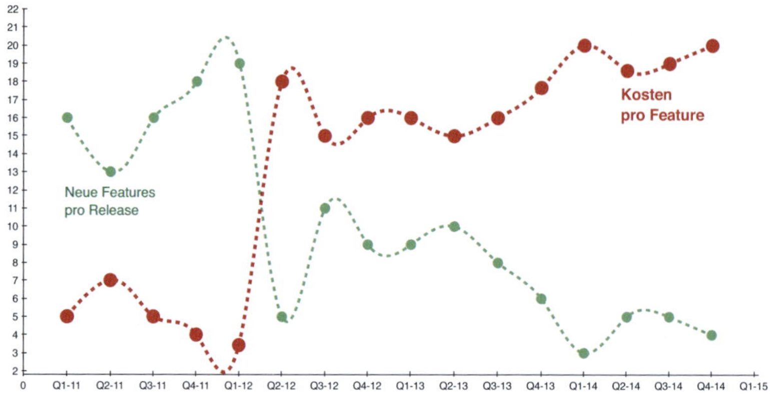

Abb. 1
Steigende Pflegekosten

Endlich ...

... bricht Carola Lilienthal die Lanze für die beiden (in der Praxis allzu oft vergessenen) Qualitätsmerkmale Langlebigkeit und Wartbarkeit. Diese beiden bilden eine wesentliche Grundlage der inneren Qualität von Software. Niemand kann sie einer Software von außen ansehen – aber alle Stakeholder von Systemen möchten sie haben:

- Auftraggeber von Systemen freuen sich, weil sich die hohen Investitionen in Erstellung und Wartung lohnen und weitere Änderungen *kostengünstig* sind.
- Anwender und Fachabteilungen freuen sich, weil Änderungen am System schnell und mit hoher Zuverlässigkeit erfolgen können.
- Entwickler und Softwarearchitekten freuen sich, weil Arbeit an *sauberen* Systemen viel produktiver ist. Niemand braucht mehr Angst vor bösen Nebenwirkungen einer kleinen Änderung zu haben.

Prima ...

... dass Carola dieses Buch geschrieben hat: Ihre langjährigen Erfahrungen auf dem Gebiet der Architekturanalyse von Systemen unterschiedlicher Technologien sind einzigartig. Dadurch stellt sie in jedem Winkel dieses Buches den nötigen Praxisbezug her.

Ich durfte als einer der Ersten das Manuskript lesen – und habe sehr davon profitiert. Freuen Sie sich auf eine spannende und lehrreiche Unterhaltung!

Die Dritte ...

... Auflage geht noch weiter – und bringt Ihnen Clean-, Onion- und hexagonale Architekturen näher, sehr vorteilhaft für Wartbarkeit und Änderbarkeit Ihrer Systeme. Mir selbst hat Carolas Buch oftmals hilfreiche Anregungen für strukturelle Architekturentscheidungen geben können – danke dafür.

Die Vierte ...

... Auflage geht noch einen Schritt weiter – und rückt neben Clean Architecture auch die bewährte (aber leider oft vernachlässigte) Modularität in Form des hilfreichen Modularity Maturity Index (MMI) in den Fokus aktueller Architekturdiskussion. Zusätzlich lernen wir in der neuen Auflage einiges Nützliches über Domain-Driven Transformation, einen eleganten Weg zur systematischen Verbesserung bestehender Systeme. Mir persönlich hat Carolas Buch viele Denkanstöße für strukturelle Architekturentscheidungen geben können – danke dafür.

Gernot Starke
Köln, Februar 2024
www.arc42.de

Vorwort zur 4. Auflage[1]

Liebe Leserinnen und Leser, in den letzten viereinhalb Jahren ist in unser aller Leben viel passiert, sowohl beruflich als auch gesamtgesellschaftlich. Einen Großteil meiner Arbeit als Architekturberaterin und Referentin habe ich in dieser Zeit virtuell am Bildschirm erledigt. Das war einerseits notwendig und hat mich andererseits manchmal gefreut, weil viel Reisezeit eingespart wurde und wird. Gleichzeitig sind virtuelle Begegnungen deutlich unpersönlicher und lassen kaum einen direkten Austausch zu. Umso mehr freue ich mich, dass wir inzwischen wieder unbeschwert zu Konferenzen fahren und Workshops und Beratung vor Ort durchführen können. Dabei hatte ich insbesondere in 2023 endlich wieder Gelegenheit, persönlich mit einigen von Ihnen über dieses Buch zu sprechen, und ich habe festgestellt, dass es nach wie vor seinen Platz auf der Bücherliste von Softwareentwicklern und Architekten hat. Das freut mich sehr und hat mir die Energie gegeben, mich an die 4. Auflage zu setzen. ☺

In dieser neuen Auflage habe ich insbesondere ein Thema deutlich erweitert: die Beschreibung des Modularity Maturity Index (MMI). In der Vorauflage war der MMI ein Unterkapitel des vierten Kapitels zu Architekturanalyse und -verbesserung. Nun hat der MMI ein eigenes Kapitel, das Kapitel 11, bekommen, in dem die Berechnung des MMI im Detail beschrieben ist. Ich hoffe, dass ich Sie damit in die Lage versetze, Ihre eigenen Systeme selbst zu vermessen und zu bewerten. Sollten Sie noch Inhalte zum MMI vermissen, dann bitte ich um Feedback.

1. Das Vorwort zur 2. und 3. Auflage dieses Buches finden Sie auf der Website des Buches unter: *www.langlebige-softwarearchitektur.de*.

Des Weiteren sind in diese Auflage auch Erkenntnisse aus meinem neusten Buch »Domain-Driven Transformation – Monolithen und Microservices zukunftsfähig machen« eingeflossen, das ich zusammen mit meinem Kollegen Henning Schwentner in den letzten zwei Jahren geschrieben habe. Die beiden Themen »Langlebige Softwarearchitekturen« und »Domain-Driven Design« sind eng miteinander verbunden und ergänzen sich.

Carola Lilienthal
Hamburg, Januar 2024

@cairolali
www.langlebige-softwarearchitektur.de

Vorwort zur 1. Auflage

Liebe Leser und Leserinnen, ich begrüße Sie ganz herzlich in diesem Buch zu langlebiger Softwarearchitektur. In den nun folgenden Kapiteln möchte ich Sie in das Innere von Softwaresystemen entführen und Ihnen die Schönheiten und Grausamkeiten zeigen, die man dort finden kann.

In den vergangenen Jahren hatte ich das Glück, in Softwaresysteme hineinschauen zu dürfen. Dabei habe ich mir viele Gedanken gemacht und mit vielen Architekten diskutiert, welche Strukturen warum langlebiger sind als andere. Sie finden in diesem Buch also viele Empfehlungen zu allem, was die Entwicklung langlebiger Systeme ausmacht; viele Geschichten aus der Praxis, mit denen ich versuche, die Empfehlungen lebendig werden zu lassen; viele Bilder aus echten Systemen, damit die Empfehlungen plastisch werden; und schließlich auch ein wenig Theorie, um zu erklären, was Menschen schneller erfassen und im Kopf behalten können.

Ich würde mich freuen, wenn Sie mir Feedback zu meinen Erfahrungen geben. Vielleicht haben Sie Ähnliches gesehen. Vielleicht schauen Sie aber auch ganz anders auf Softwarearchitektur. Ich bin gespannt und hoffe, dass Sie auf den nächsten Seiten Interessantes, Informatives, Diskussionswürdiges und manchmal vielleicht auch Amüsantes finden.

Zum Schluss dieses Vorworts möchte ich mich bei allen bedanken, die mich im letzten Jahr beim Schreiben dieses Buches begleitet haben: Dank an meine Familie, die mir immer Rückhalt gibt bei all meinen Vorhaben. Auch bei einer so verrückten Idee, wie ein Buch schreiben zu wollen. Ihr seid wunderbar! Merci beaucoup!

Dank an alle, die Texte reviewt haben: Eberhard Wolff, Gernot Starke, Johannes Rost, Stefan Sarstedt, Stefan Tilkov, Stefan Zörner, Tobias Zepter, Ulf Fildebrandt und meine anonymen Reviewer. Eure Kommentare haben mich zum Nachdenken, Umdenken und Weiterdenken gebracht – danke!

Ganz herzlichen Dank an Gernot Starke für das tolle Geleitwort! Es macht mir sehr viel Freude, mit Dir über Architektur zu diskutieren und mein Wissen und mein Verständnis mit Deiner Hilfe weiter zu schärfen.

Dank an all meine Kollegen in der WPS Workplace-Solution für die vielen Diskussionen um Architektur, ohne Euch hätte dieses Buch niemals entstehen können: Holger Breitling, Martin Fahl, Guido Gryczan, Stefan Hofer, Bettina Koch, Jörn Koch, Michael Kowalczyk, Tobias Rathjen, Kai Rüstmann, Arne Scharping, Lasse Schneider, Henning Schwentner und Heinz Züllighoven. Dank an alle, die mir den Rücken freigehalten haben, sodass ich in Ruhe schreiben konnte, insbesondere: Martina Bracht-Kopp, Inge Fontaine, Petra Gramß und Doris Nied.

Vielen Dank an Thomas Schoen und Heinrich Rust, die mich schon so lange in meiner Arbeit beim Architekturreview begleiten. Es ist toll, mit Euch zusammenarbeiten zu dürfen!

Herzlichen Dank an die Mitarbeiter des dpunkt.verlags, die mich so freundlich und konstruktiv durch das letzte Jahr begleitet haben.

Und zu guter Letzt vielen Dank an alle Kunden, die mir erlaubt haben, von ihren Systemen zu erzählen. Sie haben einen wertvollen Beitrag für dieses Buch geleistet!

Carola Lilienthal
Hamburg, Oktober 2015

www.langlebige-softwarearchitektur.de
www.llsa.de

Inhaltsverzeichnis

Anhang 279

1 Einleitung

Softwaresysteme gehören mit Sicherheit zu den komplexesten Konstruktionen, die Menschen erdacht und erbaut haben. Insofern ist es nicht verwunderlich, dass Softwareprojekte scheitern und Altsysteme – aus Angst, dass sie ihren Dienst einstellen – nicht mehr angerührt werden. Trotzdem begegnen mir immer wieder Projektteams, die ihre Softwaresysteme unabhängig von ihrem Anwendungsgebiet, ihrer Größe und ihrem Alter im Griff haben. Erweiterungen und Fehlerbehebung sind in akzeptabler Zeit machbar. Neue Mitarbeiter können mit vertretbarem Aufwand eingearbeitet werden. Was machen diese Projektteams anders? Wie schaffen sie es, mit ihren Softwarearchitekturen langfristig und gut zu leben?

Langlebigkeit von Softwarearchitekturen

Die Frage nach den Ursachen für das langfristige Gelingen oder Scheitern von Softwareentwicklung und Softwarewartung lässt sich auf vielen Ebenen beantworten: dem Anwendungsgebiet und der involvierten Organisation, der eingesetzten Technologie, der fachlichen Qualität des Softwaresystems oder auch der Qualifikation der Anwender und Entwickler. In diesem Buch lege ich den Fokus auf die *Langlebigkeit von Softwarearchitekturen.* Ich zeige Ihnen, welche Faktoren ausschlaggebend sind, um eine Softwarearchitektur mit gleichbleibendem Aufwand über viele Jahre zu warten und zu erweitern.

1.1 Softwarearchitektur

50 Architekturdefinitionen

Bis heute hat sich die Informatik nicht auf eine einzige Definition von Softwarearchitektur festlegen können. Vielmehr gibt es mehr als 50 verschiedene Definitionen, die jeweils bestimmte Aspekte von Architektur hervorheben. Für dieses Buch werden wir uns an zwei der prominentesten Definitionen halten:

Definition 1:

»Softwarearchitektur ist die Struktur eines Software-Produkts. Diese umfasst Elemente, die extern wahrnehmbaren Eigenschaften der Elemente und die Beziehungen zwischen den Elementen.« [Bass et al. 2012]

Sichten auf Architektur

Diese Definition spricht mit Absicht sehr allgemein von Elementen und Beziehungen. Denn mit diesen beiden Grundstoffen können ganz verschiedenste Sichten auf Architektur beschrieben werden. Die statische Sicht (oder auch Bausteinsicht) enthält als Elemente: Klassen, Packages, Namespaces, Directories, Projekte – also alles, was man in der jeweiligen Programmiersprache an Behältern für Programmzeilen hat. In der Verteilungssicht findet man als Elemente: Archive (JARs, WARs, Assemblies), Rechner, Prozesse, Kommunikationsprotokolle und -kanäle etc. In der dynamischen Sicht (oder auch Laufzeitsicht) interessiert man sich für die Objekte zur Laufzeit und ihre Interaktion. In diesem Buch werden wir uns mit Strukturen in der Bausteinsicht (statischen Sicht)[1] beschäftigen und sehen, warum manche Strukturen langlebiger sind als andere.

Die zweite Definition für Softwarearchitektur, die mir sehr wichtig ist, definiert Architektur nicht über ihre Struktur, sondern über Entscheidungen.

Definition 2:

»Softwarearchitektur = $\sum$ aller wichtigen Entscheidungen

Wichtige Entscheidungen sind alle Entscheidungen, die im Verlauf der weiteren Entwicklung nur schwer zu ändern sind.« [Kruchten 2004]

Struktur vs. Entscheidungen

Die beiden Definitionen sind sehr verschieden. Die erste legt auf sehr abstraktem Niveau fest, woraus die Struktur eines Softwaresystems besteht. Die zweite Definition bezieht sich auf Entscheidungen, die die Entwickler oder Architekten für das System getroffen haben. Die zweite Definition öffnet damit den Raum für alle übergreifenden Aspekte von Architektur, wie Technologieauswahl, Auswahl des Architekturstils, Integration, Sicherheit, Performance und vieles, vieles mehr. Diese Aspekte sind genauso wichtig für die Architektur, wie die gewählte Struktur, sind aber nicht das Thema dieses Buches.

1. Die Strukturen der Bausteinsicht haben in der Regel auch Einfluss auf die Verteilungssicht. Abschnitt 7.2 enthält einen Vorschlag für die Abbildung der Verteilungssicht in der Bausteinsicht.

In diesem Buch geht es um die Entscheidungen, die die Struktur eines Softwaresystems beeinflussen. Hat ein Entwicklungsteam zusammen mit seinen Architekten entschieden, welche Struktur das Softwaresystem haben soll, so legen sie *Leitplanken für die Architektur* fest.

Entscheidung schafft Leitplanken.

Leitplanken für die Architektur

Schaffen Sie eine Architektur, die den Designraum bei der Entwicklung des Softwaresystems einschränkt und Ihnen dadurch bei Ihrer Arbeit die Richtung weist.

Mit Leitplanken können sich die Entwickler und Architekten orientieren. Die Entscheidungen werden alle in eine einheitliche Richtung gelenkt und lassen sich mithilfe der Leitplanken verstehen und nachvollziehen. Das Softwaresystem bekommt auf diese Weise eine gleichförmige Struktur. Bei der Lösung von Wartungsaufgaben dirigieren die Leitplanken alle Beteiligten in eine einheitliche Richtung und die Anpassung oder Erweiterung des Softwaresystems führt zu schnelleren und einheitlicheren Ergebnissen.

Leitplanken für die Entwicklung

Dieses Buch wird die Fragen beantworten, welche Leitplanken zu langlebigen Architekturen führen und damit die Lebensdauer des Softwaresystems verlängern.

1.2 Langlebigkeit

Bei Software, die nur kurzzeitig im Einsatz ist, ist es nicht so wichtig, ob die Architektur auf Langlebigkeit ausgelegt ist. Ein Beispiel für ein solches Stück Software ist ein Programm zur Migration von Daten aus einem Altsystem in die Datenbank für die neue Anwendung. Diese Software wird einmal gebraucht und dann hoffentlich weggeworfen. Hier steht »hoffentlich«, weil man in vielen Softwaresystemen solche nicht mehr verwendeten Programmteile findet. Sie werden nicht weggeworfen, weil die Entwickler davon ausgehen, dass sie sie später noch einmal brauchen könnten. Außerdem ist das Löschen von Codezeilen, die man mit viel Nachdenken erschaffen hat und die schließlich funktioniert haben, eine schwierige Angelegenheit. Es gibt kaum einen Entwickler oder Architekten, der das gerne tut.[2]

Kurzlebige Software

Die meiste Software, die wir heute programmieren, lebt wesentlich länger. Noch dazu wird sie häufig angefasst und angepasst. In vielen

Das Jahr-2000-Problem

2. Um das Wegwerfen von Software als etwas Positives wahrzunehmen, hat die Clean-Code-Bewegung Workshops mit Namen »Code Kata« erfunden, bei denen dasselbe Problem mehrfach gelöst wird und der Code nach jedem Schritt weggeworfen wird.

Fällen wird Software über viel mehr Jahre verwendet, als man es sich in seinen kühnsten Träumen hat vorstellen können. Denken wir z.B. an die Cobol-Entwickler, die in den 1960er/70er-Jahren die ersten größeren Cobol-Systeme in Banken und Versicherungen geschrieben haben. Damals war Speicherplatz teuer. Deshalb hat man bei jedem Feld, das man auf die Datenbank gespeichert hat, überlegt, wie man Speicherplatz sparen könnte. Für die Cobol-Entwickler damals war es eine sehr sinnvolle Entscheidung, die Jahreszahlen nur als zweistellige Felder anzulegen. Niemand konnte sich damals vorstellen, dass diese Cobol-Programme auch im Jahr 2000 noch existieren würden. In den Jahren vor der Jahrtausendwende musste daher einiges an Aufwand getrieben werden, um all die alten Programme umzustellen. Wären die Cobol-Entwickler in den 1960/70er-Jahren davon ausgegangen, dass ihre Software so lange leben würde, hätten sie sicherlich vierstellige Felder für Jahreszahlen verwendet.

Unsere Software wird alt.

Für eine Reihe von Softwaresystemen, die wir heute bauen, ist eine so lange Lebensdauer durchaus realistisch. Schon allein aus dem Grund, dass viele Unternehmen die Investition in eine Neuentwicklung scheuen. Neuentwicklung erzeugt hohe Kosten – meistens höhere als geplant. Der Ausgang der Neuentwicklung ist ungewiss und die Anwender müssen mitgenommen werden. Zusätzlich wird die Organisation für die Zeit der Neuentwicklung ausgebremst und es entsteht ein Investitionsstau bei dringend benötigten Erweiterungen. Da bleibt man doch lieber bei der Software, die man hat, und erweitert sie, wenn es nötig wird. Vielleicht ist ein neues Frontend, das auf der alten Serversoftware arbeitet, ja auch schon ausreichend.

Alt und kostengünstig?

Diese Erwartung, dass sich die Investition in Software möglichst lange rentieren soll, liegt diesem Buch zugrunde: Unsere Software soll im Laufe ihres Lebens möglichst geringe Wartungs- und Erweiterungskosten verursachen, d.h., die technischen Schulden müssen so gering wie möglich gehalten werden.

1.3 Technische Schulden

Der Begriff »Technische Schulden« ist eine Metapher, die Ward Cunningham 1992 geprägt hat [Cunningham 1992]. Technische Schulden entstehen, wenn bewusst oder unbewusst falsche oder suboptimale technische Entscheidungen getroffen werden. Diese falschen oder suboptimalen Entscheidungen führen zu einem späteren Zeitpunkt zu Mehraufwand, der Wartung und Erweiterung verzögert.

Waren zu Beginn eines Softwareentwicklungsprojekts fähige Entwickler und Architekten im Team, so werden sie ihre besten Erfahrungen und ihr gesammeltes Know-how eingebracht haben, um eine langlebige Architektur ohne technische Schulden zu entwerfen. Dieses Ziel lässt sich aber nicht zu Beginn des Projekts abhaken. So nach dem Motto: Wir entwerfen am Anfang eine langlebige Architektur und nun ist und bleibt alles gut.

Gute Vorsätze

Vielmehr kann man eine langlebige Architektur nur erreichen, wenn man die technischen Schulden ständig im Auge behält. In Abbildung 1–1 sehen Sie, was passiert, wenn man die technischen Schulden im Laufe der Zeit anwachsen lässt oder aber, wenn sie regelmäßig reduziert werden.

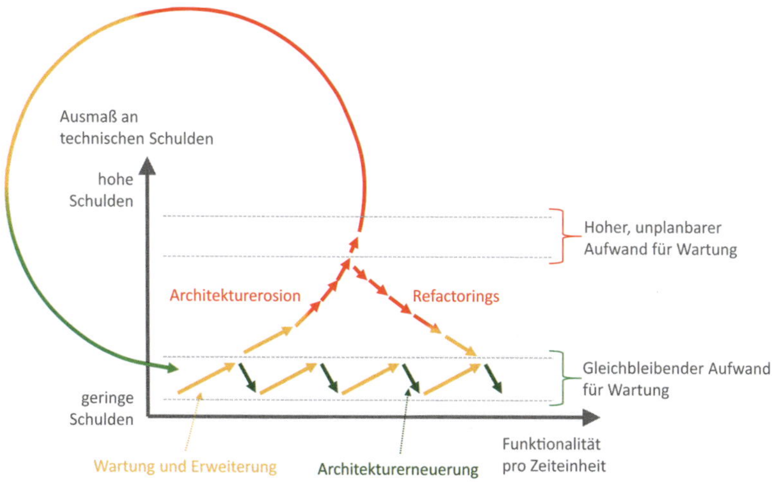

Abb. 1–1
Technische Schulden und Architekturerosion

Stellen wir uns ein Team vor, das ein System in Releases oder Iterationen immer weiter entwickelt. Haben wir ein qualitätsbewusstes Team im Einsatz, so wird sich das Team darüber im Klaren sein, dass es mit jeder Erweiterung einige neue technische Schulden aufnimmt (gelbe Pfeile in Abb. 1–1). Im Zuge der Erweiterung wird dieses Team also bereits darüber nachdenken, was an der Architektur zu verbessern ist. Währenddessen oder im Anschluss an die Erweiterung wird die technische Schuld dann wieder reduziert (grüne Pfeile in Abb. 1–1). Eine stetige Folge von Erweiterung und Verbesserung entsteht. Geht das Team so vor, dann bleibt das System in einem Korridor von geringen technischen Schulden mit einem gleichbleibenden Aufwand für die Wartung (s. grüne Klammer in Abb. 1–1).

Ein qualitätsbewusstes Team

Arbeitet man nicht auf diese Weise an einem stetigen Erhalt der Architektur, so geht die Architektur des Systems langsam verloren und die Wartbarkeit verschlechtert sich. Über kurz oder lang verlässt das Soft-

Ein chaotisches Team

waresystem den Korridor geringer technischer Schulden (s. rote aufsteigende Pfeile in Abb. 1–1).

Architekturerosion

Die Architektur erodiert mehr und mehr. Wartung und Erweiterung der Software werden immer teurer bis zu dem Punkt, an dem jede Änderung zu einer schmerzhaften Anstrengung wird. In Abbildung 1–1 wird dieser Umstand dadurch deutlich gemacht, dass die roten Pfeile immer kürzer werden. Pro Zeiteinheit kann man bei steigender Architekturerosion immer weniger Funktionalität umsetzen, Bugs fixen und weniger Adaptionen an anderen Qualitätsanforderungen erreichen. Das Entwicklungsteam ist entsprechend frustriert und demotiviert und sendet verzweifelte Signale an Projektleitung und Management. Aber bis diese Warnungen erhört werden, ist es meistens viel zu spät.

Zu teuer!

Befindet man sich auf dem aufsteigenden Ast der roten Pfeile, so nimmt die Zukunftsfähigkeit des Softwaresystems kontinuierlich ab. Das Softwaresystem wird fehleranfällig. Das Entwicklungsteam kommt in den Ruf, es sei schwerfällig. Änderungen, die früher einmal in zwei Personentagen möglich waren, dauern jetzt doppelt bis dreimal so lange. Insgesamt geht alles zu langsam. »Langsam« ist in der IT-Branche ein Synonym für »zu teuer«. Genau! Technische Schulden sind angehäuft und bei jeder Änderung muss man neben der Erweiterung auch noch die Zinsen auf die technischen Schulden entrichten.

Rückkehr zu guter Qualität

Der Weg, der aus diesem Dilemma der technischen Schulden herausführt, ist, die Architekturqualität rückwirkend zu verbessern. Dadurch kann das System Schritt für Schritt wieder in den Korridor geringer technischer Schulden zurückgebracht werden (s. rote absteigende Pfeile in Abb. 1–1). Dieser Weg ist anstrengend und kostet Geld – ist aber eine sinnvolle Investition in die Zukunft. Schließlich sorgt man dafür, dass die Wartung in Zukunft weniger anstrengend und billiger wird. Bei Softwaresystemen, die einmal eine gute Architektur hatten, führt dieses Vorgehen in der Regel schnell zum Erfolg.

CRAP-Cycle

Anders sieht es aus, wenn man im Korridor hoher technischer Schulden angelangt ist und der Aufwand für die Wartung unverhältnismäßig hoch und unplanbar wird (s. rote Klammer in Abb. 1–1). Ich werde oft gefragt, was es heißt, dass die Wartung unverhältnismäßig hoch ist. Eine generelle Antwort, die für alle Projekte gilt, ist selbstverständlich schwer zu geben. Allerdings habe ich bei verschiedenen Systemen mit guter Architektur beobachten können, dass pro 500.000 LOC die Kapazität von einem bis zwei Vollzeitentwicklern für die Wartung gebraucht wird. Das heißt, im Umfang von 40–80 Std. pro Woche pro 500.000 LOC werden Fehler behoben und kleine Anpassungen gemacht. Soll neue Funktionalität in das System eingebaut werden, dann muss natürlich mehr Kapazität eingeplant werden.

Komme ich zu einer Firma, um die Architektur zu bewerten, frage ich als Erstes nach der oder den Systemgrößen und als Zweites nach der Größe und Leistungsfähigkeit der Entwicklungsabteilung. Wenn die Antwort ist: »Für unser Java-System von 3 Millionen LOC beschäftigen wir 30 Entwickler, aber die sind alle nur noch mit Wartung beschäftigt und wir bekommen kaum noch neue Features eingebaut ...«, dann gehe ich davon aus, dass ich ein deutlich verschuldetes System vorfinden werde. Selbstverständlich ist dieses Maß sehr grob, aber als erster Hinweis war es bisher immer hilfreich.

Hat das System zu viele Schulden, um noch wartbar und erweiterbar zu sein, dann entscheiden sich Unternehmen immer wieder dafür, das System durch ein neues zu ersetzen (s. farbiger Kreis in Abb. 1–1). 2015 hat Peter Vogel den typischen Lebenszyklus eines Systems mit technischen Schulden zu meiner großen Freude als CRAP-Cycle bezeichnet. Das Akronym CRAP steht für C(reate) R(epair) A(bandon) (re)P(lace)[3]. Wenn das Reparieren des Systems nicht mehr hilft oder zu teuer erscheint, wird das System erst sich selbst überlassen und schließlich ersetzt.

Dieser letzte Schritt ist allerdings mit Vorsicht zu genießen. Bereits einmal Anfang 2000 wurden viele Altsysteme in COBOL und PL1 für nicht mehr wartbar erklärt und durch Java-Systeme ersetzt. Mit dieser neuen Programmiersprache sollte alles besser werden! Das versprach man damals den Managern, die das Geld für die Neuimplementierung zur Verfügung stellen sollten. Heute ist eine Reihe dieser mit viel Elan gebauten Java-Systeme voller technischer Schulden und verursacht immense Wartungskosten. An dieser traurigen Entwicklung sieht man sehr deutlich, dass sich das Ausmaß an technischen Schulden nicht durch die Wahl einer Programmiersprache oder spezieller Technologien begrenzen lässt, sondern nur durch Entwicklungsteams mit umfassendem Architektur-Know-how.

Ursachen von technischen Schulden

In meinem bisherigen Berufsleben sind mir immer wieder vier Ursachen für technische Schulden begegnet:

1. Das Phänomen »Programmieren-kann-jeder«
2. Die Architekturerosion steigt unbemerkt
3. Komplexität und Größe von Softwaresystemen
4. Das Unverständnis des Managements und der Kunden für Individualsoftwareentwicklung

Üblicherweise treten diese vier Punkte in Kombination auf und beeinflussen sich häufig auch gegenseitig.

---

3. *https://visualstudiomagazine.com/articles/2015/07/01/domain-driven-design.aspx*

1.3.1 »Programmieren kann jeder!«

Zu Besuch bei Physikern

Jedes Mal, wenn mich jemand fragt, warum ich mich so intensiv mit Softwarearchitektur und der Wartung von Softwaresystemen beschäftige, kommt mir ein Erlebnis in den Sinn: Im Jahre 1994 gegen Ende meines Informatikstudiums nahm ich an einer Besichtigung des DESY teil. Das DESY ist das in Hamburg ansässige »Deutsche Elektronen-Synchrotron«. Im Anschluss an einen einführenden Vortrag wurden wir von einem Physikstudenten über das Gelände geführt. Dabei durften wir verschiedene technische Anlagen mit einer Vielzahl von fürs DESY eigens entwickelten Geräten besichtigen. Uns wurden Labore gezeigt, in denen Physiker Experimente machen, und wir durften den Leitstand betreten, über den die gesamte Anlage überwacht und gesteuert wird.

Programmierer = Informatiker?

Zum Abschluss passierten wir einen Raum, in dem Menschen vor Bildschirmen saßen und offensichtlich programmierten. Mein freudiger Ausruf: »Oh! Hier sitzen also die Informatiker!«, wurde von unserem Führer mit einem erstaunten Blick und den Worten quittiert: »Nein! Das sind alle Physiker! Programmieren können wir auch!«

Ich ging überrascht und verwirrt nach Hause. Später fragte ich mich aber noch oft, was der Physikstudent wohl dazu gesagt hätte, wenn ich ihm geantwortet hätte, dass ich als Informatikerin dann wohl seine Anlage genauso gut steuern könnte wie die Physiker. Schließlich gehörte die Informatik damals zu den Naturwissenschaften[4].

Programmieren ≠ Softwarearchitektur

Dieses »Programmieren kann jeder!«-Phänomen verfolgt mich seit damals durch die unterschiedlichen Stationen meines Arbeitslebens. Nicht nur Physiker sagen und glauben diesen Satz, sondern auch Mathematiker, Ingenieure, Wirtschaftswissenschaftler, Wirtschaftsinformatiker und viele Informatiker, die kaum Softwarearchitektur in ihrem Studium gehört haben, schätzen sich so ein.

Und sie haben in der Regel alle recht: Programmieren können sie! Das heißt aber leider nicht, dass sie wissen oder gelernt haben, wie man Softwarearchitekturen oder gar Systemlandschaften aufbaut. Dieses Wissen kann man sich an einigen deutschen Universitäten im Masterstudiengang »Softwarearchitektur« aneignen. Manchmal hat man auch die Chance, von erfahrenen Softwarearchitekten in der täglichen Arbeit zu lernen. Oder man nimmt an einer guten Fortbildung zum Thema »Softwarearchitektur« teil.

Unbrauchbare Software

Solange aber »Programmieren können wir auch!« bei der Softwareentwicklung vorherrscht und das Management mit dieser Haltung Entwicklungsteams zusammenstellt, werden wir weiterhin in schöner Regel-

4. Heute wird die Informatik meistens als eine Disziplin neben Mathematik, Naturwissenschaften und Technik geführt (die sogenannten MINT-Fächer).

mäßigkeit wartungsintensive Softwaresysteme zu Gesicht bekommen. Die Architektur dieser Systeme entsteht im Laufe der Zeit ohne Plan. Jeder Entwickler verwirklicht sich mit seinen lokalen Architektur- oder Entwurfsideen in seinem Teil der Software selbst. Häufig hört man dann: »Das ist historisch gewachsen!«

Start mit technischen Schulden

Technische Schulden werden in diesem Fall gleich zu Beginn der Entwicklung aufgenommen und kontinuierlich erhöht. Über solche Softwaresysteme kann man wohl sagen: Sie sind unter schlechten Bedingungen aufgewachsen. Solche Softwaresysteme sind häufig schon nach nur drei Jahren Entwicklungszeit und Einsatz nicht mehr zu warten.

Große Refactorings

Um diese Systeme überhaupt in die Nähe des Korridors geringer technischer Schulden zu bringen, müssen als Erstes die Architektur- und Entwurfsideen der Architekten und Entwickler auf ihre Qualität hin hinterfragt und vereinheitlicht werden. Das ist insgesamt deutlich aufwendiger, als ein System mit ehemals guter Architektur zurück auf den Pfad der Tugend zu führen. Aber auch solche großen Qualitäts-Refactorings lassen sich in beherrschbare Teilschritte zerlegen. Bereits nach den ersten kleineren Verbesserungen (Quick Wins) wird der Qualitätsgewinn in schnellerer Wartung spürbar. Häufig verursachen solche qualitätsverbessernden Arbeiten weniger Kosten als eine Neuimplementierung – auch wenn vielen Entwicklungsteams eine Neuentwicklung verständlicherweise sehr viel mehr Spaß macht. Diese positive Einstellung zum Neumachen geht oft damit einher, dass die Komplexität dieser Aufgabe unterschätzt wird.

1.3.2 Komplexität und Größe

Die Komplexität eines Softwaresystems speist sich aus zwei verschiedenen Quellen: dem Anwendungsproblem, für das das Softwaresystem gebaut wurde, und der Lösung aus Programmtext, Datenbank usw.

Für das Problem in der Fachdomäne muss eine angemessene Lösung gefunden werden. Eine Lösung, die dem Anwender erlaubt, mit dem Softwaresystem die geplanten Geschäftsprozesse durchzuführen. Man spricht hier von der *probleminhärenten* und der *lösungsabhängigen* Komplexität. Je höher die probleminhärente Komplexität ist, desto höher wird auch die lösungsabhängige Komplexität ausfallen müssen[5].

Probleminhärente Komplexität

Dieser Zusammenhang ist die Ursache dafür, dass Vorhersagen über die Kosten oder die Dauer einer Softwareentwicklung häufig zu gering ausfallen. Die eigentliche Komplexität des Problems kann zu Beginn

5. s. [Ebert 1995], [Glass 2002] und [Woodfield 1979].

des Projekts nicht erfasst werden; und so wird die Komplexität der Lösung um ein Vielfaches unterschätzt[6].

An dieser Stelle setzen agile Methoden an. Agile Methoden versuchen, am Ende jeder Iteration nur die als Nächstes zu implementierende Funktionalität zu schätzen. So werden die probleminhärente Komplexität und die daraus resultierende Komplexität der Lösung immer wieder überprüft.

Lösungsabhängige Komplexität

Nicht nur die probleminhärente Komplexität ist schwer zu bestimmen, auch die Lösung trägt zur Komplexität bei: Je nach Erfahrung und Methodenfestigkeit der Entwickler wird der Entwurf und die Implementierung zu einem Problem unterschiedlich komplex ausfallen[7]. Im Idealfall würde man sich wünschen, dass die Lösung eine für das Problem angemessene Komplexität aufweist. In diesem Fall kann man davon sprechen, dass es sich um eine gute Lösung handelt.

Essenziell oder akzidentell?

Weist die Lösung mehr Komplexität auf als das eigentliche Problem, so ist die Lösung nicht gut gelungen und ein entsprechendes Redesign ist erforderlich. Dieser Unterschied zwischen besseren und schlechteren Lösungen wird mit der *essenziellen* und *akzidentellen* Komplexität bezeichnet. Tabelle 1–1 fasst den Zusammenhang zwischen diesen vier Komplexitätsbegriffen zusammen.

Tab. 1–1 *Komplexität*

	Essenziell	**Akzidentell**
Probleminhärent	■ Komplexität der Fachdomäne	■ Missverständnisse über die Fachdomäne
Lösungsabhängig	■ Komplexität der Technologie und der Architektur	■ Missverständnisse über die Technologie ■ Überflüssige Lösungsanteile

Essenziell = unvermeidlich

Essenzielle Komplexität nennt man die Art von Komplexität, die im Wesen einer Sache liegt, also Teil seiner Essenz ist. Bei der Analyse der Fachdomäne versuchen die Entwickler, die essenzielle Komplexität des Problems zu identifizieren. Die einer Fachdomäne innewohnende essenzielle Komplexität führt zu einer entsprechend komplexen Lösung und lässt sich niemals auflösen oder durch einen besonders guten Entwurf vermeiden. Die essenzielle probleminhärente Komplexität ist also zur essenziellen Komplexität in der Lösung geworden.

Akzidentell = überflüssig

Im Gegensatz dazu wird der Begriff *akzidentelle Komplexität* verwendet, um auf Komplexitätsanteile hinzuweisen, die nicht notwendig sind und somit beseitigt bzw. verringert werden können. Akzidentelle

6. s. [Booch 2004] und [McBride 2007].
7. s. [Fenton & Pfleegler 1997] und [Henderson-Sellers 1996].

Komplexität kann sowohl aus Missverständnissen bei der Analyse der Fachdomäne als auch bei der Implementierung durch das Entwicklungsteam entstehen.

Wird bei der Entwicklung aus Unkenntnis oder mangelndem Überblick keine einfache Lösung gefunden, so ist das Softwaresystem überflüssigerweise komplex. Beispiele hierfür sind: Mehrfachimplementierungen, Einbau nicht benötigter Funktionalität und das Nichtbeachten softwaretechnischer Entwurfsprinzipien. Akzidentelle Komplexität kann von Entwicklern aber auch billigend in Kauf genommen werden, wenn sie z. B. gern neue und für das zu bauende Softwaresystem überflüssige Technologie ausprobieren wollen.

Software ist komplex.

Selbst wenn ein Team es hinbekommen sollte, nur essenzielle Komplexität in seine Software einzubauen, ist Software aufgrund der immensen Anzahl ihrer Elemente ein für Menschen schwer zu beherrschendes Konstrukt. Ein intelligenter Entwickler ist nach meiner Erfahrung bei einer Änderung in der Lage, ca. 30.000 Zeilen Code[8] zu überblicken und die Auswirkungen seiner Änderung an einer Stelle in den anderen Teilen des Codes vorauszuahnen. In der Regel sind die Softwaresysteme, die heute produktiv eingesetzt werden, sehr viel größer. Sie bewegten sich eher in der Größenordnung zwischen 200T und 100 Millionen Zeilen Code.

Architektur reduziert Komplexität.

All diese Argumente machen deutlich: Entwickler brauchen eine Softwarearchitektur, die ihnen den größtmöglichen Überblick bietet. Nur dann können sie sich in der vorhandenen Komplexität zurechtfinden. Haben die Entwickler den Überblick, so wird die Wahrscheinlichkeit höher, dass sie Änderungen an der Software korrekt durchführen. Bei ihren Änderungen können sie alle betroffenen Stellen berücksichtigen und die Funktionalität der nicht geänderten Codezeilen unangetastet lassen. Selbstverständlich sind weitere Techniken sehr hilfreich, wie automatisierte Tests und eine hohe Testabdeckung, Architekturausbildung und -weiterbildung sowie eine unterstützende Projekt- und Unternehmensorganisation.

Das Thema Komplexität haben mein Kollege Henning Schwentner und ich in einem weiteren Buch mit dem Titel »Domain-Driven Transformation – Monolithen und Microservices zukunftsfähig machen« wieder aufgenommen (s. [Lilienthal & Schwentner 2023]).

---

8. Die Zahlen in diesem Absatz beziehen sich auf Java-Systeme.

1.3.3 Die Architekturerosion steigt unbemerkt

Ein schleichender Prozess

Selbst bei einem fähigen Entwicklungsteam steigt die Architekturerosion unbemerkt. Wie kann es dazu kommen? Nun, häufig ist das ein schleichender Vorgang: Während der Implementierung weichen die Entwickler mehr und mehr von den Vorgaben der Architektur ab. In manchen Fällen tun sie das bewusst, weil die geplante Architektur den sich immer klarer herausschälenden Anforderungen doch nicht gerecht wird. Die Komplexität des Problems und der Lösung wurde unterschätzt und macht Änderungen in der Architektur notwendig. Es fehlt aber die Zeit, diese Änderungen konsequent im gesamten System nachzuziehen. In anderen Fällen müssen Probleme aus Zeit- und Kostendruck so schnell gelöst werden, dass keine Zeit bleibt, ein passendes Design zu entwickeln und die Architektur zu überdenken. Manchen Entwicklern ist die geplante Architektur auch gar nicht präsent, sodass sie ungewollt und unbemerkt dagegen verstoßen. Beispielsweise werden Beziehungen zwischen Komponenten eingebaut, die Schnittstellen missachten oder der Schichtung des Softwaresystems zuwiderlaufen. Oder Programmtext wird kopiert, anstatt über Abstraktionen und Wiederverwendung nachzudenken. Wenn man diesen schleichenden Verfall schließlich bemerkt, ist es höchste Zeit, einzugreifen!

Symptome von starker Architekturerosion

Hat man den Tiefpunkt der Architekturerosion erreicht, so wird jede Veränderung zur Qual. Niemand möchte mehr an diesem System weiterarbeiten. Robert C. Martin hat in seinem Artikel »Design Principles and Design Patterns« diese Symptome eines verrotteten Systems gut auf den Punkt gebracht [Martin 2000]:

Starrheit

- **Rigidity**
  Das System ist unflexibel gegenüber Änderungen. Jede Änderung führt zu einer Kaskade von weiteren Anpassungen in abhängigen Modulen. Entwickler sind sich an vielen Stellen über Abläufe im System im Unklaren, es besteht eine Unbehaglichkeit gegenüber Änderungen. Was als eine kleine Anpassung oder ein kleines Refactoring beginnt, führt zu einem ständig länger werdenden Marathon von Reparaturen in immer weiteren Modulen. Die Entwickler jagen den Effekten ihrer Änderungen im Sourcecode hinterher und hoffen bei jeder Erkenntnis, das Ende der Kette erreicht zu haben.

Zerbrechlichkeit

- **Fragility**
  Änderungen am System führen zu Fehlern, die keinen offensichtlichen Bezug zu den Änderungen haben. Jede Änderung erhöht die Wahrscheinlichkeit neuer Folgefehler an überraschenden Orten. Die Scheu vor Änderungen wächst und der Eindruck entsteht, dass die Entwickler die Software nicht mehr unter Kontrolle haben.

- **Immobility**
  Unbeweglichkeit
  Es gibt Entwurfs- und Konstruktionseinheiten, die eine ähnliche Aufgabe bereits lösen, wie die, die gerade neu implementiert werden soll. Diese Lösungen können aber nicht wiederverwendet werden, da zu viel »Gepäck« an dieser Einheit hängt. Eine generische Implementierung oder das Herauslösen ist ebenfalls nicht möglich, weil der Umbau der alten Einheiten zu aufwendig und fehleranfällig ist. Meist wird der benötigte Code kopiert, weil das weniger Aufwand erzeugt.
- **Viscosity**
  Zähigkeit
  Sollen Entwickler eine Anpassung machen, gibt es in der Regel mehrere Möglichkeiten. Einige dieser Möglichkeiten erhalten das Design, andere machen das Design kaputt. Wenn diese »Hacks« leichter zu implementieren sind als die designerhaltende Lösung, dann ist das System zäh.

Gegen die Ursachen dieser Symptome müssen Entwicklungsteams stetig ankämpfen, damit ihr System langlebig bleibt und das Anpassen und Warten auf Dauer Spaß macht. Wenn da nur nicht die Kosten wären ...

1.3.4 Für Qualität bezahlen wir nicht extra!

Architektur kostet Extrageld.

Viele Kunden sind überrascht, wenn ihre Dienstleister – ob extern oder im Hause – ihnen sagen, dass sie Geld brauchen, um die Architektur und damit die Qualität des Softwaresystems zu verbessern. Häufig sagen die Kunden Sätze wie: »Es läuft doch! Was habe ich davon, wenn ich für Qualität Geld ausgebe?« oder »Ihr habt am Anfang den Vertrag bekommen, weil ihr uns versprochen habt, dass ihr gute Qualität liefert! Da könnt ihr doch jetzt kein Geld für Qualität fordern!«. Das sind sehr unangenehme Situationen. Denn als Softwareentwickler und -architekten ist unser erklärtes Ziel, dass wir Software mit einer langlebigen Architektur und hoher Qualität schreiben. An dieser Stelle deutlich zu machen, dass eine sich weiter entwickelnde Architektur eine Investition in die Zukunft ist und auf lange Sicht Geld spart, ist gar nicht so einfach.

Individualsoftware-entwicklung = unplanbarer Prozess

Diese Situationen entstehen, weil der Kunde oder das Management nicht erkennen oder erkennen wollen, dass Individualsoftwareentwicklung ein unplanbarer Prozess ist. Wird eine neue, so noch nie da gewesene Software entwickelt, so ist die essenzielle Komplexität schwer zu beherrschen. Die Software selbst, ihre Nutzung und ihre Integration in einen Kontext von Arbeitsorganisation und sich ändernden Geschäftsprozessen sind nicht vorhersehbar. Mögliche Erweiterungen oder neue Nutzungsformen lassen sich nicht vorausahnen. Das sind wesentliche Charakteristika jeder Individualsoftwareentwicklung!

Software ≠ industriell herstellbares Gut

Heute ist eigentlich jedes Softwaresystem eine Individualsoftwareentwicklung: Die Integration in die IT-Landschaft des Kunden ist jedes Mal anders. Die technologischen und wirtschaftlichen Entwicklungen sind so rasant, dass ein Softwaresystem, was heute die exakt richtige Lösung mit der perfekten Architektur ist, morgen schon an seine Grenzen stößt. All diese Randbedingungen führen zu dem Schluss, dass Softwareentwicklung kein industriell herstellbares Gut ist. Sondern eine individuelle und zu einem Zeitpunkt sinnvolle Lösung mit einer hoffentlich langlebigen Architektur, die sich ständig weiter entwickeln muss. Zu dieser Weiterentwicklung gehören sowohl funktionale als auch nichtfunktionale Aspekte, wie innere und äußere Qualität.

Zum Glück können mehr und mehr Kunden die Begriffe »technische Schulden« und »Langlebigkeit« nachvollziehen.

1.3.5 Arten von technischen Schulden

In der Diskussion um technische Schulden werden viele Arten und Varianten aufgeführt. Für dieses Buch sind vier Arten von technischen Schulden relevant:

Code-Smells

- **Implementationsschulden**
  Im Sourcecode finden sich sogenannte Code-Smells, wie lange Methoden, Codeduplikate etc.

Struktur-Smells

- **Design- und Architekturschulden**
  Das Design der Klassen, Pakete, Subsysteme, Schichten und Module ist uneinheitlich, komplex und passt nicht mit der geplanten Architektur zusammen.

Unit Tests

- **Testschulden**
  Es fehlen Tests bzw. nur der Gut-Fall wird getestet. Die Testabdeckung mit automatisierten Unit Tests ist gering.
- **Dokumentationsschulden**
  Es gibt keine, wenig oder veraltete Dokumentation. Der Überblick über die Architektur wird nicht durch Dokumente unterstützt. Entwurfsentscheidungen sind nicht dokumentiert.

Basisanforderung: geringe Testschulden

Die meisten Hinweise, Anregungen sowie gute und schlechte Beispiele finden Sie in diesem Buch zu den ersten beiden Punkten: Implementations- sowie Design- und Architekturschuld. Sie werden sehen, wie solche Schulden entstehen und reduziert werden können. Diese Schulden lassen sich aber nur gefahrlos verringern, wenn die Testschulden gering sind oder gleichzeitig reduziert werden. Insofern sind geringe Testschulden eine Basisanforderung. Eine Dokumentation der Architektur ist einerseits eine gute Grundlage für die Architekturanalysen und -verbesserung, um die es in diesem Buch geht. Das heißt, geringe Dokumentationsschulden helfen bei der Analyse. Andererseits entsteht bei der Architekturanalyse auch Dokumentation für das analysierte System, sodass die Dokumentationsschulden verringert werden.

1.4 Was ich mir alles anschauen durfte

Nach dem Ende meines Informatikstudiums 1995 habe ich als Softwareentwicklerin, später Softwarearchitektin, Projektleiterin und Beraterin gearbeitet. Seit 2002 durfte ich immer wieder Softwaresysteme auf ihre Qualität hin untersuchen. Zu Anfang noch allein durch Draufschauen auf den Sourcecode, seit 2004 werkzeuggestützt. Mit der Möglichkeit, ein Werkzeug über den Sourcecode laufen zu lassen und ihn nach bestimmten Kriterien insgesamt zu überprüfen, hat sich die Architekturanalyse und -verbesserung erst richtig entfalten können. In Kapitel 2 und 4 sehen Sie, wie solche Analysen und Verbesserungen technisch und organisatorisch ablaufen.

Größen und Sprachen

Im Laufe der Zeit durfte ich mir Systeme in Java (130), C++ (30), C# (70), ABAP (5) und PHP (20) und PLSQL (10) ansehen. Diese Liste wird bald um TypeScript und JavaScript erweitert werden. Jede dieser Programmiersprachen hat ihre Eigenarten, wie wir in Kapitel 3 sehen werden. Auch die Größe der Systeme (s. Abb. 1–2) hat Einfluss darauf, wie die Softwarearchitektur gestaltet ist oder sein müsste.

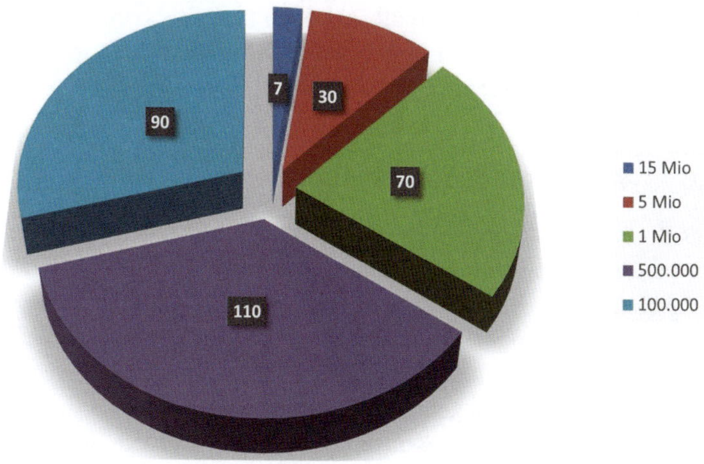

Abb. 1–2 *Größenordnung der untersuchten Systeme in Lines of Code (LOC)*

Lines of Code

Die Angabe Lines of Code (LOC) in Abbildung 1–2 beinhaltet sowohl die ausführbaren Zeilen Code als auch die Leerzeilen und Kommentarzeilen. Will man die Kommentar- und Leerzeilen herausrechnen, so muss man im Mittel 50 % des LOC abziehen. Typischerweise liegt das Verhältnis zwischen ausführbarem und nicht ausführbarem Code zwischen 40 und 60 %. Je nachdem, ob das Entwicklungsteam die Beginn- und Ende-Markierungen für Blöcke (z.B. {}) in eigene Zeilen geschrieben hat, oder nicht. Die Größen von Systemen in diesem Buch sind immer Zahlen für Java-/C#-, C++- und PHP-Systeme. Diese Sprachen haben ungefähr eine ähnliche »Satzlänge«. ABAP-Programmierung ist sehr viel gesprächiger. Hier muss man mit ca. dem 2- bis 3-Fachen an Sourcecode rechnen.

All diese Analysen haben mein Verständnis von Softwarearchitektur und meine Erwartungen daran, wie ein Softwaresystem aufgebaut sein sollte, geschärft und vertieft.

1.5 Wer sollte dieses Buch lesen?

Programmieren

Dieses Buch ist für Architekten und Entwickler geschrieben, die in ihrer täglichen Arbeit mit Sourcecode arbeiten. Sie werden von diesem Buch am meisten profitieren, weil es auf potenzielle Probleme in großen und kleinen Systemen hinweist und Lösungen anbietet.

Verbessern

Berater mit Entwicklungserfahrung, praktizierende Architekten und Entwicklungsteams, die bestehende Softwarelösungen methodisch verbessern wollen, werden in diesem Buch viele Hinweise auf große und kleine Verbesserungen finden.

Für die Zukunft lernen

Unerfahrene Entwickler werden an manchen Stellen wahrscheinlich Probleme haben, die Inhalte zu verstehen, da sie die angesprochenen Probleme schlecht nachvollziehen können. Das grundlegende Verständnis für den Bau von langlebigen Softwarearchitekturen können aber auch sie aus diesem Buch mitnehmen.

1.6 Wegweiser durch das Buch

Das Buch besteht aus dreizehn Kapiteln, die zum Teil aufeinander aufbauen, aber auch getrennt voneinander gelesen werden können.

Inhaltsschwerpunkte

Abbildung 1–3 zeigt die Kapitel in unterschiedlichen Farben: Die beiden weißen Kapitel 1 und 13 geben dem Buch einen Rahmen. Das heißt, der Leser wird in das Thema eingeführt und am Ende werden die Erkenntnisse zusammengefasst. Die türkisfarbenen Kapitel sind die Anteile des Buches, in denen Konzepte vorgestellt werden, die Sie in den anderen Kapiteln brauchen. Die dunkelblauen Kapitel befassen sich damit, wie man bei eine Architekturanalyse vorgeht und Ergebnisse erzielt. Die hellblauen Kapitel enthalten meine Erfahrungen aus Architekturanalysen und -beratungen, die ich mit vielen kleinen und großen Praxisbeispielen verdeutliche.

Verschiedene Wege

Aus meiner Sicht wäre es natürlich am sinnvollsten, alle Kapitel des Buches von vorne nach hinten durchzulesen. Steht diese Zeit nicht zur Verfügung, dann ist es auf jeden Fall zu empfehlen, zuerst die Kapitel 1 und 2 zu lesen. Diese Kapitel schaffen die Basis. Im Anschluss kann man über Kapitel 5 und/oder 6 zu den Kapiteln 7, 8, 9 oder 10 übergehen. Wobei der Clou dieses Buches in Kapitel 5 zur kognitiven Psychologie zu finden ist – dieses Kapitel öffnet jedem, der Software entwickelt, die Augen, warum gute Strukturen im Sourcecode so wichtig sind. Man kann auch von Kapitel 2 direkt zu Kapitel 4 oder 12 springen und sich in das Vorgehen bei der Architekturanalyse oder in die Geschichten aus der Praxis vertiefen.

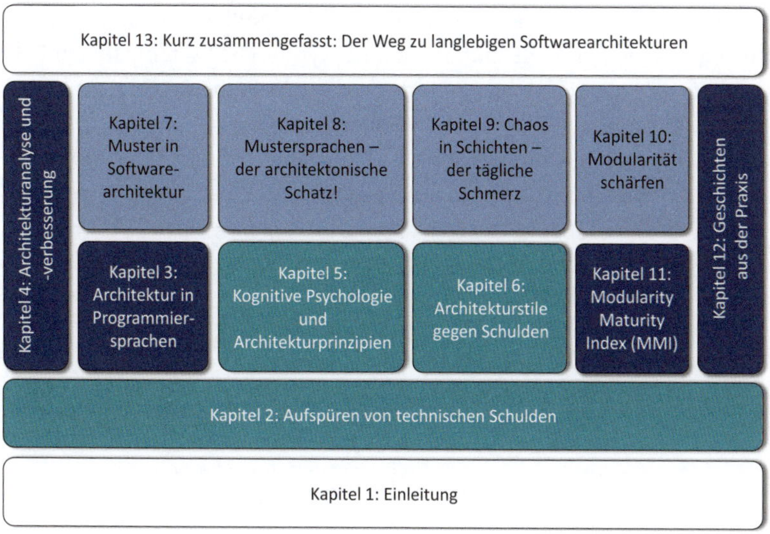

Abb. 1–3
Aufbau des Buches

Kapitel 1 legt die Basis für das Verständnis von langlebigen Architekturen und technischen Schulden.

Kapitel 2 zeigt am Beispiel, wie man technische Schulden in Architekturen findet und reduzieren kann.

In Kapitel 3 werden die Spezialitäten von Programmiersprachen bei der Architekturanalyse erläutert.

Kapitel 4 macht deutlich, welche Rollen bei der Architekturanalyse und -verbesserung wie zusammenarbeiten müssen, um zu einem wertvollen Ergebnis zu kommen, und zeigt, wie man seine Architektur dauerhaft gegen technische Schulden schützen kann.

Kapitel 5 setzt sich mit der Frage auseinander, wie große Strukturen geartet sein müssen, damit Menschen sich schnell darin zurechtfinden. Die kognitive Psychologie gibt uns Anhaltspunkte, welche Vorgaben zu Architekturen führen, die schnell zu überblicken und zu durchschauen sind.

In Kapitel 6 werden die heute üblichen Architekturstile vorgestellt. Mit ihren Regeln geben sie Leitplanken für Softwarearchitekturen vor.

Kapitel 7, 8, 9 und 10 beschreiben die Erkenntnisse aus den verschiedenen Analysen und Beratungen in der Praxis.

In Kapitel 11 werden die Ergebnisse aus den Kapiteln 7 bis 10 zusammengeführt und Architekturen mit dem Modularity Maturity Index (MMI) vergleichbar gemacht.

In Kapitel 12 finden sich schließlich beispielhafte Fallstudien von sieben aus meiner Sicht spannenden Analysen. Die Systeme in den Fallstudien sind so weit anonymisiert, dass die Systeme und die sie betreibenden Firmen nicht mehr zu erkennen sind.

Den Abschluss bildet Kapitel 13 mit einer kurzen Zusammenfassung, wie Architekten, Entwicklungsteam und Management vorgehen sollten, um die Qualität ihrer Architektur zu verbessern.

Im Anhang werden einige Analysewerkzeuge vorgestellt, die ich in meiner täglichen Praxis benutzen durfte.

2 Aufspüren von technischen Schulden

Das Analysieren von technischen Schulden ist ein weites Feld. Es kann darum gehen, die auf Papier geplante Architektur eines Systems zu hinterfragen. Man kann Qualitätsziele für eine Architektur mit dem Kunden herausarbeiten und sie mit Szenarien konkretisieren, wie es die Architekturanalysemethode ATAM[1] vorschlägt. Oder aber, die Analyse ist, so wie in diesem Buch, darauf ausgelegt, den Sourcecode eines oder mehrerer Systeme auf seine Langlebigkeit und seine technischen Schulden hin zu untersuchen.

Wie Software genau konstruiert sein muss, damit sie langlebig ist, wird in Kapitel 5 unser Thema sein. Damit Sie vorab einen Eindruck bekommen, was bei der Untersuchung von Sourcecode heute möglich ist, startet dieses Kapitel von der praktischen Seite: Nach der Einführung der Begriffe Baustein sowie Soll- und Ist-Architektur beginnen wir direkt mit der Architekturanalyse eines Beispielsystems. Außerdem werden typische Randbedingungen der Architekturanalyse beschrieben und Eigenarten von Programmiersprachen vorgestellt.

2.1 Begriffsbildung für Bausteine

Metamodell für Bausteine

Die Begrifflichkeiten in unserer Disziplin sind in weiten Teilen leider nicht einheitlich. Für dieses Buch halten wir uns an die Sprachwelt von Gernot Starke [Starke 2020]: Alle Software- oder Implementierungselemente, die man in der Bausteinsicht finden kann, heißen *Bausteine*. Das Metamodell von Gernot Starke ist um einige in diesem Buch nicht verwendete Begriffe, wie Skript und Layoutdefinition, reduziert. Neu hinzugekommen ist die Kategorie *Modellierungskonstrukt*, damit auch Begriffe wie Schicht, Modul, Subsystem und Schnittstelle ihren Platz finden (s. Abb. 2–1).

---

1. ATAM = Architecture Tradeoff Analysis Methode: *https://en.wikipedia.org/wiki/Architecture_tradeoff_analysis_method*.

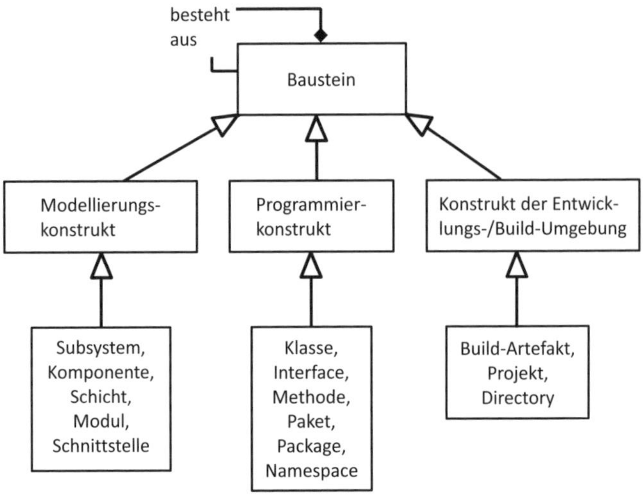

Abb. 2–1
Baustein als Oberbegriff für Software- und Implementierungs-elemente

Für die Programmierkonstrukte aus Abbildung 2–1 finden sich mit Ausnahme vom Begriff *Paket* in den jeweiligen Programmiersprachen Definitionen. Die anderen Begriffe aus Abbildung 2–1 bedürfen hier einer Definition, damit sie im weiteren Verlauf des Buches eindeutig sind[2]:

Programmierkonstrukt

- **Paket**
  Einerseits ein Oberbegriff für Packages und Namespaces, andererseits das Programmierkonstrukt, mit dem in ABAP Klassen und Programme zusammengefasst werden.

Modellierungskonstrukte

- **Subsystem**
  Eine Einheit mit eigenem Namen für eine Menge von Klassen/Interfaces, Paketen und/oder Subsystemen eines Softwaresystems. Häufig wird für Subsysteme eine Schnittstelle (s. u.) festgelegt.
- **Komponente**
  Im Kontext dieses Buches ist eine Komponente dasselbe wie ein Subsystem.
- **Schicht**
  Ein Subsystem, für das Regeln festgelegt sind, auf welche anderen Subsysteme es zugreifen darf und auf welche nicht. Durch die Regeln entsteht eine Hierarchie der Schichten (s. Abschnitt 6.3).

2. Da dieses Buch das Innere von einzelnen Softwaresystemen untersucht, sind alle Begriffe auf dieser Ebene definiert. Betrachtet man IT-Landschaften aus mehreren Systemen, müssen alle Begriffe breiter definiert werden.

- **Modul**
  In diesem Buch ist ein Modul ein fachlicher Schnitt durch ein Softwaresystem, der über alle technischen Schichten verläuft (s. Abschnitt 6.3.2). In anderen Kontexten wird Modul als Synonym für Komponente oder Subsystem verwendet.
- **Schnittstelle**
  Eine Teilmenge, von den in einem Baustein enthaltenen Bausteinen, auf die von außerhalb zugegriffen werden darf. Die Schnittstelle eines Subsystems könnte beispielsweise aus einer Menge von Klassen und Interfaces oder auch aus einer Menge von Paketen bestehen.

Konstrukte der Entwicklungs-/ Build-Umgebung

- **Build-Artefakt**
  Vom Build-System erstellte Einheiten, die in der Regel ausführbar und aufrufbar sind (z.B. JARs, WARs, DLLs, EXEs, OSGi-Bundles, Maven-Module).
- **Projekt**
  Von Entwicklungsumgebungen angebotene Organisationsmöglichkeiten für Sourcecode. Häufig entspricht ein Projekt einem Build-Artefakt.
- **Directory**
  Auf dem Dateisystem existierende Verzeichnisse, mit deren Hilfe Sourcecode sortiert werden kann.

Die Modellierungskonstrukte aus dieser Aufzählung werden wir im nächsten Abschnitt für die Soll-Architektur brauchen. Die anderen Begriffe hingegen sind in der Regel Teil der Ist-Architektur und werden von vielen Entwicklungsteams verwendet, um die Soll-Architektur im Sourcecode sichtbar zu machen.

2.2 Soll- und Ist-Architektur

Dokumentation oder Archäologie

Will man die Architektur eines Softwaresystems untersuchen, so stehen verschiedene Quellen zur Verfügung. Zum einen hat das Entwicklungsteam die Architektur hoffentlich geplant und sie in Dokumenten festgehalten oder informell abgesprochen. Ist das nicht der Fall, dann kann man den Plan in der Analyse rekonstruieren. Man spricht dann auch von Software-Archäologie. Zum anderen hat das Entwicklungsteam das Softwaresystem implementiert und dabei die geplante Architektur umgesetzt. Die vom Entwicklungsteam geplante Architektur nennt man *Soll-Architektur* und die im Sourcecode implementierte Architektur ist die *Ist-Architektur* (s. Abb. 2–2).

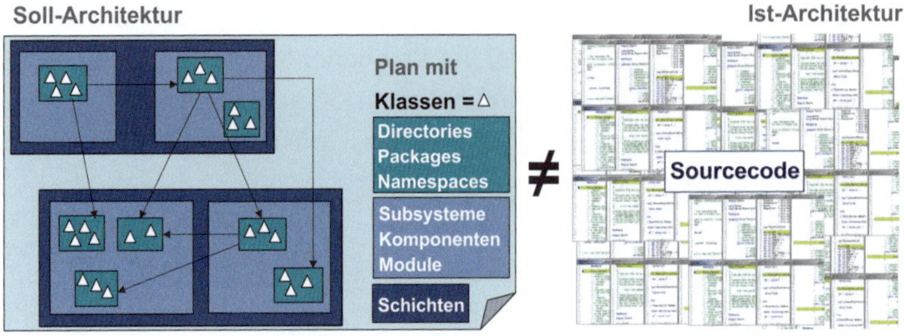

Abb. 2–2
Soll- und Ist-Architektur

Sourcecode = Ist-Architektur

Den Sourcecode selbst bezeichnet man als die Ist-Architektur – also die wirklich implementierte Architektur (s. Abb. 2–2). Ein großer Teil der Komplexität eines Softwaresystems, sowohl der essenziellen als auch der überflüssigen, findet sich in seinem Sourcecode und den dort implementierten Strukturen (s. Abschnitt 1.3.2). Der überflüssigen Komplexität im Sourcecode und in der Soll-Architektur geht dieses Buch auf den Grund.

Plan = Soll-Architektur

Die Soll-Architektur ist eine Abstraktion und Vereinfachung des wirklich implementierten Systems. Wichtig ist, dass die Soll-Architektur insbesondere die Bausteine (s. Abschnitt 2.1) festlegt, die im Sourcecode nicht zu finden sind, wie Komponenten, Subsysteme, Module und Schichten.

Ist-Architektur ≠ Soll-Architektur

In allen mir bekannten Fällen weicht die Ist-Architektur von der Soll-Architektur ab. Die Ursachen hierfür sind vielfältig (s. Abschnitt 1.3):

- Im Entwicklungsteam gibt es Missverständnisse oder Unkenntnis über die Soll-Architektur. Die Implementierung verletzt deshalb Vorgaben der Soll-Architektur.
- Fachliche und technische Details wurden bei der Planung der Soll-Architektur übersehen und die Soll-Architektur wurde nicht angepasst. In einem solchen Fall ist die Soll-Architektur möglicherweise überflüssig oder sollte weiterentwickelt werden.
- Konkurrierende Qualitätsziele, wie Performanz und lose Kopplung, werden erst spät im Entwicklungsprozess offensichtlich und sind im Sourcecode an verschiedenen Stellen unterschiedlich umgesetzt.

Auseinanderlaufen = Komplexität

Dieses Auseinanderlaufen von Ist-Architektur und Soll-Architektur erzeugt für das Entwicklungsteam Komplexität. Zum Teil ist diese Komplexität essenziell, weil die Soll-Architektur zu unscharf war und eine Anpassung der Soll-Architektur notwendig wäre. Zum Teil ist sie überflüssig, weil das Entwicklungsteam die Vorgaben der Soll-Architektur verletzt hat, obwohl eine andere Implementierung möglich gewesen wäre. Je nachdem, wie Soll- und Ist-Architektur im Verhältnis zueinander stehen, geht es in der Analyse eher darum, die Abweichungen zu finden, oder mehr darum, eine neue, bessere Soll-Architektur zu entwickeln.

Extraktion

Um Ist- und Soll-Architektur abzugleichen, benutzt man heute Analysewerkzeuge. Das Analysewerkzeug muss dazu mit Ist- und Soll-Architektur gefüttert werden. Die Ist-Architektur extrahiert das Analysewerkzeug aus dem Source- und/oder Bytecode des Systems. Dabei identifiziert es die vorhandenen Programmierkonstrukte, wie Klassen, Methoden, Variablen, Packages, Namespaces, aber auch Directories, Build-Artefakte und Projekte. Für all diese Elemente hält das Analysewerkzeug fest, welche Elemente in welchen Elementen enthalten sind. Außerdem extrahiert es die Benutzt- und Vererbt-Beziehungen zwischen allen Klassen und baut daraus ein Modell der Strukturen im Sourcecode (s. Abb. 2–3). Dieser Schritt der Extraktion erfolgt automatisiert und dauert je nach Größe des zu parsenden Systems zwischen wenigen Minuten und einigen Stunden.

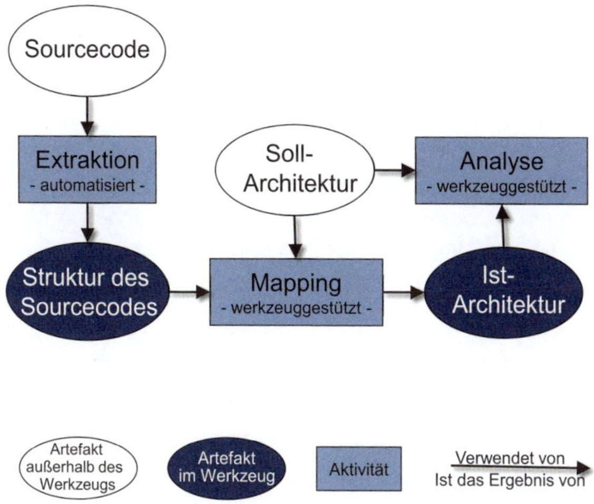

Abb. 2–3 *Vorgehen bei der Architekturanalyse*

Der Abgleich zwischen Soll- und Ist-Architektur, also die Architekturanalyse, besteht aus zwei weiteren Schritten: dem Mapping der Soll-Architektur auf den Sourcecode und der Analyse der so sichtbar werdenden Strukturen.

Mapping der Soll-Architektur

Stellen wir uns die Soll-Architektur eines Systems vor (s. Abb. 2–4 links), das aus fünf Subsystemen besteht (Proxy, Organizer, Client, Transport und Config). Diese Subsysteme sind in drei Schichten (lila, gelb, grün) angeordnet, d.h., es dürfen nur Beziehungen von oben nach unten zwischen diesen Schichten verlaufen. Die Architekten haben die erlaubten Beziehungen zwischen den fünf Subsystemen festgelegt (s. Soll-Architektur in Abb. 2–4 links).

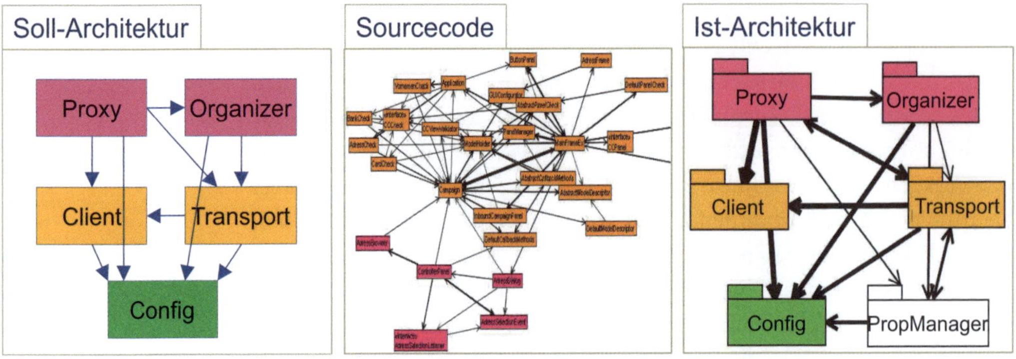

Abb. 2–4
Beispiel: Abbildung Soll- auf Ist-Architektur

Aus dem Sourcecode extrahieren wir nun mit einem Analysewerkzeug die Struktur des Sourcecodes (s. ein kleiner Ausschnitt in Abb. 2–4 Mitte). Wir bekommen eine Struktur aus vielen Klassen und ihren Beziehungen sowie ihr Enthaltensein in Paketen. In Abbildung 2–4 Mitte sieht man in einem Ausschnitt dieser Struktur die Klassen als Rechtecke, die Beziehungen als Pfeile und die Zuordnung der Klassen zu zwei Paketen, die durch die Farben Gelb und Lila symbolisiert werden.

Beispiel: Extraktion

Beispiel: Mapping

Rechts in Abbildung 2–4 sehen wir nun, was das Mapping der Soll-Architektur auf den Sourcecode bewirkt hat. Die Klassen aus Abbildung 2–4 Mitte sind nicht mehr zu sehen, sondern sie befinden sich in den Subsystemen, denen sie beim Mapping zugeordnet worden sind. Die Beziehungen zwischen den Klassen sind in Abbildung 2–4 rechts auf der Ebene ihrer jeweiligen Subsysteme zusammengefasst. Die erste Überraschung, die wir bei der Analyse erleben, ist, dass zu den vorher geplanten fünf Subsystemen ein sechstes (`PropManager`) hinzugekommen ist.

Beispiel: Bewertung

Dieses sechste Subsystem ist bei der Diskussion während des Mappings mit dem Entwicklungsteam aufgetaucht. Es war in dem ursprünglichen Plan nicht enthalten. Beim Mapping der Pakete auf Subsysteme blieben aber einige Pakete übrig und der für diesen Teil zuständige Softwareentwickler sagte uns, dass er gerne ein weiteres Subsystem `PropManager` einführen würde. In der weiteren Diskussion mit dem Entwicklungsteam müssen wir nun klären, ob dieses Subsystem notwendig ist und in welchem Verhältnis es zu den anderen Subsystemen stehen sollte.

Rückwärts-Beziehung

Ansonsten finden sich in Abbildung 2–4 rechts fast alle Beziehungen genauso umgesetzt wie geplant. Es gibt nur eine Beziehung, die gegen die Schichtung verläuft: Von `Proxy` nach `Transport` war eine Beziehung geplant. Die Rückwärts-Beziehungen zwischen diesen beiden Subsystemen von unten nach oben waren in der Soll-Architektur nicht vorgesehen. Die durch `PropManager` neu hinzukommenden Beziehungen müssen wir natürlich auch noch diskutieren.

Je nachdem, zu welchen Erkenntnissen man bei der Diskussion mit dem Entwicklungsteam kommt, werden einerseits Refactorings für die gemeinsam erkannten Verletzungen definiert und andererseits eine Überarbeitung der Soll-Architektur angestoßen.

2.3 Verbesserung am lebenden System

Beispielsystem

Wie funktioniert nun eine Analyse mit Werkzeugunterstützung an einem echten System? Um Ihnen die Möglichkeiten zeigen zu können, die heute bei der werkzeuggestützten Analyse und Architekturverbesserung zur Verfügung stehen, wurde hier das Java-Open-Source-System `InfoGlue` ausgesucht. Die Wahl ist auf dieses System gefallen, weil es einerseits ohne rechtliche Probleme zugänglich ist und andererseits seine Architektur in einem recht guten Zustand und im Internet dokumentiert ist, sodass man eine Architekturverbesserung durchspielen kann, ohne die echten Architekten vor Ort zu haben.

Der erste Schritt besteht darin, das Analysewerkzeug mit dem Sourcecode und Bytecode von `InfoGlue` zu füttern. Hat das Analysewerkzeug das Parsen beendet, so zeigt es uns an seiner Oberfläche die Struktur von `InfoGlue` an. Jedes Analysewerkzeug hat dabei seine eigene Darstellungsform (s. Anhang). Da ein Großteil der Grafiken in diesem Buch aus dem Sotographen[3] stammt, dient der folgende Abschnitt auch dazu, in die Darstellung des Sotographen einzuführen[4].

Kreise und Dreiecke

Der Sotograph zeigt die Strukturinformationen, die er aus dem Sourcecode extrahieren konnte als Baum an (s. Abb. 2–5). Im Sourcecode eines Java-Systems finden sich als Strukturinformationen die Packages und die Klassen, die in ihnen enthalten sind. Packages werden als Kreise und Files bzw. Klassen als Dreiecke dargestellt. In Abbildung 2–5 werden im oberen Bereich Packages angezeigt. Die Anzeige ist so weit aufgeklappt, dass man die erste Ebene der Packages sehen kann, die unterhalb von `org.infoglue.cms` liegen. Im unteren Bereich von Abbildung 2–5 sind auch Klassen zu sehen. Die Anzeige ist so eingestellt, dass man vier Klassen erkennen kann, die sich in dem Package `com.frovi.ss.Tree` befinden. Die Pluszeichen vor den Packages deuten an, dass diese Packages aufgeklappt werden können, weil sich in ihnen weitere Packages oder Klassen befinden. Wie viele Subelemente ein Package-Knoten jeweils enthält, lässt sich anhand der Farbe des jeweiligen Package-Knotens erkennen. Je dunkler die Farbe, desto mehr Subelemente hat dieser Package-Knoten. »`applications`« beispielsweise enthält viele Subelemente. »`io`« oder

---

3. Der Sotograph ist ein Produkt der Firma hello2morrow (*www.hello2morrow.com*).
4. Falls Sie die Verwendung des Sotographen live sehen wollen, steht Ihnen ein Video auf der Buchwebseite zur Verfügung: *http://www.llsa.de*.

»net« hingegen beinhalten im Verhältnis dazu wenige Klassen und Subpackages.

Abb. 2–5
Package-Baum und Klassen von InfoGlue im Sotographen

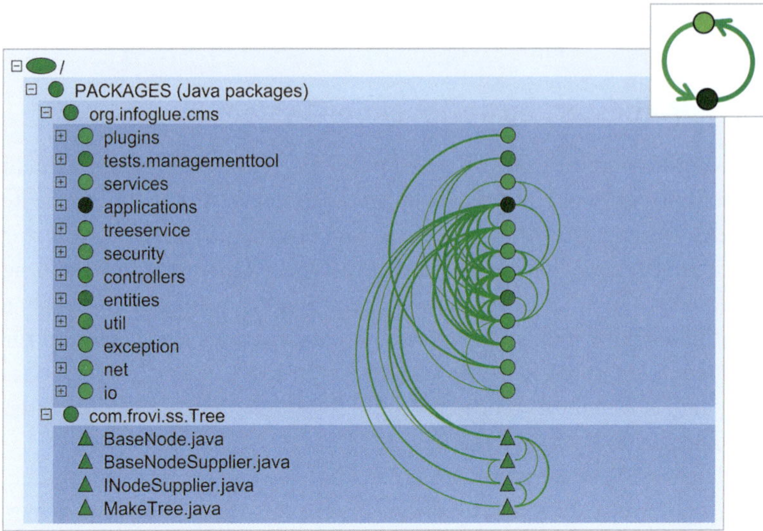

Die Bögen

Betrachtet man nun die rechte Seite von Abbildung 2–5, so sieht man die Packages und Klassen auf einer Linie und eine Reihe von Bögen, die die Packages und Klassen verbinden. Diese Bögen stellen die Beziehungen dar, die zwischen den Klassen des Systems bestehen. Auf der linken Seite der Achse befinden sich alle Bögen, die von oben nach unten verlaufen. Auf der rechten Seite der Achse alle Bögen, die von unten nach oben gehen (s. kleine Grafik in Abb. 2–5 oben rechts).

Die Klassen im Package `com.frovi.ss.Tree` werden also von Klassen aus `org.infoglue.cms` verwendet. Es gibt keine Verwendung in die entgegengesetzte Richtung von unten nach oben. Ein Zustand, der von den `InfoGlue`-Entwicklern wahrscheinlich beabsichtigt ist. Da diese vier Klassen in einem eigenen Package-Baum `com.frovi.ss.Tree` neben dem eigentlichen Package-Baum für das System `org.infoglue.cms` liegen, kann man vermuten, dass es sich um Anfänge eines firmeneigenen Frameworks handelt. In einem solchen Fall ist es sehr gut, dass nur diese Klassen verwendet werden und sie nicht selbst Klassen aus den Packages von `InfoGlue` verwenden.

Ist ein Package zugeklappt, so werden die Beziehungen der enthaltenen Klassen als Bögen – ausgehend von diesem Package – dargestellt. Betrachtet man die Bögen in Abbildung 2–5, die beispielsweise vom Package `applications` ausgehen, so bedeutet der Bogen von `applications` zur Klasse `MakeTree.java`, dass es irgendwo im Packages-Baum unterhalb von `applications` eine oder mehrere Klassen gibt, die `MakeTree.java` verwendet.

Rechtecke, Rauten und Quadrate

Nun kommt der zweite Schritt: Die Soll-Architektur muss auf den Sourcecode gemappt werden, damit die Ist-Architektur sichtbar wird. Für unser `InfoGlue`-Beispiel modellieren wir eine technische Schichtung. Später werden wir noch ganz andere Modellierungen nach fachlichen Prinzipien und nach Mustern kennenlernen.

Im Sotographen hat man drei Modellierungskonstrukte, um diese Abbildung vorzunehmen: Schichten (Rechtecke), unabhängige Subsysteme (Rauten) und uneingeschränkte Subsysteme (Quadrate). Diese drei Modellierungskonstrukte, die in Abbildung 2–6 schematisch dargestellt sind, kann man im Sotographen erzeugen und ihnen dabei Packages und/oder Klassen zuordnen.

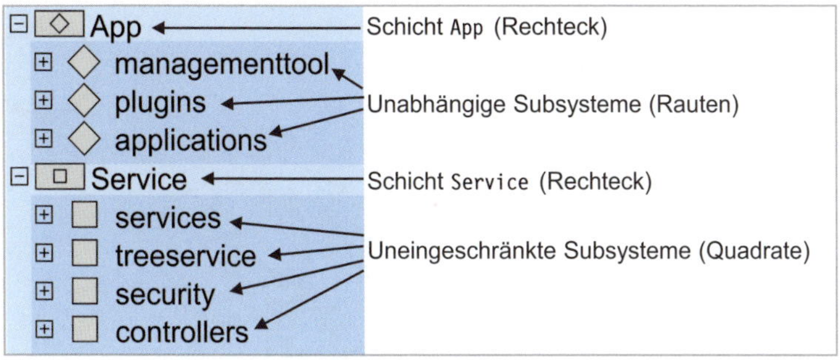

Abb. 2–6
Modellierungskonstrukte des Sotographen

Abbildung 2–7 zeigt das Ergebnis des Mappings für `InfoGlue`.

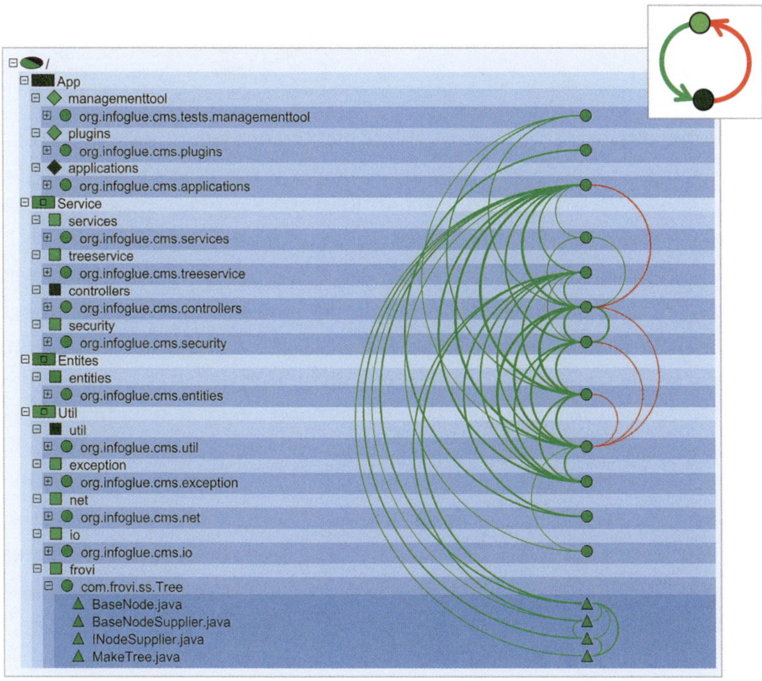

Abb. 2–7
InfoGlue nach dem Mapping

Mapping für InfoGlue

Die Package-Bäume unterhalb von `org.infoglue.cms` und das Package `com.frovi.ss.Tree` sind jeweils zu uneingeschränkten Subsystemen (Quadrat) und unabhängigen Subsystemen (Raute) geworden. Diese Subsysteme sind insgesamt vier Schichten (App, Service, Entities und Util) zugeordnet. Die Subsysteme in der App-Schicht sollen sich gegenseitig nicht kennen, deshalb sind sie unabhängige Subsysteme (Rauten). Alle Subsysteme in den anderen Schichten sollen sich innerhalb ihrer Schicht gegenseitig benutzen dürfen, deshalb sind sie als uneingeschränkte Subsysteme (Quadrat) modelliert worden.

Klappt man die Package-Knoten zu, so ergibt sich ein etwas übersichtlicheres Bild, wie in Abbildung 2–8.

Abb. 2–8
Ist-Architektur von InfoGlue

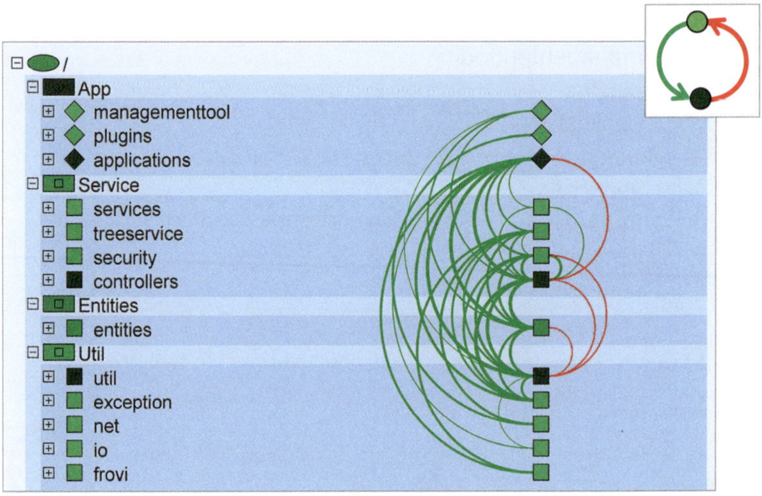

Rote Bögen = Schichtenverletzungen

Dadurch, dass wir für `InfoGlue` vier Schichten modelliert haben, werden uns die Beziehungen, die gegen die Schichtung von unten nach oben gehen, als rote Verletzungen angezeigt. Bei `InfoGlue` gibt es insgesamt vier Verletzungen zwischen den Schichten. Das Util-Subsystem in der Util-Schicht verursacht allein drei dieser Verletzungen nach Entities und Service. Die vierte Schichtenverletzung wird vom Subsystem `controllers` verursacht. Klassen aus `controllers` brauchen Funktionalität, die im Subsystem `applications` in der App-Schicht angesiedelt ist.

Die Modellierungskonstrukte Schicht und Subsystem kann man beliebig schachteln, sodass ein tiefer Baum aus Subsystemen und Schichten entstehen kann. Da `InfoGlue` ein relativ kleines System mit 83.000 LOC ist, reicht hier eine Architekturmodellierung mit zwei Ebenen aus. Wir werden in späteren Beispielen sehen, dass die Kombination aus Schichten und Subsystemen je nach Art und Umfang des Systems ganz unterschiedlich ausfallen kann.

Analyse der Verletzungen

Im Anschluss an diese initiale Modellierung der Architektur beginnt der zweite Teil: die Untersuchung der Verletzungen. Als Erstes wollen wir uns die Verletzung zwischen der Service-Schicht und der App-Schicht ansehen (s. Abb. 2–8). Um diese Verletzung zu untersuchen, verwenden wir ein Feature des Sotographen, das die betrachtete Menge des Systems auf die Klassen, Packages, Subsysteme und Schichten reduziert, die an dieser Verletzung beteiligt sind.

Fokus auf die Beteiligten

In Abbildung 2–9 sieht man sieben Klassen, die an dieser Verletzung beteiligt sind: fünf Controller-Klassen, eine Klasse namens `CreateContentWizardInfoBean` und eine Klasse namens `VisualFormatter`. Um visuell deutlich zu machen, dass nicht alle Elemente (Klassen, Packages und Subsysteme) dargestellt werden, die eigentlich diesen Schichten zugeordnet sind, verwendet der Sotograph schwarze Dreiecke. In allen Elementen, die ein schwarzes Dreieck haben, gibt es mehr Subelemente als die, die in dieser Auswahl dargestellt sind.

In Abbildung 2–9 sind alle Klassen in `wizards.actions`, in `common` und in `kernel.impl.simple` herausgefiltert, die keinen Anteil an der roten Verletzung haben. Somit werden auch ihre Beziehungen ignoriert und wir sehen nur die Beziehungen, die zwischen den an der Verletzung beteiligten Klassen existieren.

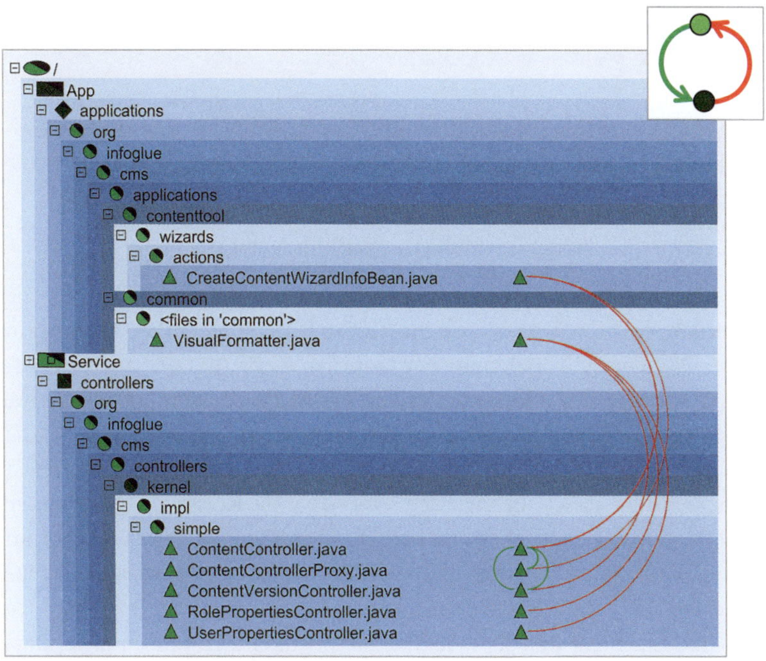

Abb. 2–9
Schichtenverletzung zwischen Service und App

Die Schichtenverletzung zwischen Service und App wird von zwei verschiedenen Klassengruppen ausgelöst. `VisualFormatter` wird von drei Controllern benötigt und die beiden Klassen `ContentController` und `ContentControllerProxy` verwenden `CreateContentWizardInfoBean`. Schauen wir uns zuerst die Verletzung mit dem `VisualFormatter` an (s. Abb. 2–10).

Abb. 2–10
Verletzung mit VisualFormatter

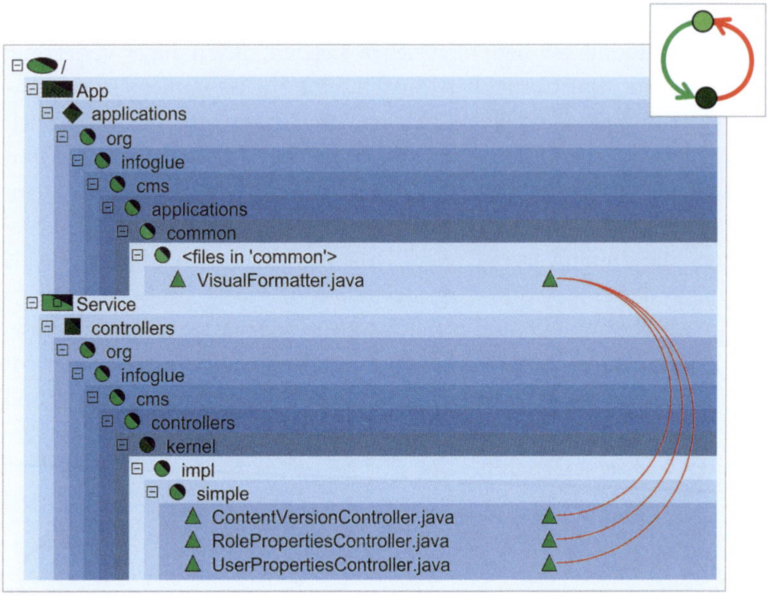

Ein Sprung in den Sourcecode der drei Controller zeigt, dass alle die gleiche Funktionalität von `VisualFormatter` benutzen. Sie enthalten alle eine Methode mit der folgenden Zeile Code:

```
value = new VisualFormatter().escapeHTML(value);
```

Die erste Frage, die man den Entwicklern zu dieser Zeile Sourcecode sicherlich stellen würde, ist, ob die Methode nicht eigentlich `static` sein sollte. Das löst die Verletzung aber natürlich nicht auf, weil auch ein statischer Aufruf einer Methode aus der Klasse `VisualFormatter` gegen die Schichtung gehen würde. Um die Schichtenverletzung aufzulösen, muss also entweder die Methode `escapeHTML` in eine Klasse weiter unten in der Schichtung verschoben werden. Oder aber die Klasse `VisualFormatter` ist in der falschen Schicht einsortiert. Diese zweite Frage verfolgen wir im Weiteren, um eine erste Möglichkeit der Architekturverbesserung kennenzulernen.

Fokus auf das Umfeld

Um feststellen, was der `VisualFormatter` für eine Aufgabe im Gesamtsystem hat, erweitern wir den Filter aus Abbildung 2–10 auf alle Klassen, mit denen `VisualFormatter` zusammenarbeitet. In Abbildung 2–11 sieht man, dass `VisualFormatter` von verschiedenen Klassen aus der App-Schicht verwendet wird und eine Beziehung zur Util-Schicht hat.

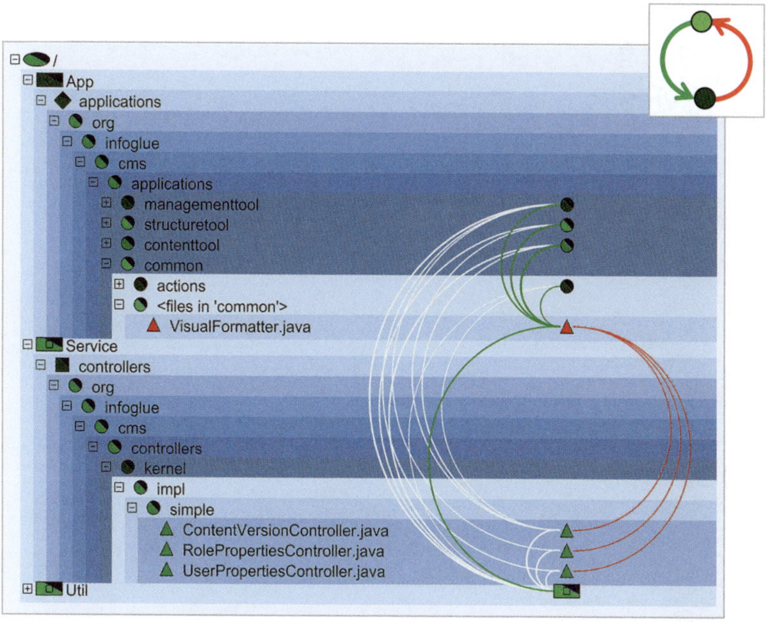

Abb. 2–11
Zusammenarbeit von VisualFormatter mit anderen Klassen[5]

Betrachtet man Abbildung 2–11, so liegt die Vermutung nahe, dass `Visual-Formatter` aus der App-Schicht weiter nach unten verschoben werden sollte. Der Name `Formatter` deutet daraufhin, dass es sich bei dieser Klasse um eine Util-Klasse handelt. Möglicherweise ist sie im `common`-Package-Knoten in der App-Schicht gelandet, weil sie bei der Entwicklung der verschiedenen Applications entstanden ist. Da sie aber aus der Service-Schicht verwendet wird, kann sie nicht in der App-Schicht bleiben.

Refactoring der ersten Verletzung

Der Sotograph erlaubt uns, Klassen in andere Packages zu verschieben. In Abbildung 2–12 sieht man den Effekt. Die durch `VisualFormatter` verursachte Schichtenverletzung ist aufgehoben. Außerdem ist die Klasse `VisualFormatter` mit einem kleinen »r« für Refactoring gekennzeichnet, um deutlich zu machen, dass sie verschoben worden ist.

5. Dass einige Beziehungen (Bögen) in dieser Abbildung weiß dargestellt sind, hat damit zu tun, dass der Package-Knoten `impl` in dieser Abbildung selektiert ist. Dadurch werden die Beziehungen aller anderen Knoten der besseren Übersichtlichkeit halber weiß angezeigt.

Abb. 2–12
Auflösen der Verletzung durch Verschieben von VisualFormatter

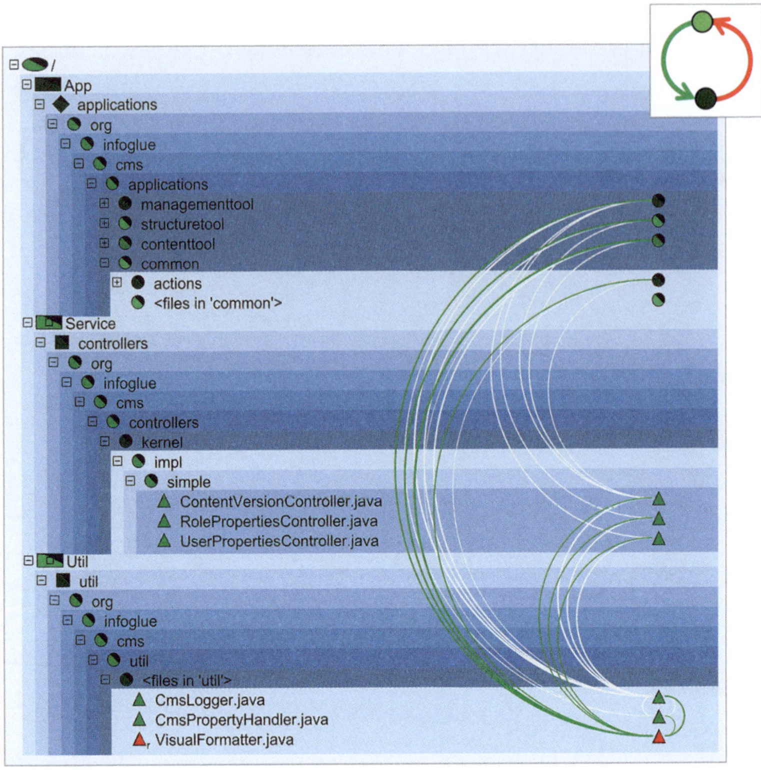

Nun bleibt uns noch die zweite Schichtenverletzung zwischen der Service-Schicht und der App-Schicht (s. Abb. 2–13).

Abb. 2–13
Verletzung der Schichtung durch CreateContent-WizardInfoBean

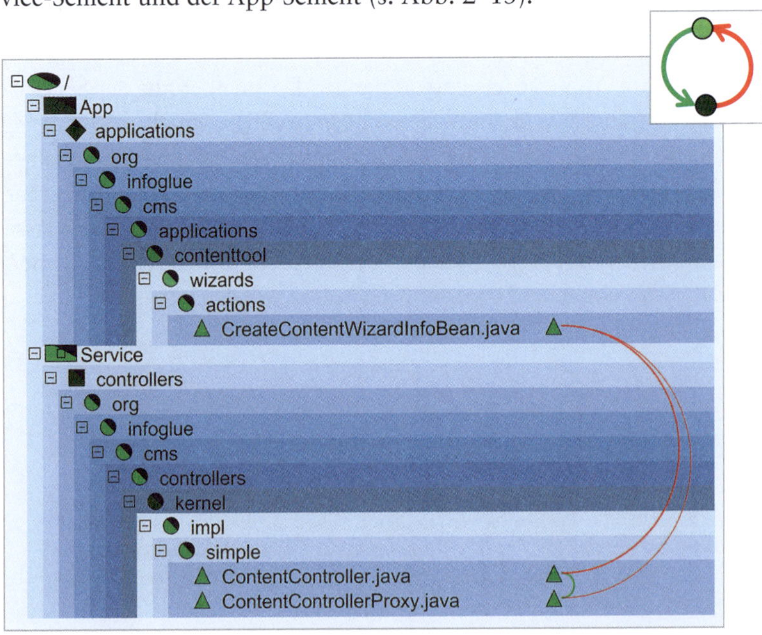

Refactoring der zweiten Verletzung

Auch in diesem Fall stellt sich die Frage, ob `CreateContentWizardInfoBean` ähnlich wie der `VisualFormatter` in das falsche Package und damit in die falsche Schicht einsortiert worden ist. Schauen wir uns einmal die Beziehungen von `CreateContentWizardInfoBean` an.

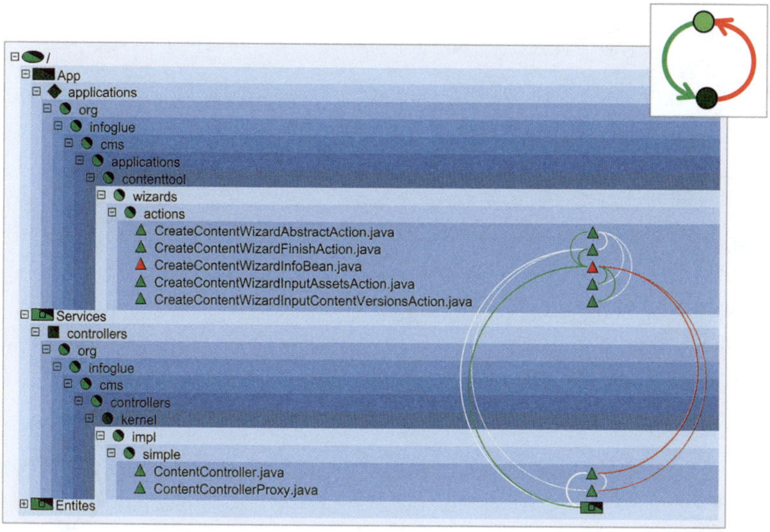

Abb. 2–14
Beziehungen von CreateContentWizardInfoBean

Spezialitäten in der Architektur

Betrachtet man Abbildung 2–14 im Detail, dann kann man erkennen, dass `CreateContentWizardInfoBean` keine anderen Klassen aus der App-Schicht benutzt. `CreateContentWizardInfoBean` kann also nach unten verschoben werden – und zwar direkt zu `ContentController` und `ContentControllerProxy`. Eine weitere Recherche im gesamten Sourcecode ergibt, dass `CreateContentWizardInfoBean` die einzige Bean-Klasse ist, die es in `InfoGlue` gibt.

Die anderen Controller und Actions arbeiten nicht über Beans zusammen. Diese Besonderheit bei den `ContentController`-Klassen und ihren Actions muss im Entwicklungsteam diskutiert werden. Um die Architekturverletzung aufzuheben, verschieben wir den `CreateContentWizardInfoBean` in die Service-Schicht (s. Abb. 2–15).

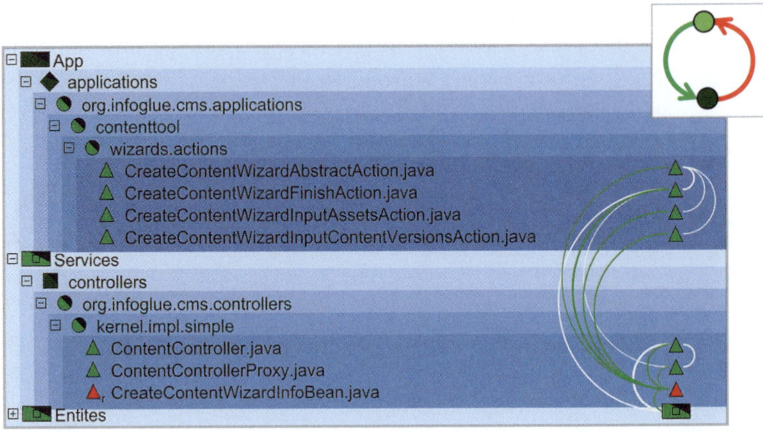

Abb. 2–15
Auflösen der Verletzung durch Verschieben von CreateContentWizard-InfoBean

Mit diesen beiden Verschiebungen haben wir eine Verletzung in der Schichtenarchitektur von `InfoGlue` aufgelöst. Die Ist-Architektur von `InfoGlue` sieht jetzt folgendermaßen aus:

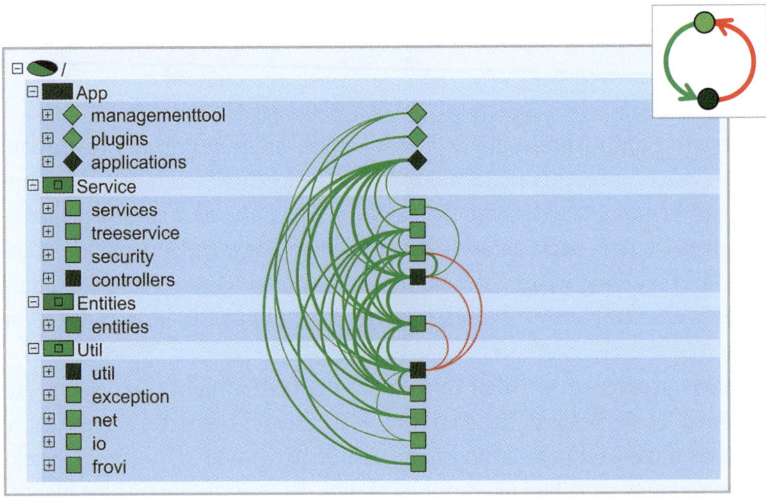

Abb. 2–16
Erster Schritt zur Architekturverbesserung von InfoGlue

Als Nächstes müssen jetzt die Verletzungen aus der Util-Schicht zu Entities und Service untersucht werden. Das Auflösen der Beziehung zwischen Util und Service enthält ein paar interessante Schritte. Als Erstes schauen wir uns die Klassen an, die diese Verletzung verursachen. Die Darstellung in Abbildung 2–17 ist im Gegensatz zu den vorherigen Abbildungen mit Filtern so angepasst, dass Packages, die keine Klassen enthalten, in Punktnotation in einer Zeile aufgeführt sind. So wird die Darstellung etwas kompakter.

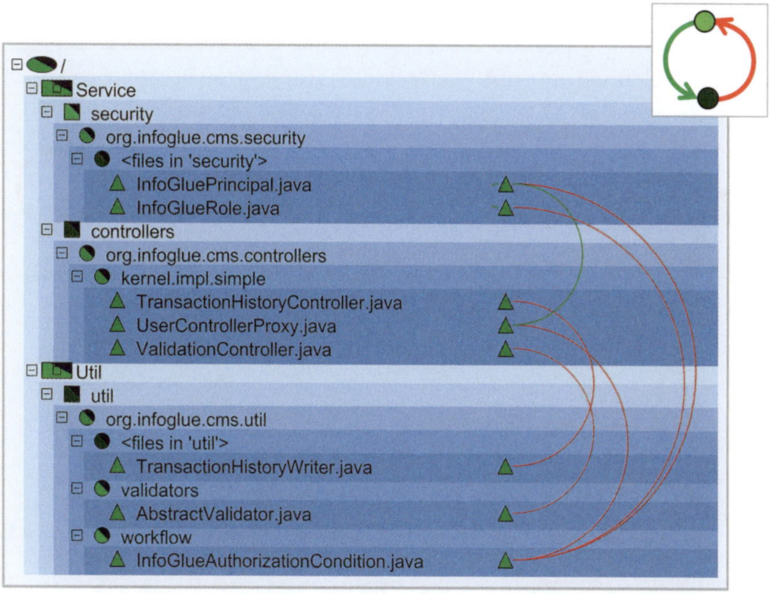

Abb. 2–17
Verletzung zwischen Util und Service

Refactoring der dritten Verletzung

Drei Klassen aus Util verursachen diese Verletzung: `TransactionHistoryWriter`, `AbstractValidator` und `InfoGlueAuthorizationCondition`. Erweitert man den Filter aus Abbildung 2–17 um alle Klassen, die `InfoGlueAuthorizationCondition` verwendet, so sieht man, dass `InfoGlueAuthorizationCondition` eigentlich in das security-Subsystem gehört (s. Abb. 2–18). Dort befinden sich die Klassen, die am meisten mit `InfoGlueAuthorizationCondition` zusammenarbeiten.

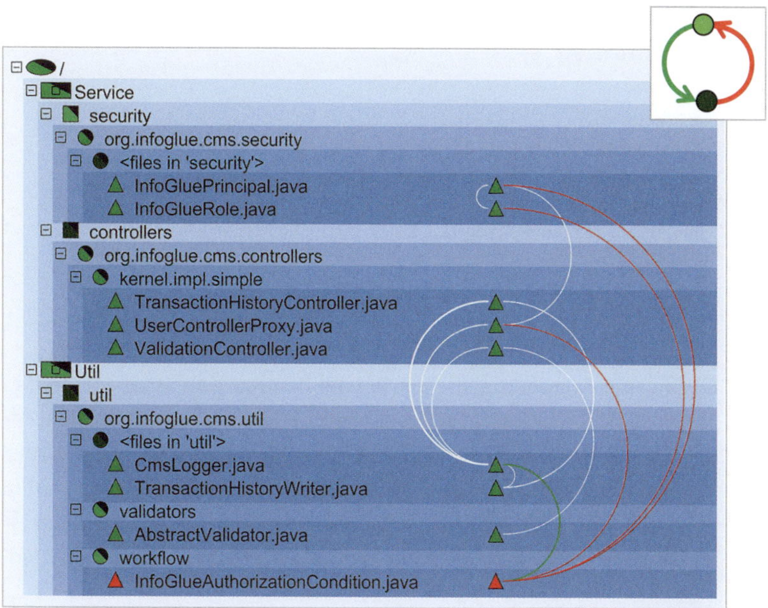

Abb. 2–18
Beziehungen von InfoGlueAuthorization-Condition

Verschiebt man `InfoGlueAuthorizationCondition`, so bleiben noch zwei Verletzungen übrig: `AbstractValidator` und `TransactionHistoryWriter`. Zuerst wollen wir uns mit `TransactionHistoryWriter` beschäftigen.

Abb. 2–19
Beziehungen von TransactionHistoryWriter

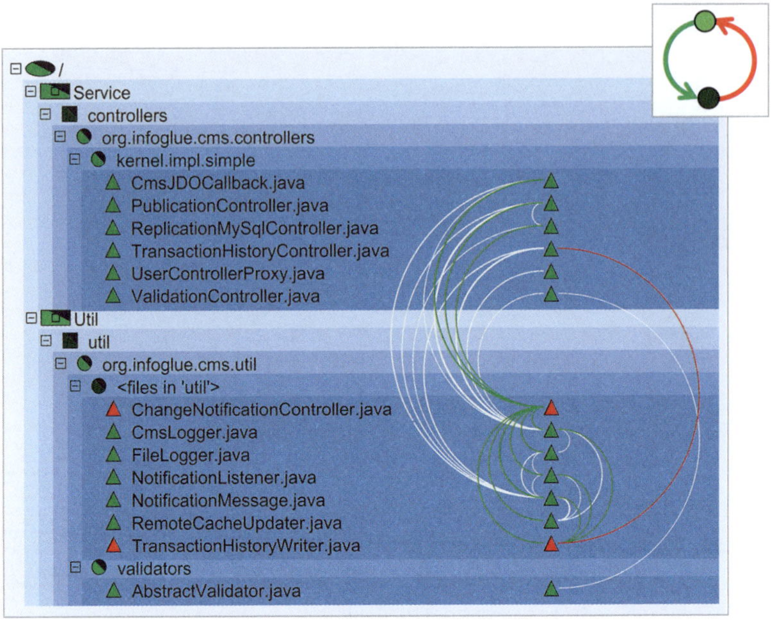

Verletzung ohne simple Lösung

In Abbildung 2–19 sieht man, dass `TransactionHistoryWriter` in Util von `ChangeNotificationController` verwendet wird und selbst den `TransactionHistoryController` benutzt. Diese Beziehung führt zu der roten Verletzung. Schaut man sich den Sourcecode dieser Klassen an, so findet man verdächtige Kommentare wie den folgenden:

```
/**
* This method is a bit different from other creates
* as it does not use the common base-class-method.
* Using it would result in a recursive loop of
* new notificationMessages.
*/
```

Zwei weitere Hinweise auf schlechtes Design an dieser Stelle sind:

1. Die Klasse `TransactionHistoryWriter` benutzt den `TransactionHistoryController` und wird vom `ChangeNotificationController` verwendet. Das Verhältnis zwischen den Controllern und dem einen Writer ist unklar. Ist ein Writer eine Hilfsklasse für Controller? Dann sollte er keine Controller verwenden. Ist er eine Klasse, die andere Controller steuert? Dann sollte er von Controllern nicht verwendet werden.

2. Es gibt in der ganzen Sourcecode-Basis keine andere Klasse, die `XYWriter` heißt. Hier liegt also ein ähnlicher Fall vor wie bei der Klasse `CreateContentWizardInfoBean` weiter oben.

Um für diese Verletzung tatsächlich eine gute Lösung zu finden, müsste man mit den Entwicklern und Architekten selbst sprechen. Möglicherweise ist ein grundsätzliches Redesign dieser Klassen erforderlich, um Klarheit in den Entwurf und damit auch in die Schichtung zu bekommen. Wäre das Entwicklerteam von `InfoGlue` vor Ort, so würden wir Abbildung 2–19 aus dem Tool exportieren und für eine spätere Designsession aufbewahren. Da wir das Entwicklungsteam von `InfoGlue` nicht greifbar haben, lösen wir diese Verletzung nicht auf, sondern markieren sie lediglich gelb, um auszudrücken, dass wir sie schon untersucht haben.

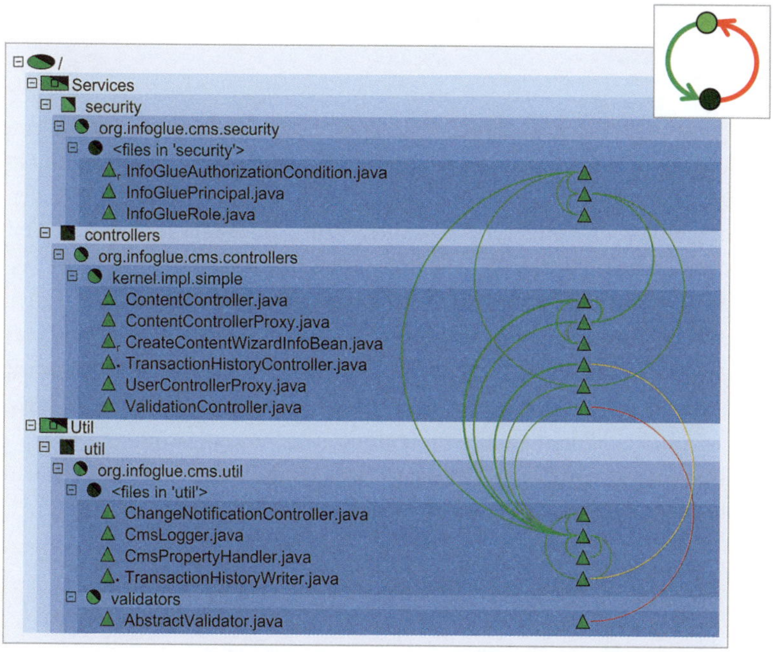

Abb. 2–20
Erledigte Refactorings und verbleibende Verletzung

Verletzung ohne simple Lösung

In Abbildung 2–20 sieht man den aktuellen Zustand. Zwei Klassen wurden verschoben. Sie sind an dem kleinen »r« neben ihrem Namen zu erkennen. Die Verletzung von `TransactionHistoryWriter` konnten wir nicht auflösen, weshalb sie nun gelb gekennzeichnet ist. Übrig ist nur noch die Verletzung von `AbstractValidator`.

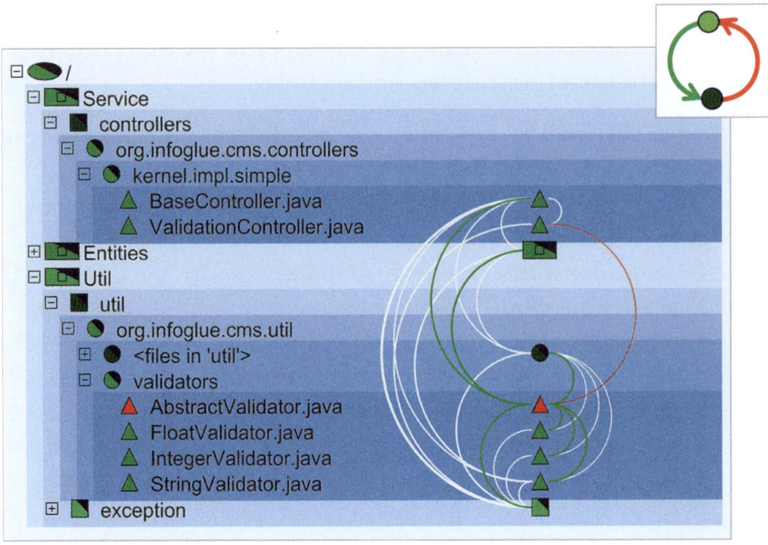

Abb. 2–21
Beziehungen von AbstractValidator

Schwierige Verletzung

Die Klasse `AbstractValidator` lässt sich ebenfalls nicht so einfach verschieben wie die Klassen bei den ersten Verletzungen. Schiebt man `AbstractValidator` in die Service-Schicht, so entstehen eine Reihe neuer Verletzungen von den anderen Validatoren zum `AbstractValidator`. Außerdem würde eine Verletzung von Entities zu Service entstehen, weil Klassen aus Entities `AbstractValidator` verwenden (erkennbar an dem grünen Bogen von Entities zu `AbstractValidator`). Eine Verschiebung des `ValidatorController` in der entgegengesetzten Richtung, also aus Service in die Util-Schicht, wäre architektonisch falsch, weil alle Controller-Klassen in der Service-Schicht versammelt sind.

Der Aufruf von `ValidatorController` erfolgt in `AbstractValidator` in genau einer Methode:

```
protected void validateUniqueness(String value) throws ConstraintException,
                                                        SystemException {
   if (this.mustBeUnique){
      Pattern p = Pattern.compile("[.\\s]+");
      String[] arrString = p.split(fieldName);
      String cleanField = arrString[arrString.length-1];

      If (ValidationController.fieldValueExists(
         objectClass, cleanField, value, excludeId, excludeObject)) {
            throw createConstraintException(NOTUNIQUE_FIELD_ERROR_CODE);
         }
   }
}
```

Designdiskussion

Auch über diese Stelle muss mit dem Entwicklungsteam diskutiert werden, wie das Design der Klassen verbessert werden kann: Kann der Aufruf am `ValidationController` außerhalb des `AbstractValidator` durchgeführt werden und `AbstractValidator` wird lediglich das Ergebnis übergeben? Ist diese Funktionalität an dieser Stelle überhaupt richtig angesiedelt? Oder gehört sie in eine andere Klassen? Solche Fragestellungen tauchen bei jeder Architekturanalyse auf. Wenn das Entwicklungsteam eine klare Architekturvorstellung hat, dann hört man an diesem Punkt Sätze wie: »Das ist aber nicht schön! Das müssen wir anders machen. Ich weiß auch schon wie …« In einem solchen Moment wird das entsprechende Bild aus dem Werkzeug exportiert und bekommt einen Namen, anhand dessen man das Problem wiedererkennen kann.

Architekturverbesserung

Das Ergebnis dieses Schrittes ist eine Architektur mit einer verbleibenden Verletzung zwischen Util und Entities sowie zwei Designaufgaben für das Entwicklungsteam. In Abbildung 2–22 sieht man die verbleibende rote Beziehung zwischen Util und Entities. Die Verletzung von Util zum `controllers`-Subsystem haben wir gelb markiert, um anzudeuten, dass wir diese Beziehung untersucht haben, sie aber nicht auflösen können.

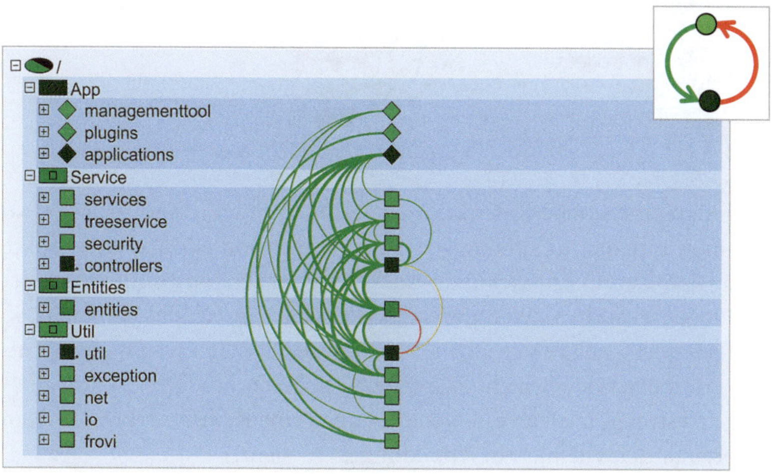

Abb. 2–22
Aufgeräumte Architektur von InfoGlue

Die letzte Verletzung von Util zu Entities werden wir in Abschnitt 9.1.3 als Beispiel für Zyklen verwenden und dort auflösen.

Zwei Möglichkeiten der Architekturanalyse und -verbesserung haben wir uns bisher noch nicht angesehen: den Effekt von unabhängigen Subsystemen und Schnittstellen von Subsystemen. Die nächsten beiden Abschnitte zeigen diese beiden Möglichkeiten ebenfalls an `InfoGlue`. Auch wenn diese Modellierung für `InfoGlue` aufgrund seiner geringen Größe bzw. der von seinen Architekten gewählten Architektur zu sehr vielen Verletzungen führt.

Unabhängige Subsysteme

Zwischen den unabhängigen Subsystemen in der App-Schicht existieren in `InfoGlue` im Sourcecode keine verletzenden Beziehungen (s. Abb. 2–23 oben), sodass wir den Effekt dieser Modellierungskonstrukte an einem anderen Systemteil ausprobieren müssen. Um den Effekt von unabhängigen Subsystemen (Rauten) zu verdeutlichen, wandeln wir die uneingeschränkten Subsysteme (Quadrate) aus der Service-Schicht in Abbildung 2–23 in unabhängige Subsysteme (Rauten) um. Das Ergebnis sind viele neue Verletzungen. Alle Beziehungen zwischen den Subsystemen in der Service-Schicht werden in Abbildung 2–23 als rote Verletzungen dargestellt. In unseren früheren Darstellungen (s. Abb. 2–8) hatten diese Beziehungen noch eine grüne Farbe.

Abb. 2–23
Unabhängige Subsysteme (Rauten) in der Service-Schicht

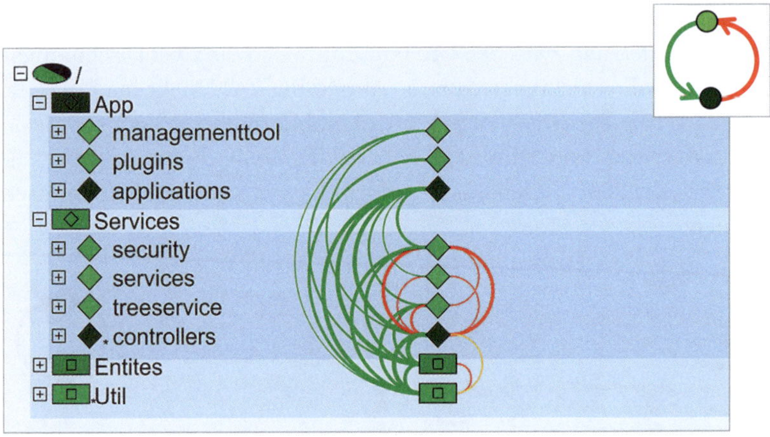

Will man eine solche Restriktion in seiner Architektur ausdrücken, so hat man mit den unabhängigen Subsystemen die Möglichkeit. Sollte beispielsweise ein Entwickler in einer späteren Version von `InfoGlue` Beziehungen zwischen den Subsystemen in der App-Schicht einbauen, so würden dort – genau wie jetzt in der Service-Schicht – rote Bögen sichtbar. Für die Service-Schicht in `InfoGlue` erscheint diese Restriktion allerdings zu streng. Die vier Subsysteme haben eine Reihe von Beziehungen untereinander, wie man in Abbildung 2–23 sieht.

Schnittstellen

Für alle drei Modellierungskonstrukte (Schichten, uneingeschränkte und unabhängige Subsysteme) kann man Schnittstellen definieren. Alles, was nicht zur Schnittstelle gehört, darf von außerhalb nicht benutzt werden, ist also privat. Hat man Schnittstellen definiert, so werden die Verletzungen der Schnittstelle ebenfalls als rote Beziehungen dargestellt. In Abbildung 2–24 sieht man das aufgeklappte Subsystem `controllers`. Dieses Subsystem enthält im Package-Baum ein Package mit dem Namen `impl`. So ein Package-Name wird häufig verwendet, um auszudrücken, dass dieses Package von außen nicht verwendet werden soll.

Um den Effekt von Schnittstellen sichtbar zu machen, wurde dieses Package `impl` in Abbildung 2–24 zu einem privaten Package gemacht. Es hat nun ein kleines »p« vor seinem Namen und alle Beziehungen, die von außerhalb des `controllers`-Subsystems zu `impl` gehen, sind rot dargestellt. Lediglich innerhalb von `controllers` ist eine Benutzung zulässig. Die Klassen im Package `usecases` dürfen also auf `kernel.impl` zugreifen. Ihre Beziehungen zu `kernel.impl` sind deshalb grün dargestellt.

Rote Bögen = Schnittstellenverletzungen

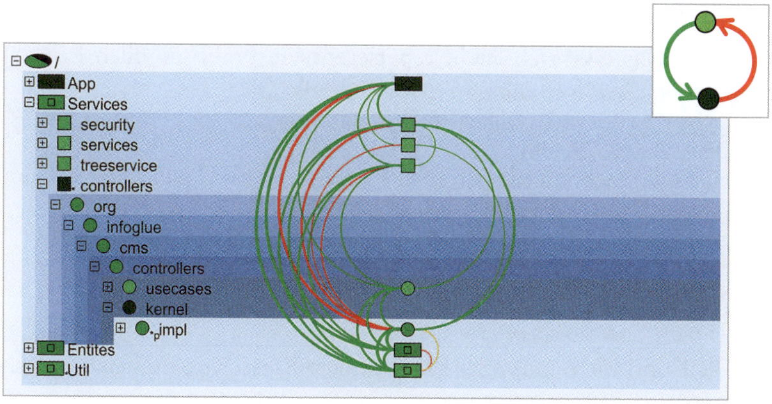

Abb. 2–24
Schnittstellenverletzung im Subsystem controllers zum impl-Package

Leider gibt es zu dem `impl`-Package eine Reihe von Beziehungen in `InfoGlue`. Wir müssen also für `InfoGlue` davon ausgehen, dass die Entwickler an dieser Stelle keine Schnittstelle bzw. keinen privaten Teil definieren wollten. Das Package `impl` gehört in `InfoGlue` also trotz seines Namens zur Schnittstelle des `controllers`-Subsystems. Bei der Größe von `InfoGlue` wäre es durchaus möglich und sinnvoll, dass es die ersten Schnittstellen gibt. In der Diskussion mit den Architekten und Entwicklern von `InfoGlue` wäre zu klären, wo die Schnittstellen sind bzw. wann das Team plant, Schnittstellen einzuführen.

An dieser Stelle beenden wir die Beispielanalyse von `InfoGlue`. Sie haben die wesentlichen Möglichkeiten der toolgestützten Architekturanalyse kennengelernt. Bei einer echten Architekturanalyse wäre noch eine Reihe weiterer Aspekte zu untersuchen: Modularität über Metriken, stark verkoppelte Strukturen auf allen Ebenen, der Einsatz von Entwurfsmustern u.v.m. In Kapitel 5 werden diese Aspekte eingeführt und erläutert.

2.4 False Positives und generierter Code

Aufräumen

Im Laufe der Analyse im letzten Abschnitt gab es mehrere Schritte, in denen wir die Zuordnung von einzelnen Klassen zu Packages korrigiert haben. Solche Korrekturen sind sehr typisch für die erste Analyse eines Systems. Dadurch, dass die Entwickler und Architekten ihr System noch nie aus diesem Blickwinkel sehen konnten, sind ihnen diese fehlerhaften Zuordnungen nicht bewusst und nie aufgefallen. Solche Verletzungen gelten bei der Analyse als False Positives – also als Verletzungen, die eigentlich keine echten Verletzungen sind, sondern nur aus Flüchtigkeitsfehlern und fehlender Übersicht entstanden sind.

In der Regel kündigt sich ein solcher Fund mit den Worten an: »Was ist denn das da? Das darf aber ganz bestimmt nicht sein! Können wir uns das mal ansehen, bitte? Ach so, na ja, da hat mal wieder jemand ... Das lässt sich leicht reparieren!« In praktisch allen Fallstudien traten die folgenden Arten von False Positives auf:

- *Falsche Zuordnung*
  Eine oder mehrere Klassen bzw. Packages mussten im Package-Baum verschoben werden.
- *Flüchtigkeitsfehler beim Kopieren*
  Kopierfehler konnten durch die korrekten Aufrufe ersetzt werden.
- *Aufrufe von Konstanten*
  Die Konstanten mussten in eine andere Klasse verschoben werden.
- *Unvollständige Schnittstelle*
  Fehlende Klassen oder Interfaces mussten zur Schnittstelle hinzugefügt werden.

Einfluss von Generiertem

Neben den False Positives muss man sich bei der Vorbereitung einer Analyse Gedanken machen, wie man mit generierten Systemteilen umgehen will. Eigentlich ist die Analyse auf die Strukturen im Softwaresystem ausgerichtet, die die Entwickler selbst programmiert haben und tatsächlich auch bearbeiten. Aus diesem Blickwinkel ist es unsinnig, generierte Systemteile zu analysieren. Der generierte Sourcecode soll von den Entwicklern nie bearbeitet werden. Mit einer Analyse des generierten Codes würden wir die Qualität des Generators überprüfen. Das verfälscht zumindest bei den Metriken den Blick auf die wirkliche Komplexität.

Generierter Code + Architektur

Auf Architekturebene hingegen können die generierten Systemteile wichtig sein. Das ist immer dann der Fall, wenn ein zentraler Bestandteil der Anwendung generiert ist. Beispiele dafür sind:

- Auf Basis von eigenen XML-Schemata werden Klassen generiert, die in der Anwendung einen wesentlichen Teil des Domänenmodells bilden.
- Es wird Glue-Code generiert, der beispielsweise Modelltransformationen vornimmt und damit Zusammenhänge innerhalb der Anwendung herstellt, die ansonsten nicht ersichtlich wären. So gibt es z.B.

Anwendungen, bei denen »Assembler«-Klassen generiert werden, die Werte von Entities auf JAX-B-Objekte und umgekehrt kopieren.

Lässt man diese Teile der Anwendung weg, weil sie generiert sind, würde man ohne die generierten Klassen gar nicht sehen können, dass bestimmte Klassen auf Daten ganz anderer Teile der Anwendung zugreifen, weil das komplett mithilfe der generierten Klassen geschieht.

Aufgrund dieser verschiedenen Betrachtungsweisen von Architektur (generierter Code ist wichtig für die Architektur, aber er verschmutzt die Metriken) lohnt es sich, den Sourcecode eines Systems mehrfach zu parsen. So kann man je nach gerade eingenommenem Betrachtungswinkel mal das eine und mal das andere untersuchen.

2.5 Spickzettel zum Sotographen

In den folgenden Kapiteln werden Sie immer wieder Bilder aus dem Sotographen zu sehen bekommen. In Abbildung 2–25 sind alle Elemente der Darstellung zusammengefasst, denen Sie in den folgenden Kapiteln begegnen werden.

Abb. 2–25 *Modellierungs- und Darstellungsmittel im Sotographen*

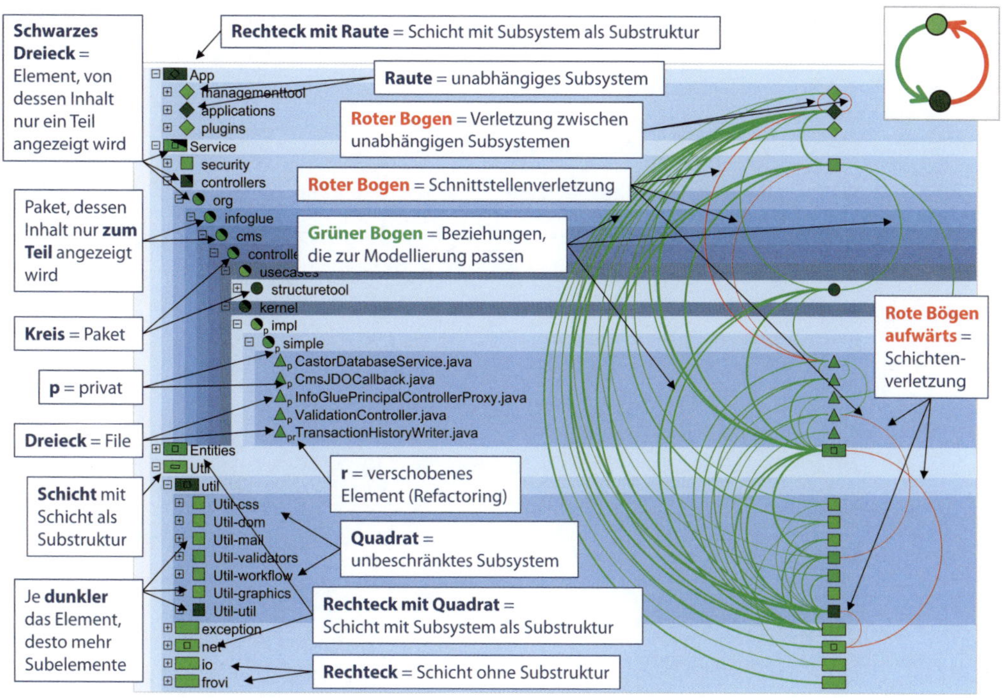

Falls Sie die Arbeit mit dem Sotographen live sehen wollen, gibt es hier einen Film: *www.langlebige-softwarearchitektur.de* oder *www.llsa.de*.

3 Architektur in Programmiersprachen

Die verschiedenen Programmiersprachen haben auf der Schlüsselwortebene und bei den Entwicklungsumgebungen ihre Eigenheiten. Aber auch auf Ebene der Architektur und der Strukturierung verhalten sie sich unterschiedlich. Was sich im Sourcecode von Systemen finden lässt und wie man die jeweiligen Strukturen aus Architektursicht abbilden kann, erläutern die folgenden Abschnitte.

3.1 Java-Systeme

Bei Java-Systemen ist die Architektur im Packages-Baum und oft auch in der Aufteilung in verschiedene Build-Artefakte zu finden. Praktisch ist es, wenn man diese Informationen zur Architektur beim Parsen des Sourcecodes direkt mitgeliefert bekommt und dann in die Analyse mit einbeziehen kann.

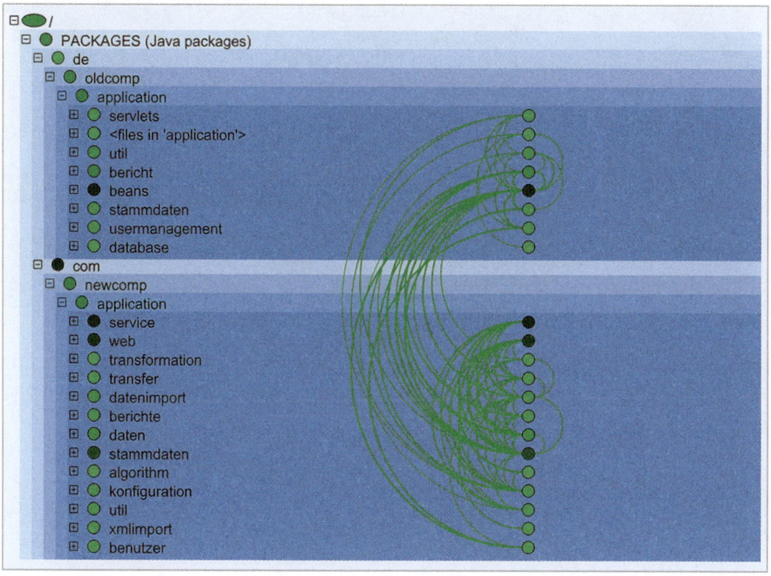

Abb. 3-1
Java-System nach Package-Baum

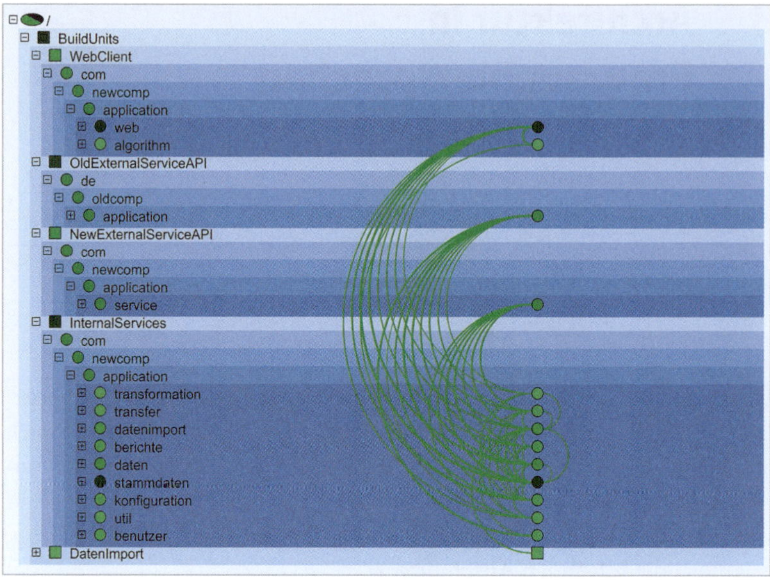

Abb. 3–2
Java-System nach Build-Artefakten

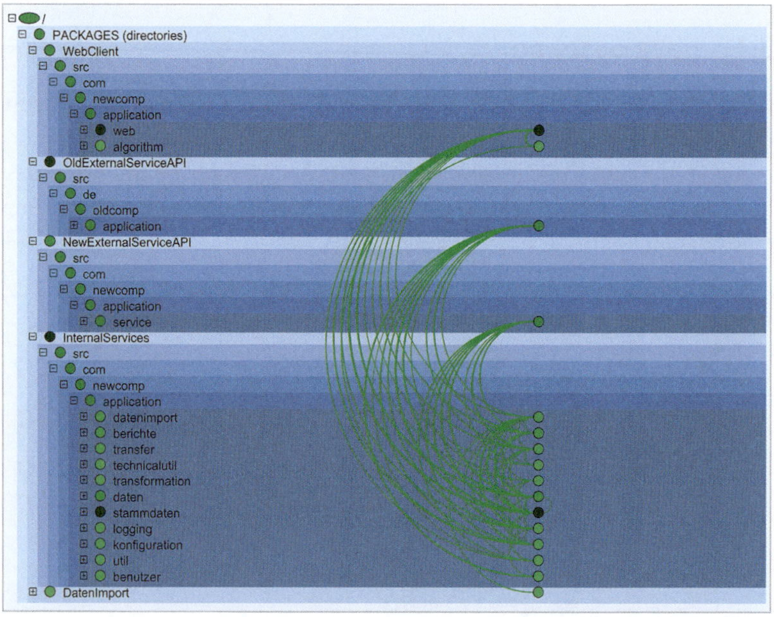

Abb. 3–3
Java-System nach Directory-Baum

Unterschiedliche Strukturen

Die drei Grafiken in Abbildung 3–1, 3–2 und 3–3 zeigen dasselbe System einmal nach seinem Package-Baum, einmal nach den definierten Build-Artefakten und einmal nach dem Directory-Baum:

- In Abbildung 3–1 sieht man, dass dieses System zwei Package-Bäume besitzt: `de.oldcomp.application` und `com.newcomp.application`.
- Nimmt man die Build-Artefakte als Struktur (s. Abb. 3–2), so finden sich unterhalb der Build-Artefakte (`WebClient`, `OldExternalServiceAPI`, `NewExternalServiceAPI`, `InternalServices`, `DatenImport`) jeweils die enthaltenen Package-Bäume. In Abbildung 3–2 sieht man, wie das Package `com.newcomp.application` über die ersten vier der fünf Build-Artefakte (`WebClient`, `OldExternalServiceAPI`, `NewExternalServiceAPI`, `InternalServices`) verteilt ist.
- Bildet der Directory-Baum die Grundlage für die Analyse (s. Abb. 3–3), so ergibt sich ein sehr ähnliches Bild wie bei den Build-Artefakten. Für manche Spezialanalysen im Zusammenhang mit Mustersprachen (s. Kap. 8) braucht man diese Sicht auf ein System.

Wo ist die Architektur?

Bei der Architekturanalyse verwenden wir jeweils die Darstellung des Systems, die der Architekturvorstellung seines Entwicklungsteams am nächsten kommt. Gibt es Build-Artefakte, so setzen wir in der Regel auf ihnen auf.

Split-Packages

Die Entwickler des Systems in den Abbildungen 3–1 und 3–2 haben bei ihrer Strukturierung dafür gesorgt, dass jeder Package-Knoten genau zu einem Build-Artefakt gehört. Es gibt denselben Package-Knoten also nie in zwei Build-Artefakten. Bei meinen Analysen kommt es jedoch immer wieder vor, dass in den verschiedenen Build-Artefakten gleichlautende Package-Pfade zu finden sind. Betrachten wir das System bei der Analyse auf Basis der Build-Artefakte, so stört diese Dopplung in der Analyse auf den ersten Blick nicht. Sobald man aber anfängt, über Klassen in den Packages zu sprechen, deren Pfad in zwei verschiedenen Build-Artefakten auftaucht, geht die Schwierigkeit los. Man muss jedes Mal sagen, in welchem Build-Artefakt man sich gerade befindet.

Beispiel für Split-Packages

Abbildung 3–4 zeigt ein Java-System nach seinem Package-Baum. In Abbildung 3–5 sieht man dasselbe System nach seinen Build-Artefakten sortiert. Beim Vergleich der beiden Strukturen kann man erkennen, dass fast alle Package-Knoten aus dem obersten JAR `einbeispiel_extra_jar` auch im JAR darunter existieren. Allein `taglib` gibt es nur im obersten Build-Artefakt. Auch das dritte Build-Artefakt `clustermanager_jar` teilt sich sein `cluster`-Package mit dem JAR darüber.

Abb. 3–4
Zusammengesetzter Package-Baum aus mehreren JARs

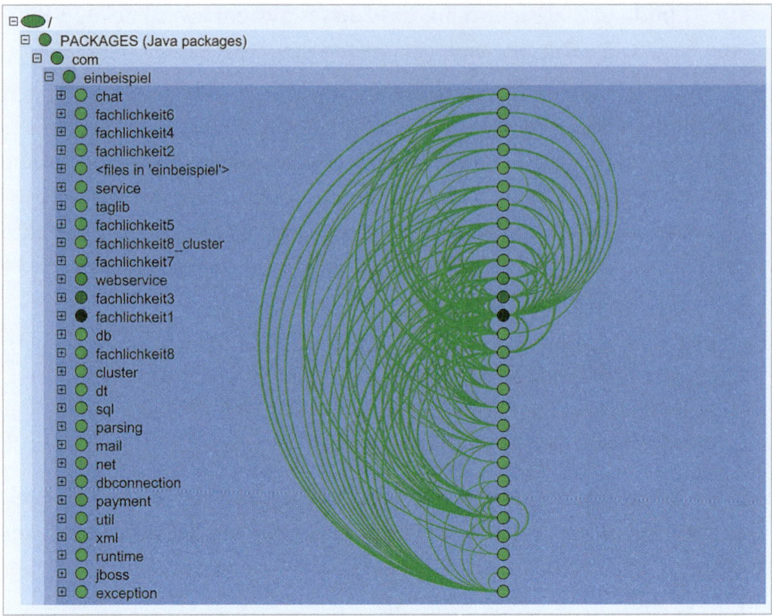

Abb. 3–5
Split-Packages über mehrere JARs

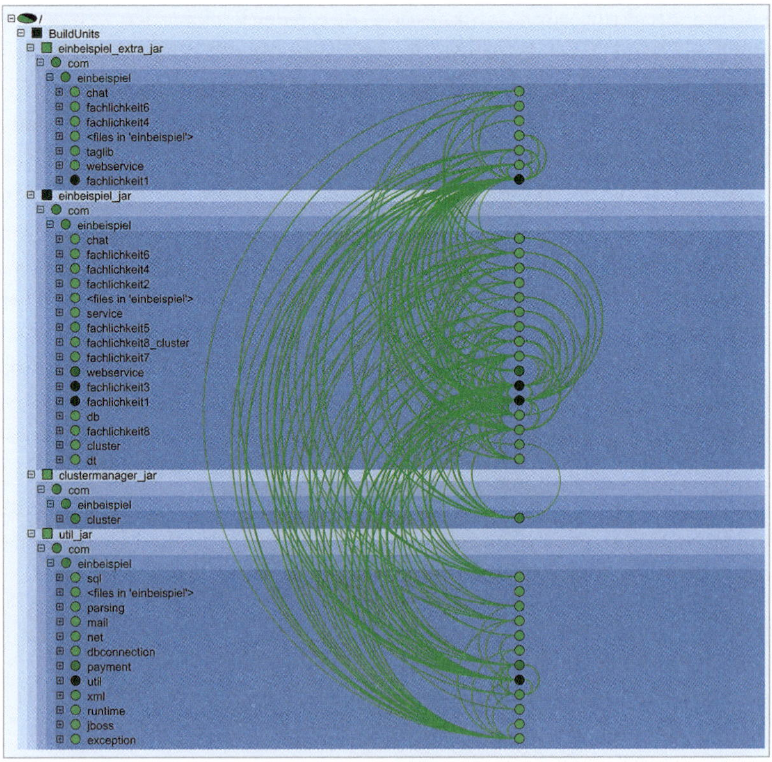

Split-Packages in einem System deuten darauf hin, dass die Entwickler nicht aufgeräumt haben. In einer guten hierarchischen Struktur sollte kein Knoten zu zwei Elternknoten gehören. Der technische Effekt ist auch eigenartig: Die Klassen aus einem JAR können auf die als Package protected definierten Klassen aus einem anderen JAR zugreifen, wenn sie im selben Package liegen. Arbeitet man mit OSGi[1], so machen Split-Packages über Bundle-Grenzen nicht nur konzeptionelle, sondern auch technische Probleme zur Laufzeit.

Deshalb empfiehlt sich für jedes Entwicklungsteam:

Namensgebung für Packages in Build-Artefakten

Verwenden Sie für jedes Build-Artefakt ein eigenes Root-Package.

Mit Java 9 ist ein Modulsystem namens Jigsaw in Java eingeführt worden. Jigsaw erweitert Java um einen echten Kapselungsmechanismus oberhalb von Klassen und Packages. Package-Bäume können nun zu einem benannten Modul zusammengefasst werden. Das Modul deklariert außerdem, welche Packages von außen zugreifbar sind und welche anderen Module gebraucht werden. Alle Klassen, die nicht in den von außen zugreifbaren Packages enthalten sind, bleiben nach außen so verborgen.

Weder das in Java von Anfang an vorhandene Package-Konstrukt noch die Möglichkeit, Klassen in JARs einzupacken, haben einen vergleichbaren Effekt der Kapselung erzielen können. Zwar kann man Klassen in Packages mit zwei verschiedenen Sichtbarkeiten (`public` und Package-`private`) definieren. Aber diese Sichtbarkeit bezieht sich nur auf das jeweilige Package und nicht auf Subpackages. Das führt dazu, dass man entweder unstrukturierte große Packages hat oder solche, die nur aus öffentlichen Klassen bestehen. JARs wiederum sind nur eine Menge von komprimierten Class-Dateien plus Daten. Sie haben keinen Einfluss auf die Sichtbarkeit der in ihnen enthaltenen Klassen und deshalb auch keine Schnittstelle. Mit Java 9 wird dieser Mangel nun endlich behoben.

Java-Modulsystem einsetzen

Verwenden Sie das Modulsystem, sobald es verfügbar ist. Es wird deutlich zur Klarheit Ihrer Architektur beitragen, weil sie dadurch explizit wird.

---

1. s. *http://wiki.osgi.org/wiki/Split_Packages*.

3.2 C#-Systeme

In C# gibt es, ähnlich wie in Java, verschiedene Ebenen, um Architektur im Sourcecode auszudrücken. Visual Studio als Entwicklungsumgebung für C# bietet Projekte an, die zusammen in einer Solution verwaltet werden. Diese Ebene der Build-Artefakte lassen sich bei der Architekturanalyse gut verwenden. Außerdem wird der C#-Sourcecode in Directories abgelegt und man kann für jede Klasse einen Namespace festlegen.

Abb. 3–6
C#-System nach Directories

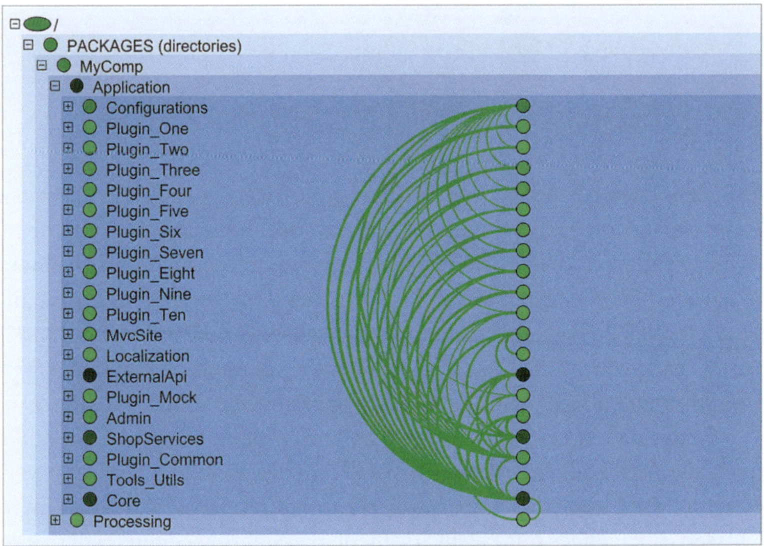

Abb. 3–7
C#-System nach Namespaces

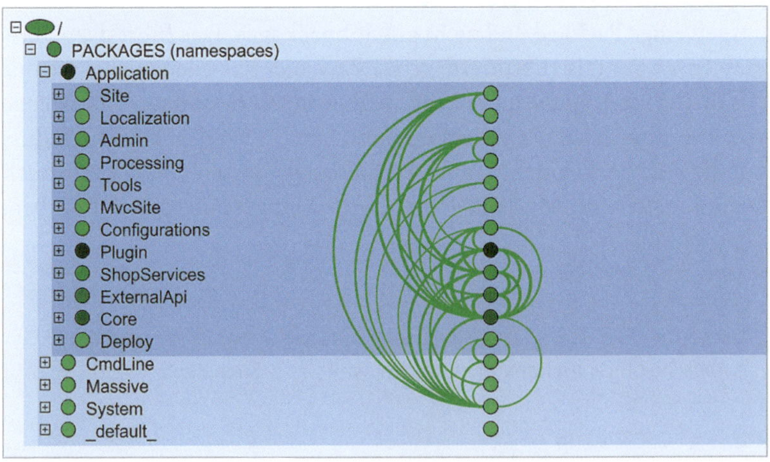

Namespaces müssen anders als Packages in Java *nicht* synchron mit den Directories verlaufen. Dieser Umstand führt dazu, dass es neben den Directory-Bäumen in Projekten noch eine zweite, unabhängige Struktur geben kann.

Namespaces ≠ Directories

Die Architekten des C#-Systems in Abbildung 3–6 und 3–7 waren überrascht, als sie die unterschiedlichen Strukturierungen ihres Systems sahen. Eigentlich hatten sie erwartet, dass beide Strukturen gleich aussehen. Sie hatten ihrem Entwicklungsteam die Vorgabe gegeben, dass Directories und Namespaces immer gleich lauten sollten. Die Ursache für das Auseinanderdriften war schnell gefunden: Visual Studio unterstützt beim Refactoring zwar die Anpassung der Directories, die Namespaces werden aber nicht nachgezogen.

In einem solchen Fall kläre ich mit den Architekten als Erstes, welche der beiden Sichten auf ihr System mehr Architekturinformationen enthält. Bei dem System aus den Abbildungen 3–6 und 3–7 haben wir auf Basis der Directories die Architektur modelliert und untersucht.

Zwei konkurrierende Hierarchien

Bisher ist mir kein guter Grund untergekommen, warum man mit den Namespaces eine zweite Struktur in seinem System aufbauen sollte, die nicht parallel zu den Directories verläuft. Dadurch entstehen zwei konkurrierende Hierarchien, die lediglich die Komplexität der Architektur erhöhen. Für Entwickler und Architekten kommt bei jeder Klasse wieder die Frage auf, welche Bedeutung die Zugehörigkeit zu einem Directory und zu einem anderen Namespace hat. Es entsteht Komplexität, die die Entwicklungsgeschwindigkeit reduziert und die Kosten erhöht. Jedes Entwicklungsteam sollte deshalb den folgenden Rat beachten:

Namespaces und Directories synchron einsetzen

Bauen Sie mit Namespaces und Directories parallel Hierarchien in Ihrem C#-Sourcecode auf.

Visual Studio vs. Assemblies

Was die Lage bei der Entwicklung mit C# zusätzlich kompliziert macht, ist die Tatsache, dass die Entwickler im Visual Studio den Directory-Pfad sehen. Ihrer natürlichen Denkweise entsprechend bilden sie also anhand von Directories Unterstrukturen. Verwendet man ein C#-Assembly, so hat man keine Directory-Strukturen mehr verfügbar. Die in der Assembly enthaltenen Klassen werden nun über den Namespace adressiert.

3.3 C++-Systeme

Namespaces ≠ Directories

C++ hat, wie C#, als Gruppierung für Klassen sowohl Directories als auch Namespaces anzubieten. Wie bei C# werden Directories und Namespaces nicht automatisch synchron gehalten. Auch hier ist zu empfehlen, dass das Entwicklungsteam auf Synchronizität achtet. Darüber hinaus kann der Sourcecode in C++ auf mehrere Projekte verteilt werden, die ebenfalls für die Architektur wichtig sind. Diese Information der Build-Artefakte verwenden wir in der Analyse.

Neben diesen Ähnlichkeiten mit Java- und C#-Projekten hat C++ zwei Besonderheiten:

Trennung von Deklaration und Implementation

In C++ werden Klassen in einer sogenannten Header-Datei (*.h, *.hpp, *.hxx) definiert. Die Klassendefinition in einer Header-Datei enthält für die Methoden üblicherweise lediglich die Deklaration, nicht die Implementierung. (Sehr kurze Methoden wie einfache Getter werden dagegen häufig direkt im Klassenrumpf in der Header-Datei definiert.) Die Implementation aller anderen Methoden erfolgt in einer getrennten Datei (*.cpp). Diese Aufteilung ist in C++ wichtig, damit andere Klassen die in der Header-Datei definierte Klasse durch ein Include der Header-Datei verwenden können. Programmiert man nur eine Hilfsklasse, so kann man diese auch direkt bei der Implementierung der Klasse, für die sie Hilfsarbeiten leistet, im cpp-File deklarieren und implementieren.

In vielen Fällen gibt es genau eine Header-Datei und ein cpp-File und diese beiden Dateien bilden zusammen eine Klasse. In manchen Fällen gibt es zu einer Header-Datei mehrere cpp-Files. Je nach Bedarf sollte man Header-Datei und cpp-Files als getrennte Artefakte betrachten oder aber die Files zusammenlegen, die zusammengehören (s. Abb. 3–8).

Abb. 3–8
Getrennte und zusammengelegte Header- und cpp-Dateien in C++

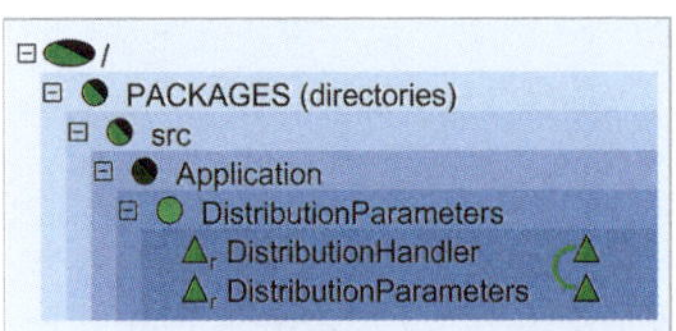

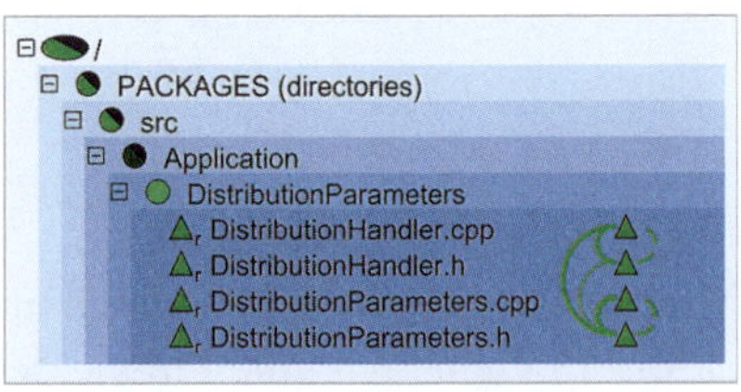

Namespaces ≠ Directories

Je nachdem, wie das Entwicklungsteam auf seine Architektur schaut und die Header-Dateien und cpp-Files in seinen Directories verteilt hat, ergibt die eine oder die andere Sicht auf das System mehr Sinn. Sind beispielsweise die Header-Dateien von ihren cpp-Files getrennt in anderen Directories untergebracht, so würde ein Zusammenlegen auch Beziehungen, die vorher zu zwei Files in zwei Directories führten, zu einem Directory zusammenführen. Hier sollten die Header-Dateien und cpp-

Files getrennt bleiben. Liegen die Files so gut beieinander wie in Abbildung 3–8, macht ein Zusammenlegen die Analyse übersichtlicher. Grundsätzlich ist ein Zusammenlegen von Header- und cpp-Datei jedoch wünschenswert, damit zyklische Beziehungen zwischen Klassen sichtbar werden, die auf Dateiebene nicht sichtbar sind (analog zu Package-Zyklen).

Forward-Deklarationen

Bei zyklischen Beziehungen zwischen zwei Klassen benötigt man in C++ aufgrund der »declaration before use«-Regel in der benutzenden Header-Datei eine sogenannte Forward-Deklaration der benutzten Klasse. Eine Forward-Deklaration erlaubt es lediglich, den Typ der Klasse indirekt (per Referenz oder Zeiger) zu verwenden, z.B. als Parametertyp einer Methodendeklaration in der benutzenden Header-Datei. Die Methoden kann man aber erst aufrufen, sobald dem Compiler die Klassendefinition bekannt ist, üblicherweise geschieht dies in der benutzenden cpp-Datei. (Außerdem werden Forward-Deklarationen unabhängig von Zyklen unter Berücksichtigung der oben beschriebenen Einschränkungen eingesetzt, um den Übersetzungsprozess zu beschleunigen.)

Der Sotograph stellt diese Beziehungen als gestrichelte Bögen dar, damit man sie von normalen Beziehungen (durchgezogenen Bögen) unterscheiden kann (s. Abb. 3–9).

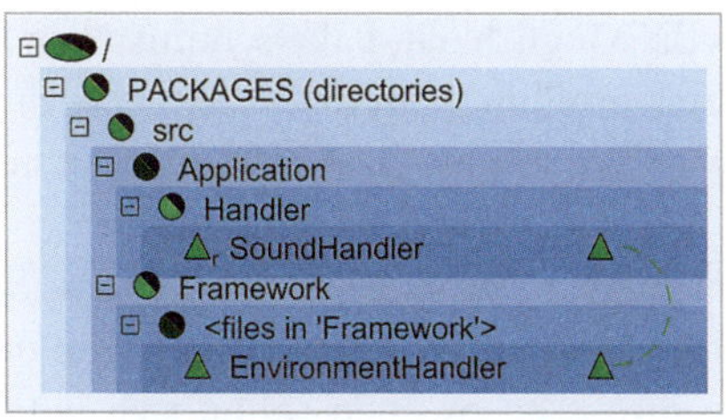

Abb. 3–9
Darstellung einer Forward-Deklaration in C++

In anderen objektorientierten Sprachen, wie Java, C# etc., gibt es keine Forward-Deklarationen, weil der Compiler bei diesen Sprachen beim Übersetzen anders vorgeht. In Abschnitt 12.3 stelle ich eine komplette Analyse des C++-Systems Beta vor, wo diese Eigenarten von C++ zum Tragen kommen.

3.4 ABAP-Systeme

ABAP hat gegenüber den anderen hier betrachteten Programmiersprachen einige Besonderheiten.

Hybride Sprache

ABAP ist eine hybride Sprache, die erst seit einiger Zeit einen objektorientierten Aufsatz hat. Neben Klassen und Interfaces existieren verschiedene nicht objektorientierte Artefakte, wie beispielsweise Funktionsgruppen mit den darin enthaltenen Funktionsbausteinen, Reports sowie Programme mit ihren Dynpros und Dialogmodulen. Diese Artefakte machen die Untersuchung von ABAP-Systemen sehr spannend, weil an die verschiedenen Artefakt-Typen bestimmte Eigenschaften und Verortungen in der Architektur geknüpft sind (s. das echte ABAP-System Lambda in Abschnitt 12.6). Im Grunde handelt es sich hier um eine Art Mustersprache auf Programmiersprachen-Artefakt-Ebene (s. Abschnitt 6.6).

Pakete ohne Namensraum

ABAP besitzt als Strukturierungsmittel Pakete. Anders als in anderen Programmiersprachen spannen diese Pakete aber keinen eigenen Namensraum auf. ABAP hat stattdessen einen globalen Namensraum, der in einem Repository verwaltet wird. Die Namen der einzelnen Artefakte sind also global verfügbar. Dadurch ist es unmöglich, Artefakte mit gleichem Namen in verschiedenen Paketen zu verorten. Vielmehr ist es in ABAP Usus, die Paketnamen in den Namen der Artefakte mit hinein zu codieren. Da die Anzahl der Zeichen auf 30 Buchstaben begrenzt ist, entstehen so in manchen Fällen kryptische Namen bzw. die Pakethierarchien werden eher flach gehalten. Zusätzlich einschränkend bei der Namensgebung ist, dass das selbst entwickelte ABAP-Coding in Paketen liegen muss, die mit dem Buchstaben »Y« oder »Z« beginnen. Alle anderen Pakete sind für das SAP-Coding und Test (»T«) reserviert.

Paketschnittstellen

In SAP gibt es die Möglichkeit, Paketschnittstellen zu definieren und per globaler Systemeinstellung durchzusetzen. Allerdings gibt es bisher kaum ABAP-Entwicklungsteams, die die Paketschnittstellen wirklich eingeschaltet haben.

Datenbankzugriff

Die Datenbankzugriffe sind in ABAP direkt in die Sprache integriert. Der ABAP-Entwickler kann die Datenbanktabellen und die darin enthaltenen Objekte direkt ansprechen, ohne sich eines Mappers oder weiterer Technik zu bedienen. In ABAP lohnt es sich daher, die Datenbanktabellen als First Citizens der Programmiersprache zu betrachten und mit in die Analyse aufzunehmen.

SAP-Basissystem

Wenn man in ABAP programmiert, so geschieht das innerhalb eines SAP-Systems. Das SAP-Basissystem – im Grunde ein Framework – bietet eine große Anzahl an technischen und fachlichen Funktionalitäten, die vom eigenen ABAP-Coding aus aufgerufen werden können. Ähnlich wie bei den Datenbanktabellen ist die Nutzung der SAP-Funktionalität für ABAP-Architekten sehr interessant. Da das globale SAP-Repository neben den Namen der selbst entwickelten Artefakte auch alle Namen aus dem SAP-Coding enthält, ist eine Darstellung dieser Beziehungen beim Parsen ohne Probleme möglich (s. Knoten EXTERNAL_LIBRARY in Abb. 3–10).

Die Pakete im SAP-Basissystem sind nach fachlichen Kriterien unterteilt und benannt (s. Paketnamen in Abb. 3–10). Diese fachliche Grundstruktur wird meist im selbst entwickelten ABAP-Coding übernommen. Bei ABAP-Coding findet man also auf der ersten Ebene der Strukturierung sehr oft fachliche Pakete.

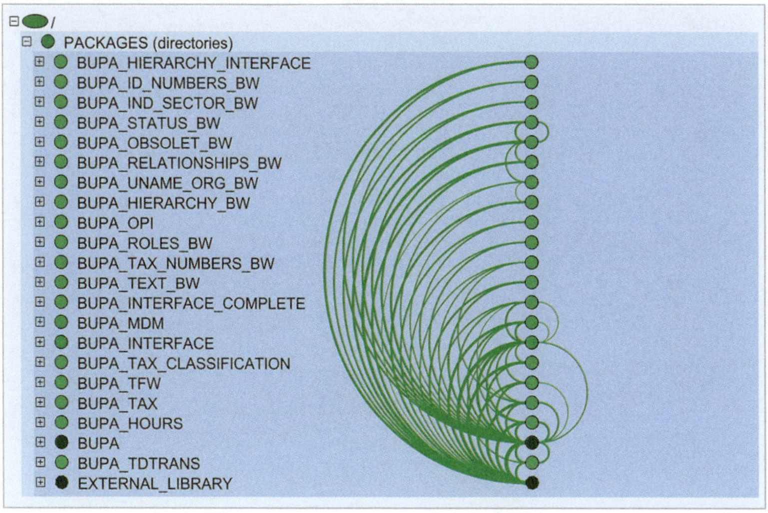

Abb. 3–10
Paket-Baum vom SAP-Coding BUPA

Um ABAP-Coding mit einem der hier vorgestellten Werkzeuge (s. Anhang A) analysieren zu können, muss das Coding aus dem SAP-System exportiert werden. So ein Export lässt sich einfach über einen ABAP-Report realisieren.

3.5 PHP-Systeme

Eine dynamisch getypte Sprache

PHP ist im Gegensatz zu den anderen hier beschriebenen Sprachen dynamisch getypt. Erst zur Laufzeit stellt der Interpreter fest, ob ein Aufruf an einem Artefakt (Variable, Klasse) ausgeführt werden kann oder nicht. Der PHP-Sourcecode enthält also unterschiedliche Möglichkeiten, wie ein Aufruf interpretiert werden kann. Findet man in einem Stück PHP-Sourcecode einen Aufruf `$v->m()`, dann ist erst zur Laufzeit im Moment des Aufrufs sicher, welches Objekt sich hinter der Variablen `$v` verbirgt. Theoretisch kann man also erst zur Laufzeit feststellen, zu welcher anderen Klasse hin die Beziehung eingezeichnet werden muss.

Dieser Umstand macht es schwierig, beim Extrahieren der Strukturen aus dem PHP-Sourcecode eindeutige Zuordnungen für Beziehungen zu finden. Gibt es beispielsweise die Methode `m()` nur an einer einzigen Klasse K im Sourcecode, dann kann man davon ausgehen, dass hier eine Beziehung zu Klasse K existiert. Gibt es die Methode `m()` mehrfach, dann kann man mit Glück in einigen Fällen mit einer Datenflussanalyse entscheiden, welche Klasse wohl gemeint ist. Es gibt also einige Unwägbarkeiten beim Parsen des PHP-Sourcecodes.

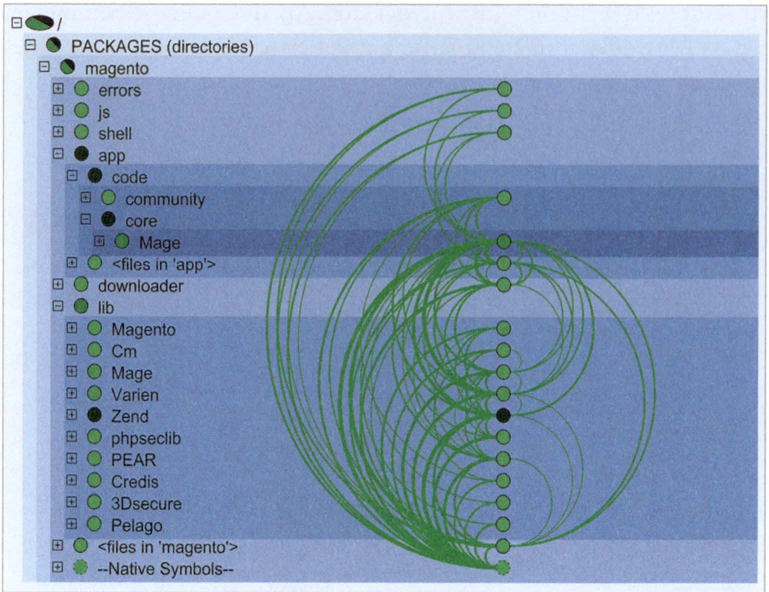

Abb. 3–11 *Directory-Baum von Magento*

Nichtsdestotrotz existieren viele große PHP-Systeme, die eine wohlstrukturierte Architektur brauchen, um lange gewartet und weiterentwickelt zu werden.

Namespaces ≠ Directories

Um Architektur in der Struktur eines PHP-Systems sichtbar zu machen, bedient sich PHP ähnlicher Konzepte wie C# und C++. Die Sourcecode-Dateien sollten in Directories und Namespaces sortiert werden. Dafür gibt es verschiedene Konventionen, die sich die PHP-Gemeinde gegeben hat (s. *http://www.php-fig.org/*). Directories und Namespaces müssen, wie bei C# und C++ nicht synchron laufen, sodass die Architektur sowohl über Directories als auch über Namespaces ausgedrückt werden kann. Hier erwarten uns die gleichen Schwierigkeiten wie bei C#/C++-Systemen: Welche Enthalten-Sein-Hierarchie ist für die Architektur ausschlaggebend? Die Directories oder die Namespaces? Je nachdem, welchen Weg das Entwicklungsteam eingeschlagen hat, muss die eine oder die andere Struktur als Grundlage gewählt werden. In Abbildung 3–11 sieht man die Struktur von Magento auf Basis des Directory-Baums. Magento ist eine Open-Source-E-Commerce-Plattform in PHP. Namespaces werden in Magento nicht eingesetzt, sodass als Basis für die Architekturuntersuchung nur der Directory-Baum infrage kommt.

Build-Artefakte aus Frameworks

In manchen PHP-Umgebungen findet man oberhalb der Namespaces und Directories weitere Artefakte zur Strukturierung: Symfony, ein MVC-Framework für PHP, hat ein Konzept von Bundles für Module. Manche Teams verwenden Composer, ein Tool zum Management von

Abhängigkeiten für PHP, das ähnliche Aufgaben übernimmt wie Maven. Hier werden die Abhängigkeiten in einem JSON-File beschrieben.

3.6 TypeScript-Systeme

Ein Aufsatz auf JavaScript

TypeScript als Aufsatz von JavaScript macht aus einer ungetypten eine statisch getypte Sprache. Dadurch lassen sich Typen und statische Referenzen zuverlässig aus dem Quelltext extrahieren. Selbstverständlich kann man den Mechanismus der statischen Typisierung in TypeScript aushebeln, indem man any als Typ verwendet. Dennoch lässt sich der TypeScript-Anteil von Systemen zuverlässig statisch analysieren.

TypeScript-Frameworks

In der Regel werden die Strukturen in TypeScript-Systemen maßgeblich von den verwendeten Frameworks (z.B. Angular) beeinflusst. Viele Abhängigkeiten werden nicht direkt in TypeScript programmiert, sondern ergeben sich aus den Beziehungen im Framework. In Angular ist es beispielsweise so, dass ein wesentlicher Teil der Beziehungen über die Templates vorgegeben wird. Um einen Gesamtblick auf die Beziehungen und Abhängigkeiten eines TypeScript-Systems zu bekommen, muss man die in TypeScript vorhandenen Beziehungen um solche ergänzen, die mit Framework-Mitteln definiert werden.

Sind Teile des analysierten Systems in reinem JavaScript programmiert, versucht der TypeScript-Transpiler auch in diesen Systemteilen Typinformationen abzuleiten, die für die Analyse zur Verfügung gestellt werden können.

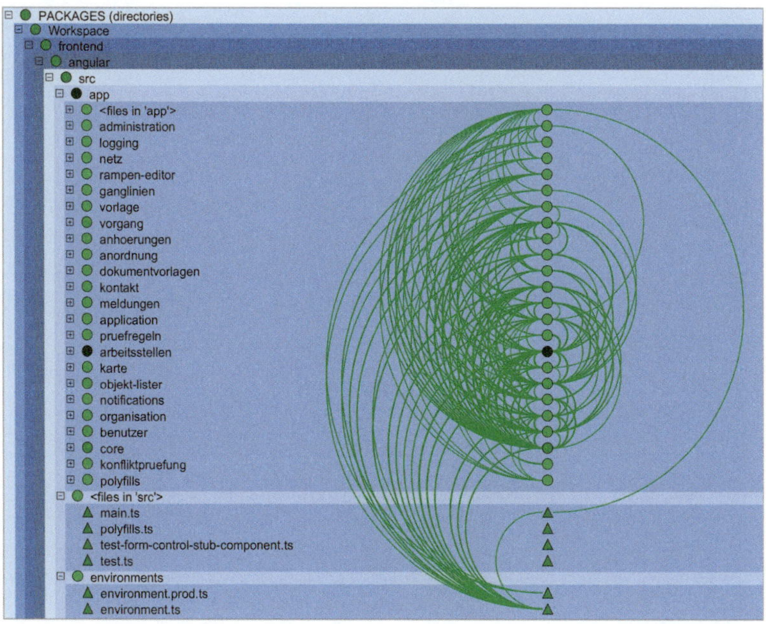

Abb. 3–12
Ein TypeScript-System mit ca. 60.000 LOC

Um ihre Architekturidee in einem TypeScript-System auszudrücken, können sich TypeScript-Programmierer der Directories und der Dateien (.ts) bedienen. Anders als in C# oder Java bildet jede Datei im Prinzip ihren eigenen Namespace bzw. ihr eigenes Package. In TypeScript ist es guter Stil, in eine Datei Klassen und Funktionen gemeinsam abzulegen, die zusammen einen Baustein, z. B. einen fachlichen Service (s. Abschnitt 6.6.2), implementieren.

4 Architekturanalyse und -verbesserung

Die Architekturanalyse und -verbesserung ist ein Prozess von Menschen mit Menschen. Damit dieses Vorhaben zu einem positiven Ergebnis führt, das allen Beteiligten weiterhilft, müssen einige Dinge beachtet werden: Wer hat welche Rolle? Was ist das Ziel? Wie gelangt man mit dieser Gruppe zum Ziel?

Dieses Kapitel beginnt mit ein paar grundsätzlichen Aussagen zum Verhältnis zwischen Entwicklern und Architekten sowie zur Architekturarbeit. Dann folgt eine Vorstellung der einzelnen Schritte eines Architektur-Workshops. Es wird geklärt, wie man mit den Vätern (und natürlich auch Müttern) eines Systems umgeht, und wir schauen uns an, wie Architekturen über lange Zeit in einem guten Zustand gehalten werden können.

4.1 Entwickler und Architektur

Das Idealbild in den Köpfen vieler Entwickler und Architekten sind demokratische Teams, in denen jeder alles kann, weiß und entscheidet. Ich mag dieses Bild, weil kooperative Arbeitszusammenhänge mir sehr viel lieber sind als diktatorische. Gleichzeitig ist nicht zu übersehen, dass Menschen unterschiedliche Talente und unterschiedliche Lebenserfahrung haben.

Mein Verständnis von den beiden Rollen »Entwickler« und »Architekt« ist daher das folgende: Architekten sind erfahrene Entwickler. Architekten haben an vielen verschiedenen Softwaresystemen mitentwickelt und sie beschäftigen sich laufend mit aktuellen Veränderungen und Neuerungen im Bereich der Softwareentwicklung. Aufgrund ihrer Erfahrung wissen sie um manche Fallstricke und sinnvolle Lösungen. Sie können ihre jüngeren Teamkollegen aus dieser Erfahrung heraus beraten und ihnen helfen, den richtigen Weg zu finden.

Das kann aus meiner Sicht aber nur gelingen, wenn sich die Architekten nicht in den berühmten Elfenbeinturm zurückziehen. Architekten müssen in Teams mit jüngeren Entwicklern zusammenarbeiten. Nur so können sie ein gemeinsames Bild der Architektur schaffen, pflegen und weiterentwickeln. Denn das ist der Punkt: Architektur verändert sich im Laufe der Entwicklung.

4.2 Architekturarbeit ist eine Holschuld

In manchen Organisationen ist die Softwareentwicklungsabteilung so groß, dass die Architektur von einer Gruppe von Architekten vorgegeben wird. Haben hier die Architekten keine Möglichkeit oder keine Zeit, mit ihren Teams zusammen zu entwickeln, so wird es schwierig.

Wer sagt's dem Architekten?

Stellen wir uns vor, dass ein Entwickler eine Anpassung und Erweiterung machen soll. Nachdem der Entwickler ein wenig über die Anpassung nachgedacht hat, stellt er fest, dass sie zu einer Schichtenverletzung führen wird. Nun braucht er ein Forum, bei dem er dieses Problem mit den Architekten diskutieren kann. Ansonsten wird der Entwickler nach einem Workaround suchen. Er will ja schließlich seine Arbeit machen und das Feature implementieren. Dabei ist die schnellste und aus seiner Sicht möglicherweise auch richtige Lösung, eine Schichtenverletzung einzubauen. Seine Entwicklungs- oder Build-Umgebung erlaubt ihm dieses Vorgehen wahrscheinlich nicht, also sucht er nach einer Lösung. Besteht die schnellere und einfachere Lösung darin, einen Workaround zu programmieren, als mit den Architekten zu sprechen, so wird der Entwickler das unter Zeitdruck tun. Außer er ist ein besonders an Qualität interessierter Entwickler oder die Architekten sind für ihn schnell und kurzfristig ansprechbar. Genau hier liegt aber oft das Problem. Die Architekten sitzen bei großen Projekten nicht in der Nähe der Entwickler. Sie sind sehr beschäftigt und man trifft sie selten in ihrem Büro an.

Architektur ist evolutionär.

Wenn ich mit Teams dieser Größe arbeite, versuche ich den Architekten zu vermitteln, dass es ihre Aufgabe ist, die Entwickler sehr regelmäßig zu besuchen und nach Problemen mit der Architektur zu fragen. Genau wie ein System sich schrittweise entwickelt und verändert, ist auch die Architektur den Veränderungen im Kontext des Entwicklungsprojekts unterworfen. Ein komplettes Upfront-Design der Architektur, das im Laufe des Projekts nicht mehr geändert wird, ist für mich unvorstellbar bzw. ich habe es noch nie erlebt. Architekturentwicklung ist in diesem Sinne eine Holschuld. Der Architekt muss sich die Punkte, an denen Veränderung in seiner geplanten Architektur notwendig sein könnte, bei den Teams abholen – sie werden ihm nicht automatisch mitgeteilt werden.

Architekturentwicklung ist eine Holschuld

Diskutieren Sie als Architekt regelmäßig mit Ihren Entwicklungsteams. Wenn möglich, programmieren Sie mit in den Teams. Auf diesem Weg werden Sie rechtzeitig Anpassungsbedarf erkennen. Machen Sie möglichst niedrigschwellige Angebote, damit Sie so viel Feedback wie möglich erhalten.

Einige Unternehmen sind in diesem Bereich vorbildlich unterwegs. Architektur-Retrospektiven werden in jede Iteration fest eingeplant. Architekturdiskussionen werden für Teams, Abteilungen und über Teamgrenzen hinweg durchgeführt. Regelmäßig werden interne Weiterbildungen zu neuen Architekturkonzepten und Innovationen angeboten. Externe Referenten werden zu Diskussionen und Vorträgen eingeladen. Ich hoffe, Sie haben das Glück, in einer solchen Organisation zu arbeiten.

4.3 Live-Workshop zur Architekturverbesserung

Genau diesen Aspekt der regelmäßigen, iterativen Diskussion über die Architektur unterstützt die Architekturanalyse und -verbesserung, die in diesem Buch vorgestellt wird. Eine komplette Architekturanalyse und -verbesserung besteht insgesamt aus fünf Schritten, die in Abbildung 4–1 als Domain Story [Hofer & Schwentner 2023] dargestellt sind.

Architektur-dokumentation

Im ersten Schritt (1) informiere ich mich mithilfe von Unterlagen über das System (s. Abb. 4–1). Aus Architektursicht sind dabei interessant: die Architekturdokumentation, Codierrichtlinien, ggf. vorhandene Vereinbarungen zu wichtigen Qualitätskriterien und die Abdeckung des Sourcecodes mit automatisierten Tests. Je mehr aussagefähige Unterlagen existieren und je höher die Testabdeckung ist, desto höhere Erwartungen habe ich an die Qualität des Softwaresystems. Diese Unterlagen schicken mir die Architekten und Entwickler in der Regel vor dem Workshop zu.

Live-Workshop

Dann erfolgt der eigentliche Workshop (Schritt 2–4 in Abb. 4–1). Der Workshop findet entweder in einem Besprechungsraum mit Beamer und Flipchart statt und alle Schritte werden dort gemeinsam durchgeführt. Oder man trifft sich remote in einem Videocall und der Reviewer teilt seinen Bildschirm, sodass alle mitdiskutieren können. Bei solchen Remote Sessions wird das Flipchart durch eine Online-Kollaborationsplattform, wie Miro, Mural etc., ersetzt.

Die Zeit, die das Analysewerkzeug zum Parsen des Systems braucht (Schritt 2 in Abb. 4–1), nutze ich in der Regel, um mir von den Architekten und Entwicklern die fachliche Aufgabe des Systems und seine Zusammenarbeit mit anderen Systemen vorstellen zu lassen. Außerdem stelle ich den Teilnehmern vor, wie langlebige Softwarearchitekturen aufgebaut sein müssen (s. Kap. 5).

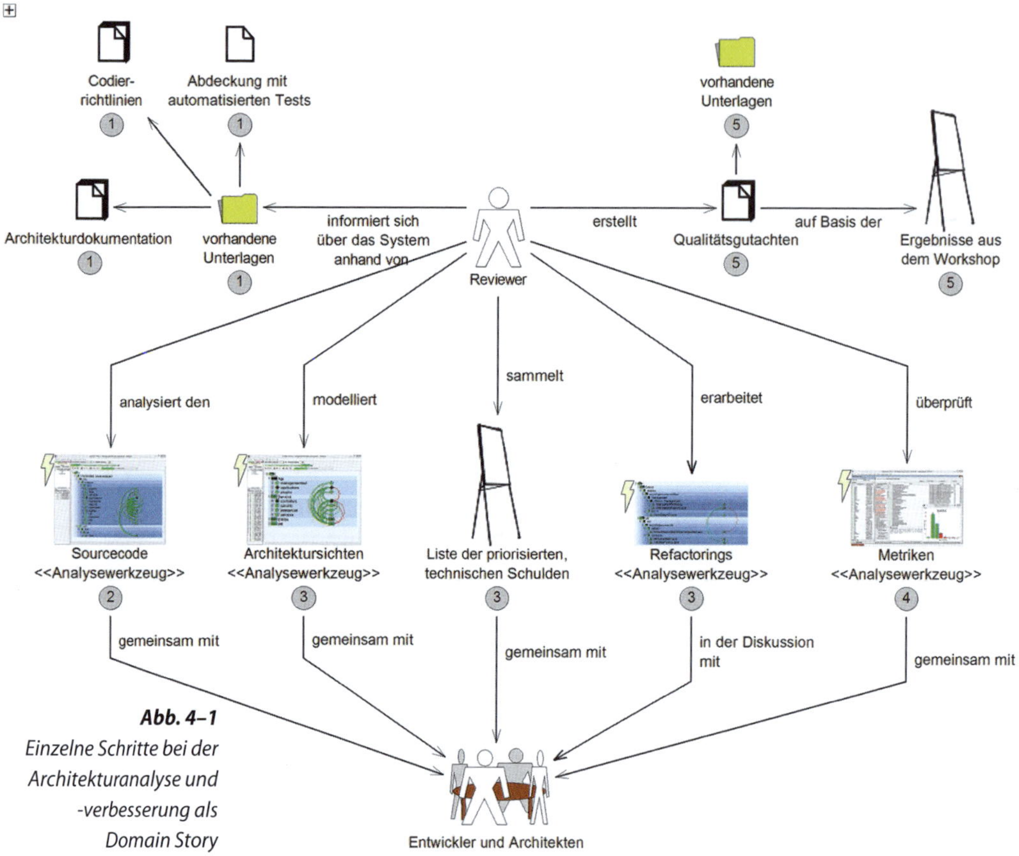

Abb. 4–1
Einzelne Schritte bei der Architekturanalyse und -verbesserung als Domain Story

Technische Schulden und Refactorings sammeln

Dann beginnt die eigentliche Arbeit: Gemeinsam modellieren wir die Soll-Architektur auf dem Sourcecode und machen so die Ist-Architektur sichtbar. Da die Ist-Architektur immer Abweichungen zur Soll-Architektur hat, beginnen wir an diesem Punkt mit der Analyse.

Wir finden Architekturverletzungen und diskutieren mögliche Lösungen. Diese Diskussion von Architekturabweichungen führt zu einer Reihe von Ergebnissen, die wir im Laufe der Analyse als Bilder aus dem Tool (s. Schritt 3, Refactorings) oder als Einträge auf unserer Liste der technischen Schulden dokumentieren (s. Schritt 3, Liste der technischen Schulden). Die folgenden Fragen schwingen dabei im Hintergrund immer mit:

- Wie langlebig ist die Soll-Architektur? Hat das Entwicklungsteam einen Plan entworfen, der für diese Art der Anwendung passt? *Langlebige Soll-Architektur*
- Wie gut lässt sich der Plan auf die Ist-Architektur abbilden? Findet man die in der Soll-Architektur modellierten Bausteine im Sourcecode als Einheiten wieder? *Abbildung Soll → Ist*
- Wie sehr weicht die Ist-Architektur vom Plan ab? Gibt es viele Beziehungen und Elemente, die in der Soll-Architektur so nicht vorgesehen waren? *Abweichung Soll → Ist*

Metriken

Gegen Ende des Workshops werfen wir auch noch einen Blick auf die gängigen Metriken (s. Schritt 4). Welche Metriken dabei wichtig sind, wird in den Kapiteln 9 und 10 deutlich.

Qualitätsbericht als Ergebnis

Im Anschluss an den Analyse-Workshop wird ein Qualitätsbericht zu der Architektur und den vorhandenen technischen Schulden erstellt (s. Schritt 5 in Abb. 4–1). Wichtig ist dafür, dass wir die technischen Schulden im Workshop priorisiert haben.

Standardisiertes Verfahren

In den letzten Jahren haben mich immer wieder Kunden gefragt, wie ihr System denn im Verhältnis zu anderen Systemen abschneiden würde. Dadurch dass das Vorgehen bei den Analysen seit 2008 standardisiert ist, ist eine Reihe vergleichbarer Werte und Bewertungen von über 300 Systemen vorhanden. Auf dieser Basis war es möglich, ein einheitliches Bewertungsschema zu erstellen, um den Zustand von Systemen in Relation zu setzen: den Modularity Maturity Index (MMI). In Kapitel 11 stelle ich Ihnen den MMI im Detail vor, damit Sie ihn auch selbst verwenden können.

Gelingen und Scheitern

Entscheidend für das Gelingen einer Architekturanalyse und -verbesserung ist, dass alle Beteiligten das Setting als Möglichkeit zur Designdiskussion erleben. Entsteht bei den Teilnehmern der Eindruck, dass der Workshop ein Kontrollinstrument ist, in dessen Rahmen Fehler gefunden und angeprangert werden, dann gibt es kein gutes Ergebnis. Ganz wichtig ist dabei, dass man die Väter und Mütter des Systems ins Boot holt.

4.4 Der Umgang mit den Vätern und Müttern

Verteidigungshaltung

Hat man einen Entwickler dabei, der seit dem Beginn des Projekts mitentwickelt und die wichtigen Entscheidungen und Weichenstellungen für das System selbst vorgenommen hat, dann wird der Analyse-Workshop spannend und anstrengend zugleich. Einerseits hat man jemanden dabei, der das System in- und auswendig kennt. Andererseits verteidigen Systemeltern ihr Baby gegen Angriffe und sehen ihr System logischerweise positiv. Jeder von uns hat das bestimmt schon einmal erlebt.

Kritikfähig? Ich kann diese Haltung sehr gut verstehen! Mir geht es genauso, wenn meine Firma, mein Projekt, meine Wohnung, meine Familie oder irgendetwas anderes, an dem ich beteiligt bin, kritisiert wird. Was kann man als externer Reviewer an diese Stelle tun?

Würdigung Das Erste, was ich bei jeder Analyse versuche, ist, die Systemeltern und überhaupt alle Beteiligten dafür zu würdigen, was sie geschaffen haben. Ich lasse mir die Software zeigen und ihren fachlichen Kontext erklären. Welche Geschäftsprozesse kann man mit dem System bearbeiten? Welche Anwenderrollen gibt es? Wie ist die Architektur aufgebaut/gedacht? Selbstverständlich brauche ich diese ganzen Informationen auch für die Analyse, aber in dieser Phase des Analyseprozesses ist Raum, um die Leistungen des Entwicklungsteams anzuerkennen. Allzu oft leiden die Entwicklungsteams unter Projektleitern und Kunden, die für Qualität nicht bezahlen wollen (s. Abschnitt 1.3.4). Und nun kommt auch noch eine Gutachterin und haut in die Kerbe, die dem Entwicklungsteam die ganze Zeit schon bewusst ist!

Selbstreflexiv An dieser Stelle der Diskussion erzähle ich oft eine Geschichte, die mir der Chefentwickler des Sotographen vor Jahren mitgegeben hat: Als der Sotograph einen ersten lauffähigen Stand erreicht hatte, hat der Chefentwickler den Source- und Bytecode des Sotographen mit dem Sotographen analysiert. Seine Erwartung war, dass die Architektur sehr gut aussieht. Er ging davon aus, dass keine roten Bögen existieren würden und alles wunderbar gut strukturiert wäre. Schließlich baut sein Entwicklungsteam eine Software zur Analyse von Strukturen im Sourcecode. Leider musste der Chefentwickler feststellen, dass es eine Reihe roter Bögen und schlechter Strukturen gab. Das lag nicht daran, weil er ein schlechtes Entwicklungsteam hatte. Die Ursache war vielmehr, dass seine Entwickler ihr System noch nie von dieser Flughöhe aus betrachtet hatten. Sie konnten nicht sehen, wo sie die Architektur verletzen. Und selbst wenn, gab es Stellen, wo einfach Flüchtigkeitsfehler passiert waren. Diese Geschichte entspannt die Situation bei Analysen oft ein wenig.

Fingerspitzengefühl Der Rest ist ein Abwägen und Austarieren, sodass ich kritische Punkte ansprechen kann und trotzdem die Offenheit bei der Analyse nicht verloren geht. Je nach Setting gelingt das mal besser und mal schlechter. Wenn mich ein IT-Chef einlädt, damit sein Team eine Gelegenheit bekommt, an seiner Architektur zu arbeiten und es weniger um eine externe Bewertung geht, ist die Lage meistens entspannter. Als Gutachter wandert man dagegen immer auf einem schmalen Grat zwischen zu harter Beurteilung und zu freundlicher Beschönigung. Das ist kein einfaches Unterfangen. Deshalb möchte ich an dieser Stelle alle Systemeltern um Entschuldigung bitten, bei denen ich das notwendige Fingerspitzengefühl habe vermissen lassen.

4.5 Technische Schulden im Lebenszyklus

Dauerhafter Schutz

Will man seine Architektur dauerhaft gegen technische Schulden schützen, so sollte man von Anfang an die folgenden Maßnahmen einsetzen:

Architekturdiskussion

- *Architekturdiskussion im Team*
  Während der laufenden Iteration sammeln die Teammitglieder Architekturthemen, die sie gerne diskutieren möchten. An einem regelmäßigen Termin zur Architekturretrospektive werden diese Themen und weitere Punkte, die den erfahreneren Entwicklern und Architekten wichtig sind, diskutiert.

Monitoring

- *Monitoring*
  Verschiedene Kennzahlen werden automatisiert mit passenden Metrikwerkzeugen erhoben (s. Anhang A), sodass das Team Abweichungen und Anomalien frühzeitig erkennen und dagegensteuern kann, bevor die anfänglich noch kleinen Probleme zu großen Geschwüren werden.

Pair Programming

- *Pair Programming*
  Programmiert wird grundsätzlich nur in Zweierteams, die regelmäßig gewechselt werden. Auf diese Weise wird das Wissen über die Architektur im Team verteilt und gleichzeitig diskutiert.

Mob Programming

- *Mob Programming*
  Wichtige Refactorings werden vom gesamten Team an einem großen Bildschirm mit einer Person an Maus und Tastatur gemeinsam durchgeführt. So wird das Verständnis für diese Refactorings an alle Mitglieder des Teams weitergegeben.

Mob Architecting

- *Mob Architecting*
  In Analogie zum Mob Programming bezeichne ich die Live-Workshops zur Architekturverbesserung (s. Abschnitt 4.3) oft als Mob Architecting. Das ganze Team sitzt in regelmäßigen Abständen zusammen und überarbeitet zuerst mit externer Hilfe und später auch alleine mithilfe eines passenden Tools seine Architektur. So stellt sich das Team der sich ansonsten unbemerkt einschleichenden Architekturerosion entgegen (s. Abschnitt 1.3.3).

In einigen Firmen sind diese Prozesse bereits etabliert. Für das tägliche Monitoring werden Metrikwerkzeuge eingesetzt und es gibt regelmäßige Architekturdiskussionen im Team. Andere Firmen haben bereits eine Codebasis, für die sie sich in der Zukunft eine längerfristige Begleitung bei der Architekturverbesserung wünschen.

Regelmäßige Analyse

Eine solche längerfristige Begleitung besteht aus regelmäßigen Architekturanalysen und für gewöhnlich aus begleitender Architekturberatung. Bei einer solchen Begleitung durchlaufe ich mit den Kunden in der Regel die folgenden drei Phasen der Architekturanalyse (s. Abb. 4–2): Aufräumen (Phase 1), Verbessern (Phase 2), Erhalten (Phase 3).

Abb. 4–2
Die drei Phasen bei der Architekturanalyse

Aufräumen

In der ersten Phase des Aufräumens finden wir Abweichungen zwischen Soll- und Ist-Architektur, die für das Entwicklungsteam manchmal überraschend sind. Diese Abweichungen müssen repariert werden, damit der Sourcecode überhaupt zur Soll-Architektur passt. Teil dieser Phase ist aber auch, die Soll-Architektur zu präzisieren und sie um fehlende Architekturkonzepte zu ergänzen. Hier diskutieren wir viel über verschiedene Architekturstile und Designprinzipien, die für das jeweilige System sinnvoll sein könnten (s. Kap. 6). Für diese Phase des Aufräumens benötigt man üblicherweise einen 2-Tage-Workshop. Für Systeme bis 500.000 LOC ist das eine gute Größenordnung. Hat man es mit einem größeren System zu tun, sollte man einen längeren Workshop von drei bis fünf Tagen einplanen. Systeme unter 100.000 LOC lassen sich auch an einem Tag aufräumen. Die Tiefe der Analyse hängt dabei sehr von der vorhandenen Architektur und dem Architekturverständnis der Teilnehmer ab. Außerdem hat die Anwesenheit der Systemeltern Einfluss auf die Geschwindigkeit, mit der wir bei der Analyse vorankommen.

Verbessern

Die zweite Phase des Verbesserns ist die Phase, in der Architekten und Entwicklungsteam den meisten Spaß haben. In dieser Phase ist die Architektur bereits aufgeräumt, man hat die ersten Diskussionen zur Architektur geführt und alle zusammen haben die Verbesserung als Ziel. Diese Phase steht und fällt mit den zeitlichen Freiräumen der Architekten und Entwickler. Sitzen sie unter Zeitdruck in solchen Workshops ist nur wenig zu erreichen. Sehr beeindruckt haben mich hier die Eclipse-Entwicklungsteams. Für diese Teams war es Usus, dass nach einem Release vier Wochen lang keine neuen Features gebaut wurden. Aufgabe der Teams war es in dieser Zeit, den Sourcecode aufzuräumen und die Architektur zu verbessern.

Erhalten

Schließlich folgt die dritte Phase, in der die Architektur erhalten werden muss, damit das System so lange wartbar und weiterentwickelbar bleibt, bis eine Neuentwicklung sinnvoll wird. Diese Phase können Entwicklungsteams in der Regel alleine bewältigen, wenn sie die entsprechenden Analysewerkzeuge und die zeitlichen Ressourcen zur Verfügung haben. Als Architekt oder Projektleiter sollte man in dieser Phase aufpassen, wenn eine größere Änderung des Softwaresystems ansteht. Größere Änderungen haben oft auch Effekte auf die Architektur des Systems. Ein Zurückgehen in Phase 2 (Verbessern) ist an dieser Stelle oft sinnvoll, damit die Architektur nach der Änderung immer noch tragfähig bleibt.

Verbündete finden

Am meisten freue ich mich bei den Live-Workshops, wenn – meistens am zweiten Tag – einer der Teilnehmer zum Rechner kommt und sagt: »Darf ich auch mal?« Voller Freude gebe ich ihm die Maus und lasse ihn seine Architektur anfassen und verändern. Wenn das passiert, weiß ich: Ich habe einen Verbündeten im Unternehmen gewonnen. Hier ist jemand, der sich für die Architekturanalyse und -verbesserung interessiert und gerne selbst Hand anlegen will. Jetzt kann langfristige Architekturverbesserung gelingen!

5 Kognitive Psychologie und Architekturprinzipien

Das Ziel langlebiger Architektur ist, Entwicklungs- und Wartungskosten zu reduzieren sowie lange Änderungszeiten zu vermeiden. Das Softwareentwicklungsteam soll sich bei seiner Arbeit im Sourcecode und in dessen Strukturen schnell zurechtfinden können. Das ist besonders deswegen wichtig, weil Entwickler und Architekten einen Großteil ihrer Zeit mit dem Lesen und Verstehen von Code verbringen (s. Abb. 5–1).

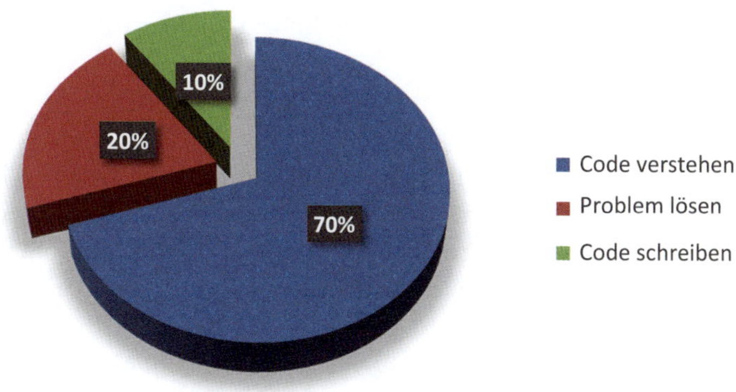

Abb. 5–1
Typisches Verhältnis zwischen Code-Lesen und Code-Schreiben

Analysierbarkeit

Wenn so viel Zeit für das Lesen und Verstehen von Sourcecode aufgewendet werden muss, dann ist es extrem wichtig, dass der Sourcecode eine Struktur hat, in der man sich gut zurechtfindet. Die Entscheidungen, die für die Strukturierung getroffen wurden, sollen über Jahre verständlich und nachvollziehbar bleiben.

Problemlösung in komplexen Zusammenhängen

Wie können wir also herausfinden, welche Strukturen dem Entwicklungsteam helfen, seine Arbeit effizient zu erledigen? Auf diese Frage kann uns die kognitive Psychologie eine Antwort geben. Die kognitive Psychologie befasst sich unter anderem mit menschlichen Vorgehensweisen beim Verstehen, beim Wissenserwerb und bei der Problemlösung – alles Aufgaben, mit denen Entwickler beim Umgang mit Softwaresystemen konfrontiert sind. Die hier vorgestellten Erkenntnisse fassen zusammen, was Menschen bei der Strukturierung von komplexen Zusammenhängen im alltäglichen Leben tun. Mit ihrer Hilfe lässt sich argumentieren, welche Strukturen für Menschen leichter zu verstehen sind als andere. Die essenzielle Komplexität einer Architektur kann auf der Basis dieser Erkenntnisse zwar nicht aufgelöst werden. Aber es sind Empfehlungen möglich, wie die technischen Schulden deutlich reduziert werden kann.

Strukturbildende Prozesse

Die kognitive Psychologie hat drei strukturbildende Prozesse beschrieben, die für das Softwarearchitekturverständnis von besonderer Bedeutung sind: das mit *Chunking* bezeichnete Zusammenfassen von kleineren zu größeren Einheiten, der *Aufbau von Schemata* zur Abbildung von allgemeinen Kategorien und die *Bildung von Hierarchien*. Im Folgenden werden diese Prozesse direkt in Zusammenhang mit dem Architekturprinzip vorgestellt, mit dem sie korrespondieren.

5.1 Modularität

David Parnas

Modularität ist ein altes Prinzip der Informatik aus den 1970er-Jahren. Es wurde von David Parnas eingeführt. David Parnas wusste wahrscheinlich nichts von kognitiver Psychologie – jedenfalls lässt sich in seinen Schriften nichts dazu finden –, aber er hat intuitiv ein Konzept geschaffen, das Chunking direkt in die Informatik überträgt.

5.1.1 Chunking

Damit Menschen mit der Menge an Informationen, mit denen sie konfrontiert sind, zurechtkommen, müssen sie auswählen und Teilinformationen zu größeren Einheiten gruppieren. Dieses Bilden von höherwertigen Abstraktionen, die immer weiter zusammengefasst werden, nennt man *Chunking*[1].

Chunks = Wissenseinheiten

Beim Chunking werden neue Wissenseinheiten (Chunks) aus mehreren, vorher separat im Gedächtnis gespeicherten Wissenseinheiten gebildet. Als Beispiel soll hier eine Person dienen, die das erste Mal mit einem Telegrafen arbeitet. Sie hört die übertragenen Morsezeichen als kurze und lange Töne und verarbeitet sie am Anfang als getrennte Wissenseinheiten. Nach einiger Zeit wird sie in der Lage sein, die Töne zu Buchstaben – und damit zu neuen Wissenseinheiten – zusammenzufassen, sodass sie schneller verstehen kann, was übermittelt wird. Einige Zeit später werden aus einzelnen Buchstaben Wörter, die wiederum größere Wissenseinheiten darstellen, und schließlich ganze Sätze.

1. s. [Anderson 1989], [Davis 1984], [Henderson-Sellers 1996], [Kluwe 1992] und [Miller 1956].

Wissenseinheiten verdichten

Dieser Vorgang wird auch als *Recoding* bezeichnet[2]. Recoding läuft folgendermaßen ab: Am Anfang liegen Wissenseinheiten in einem Code vor, der viele Wissenseinheiten mit wenig Informationen pro Wissenseinheit enthält. Diese Wissenseinheiten werden in einen neuen Code überführt, der mehr Informationen pro Wissenseinheit beinhaltet. Beim Recoding werden also vorhandene Wissenseinheiten verdichtet und als eine neue Einheit abgespeichert. Die einfachste Art des Recodings ist, mehrere Wissenseinheiten zu gruppieren, der Gruppe einen Namen zu geben und sich die neue Wissenseinheit unter diesem Namen zu merken. Die daraus resultierende, neue Wissenseinheit gilt als ein Element, und die in ihr zusammengefassten Wissenseinheiten werden vom Gehirn gemeinsam aktiviert und verarbeitet. Da die Kapazität des Kurzzeitgedächtnisses begrenzt ist – in der Regel werden als Obergrenze 7 (+/-2) Wissenseinheiten angenommen –, ist Chunking ein wichtiger Vorgang der Kapazitätsentlastung.

Kontinuierlicher Lernprozess

Recoding darf man sich allerdings nicht als einen diskreten Prozess aus Einzelschritten vorstellen. Vielmehr wird ein kontinuierlicher Lernprozess durchlaufen, bei dem der erreichte Grad des Recodings für die vorhandenen Wissenseinheiten unterschiedlich weit fortgeschritten ist und sich überlappt.

Bottom-up-Programmverstehen

Entwickler, die sich unbekannte Programme erschließen müssen, wenden Chunking automatisch an. Der Programmtext wird im Detail gelesen, und die gelesenen Zeilen werden zu Wissenseinheiten gruppiert und so behalten. Die Wissenseinheiten werden immer weiter zusammengefasst, bis ein Verständnis des benötigten Programmtextes erreicht ist. Diese Herangehensweise an Programme wird als Bottom-up-Programmverstehen bezeichnet und wird von Entwicklern in der Regel angewendet, wenn ihnen ein Softwaresystem und sein Anwendungsgebiet unbekannt ist und sie sich das Verständnis erst erarbeiten müssen.

Top-down-Programmverstehen

Bei Kenntnis des Anwendungsgebiets und des Softwaresystems wird von Entwicklern eher Top-down-Programmverstehen eingesetzt. Top-down-Programmverstehen bedient sich hauptsächlich der beiden strukturbildenden Prozesse Bildung von Hierarchien und Aufbau von Schemata, die in den folgenden Abschnitten eingeführt werden[3].

Expertengeschwindigkeit

Eine andere Chunking-Variante konnte man an Experten beobachten[4]. Bei dieser Variante werden die neuen Wissenseinheiten nicht einzeln im Kurzzeitgedächtnis abgespeichert und dann verdichtet, sondern direkt durch Aktivierung bereits gespeicherter Wissenseinheiten zusammengefasst. Experten zeichnen sich dadurch aus, dass ihre Wissensein-

---

2. s. [Boisot & Child 1999] und [Kluwe 1992].
3. s. [Mayrhauser & Vans 1997], [Storey et al. 1999] und [Wallnau et al. 1996].
4. s. [Anderson 1989] und [Kluwe 1992].

heiten deutlich mehr Informationen verdichten als jene von unerfahrenen Problemlösern. Wissenseinheiten können allerdings nur aus anderen Wissenseinheiten gebildet werden, die für die Versuchsperson sinnvoll zusammengehören. Bei Experimenten mit Experten eines Wissensgebiets und Anfängern wurden den beiden Gruppen Wortgruppen aus dem Wissensgebiet des Experten präsentiert. Die Experten konnten sich fünfmal so viele Begriffe merken wie die Anfänger. Allerdings nur, wenn die Wortgruppen sinnvoll zusammengehörige Begriffe enthielten.

Sinnvoller Zusammenhang

An Entwicklern lassen sich diese Erkenntnisse ebenfalls nachweisen. Bei entsprechenden Untersuchungen wurde deutlich, dass es Entwicklern umso leichter fällt, die untersuchten Teile der Software zu verstehen, je stärker die Programmiersprache und die Struktur eines Softwaresystems sinnvoll zusammenhängende Einheiten anbietet. Diese zusammenhängenden Einheiten wurden von den Entwicklern zu einer höherwertigen Abstraktion zusammengefasst. Für das Chunking ist nicht die Nähe der Einheiten entscheidend, sondern nur, ob sie sinnvoll zusammenhängen. Programmeinheiten, die beliebige Operationen zusammenfassen, sodass für die Entwickler nicht erkennbar ist, warum sie zusammengehören, lassen sich nicht in Wissenseinheiten codieren[5].

5.1.2 Übertragung auf Entwurfsprinzipien

David Parnas forderte 1972 als Erster, dass ein Modul genau eine Entwurfsentscheidung verbergen soll und die Datenstruktur zu dieser Entwurfsentscheidung in dem Modul gekapselt sein sollte (Kapselung und Lokalität). Parnas gab diesem Grundsatz den Namen *Information Hiding* (Geheimnisprinzip) [Parnas 1972].

Chunking und Modularität

Was hat Modularität nun mit Chunking zu tun? Chunking wird in Programmiersprachen schon auf unterster Ebene unterstützt. Schon die Möglichkeit, eine längere Berechnung als Methode oder Funktion zu implementieren und dadurch die einzelnen Anweisungen als höherwertige Wissenseinheiten abzuspeichern, führt zu einem deutlichen Kapazitätsgewinn im Kurzzeitgedächtnis. Das Kurzzeitgedächtnis wird entlastet und weitere Informationen können aufgenommen werden. Klassen und Pakete führen diese Möglichkeit weiter, sodass immer größere Wissenseinheiten gebildet werden können. Auf der Architekturebene kommen dann größere Bausteine als Chunks hinzu, wie Komponenten, Module, Schichten, aber auch Projekte etc. (s. Abb. 5–2).

---

5. s. [Mayrhauser & Vans 1997] und [Wallnau et al. 1996].

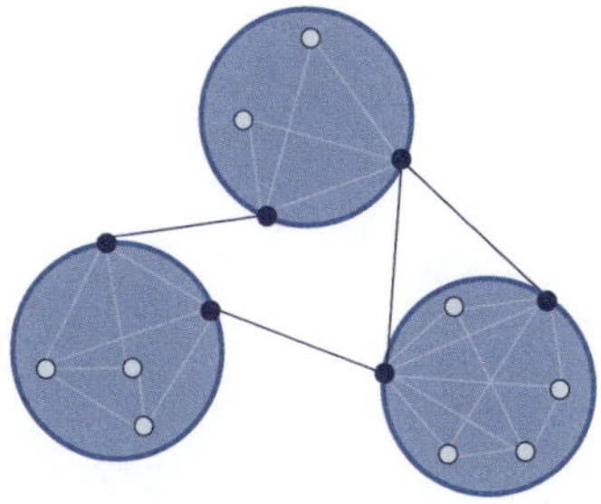

Abb. 5–2
Bausteine einer modularen Architektur

Sinnvoller Zusammenhang

Der entscheidende Punkt dabei ist, dass Chunking nur dann angewendet werden kann, wenn sinnvoll zusammenhängende Einheiten existieren. Beliebige Gruppierungen von Operationen zu Klassen oder von Klassen zu Paketen erleichtern das Chunking nicht. Vielmehr müssen die Entwickler in einem solchen Fall doch mehrere Wisseneinheiten aus den verschiedenen, zusammengewürfelten Teilaspekten bilden.

Für Modularität gelten auf Basis des Chunkings daher die folgenden Regeln:

Modulare Architektur

Regeln für eine modulare Architektur

Die Bausteine einer modularen Architektur müssen:

1. in ihrem Inneren ein zusammenhängendes, kohärentes Ganzes bilden, das für genau eine Aufgabe zuständig ist (Einheit als Chunk),
2. nach außen eine explizite, minimale und delegierende Kapsel bilden (Schnittstelle als Chunk),
3. mit anderen Bausteinen minimal und lose gekoppelt sein (Kopplung zur Chunk-Trennung).

In den nun folgenden Unterkapiteln schauen wir uns diese einzelnen Regeln für Modularität im Detail an. Wem das Prinzip Modularität vertraut ist, der kann die nächsten Seiten getrost überspringen und direkt zum nächsten Abschnitt 5.2 auf Seite 77 weitergehen.

5.1.2.1 Einheiten

Prinzipien für Einheiten

In der Informatik gibt es eine Reihe von relativ alten Entwurfsprinzipien, die diese Forderung nach zusammenhängenden Einheiten (s. Abb. 5–3) einlösen wollen[6]:

---

6. s. [Riel 1996], [Myers 1978], [Coad & Yourdon 1994], [Wirfs-Brock & McKean 2002], [Martin 2013], [Hunts & Thomas 2003], [Myers 1978] und [Coad & Yourdon 1994].

Abb. 5–3
Zusammenhängende Einheiten fürs Chunking

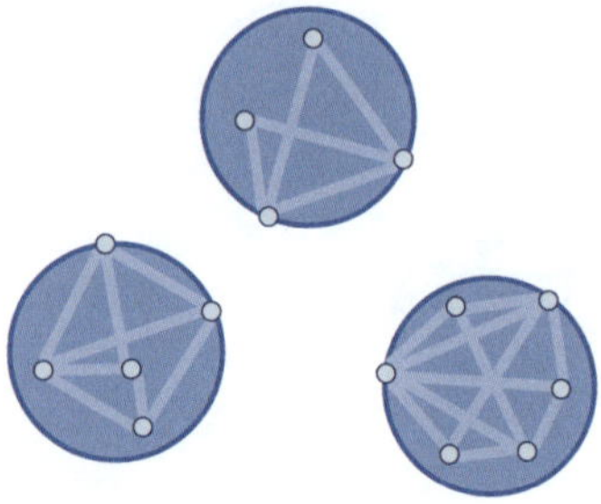

Sinnvoll zerlegen

- *Separation of Concerns*
  Dijkstra schrieb in seinem auch heute noch lesenswerten Artikel mit dem Titel »A Discipline of Programming« [Dijkstra 1976], dass verschiedene Teile einer größeren Aufgabe möglichst in verschiedenen Elementen der Lösung repräsentiert werden sollten. Hier geht es also um das Zerlegen von zu großen Wisseneinheiten mit mehreren Aufgaben. In der Refactoring-Bewegung sind solche Einheiten mit zu vielen Verantwortlichkeiten als ein *Code-Smell*[7] unter dem Namen *God Class* wieder aufgetaucht.

Zusammenhalt

- *Kohäsion*
  In den 1970er-Jahren arbeitete Myers seine Ideen über Entwurf aus und führte das Maß Kohäsion ein, um den Zusammenhalt innerhalb von Modulen zu bewerten. Coad und Yourdon erweiterten das Konzept für die Objektorientierung.

Zuständigkeit

- *Responsibility Driven Design (Entwurf nach Zuständigkeit)*
  In die gleiche Richtung wie das Geheimnisprinzip und die Kohäsion zielt die Entwurfsheuristik, Klassen nach Zuständigkeiten zu entwerfen von Rebecca Wirfs-Brock: Eine Klasse ist eine Entwurfseinheit, die genau eine Verantwortung erfüllen und damit nur eine Rolle in sich vereinigen sollte.

Verantwortung für eine Aufgabe

- *Single Responsibility Principle (SRP)*
  Als Erstes legt Robert Martin in seinen SOLID-Prinzipien fest, dass jede Klasse nur eine fest definierte Aufgabe erfüllen soll. In einer Klasse sollten lediglich Funktionen vorhanden sein, die direkt zur Erfüllung dieser Aufgabe beitragen. Effekt dieser Konzentration auf eine Aufgabe ist, dass es nie mehr als einen Grund geben sollte, eine Klasse zu ändern. Dafür ergänzt Robert Martin auf Architekturebene das Common-Closure Principle. Klassen sollen in ihren

7. Wikipedia definiert Code-Smell folgendermaßen: »Bei Code-Smell […] handelt es sich um funktionierenden Programmcode, der schlecht strukturiert ist. Das größte Problem liegt darin, dass der Code für den Programmierer schwer verständlich ist, sodass sich bei Korrekturen und Erweiterungen häufig wieder neue Fehler einschleichen.«

übergeordneten Bausteinen lokal sein, sodass Veränderungen immer alle oder keine Klassen betreffen.

- *Lokalität von Änderungen*
  Das IEEE Standard Glossary of Software Engineering Terminology betont in seiner Definition besonders den Aspekt der Änderbarkeit: »Modularity is the degree to which a system or computer program is composed of discrete components such that a change to one component has minimal impact on other components« [IEEE 1990]. Die Prinzipien DRY (= Don't repeat yourself) und SPOT (= Single point of truth) weisen in dieselbe Richtung.

Lokale Änderung

All diese Prinzipien wollen Chunking durch den inneren Zusammenhalt der Einheiten fördern.

Modularität hat aber noch mehr zu bieten. Ein Modul soll nach Parnas mit seiner Schnittstelle eine Kapsel für die innere Implementierung bilden.

5.1.2.2 Schnittstellen

Schnittstelle als Chunk

Durch Schnittstellen kann Chunking erheblich unterstützt werden, wenn die Schnittstellen – welche Überraschung – sinnvolle Einheiten bilden. Die für Chunking benötigte Wissenseinheit kann in der Schnittstelle eines Bausteins so gut vorbereitet werden, dass der Entwickler sich den Chunk nicht mehr durch Analysieren des Bausteins selbst zusammensammeln muss.

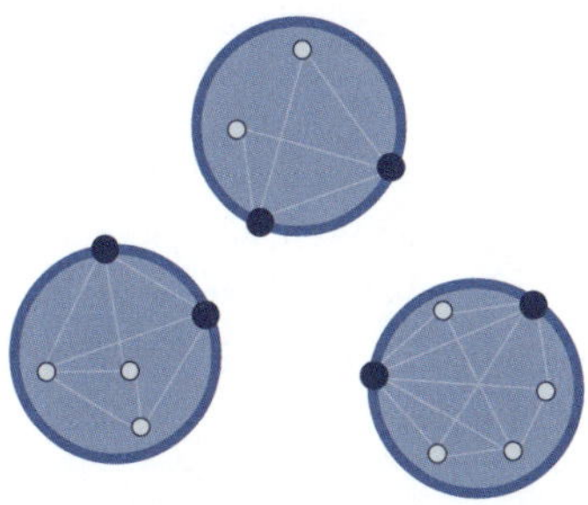

Abb. 5–4 *Zusammenhängende Einheiten mit Schnittstellen*

Prinzipien für Schnittstellen

Eine gute zusammenhängende Schnittstelle entsteht (s. Abb. 5–4), wenn man die Prinzipien aus dem letzten Abschnitt nicht nur beim Entwurf des Baustein-Inneren anwendet, sondern auch für seine Schnittstelle. Einige weitere Prinzipien kommen hinzu, die sich ausschließlich auf die Schnittstelle von Modulen beziehen[8]:

8. s. [Bass et al. 2012], [Horstmann 2006], [Jacobson 1992], [Martin 2013], [Nagl 1990], [Parnas 1972], [Reussner & Hasselbring 2008], [Siedersleben 2004], [Züllighoven 2005] und *de.wikipedia.org/wiki/Gesetz_von_Demeter.*

- *Separate Schnittstelle* *Explizite Schnittstellen* und *Trennung von Schnittstelle und Implementierung*
  Bausteine sollten ihre Schnittstellen explizit machen – also als getrenntes Stück Sourcecode vorhalten.
- *Minimale Dienste* *Minimale Schnittstellen* und das *Interface Segregation Principle*
  Schnittstellen sollten ein möglichst minimales Set an Funktionalität anbieten. Braucht ein Client nur einen Teil der Schnittstelle, dann sollte die Schnittstelle in mehrere Client-spezifische Schnittstellen aufgespalten werden – wie Robert Martin im vierten SOLID-Prinzip Interface Segregation Principle festlegt.
- *Injizierte Abhängigkeiten* *Explizite Abhängigkeiten*
  An der Schnittstelle eines Bausteins sollte direkt erkennbar sein, mit welchen anderen Bausteinen er kommuniziert. Erfüllt man diese Forderung, dann weiß der Entwickler, ohne in die Implementierung zu schauen, welche anderen Bausteine er verstehen oder erzeugen muss, um mit dem ersten Baustein zu arbeiten. Dependency Injection passt direkt zu diesem Grundprinzip, denn es führt dazu, dass alle Abhängigkeiten über die Schnittstelle in einen Baustein injiziert werden.
- *Abgeschlossene Dienste* *Delegierende Schnittstellen* und das *Law of Demeter*
  Da Schnittstellen Kapseln sind, sollten die in ihnen angebotenen Dienste so gestaltet sein, dass Delegation möglich wird. Echte Delegation entsteht, wenn die Dienste an einer Schnittstelle Aufgaben komplett übernehmen. Dienste, die dem Aufrufer Interna zurückliefern, an denen der Aufrufer weitere Aufrufe ausführen muss, um zu seinem Ziel zu gelangen, verletzen das Law of Demeter (s. Abschnitt 10.5).

All diese Prinzipien haben als Ziel, dass Schnittstellen das Chunking unterstützen. Werden sie eingehalten, so sind Schnittstellen als eine Wisseneinheit schneller zu verarbeiten. Werden nun auch noch die Grundprinzipien der Kopplung beachtet, so haben wir für das Chunking beim Programmverstehen viel gewonnen.

5.1.2.3 Kopplung

Um einen Baustein einer Architektur zu verstehen und ändern zu können, müssen sich die Entwickler einen Überblick über den zu ändernden Baustein selbst und seine benachbarten Bausteine verschaffen. Wichtig sind dafür alle Bausteine, mit denen der erste Baustein zusammenarbeitet. Für seine Änderung muss der Entwickler diese weiteren Bausteine bis zu einem gewissen Grad verstehen (s. [Noak 2007]). Je mehr Abhängigkeiten es von einem Baustein zum anderen gibt, umso schwieriger wird es, die einzelnen Beteiligten mit der begrenzten Kapazität des Kurzzeitgedächtnisses zu analysieren und passende Wissenseinheiten zu bilden.

Lose Kopplung

Lose Kopplung ist das Prinzip in der Informatik, das an diesem Punkt ansetzt[9]. Kopplung bezeichnet den Grad der Abhängigkeit zwischen den Bausteinen eines Softwaresystems. Je mehr Abhängigkeiten in einem System existieren, desto stärker ist die Kopplung.

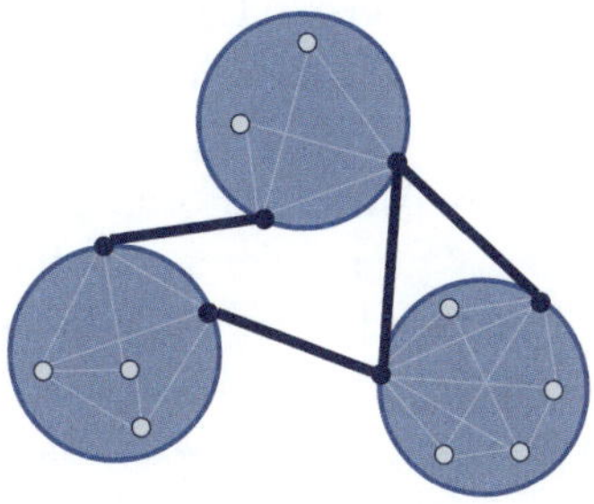

Abb. 5–5
Zusammenhängende Einheiten mit Schnittstellen und loser Kopplung

Einheit + Schnittstelle → lose Kopplung

Sind die Bausteine eines Systems nach den Prinzipien der letzten beiden Abschnitte zu Einheiten und Schnittstellen entwickelt worden, so sollte das System automatisch aus lose gekoppelten Bausteinen bestehen (s. Abb. 5–5). Ein Baustein, der eine zusammenhängende Aufgabe erledigt, wird dazu weniger andere Bausteine brauchen als ein Baustein, der viele verschiedene Aufgaben durchführt. Ist die Schnittstelle nach dem Law of Demeter delegierend angelegt, dann braucht der Aufrufer nur diese Schnittstelle. Er muss sich nicht von Schnittstelle zu Schnittstelle weiterhangeln, um schließlich durch viel zusätzliche Kopplung seine Aufgabe abzuschließen.

5.2 Musterkonsistenz

Erich Gamma

Anfang der 1990er-Jahre veränderte Erich Gamma mit seiner Doktorarbeit über Entwurfsmuster die Informatik. Plötzlich hatten wir einen Namen für das, was wir schon seit Jahren taten. Und genau das ist der Punkt! Wir können gar nicht ohne Muster – bzw. ohne Schemata.

---

9. s. [Booch 2004], [Gamma et al. 1994], [Riel 1996] und [Züllighoven 2005].

5.2.1 Aufbau von Schemata

Das weitreichendste Mittel, das von Menschen eingesetzt wird, um komplexe Zusammenhänge zu strukturieren, sind *Schemata*. Unter einem Schema werden Wissenseinheiten verstanden, die aus einer Kombination von abstraktem und konkretem Wissen bestehen. Schemata enthalten auf der abstrakten Ebene typische Eigenschaften der von ihnen schematisch abgebildeten Zusammenhänge und legen für diese Eigenschaften Wertebereiche fest. Auf der konkreten Ebene beinhaltet ein Schema eine Reihe von Exemplaren, die prototypische Ausprägungen des Schemas darstellen[10].

Das Schema Lehrer

Wenn wir beispielsweise darüber informiert werden, dass eine Person den Beruf eines Lehrers ausübt, dann enthält unser *Lehrer*-Schema auf der abstrakten Ebene verschiedene Annahmen und Vorstellungen hinsichtlich seiner Tätigkeit: Lehrer sind an einer Schule beschäftigt, sie haben keinen 8-Stunden-Tag und müssen Klassenarbeiten korrigieren. Konkret werden wir an unsere eigenen Lehrer denken, die wir als Prototypen des Lehrer-Schemas abgespeichert haben. Aus unserem Wissen über diese Prototypen werden wir ebenfalls Rückschlüsse auf die andere Person ziehen.

Das Schema Säumer

Den gegenteiligen Effekt kann man sich an dem folgenden Beispiel klarmachen: Würde jemand uns erzählen, dass sein Vater *Säumer* gewesen ist, dann würde unser Gehirn versuchen, ein passendes Schema zu finden. In Sekundenschnelle stellen die meisten von uns fest, dass sie diesen Beruf nicht kennen. Im Gehirn bleibt lediglich ein Fragezeichen zurück. Was ist ein Säumer? Säumer haben Ende des 18. Jahrhunderts Waren an den Berghängen der Alpen – den Säumen – entlang mit ihren Eseln von Deutschland nach Italien und zurück transportiert. Heute gibt es andere Transportwege, aber damals war man auf dieses Berufsbild angewiesen.

Entwurfsmuster = Schemata

Die in der Softwareentwicklung vielfältig eingesetzten Entwurfsmuster nutzen die Stärke des menschlichen Gehirns, mit Schemata zu arbeiten. Das für Entwurfsmuster entwickelte Beschreibungsschema enthält eine abstrahierte Darstellung des Musters mit verschiedenen Varianten der Umsetzung, die als prototypische Ausprägungen verstanden werden können. Haben Entwickler bereits mit einem Entwurfsmuster gearbeitet und daraus ein Schema gebildet, so können sie Programmtexte und Strukturen schneller erkennen und verstehen, die dieses Entwurfsmuster einsetzen.

Entdeckt, nicht erfunden

In der Entwurfsmusterdiskussion wird immer wieder darauf hingewiesen, dass Entwurfsmuster nicht erfunden, sondern entdeckt und

10. s. [Anderson 1989], [Dutke 1994], [Kluwe 1992] und [Norman 1982].

aus Erfahrung geschaffen werden. Genau die gleiche Erkenntnis wurde in der kognitiven Psychologie gewonnen: Schemata lassen sich nur durch Erfahrungen herausbilden und durch neue ähnliche Erfahrungen verstärken und verfeinern. Die Änderung von definierenden Merkmalen eines Schemas ist in der Regel schwierig, weil sie das gesamte Schema infrage stellt. Beispielsweise war es kurz nach der Einführung von mobilen Telefonen für mich überraschend, wenn ich von einem einzelnen, einen Monolog haltenden Menschen überholt wurde. Lief hinter mir jemand, der sprach, so erwartete ich, von zwei oder mehr Personen überholt zu werden. Diese Erfahrung musste ich mehrere Male machen, bis sich mein Schema angepasst hatte und einzelne redende Menschen mit einem Mobiltelefon am Ohr keine Überraschung mehr darstellten.

Schach, Schemata und Chunking

Schemata und Chunking sind zwei Mechanismen, die Menschen häufig in Kombination einsetzen. Eine Situation wird anhand eines Schemas erfasst und dann als Chunk zu einer Wissenseinheit verarbeitet. Schauen wir uns ein Beispiel an: Bei einem Experiment wurden Schachmeistern und Schachanfängern für ca. fünf Sekunden Spielstellungen auf einem Schachbrett gezeigt. Handelte es sich um eine sinnvolle Aufstellung der Figuren, so waren die Schachmeister in der Lage, die Positionen von mehr als zwanzig Figuren zu rekonstruieren. Sie sahen Muster von ihnen bekannten Aufstellungen und speicherten entsprechende Chunks in ihrem Kurzzeitgedächtnis. Die schwächeren Spieler hingegen konnten nur die Position von vier oder fünf Figuren wiedergeben. Die Anfänger mussten sich die Position der Schachfiguren einzeln merken. Wurden die Figuren den Schachexperten und Schachlaien allerdings mit einer zufälligen Verteilung auf dem Schachbrett präsentiert, so waren die Schachmeister nicht mehr im Vorteil. Sie konnten keine Schemata einsetzen und so die für sie sinnlose Verteilung der Figuren nicht zu ihnen bekannten größeren Wissenseinheiten verdichten.

Deduktives Verstehen

Mithilfe einer Gruppe von Schemata zu einem bestimmten Sachverhalt ist ein Experte in dem entsprechenden Gebiet in der Lage, sich schneller zurechtzufinden als ein Neuling, der über keine entsprechenden Schemata verfügt. Dieser Geschwindigkeitsgewinn kommt dadurch zustande, dass ein Experte durch den Einsatz von Schemata Gedächtnisinhalte direkt abrufen kann, um Muster in seiner Umwelt zu erkennen. Diese Möglichkeit unterscheidet ihn wesentlich vom Laien, der ohne entsprechende Schemata gezwungen ist, durch eine deduktive Herangehensweise Wissenseinheiten zu bilden und eigene Schemata zu entwickeln. Deduktives Verstehen von Zusammenhängen führt zu einer seriellen Verarbeitung im Gehirn, für die das menschliche Gehirn nach Einschätzung verschiedener kognitiver Psychologen weniger geeignet ist. Besser geeignet ist das Gehirn für parallele Verarbeitung, bei der sich

Informationen ausbreiten und Muster erkannt werden. Die Entwicklung von Sachkenntnis auf einem Gebiet geht dementsprechend einher mit einem Übergang von deduktiven Lösungsstrategien zu Lösungsstrategien wie Mustererkennung, an die das menschliche Gehirn besser angepasst ist (s. [Anderson 1989]).

Der Aufbau von Schemata liefert für das Verständnis von komplexen Strukturen also entscheidende Geschwindigkeitsvorteile. Das ist auch der Grund, warum Muster in der Softwareentwicklung bereits vor Jahren Einzug gefunden haben.

5.2.2 Übertragung auf Entwurfsprinzipien

Der *Aufbau von Schemata* spiegelt sich in der Softwareentwicklung in der Verwendung von Mustern wider, die im Kleinen als Entwurfsmuster und im Großen als Architekturstile vorkommen. Muster haben für das Entwicklungsteam den Vorteil, dass sie den Lösungsraum einschränken und vorhandene Lösungen schneller verständlich machen.

Falsche Muster bremsen uns.

Jeder, der programmiert, kennt den gegenteiligen Effekt: Man trifft in einem Softwaresystem auf eine Klasse, die im Namen die Bezeichnung eines weithin bekannten Musters enthält, aber nicht zu diesem Muster passt. Stellen wir uns zum Beispiel eine Klasse namens `XYFactory` vor (s. Abb. 5–6). Jeder, der dieses Muster kennt, hat eine bestimmt Erwartung an die Schnittstelle und das Verhalten dieser Klasse. Sie erzeugt Objekte auf Basis eines abstrakten Typs und/oder einer Konfiguration.

Abb. 5–6
Falsch eingesetztes Muster

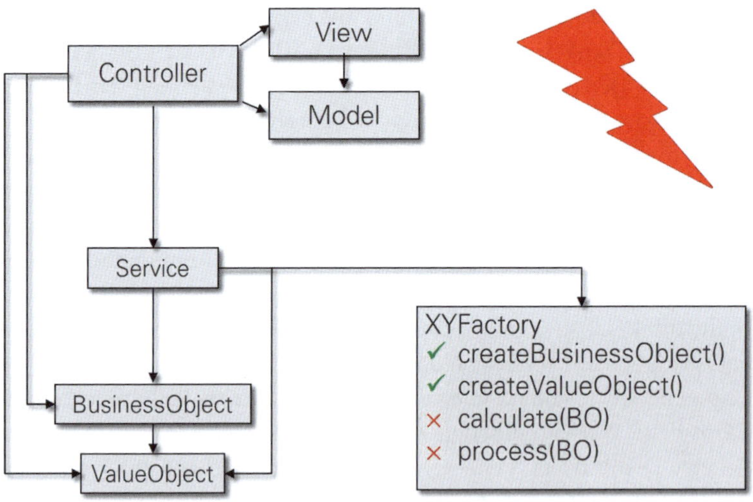

Die Klasse `XYFactory`, auf die wir hier treffen, erzeugt aber nicht nur Objekte. Sondern sie bietet auch noch Methoden an, die auf den erzeugten Objekten Berechnungen durchführen. Was passiert in diesem Moment? Wir werden in unserem Verständnisprozess komplett ausgebremst! Wir beginnen uns zu fragen: Warum hat der Programmierer dieser Klasse diese Lösung entwickelt? Er wird einen guten Grund haben! Wie finden wir heraus, was er hier wollte? Gibt es einen Hinweis auf den Entwickler dieser Klasse? Ist er noch in unserer Firma? Oder hat er das Factory-Muster vielleicht falsch verstanden? Oder wusste er einfach nur nicht wohin mit den Berechnungsmethoden und hat sie einfach in die `XYFactory`-Klasse integriert? Oder kannte er es möglicherweise gar nicht und hat seine Klasse zufälligerweise so genannt? Müssen wir in diesem Fall ein Refactoring vornehmen? Das sind ein paar der Fragen, die man sich in seinem solchen Fall üblicherweise stellt. Und schon kann man die Vorteile der Schemata und des Top-down-Programmverstehens nicht mehr nutzen. Solche fehlerhaften oder vielleicht auch nur unbedacht anderen Verwendungen von Mustern in Softwaresystemen sind ein großes Problem. Sie zerstören die Geschwindigkeit, die wir durch Muster im Verständnis und Änderungsprozess gewinnen. Genau wie die sinnvollen und zufälligen Aufstellungen der Schachfiguren im letzten Abschnitt.

Fehlende und unbekannte Muster

Fehlen in einem Softwaresystem Muster, so werden den Entwicklern keine Anhaltspunkte zum Aufbau von Schemata geboten. Schmerzhaft erlebt man diesen Effekt beim Programmieren in Systemen, die nur zum Teil auf Basis von Mustern gebaut sind. Stellen wir uns vor, dass wir einen Bug in der Selektion von Business-Objekten auf der Oberfläche fixen müssen. Um den Fehler zu finden, hangeln wir uns durch verschiedene Muster im Sourcecode. Wir landen in dem Service, der für diese Art von Business-Objekten zuständig ist, und finden auch die eigentliche Business-Objekt-Klasse (s. Abb. 5–7). Bei unseren Untersuchungen des Selektionsalgorithmus im Service kommen wir plötzlich zu Klassen, die zu keinem der im System bekannten Muster passen.

Abb. 5–7
Unbekannte Muster

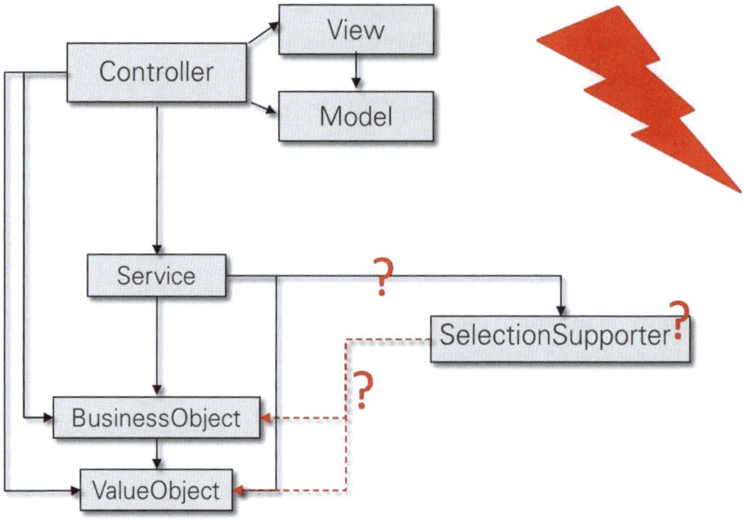

Eine solche Klasse könnte zum Beispiel `SelectionSupporter` heißen. In unserem System gab es bisher kein Supporter-Muster. Der Name verrät uns natürlich, dass diese Klasse etwas mit dem Problem zu tun haben wird. Außerdem klingt der Name so, als müsste diese Klasse eine andere bei ihrer Arbeit unterstützen. Aber die Rolle von `SelectionSupporter` im Verhältnis zu den umgebenden Klassen bleibt trotzdem unklar. Darf der `SelectionSupporter` auf den Business-Objekten arbeiten? Darf er den Service benutzen, um die Selektion zu verbessern? Wir können die hier implementierte Lösung nur verstehen, indem wir uns die Zusammenarbeit zwischen diesen Klassen im Detail ansehen. Das braucht Zeit! Wenn der Entwickler von `SelectionSupporter` eins unserer vorhandenen Muster gewählt hätte oder das Supporter-Muster unserem Repertoire an Mustern hinzugefügt hätte, wären wir sehr viel schneller mit unserem Bugfix vorangekommen.

Eigentlich sollen Entwurfsmuster den Entwicklern Anhaltspunkte geben, welche Aufgaben die einzelnen Klassen haben und wie sie zusammenarbeiten sollen. Dadurch verstärken die Muster normalerweise die Konzentration auf klare Aufgaben (Modularität). Wird ein Muster falsch, anders oder nicht an allen sinnvollen Stellen eingesetzt, behindert das den Aufbau von Schemata.

Soll-Architektur als Muster

Im Rahmen unserer Betrachtung ist aber nicht nur der Einsatz von Entwurfsmustern auf Klassenebene wichtig. Genauso interessant ist, wie das Entwicklungsteam die geplanten Muster der Soll-Architektur im Programmtext umgesetzt hat. Lassen sich die geplanten Muster der Soll-Architektur im Programmtext wiederfinden?

Die beiden Mittel, die uns heute in den meisten Programmiersprachen und Entwicklungsumgebungen für die Abbildung der Soll-Architektur auf den Sourcecode zur Verfügung stehen, sind:

- die Paketstruktur oberhalb von Klassen in der jeweiligen Programmiersprache sowie
- die Projektstruktur in der jeweiligen Entwicklungsumgebung und die damit einhergehende Aufteilung in Build-Artefakte.

Muster in der Ist-Architektur

Entsprechen die Paketstruktur und/oder die Build-Artefakt-Struktur in ihrem Aufbau den Vorgaben der Architektur, so wird die Orientierung für die Entwickler wesentlich erleichtert. In Abbildung 5–8 sieht man den Package-Baum eines Java-Softwaresystems, also die Ist-Architektur, mit insgesamt 28 Packages.

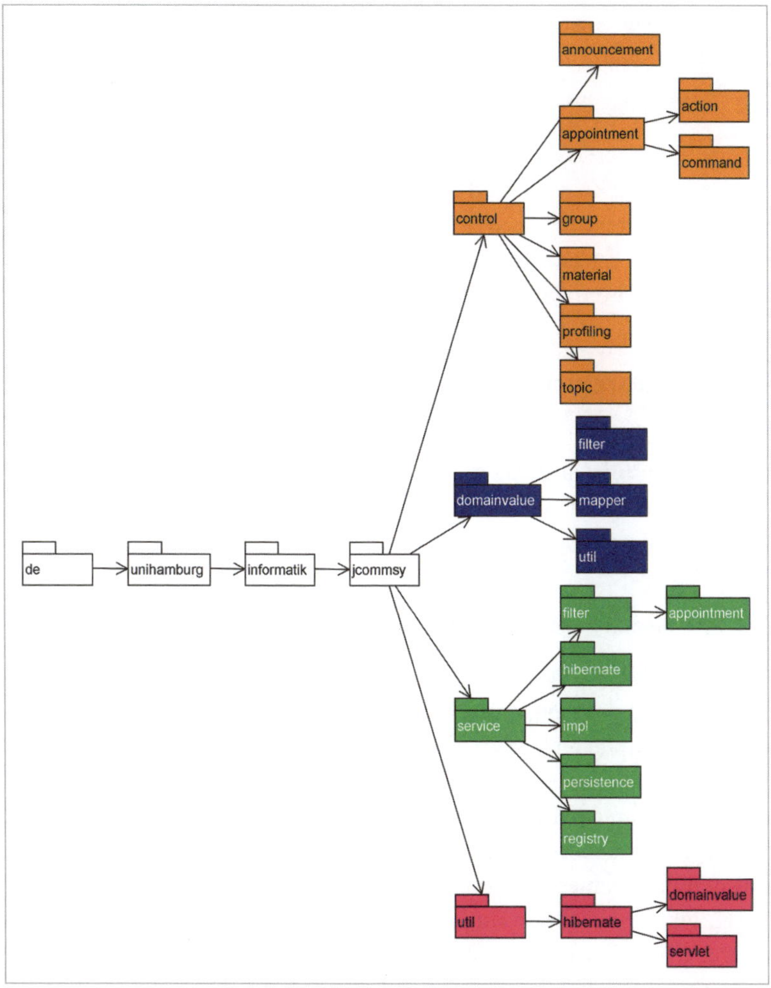

Abb. 5–8
Subsysteme in der Paketstruktur

Der Package-Baum beginnt links mit dem obersten Package `de`. `de` enthält das Package `unihamburg` und so geht es weiter bis zum Systemnamen: `jcommsy`. Danach spaltet sich der Package-Baum in vier Packages auf. Diese vier Packages stellen von ihrem Architekten die vier Schichten des Systems dar. Die Package-Knoten, die jeweils zu einer Schicht gehören, haben in Abbildung 5–8 jeweils eine Farbe.

Bei diesem Beispiel haben die Architekten ihren Job sehr gut gemacht und dafür gesorgt, dass sich die geplanten Komponenten in der Ist-Architektur wiederfinden. Hier ist das Muster, was die Soll-Architektur den Entwicklern liefert, anhand der Namen und der gleichen Ebene klar erkennbar.

Musterkonsistenz in Architekturen

Regeln für Musterkonsistenz in Architekturen

Die Bausteine einer musterkonsistenten Architektur müssen:

1. den Vorgaben für Bausteine in der Soll-Architektur entsprechen,
2. nach einheitlichen Mustern durchgängig gestaltet sein.

Welche Architekturstile und Muster den Aufbau von Schemata am effizientesten unterstützen, werden wir im folgenden Kapitel 6 kennenlernen. Wie der Einsatz von Mustern und Architekturstilen in der Praxis aussieht, erfahren Sie in den Kapiteln 7 und 8.

5.3 Hierarchisierung

Edsger W. Dijkstra

Bereits in den 1960er-Jahren wies Dijkstra mit seinem Konzept von geschichteten Softwaresystemen darauf hin, dass geordnete Strukturen bei der Entwicklung von Softwaresystemen sinnvoll sind [Dijkstra 1968]. Schauen wir uns an, was uns die kognitive Psychologie hier zu bieten hat.

5.3.1 Bildung von Hierarchien

Hierarchische Strukturen

Untersuchungen in verschiedenen Teilbereichen der kognitiven Psychologie machen deutlich, dass *Hierarchien* beim Wahrnehmen und Verstehen von komplexen Strukturen und beim Abspeichern von Wissen eine wichtige Rolle spielen. Als hierarchische Strukturen werden in den Experimenten Bäume (Monohierarchie) oder gerichtete azyklische Graphen (Polyhierarchie) betrachtet (s. Abb. 5–9). Für die Ordnung der Elemente wurden unterschiedliche Relationen verwendet: kategoriale Unterordnung, wie sie bei Ober- und Unterbegriffen üblich ist (Vererbungshierarchie), Teil-Ganzes-Beziehung, wie sie für die Bildung von größeren Einheiten aus kleineren Einheiten verwendet wird (Enthalten-Sein-Hierarchie), oder auch Gedankenkarten (engl. mind map), bei denen Begriffe in Beziehungen stehen (Verwendung-Beziehung). Die verschiedenen Autoren stellen fest, dass Menschen dann Wissen gut aufnehmen, es wiedergeben und sich darin zurechtfinden können, wenn es in hierarchischen Strukturen vorliegt[11].

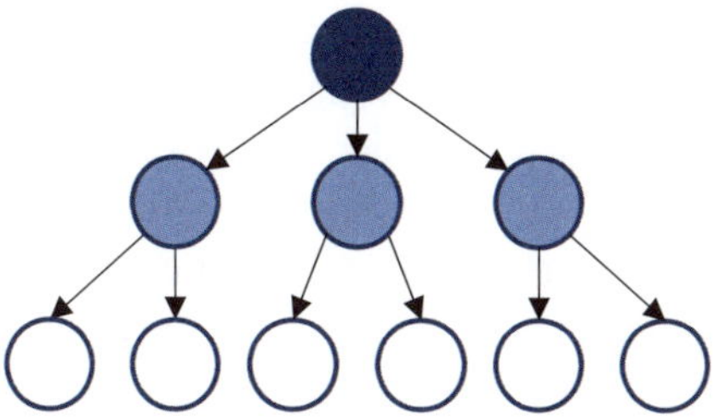

Abb. 5–9
Hierarchische Struktur aus Ober- und Unterknoten

Gedächtnisleistung

Als Beispiele führen die Autoren Untersuchungen zum Lernen von zusammengehörenden Wortkategorien, zur Organisation von Lernmaterialien, zum Textverstehen, zur Textanalyse und zur Textwiedergabe an. Bei der Reproduktion von langen Begriffslisten war die Gedächtnisleistung der Versuchspersonen deutlich höher, wenn ihnen Entscheidungsbäume mit kategorialer Unterordnung angeboten wurden. Lerninhalte wurden von den Versuchspersonen mithilfe von hierarchischen Kapitelstrukturen oder Gedankenkarten deutlich schneller gelernt. Lag keine hierarchische Struktur vor, so bemühten sich die Versuchspersonen, den Text selbstständig hierarchisch anzuordnen. Eine hierarchische Ordnung wurde von den Versuchspersonen also bevorzugt.

Wurden die Versuchspersonen gebeten, Texte wiederzugeben, konnte ebenfalls ein interessanter Effekt beobachtet werden: Die Versuchspersonen konnten sich besser an die Textstrukturen erinnern, die in der Textstruktur auf höherer Ebene liegen, also die Oberbegriffe oder die zusammenfassenden Textteile. Die Textteile, die sich in einer Textstruktur weiter unten in den detaillierteren Abschnitten befinden, wurden schneller vergessen. Allerdings hing das Textverständnis entscheidend davon ab, ob die Versuchspersonen durch den Text unterstützt wurden, die hierarchisch höher stehenden, den Text organisierenden Strukturen zu erkennen.

Die kognitive Psychologie zieht aus diesen Untersuchungen die Konsequenz, dass hierarchisch geordnete Inhalte für Menschen leichter zu erlernen und zu verarbeiten sind und dass aus einer hierarchischen Struktur effizienter Inhalte abgerufen werden können.

Hierarchien + Chunking

Darüber hinaus werden Hierarchien und Chunking (s. Abschnitt 5.1.1) vom Menschen oft in Kombination eingesetzt. Wissenseinheiten,

11. s. [Anderson 1989] und [Kluwe 1992].

also Chunks, werden im Gedächtnis mithilfe von hierarchischen Strukturen abgebildet. Ein Haus kann beispielsweise als eine Wissenseinheit abgespeichert werden und jeweils kleinere Wissenseinheiten für die einzelnen Elemente des Hauses enthalten.

Programmverstehen mit Hierarchien

Die Vorteile von Hierarchien lassen sich ebenfalls in den Untersuchungen zum Top-down-Programmverstehen feststellen. Waren den Entwicklern die Hierarchien des Softwaresystems bekannt, so konnten sie die Wartungsarbeiten effizient erledigen. Sie waren deutlich schneller als die Entwickler, denen keine Hierarchien vermittelt worden waren. Diese Entwickler mussten sich das unbekannte Softwaresystem über Bottom-up-Programmverstehen erst erarbeiten. Dazu entwickelten sie ihre eigenen Hierarchien und Chunks, was einiges an Zeit in Anspruch nahm. Festzuhalten bleibt, Entwickler verwenden Hierarchien, um Softwaresysteme auf verschiedenen Ebenen zu betrachten. Dabei blenden sie Teilbereiche des Softwaresystems und seiner Struktur aus, um die Komplexität zu reduzieren[12].

5.3.2 Übertragung auf Entwurfsprinzipien

Enthalten, Vererbung, Benutzung

Die *Bildung von Hierarchien* wird in Programmiersprachen bei den Enthalten-Sein-Beziehungen unterstützt. Methoden sind in Klassen, Klassen sind in Paketen enthalten usw. Für alle anderen Arten von Beziehungen gilt das nicht: Wir können beliebige Klassen und Interfaces in einer Sourcecode-Basis per Benutzt-Beziehung oder/und per Vererbungs-Beziehung miteinander verknüpfen und dadurch verflochtene Strukturen erschaffen, die in keiner Weise hierarchisch sind. Erbt beispielsweise Klasse A von Klasse B und Klasse B benutzt Klasse A, so entsteht eine nicht hierarchische Struktur.

Es besteht allerdings durchaus die Möglichkeit, Benutzt-Beziehung und Vererbungs-Beziehung zu verwenden, um hierarchische Strukturen zu implementieren. In der Softwarearchitektur wird dieses Ziel in der Regel mit *Zyklenfreiheit* bezeichnet. Eine Architektur ist dann zyklenfrei, wenn man von einem einzelnen Baustein über die Beziehungen, die er zu anderen Bausteinen hat, nicht zu ihm zurückkommen kann. Man nennt eine solche Struktur einen gerichteten azyklischen Graphen.

Zyklen + Zyklengruppen

In Abbildung 5–10 sind zwei gerichtete Graphen dargestellt. Die blauen Knoten bilden eine zyklische Struktur; während die weißen Knoten zwar zum Graph, aber nicht zur zyklischen Struktur gehören.

12. s. [Storey et al. 1999], [Wallnau et al. 1996] und [Mayrhauser & Vans 1997].

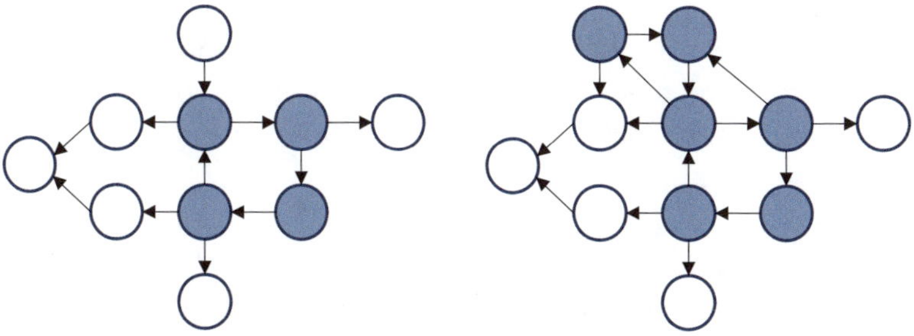

Abb. 5–10
Zyklen im gerichteten Graphen

Die linke Struktur in Abbildung 5–10 enthält einen Zyklus mit vier Knoten. In Abbildung 5–10 rechts hingegen ist eine Zyklengruppe dargestellt, die sich aus drei einzelnen Zyklen zusammensetzt. Der Einfachheit halber werden die Begriffe Zyklus und Zyklengruppe im Folgenden synonym verwendet.

Argumente gegen Zyklen

Heute findet man in den einschlägigen Fachbüchern eine Reihe von Argumenten, warum geordnete Strukturen Zyklen vorzuziehen sind. Diese eher technischen Begründungen nehmen die aus der kognitiven Psychologie gewonnenen Argumente gegen zyklische Strukturen zum Teil auf und erweitern sie[13]:

Weiterentwicklung

- *Erweiterbarkeit*
  Zyklische Strukturen sind schwer zu erweitern, weil sie schwer verständlich sind. Eine parallele Weiterentwicklung von Bausteinen kann durch Zyklen verhindert werden, weil Änderungen an einem Baustein direkt zu Änderungen an den mit ihm verknüpften Bausteinen führen können.

Isolierte Tests + Mocks

- *Testbarkeit*
  Um Fehler in Softwaresystemen zu minimieren, müssen Testklassen geschrieben werden. Zyklisch verknüpfte Bausteine können nicht isoliert getestet werden, sodass für den Test eines Bausteins alle am Zyklus beteiligten Bausteine benötigt werden. Auch das Arbeiten mit Mocks fällt hier schwer, weil Mocks zyklisch in Mocks injiziert werden müssen.

Fehleranfällig

- *Evolution*
  Im Verhältnis zum Rest des Softwaresystems ändern sich Bausteine in Zyklen häufiger und sind fehleranfälliger. Zusätzlich breiten sich zyklische Strukturen aus, weil bei einer Erweiterung neue Klassen an die vorhandenen Zyklen angebaut werden.

---

13. s. [Binder 1999], [Bischofberger et al. 2004], [Feathers 2004], [Fowler 2001], [Lakos 1996], [Martin 2013], [Roock & Lippert 2004], [Neumann 2005], [Savernik 2007] und [Zimmermann & Nagappan 2006].

Deployment

- *Partitionierung*
  Soll ein Softwaresystem in einzelne Komponenten aufgeteilt und diese getrennt ausgeliefert oder deployed werden, so dürfen ebenfalls keine zyklischen Abhängigkeiten vorhanden sein.

Zyklische Bausteine haben mehrere Rollen.

- *Verständlichkeit*
  Bausteine in einem Zyklus lassen sich sinnvoll nur als Ganzes betrachten. Will man ein Baustein verstehen und ändern, muss man sich einen Überblick über alle verknüpften Bausteine verschaffen. Häufig spielen an Zyklen beteiligte Bausteine mehrere Rollen in einer Architektur. Aus diesen Rollen erwachsen unterschiedliche Zuständigkeiten, die das Verständnis erschweren. Hinzu kommt, dass Bausteine in Zyklen im Verhältnis größer als andere Bausteine sind, das macht sie schwerer überschaubar und damit ebenfalls schwerer verständlich.

Zyklenfreie Architektur

Regeln für eine zyklenfreie Architektur

Die Beziehungen zwischen den Bausteinen einer zyklenfreien Architektur sollten auf allen Ebenen ohne Rückbeziehungen auskommen.

Obwohl Zyklenfreiheit schon ein relativ altes Konzept ist, sind zyklenfreie Architekturen heute immer noch eine seltene Ausnahme. In Kapitel 9 werden wir sehen, wie Systeme heute aussehen.

5.4 Zyklen = misslungene Modularität + Muster

Zyklenfreiheit ist kein Selbstzweck.

Das letzte Argument für eine zyklenfreie Architektur in der Liste im letzten Abschnitt *Verständlichkeit* enthält eine sehr wichtige Botschaft zu Modularität und Musterkonsistenz: Klassen in Zyklen haben mehrere Rollen, also auch Aufgaben, und sind häufig größer. Der Wunsch, Zyklenfreiheit zu erreichen, ist also kein Selbstzweck! Es geht nicht darum, irgendeine technisch strukturelle Idee von »Zyklen müssen vermieden werden« zu befriedigen. Vielmehr wird damit das Ziel verfolgt, ein gutes Design zu erreichen.

Achtet man bei seinem Entwurf darauf, dass die einzelnen Bausteine modular sind, also jeweils genau für eine Aufgabe zuständig sind, dann entstehen in der Regel auch zyklenfreie Entwürfe. Ein Modul, das Basisfunktionalität zur Verfügung stellt, sollte nie Funk-tionalität aus den auf ihm aufbauenden Modulen benötigen. Sind die Aufgaben klar verteilt, dann ist offensichtlich, welcher Baustein welchen anderen Baustein benutzen muss, um seine Aufgabe zu erfüllen. Eine umgekehrte und damit zyklische Beziehung entsteht erst gar nicht.

Das gleiche Argument gilt auch für Musterkonsistenz: Achtet man beim Entwurf darauf, dass die einzelnen Bausteine zu den gewählten Mustern passen und ihre Regeln einhalten, dann ergibt sich eine zyklenfreie Architektur. In Abschnitt 8.6 wird der Zusammenhang zwischen Zyklen, Modularität und Mustern an einem Beispiel aus der Praxis konkret erfahrbar werden.

5.5 Konsequenzen für die Architekturanalyse

Die heute entwickelten und im Rahmen dieser Arbeit untersuchten Softwaresysteme sind zum Teil sehr groß. Das macht es Entwicklern und Architekten unmöglich, Experten für alle Bereiche eines Softwaresystems zu sein. Bei der Wartung von Softwaresystemen wird außerdem vielfach punktuell gearbeitet. Bearbeitet man ein Stück Sourcecode selten und durch längere Pausen unterbrochen, so ist es grundsätzlich schwer, Experte für alle Details zu sein oder zu bleiben. Passende Hierarchien, Schemata und Chunks für alle Teile des Sourcecodes können also selbst die besten Entwickler nicht vorrätig haben.

Iteratives Programmverstehen

Entwickler müssen vielmehr – abhängig von ihrer Aufgabenstellung – die jeweils zu ändernden Softwaresysteme und Programmteile identifizieren. Untersuchungen mit Entwicklern haben gezeigt, dass bei diesem Suchprozess Top-down- und Bottom-up-Programmverstehen in Kombination eingesetzt werden (s. [Wallnau et al. 1996]). Zu Beginn der Suche verwendet der Entwickler typischerweise Hierarchien und Schemata, um sich das Softwaresystem, soweit es geht, top-down zu erschließen. Lassen sich die Schemata und Hierarchien an einer bestimmten Stelle nicht weiter verwenden, so geht der Entwickler zum Bottom-up-Programmverstehen über und setzt vermehrt Chunking ein. Während dieses in der Regel iterativen Prozesses erarbeiten sich die Entwickler ein Verständnis der zu ändernden Programmteile sowie ihrer Zusammenarbeit und lokalisieren die durch die Änderung möglicherweise ausgelösten Seiteneffekte.

Zusammenfassung

Damit dieser Prozess des Programmverstehens und -änderns möglichst schnell und fehlerfrei vonstattengehen kann, müssen Softwaresysteme

- aus sinnvoll zusammenhängende Modulen auf den verschiedenen Abstraktionsniveaus bestehen, die das *Chunking* erleichtern (Modularität),
- zyklenfrei aufgebaut sein, um die *Bildung von Hierarchien* zu unterstützen (Zyklenfreiheit),

- auf den verschiedenen Abstraktionsniveaus wiederkehrende Muster anbieten, aus denen *Schemata* gebildet werden können (Musterkonsistenz).

Ein Softwaresystem, das von seiner Architektur her diese Prozesse unterstützt, wird für seine Entwickler und Architekten schneller verständlich und schneller änderbar sein.

Für die Architekturanalyse und die Verbesserung einer Architektur ist es daher entscheidend, dass wir diese Aspekte der Architektur untersuchen (s. Abb. 5–11). Verbesserungspotenzial findet sich genau in diesen Bereichen, wie wir in den Kapiteln 7, 8, 9 und 12 an Praxisbeispielen sehen werden.

Abb. 5–11
Vorgehen bei der Architekturanalyse und -verbesserung

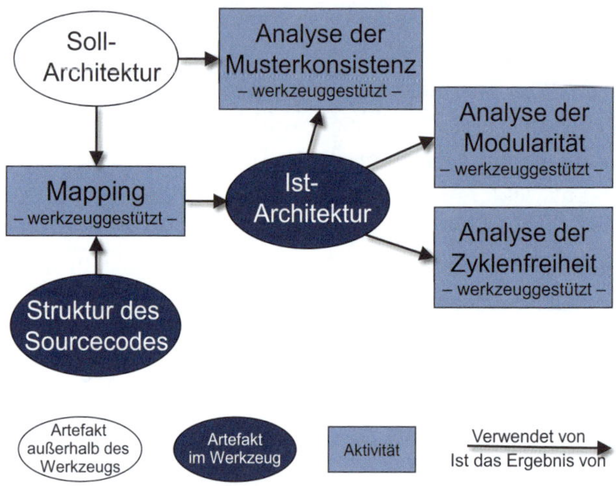

6 Architekturstile gegen technische Schulden

Entwickler und Architekten haben in den vergangenen 30 Jahren eine Reihe von Architekturstilen bei ihrer täglichen Arbeit entdeckt. Architekturstile sind ein bewährtes Mittel, um Leitplanken für den Designraum der gesamten Architektur festzulegen. Auf Basis dieser Leitplanken bilden sich Architekten und Entwickler Schemata. Mithilfe dieser Schemata finden sie sich im Sourcecode zurecht und können Wartung und Erweiterungen zügig vornehmen. Außerdem machen die meisten Architekturstile Vorgaben für Zyklenfreiheit und Modularität.

Im Folgenden schauen wir uns an, welche Leitplanken die gängigen Architekturstile anbieten und welche Architekturstile unsere drei Grundprinzipien gut unterstützen.

6.1 Regeln von Architekturstilen

Elemente und Regeln

Die Vorgaben, die Architekturstile machen, beziehen sich auf die Struktur des Softwaresystems, also auf seine Elemente und Beziehungen. Architekturstile legen für die Struktur eines Softwaresystems das Folgende fest[1]:

- Welche Arten von Elementen hat der Architekturstil?
- Welche Architekturregeln gelten für diesen Architekturstil?
  - *Elementregeln* betreffen nur eine Elementart. Elementregeln legen die Schnittstelle einer Elementart fest oder spezifizieren, aus welchen Bausteinen sie aufgebaut ist.
  - *Gebotsregeln* schreiben Beziehungen zwischen bestimmten Elementarten vor.
  - *Verbotsregeln* verbieten die Beziehungen zwischen bestimmten Elementarten.

---

1. s. [Bass et al. 2012], [Becker-Pechau et al. 2006], [Brügge & Dutroit 2004], [Fielding 2000], [Garlan 2000], [Hofmeister et al. 2000], [Knodel & Popescu 2007] und [Reussner & Hasselbring 2008].

Pipes & Filter

Durch diese Einschränkungen in einem Architekturstil sind nur noch ein Teil aller möglichen Kombinationen von Elementen und Beziehungen zugelassen. Der Architekturstil Pipes & Filter beispielsweise enthält zwei Arten von Elementen: Filter als ausführende Elemente, die Daten transformieren, und Pipes als Verbindungsströme, die die Daten zwischen den Filtern weiterleiten. Eine wichtige Regel dieses Stils ist, dass Pipes nur mit Filtern verknüpft werden dürfen und nicht untereinander.

Im Vergleich zu anderen Architekturstilen ist das Repertoire des Pipes & Filter-Architekturstils mit zwei Elementarten sehr beschränkt. Der Effekt, der dadurch entsteht, ist, dass die beiden Elementarten nur grobe Vorgaben für den Designraum machen können. Wir werden im Folgenden weitere Architekturstile kennenlernen, die mehr Elementarten anbieten und damit feinere Vorgaben für den Designraum zur Verfügung stellen.

6.2 Trennung von fachlichen und technischen Bausteinen

Ein sehr einfacher und gleichzeitig für qualitativ hochwertige Architekturen sehr essenzieller Architekturstil ist die *Trennung von Fachlichkeit und Technik* nach Quasar (s. [Siedersleben 2004]). Fachliche Bausteine sind solche, die Sourcecode für die Anwendungsdomäne, wie Businessregeln, Berechnungen, Validierungen etc., enthalten. Technische Bausteine hingegen lösen rein technische Probleme, wie Datenbankanschluss, Oberfläche etc. Grundprinzip dieses Architekturstils ist, dass jeder Baustein in einer Architektur nur für einen dieser beiden Aspekte zuständig sein darf. Diese Trennung wird von Quasar deshalb postuliert, weil sich die Fachlichkeit und die Technik in Softwaresystemen in der Regel in unterschiedlichen Zyklen ändern. Wird diese Trennung eingehalten, entsteht ein gut modularisiertes System.

Blutgruppen für Software

Diese grundsätzliche Idee wird in Quasar durch die Einführung von Blutgruppen für Softwarebausteine handhabbar gemacht. Mein Eindruck ist, dass sich dieses Modell in der Softwareentwicklung deshalb nicht wirklich durchgesetzt hat, weil die Blutgruppenanalogie für Software weit hergeholt ist. Nichtsdestotrotz gibt dieser Architekturstil einige sehr wichtige Hinweise zum Aufbau von Architekturen, die jedem Architekten klar sein sollten:

- *Blutgruppe A* bekommen alle Softwarebausteine, die von der fachlichen Anwendung bestimmt werden, also Fachlichkeit umsetzen. Sie stellen das eigentliche Projektziel dar (z. B. Kunde, Konto, Rechnung, Bestellung).

- *Blutgruppe T* wird an alle technischen Softwarebausteine vergeben, die von mindestens einer technischen API bestimmt werden (z.B. Datenbankanschluss, Oberflächentechnologie, Kommunikation mit entfernten Anwendungen).
- *Blutgruppe AT* haben alle Softwarebausteine, die eine Mischung aus A- und T-Bausteinen darstellen. Diese Art von Software muss vermieden werden und im Notfall vom Rest des Systems abgegrenzt werden (z.B. fachliche Klassen, die als EJBs realisiert sind oder die aus anderen Gründen von technischen Klassen erben).
- *Blutgruppe R* ist für alle Softwarebausteine reserviert, die die Transformation zwischen A- und T-Bausteinen leisten. R-Bausteine sind eine notwendige milde Form der AT-Bausteine. Sie sind in der Regel klein, haben nicht viel Logik und werden als Übergang von A- und T-Bausteinen benutzt (z.B. Datenbank-Mapper-Klassen, FormBeans in Struts).

Blutgruppe AT

Eine Klasse mit der unerwünschten Blutgruppe AT könnte beispielsweise folgendermaßen aussehen:

```
public class UserGroup extends ArrayList<User> {…}
```

Hier erbt eine fachliche Klasse, die Gruppen von Usern abbilden soll, von einer technischen Klasse. Eine solche Lösung verbietet uns Quasar mit seinen Blutgruppen. Auch die meisten erfahrenen Entwickler und Architekten würden eine solche Lösung als Code-Smell bezeichnen. Eine sinnvolle Implementierung von einer solchen Klasse wäre, der Klasse `UserGroup` eine Exemplarvariable zu geben, die vom Typ `ArrayList<User>` ist.

Aus Sicht eines Architekturstils sind die vier Blutgruppen die Architekturelemente von Quasar und haben die folgenden Regeln:

- Elementregeln für jede einzelne Blutgruppe, wie z.B. »R-Bausteine sind klein und haben wenig Logik«.
- Verbotsregeln für die Zusammenarbeit zwischen den Blutgruppen, wie z.B. »A-Software und T-Software dürfen sich nicht kennen«.

Quasar-Grobstruktur

Wenn man diese Trennung in einem Softwaresystem konsequent durchhält, entsteht eine Grobstruktur für das gesamte Softwaresystem (s. Abb. 6–1).

Abb. 6–1
Architektur eines Quasar-Systems

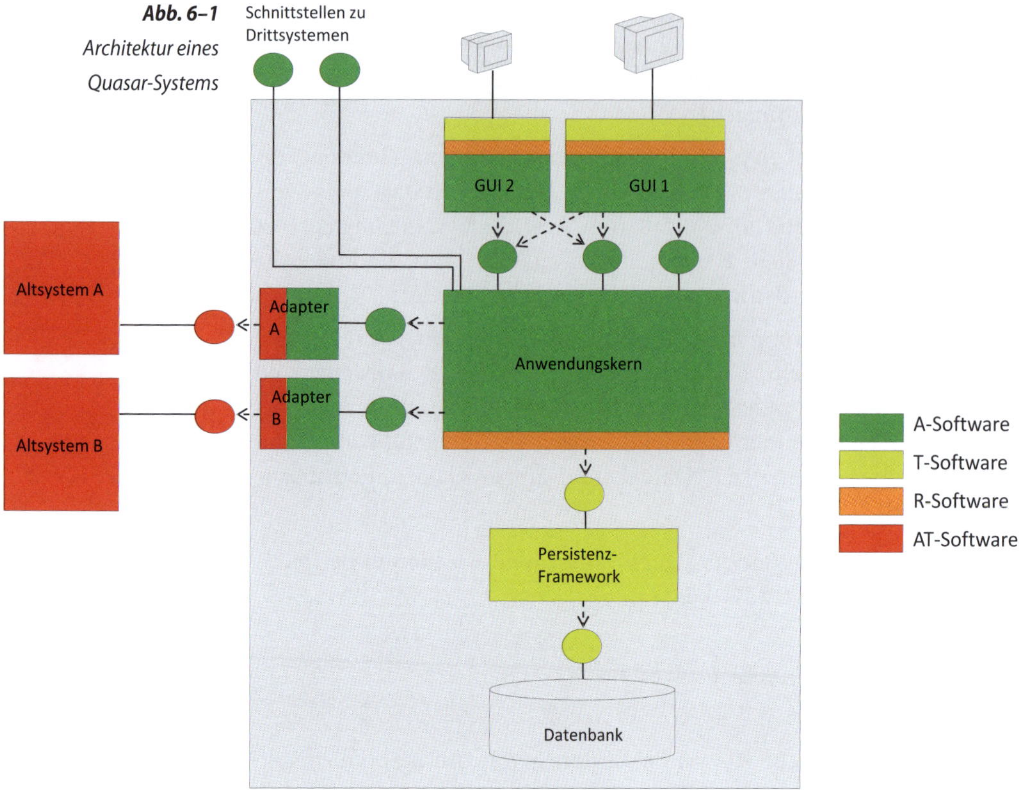

Muster, Modularität + Zyklenfreiheit

Diese Vorgaben des Quasar-Architekturstils geben allen Bausteinen einen groben Platz im Gesamtsystem. Es entsteht also ein Muster, dem man als Entwickler und Architekt folgen kann. Gleichzeitig machen die Blutgruppen Aussagen über die Aufgabenteilung und Zusammenarbeit im System. Diese Trennung zwischen den Blutgruppen führt so also auch zu einer besseren Modularität. Und schließlich bewirken die Regeln für die Zusammenarbeit zwischen den Blutgruppen, dass der Sourcecode einen groben hierarchischen Aufbau hat.

6.3 Schichtenarchitekturen

Einer der am häufigsten in der Literatur beschriebenen und in vielen Unternehmen eingesetzten Architekturstile ist die Schichtenarchitektur[2]. Eine Schichtenarchitektur legt als einzige Architekturelementart die Schicht fest. Schichten fassen jeweils Bausteine des Softwaresystems zu größeren Einheiten zusammen. Im Endeffekt ist die Schicht also auch ein Baustein. Die Schichten werden hierarchisch sortiert und als Architekturregel wird festgelegt, dass die tieferen Schichten nicht auf die höheren Schichten zugreifen dürfen.

Strenge Schichtung

Das erste Softwaresystem, das Schichten hatte, war das THE-System von Dijkstra. Bei diesem Softwaresystem wurde eine strenge Schichtung vorgenommen, sodass jede Schicht nur die direkt unter ihr liegende verwenden durfte. Der Übergang von einer Schicht zur nächsten wurde damals als Abstraktion hin zu einer höheren Sprachebene verstanden. Betriebssysteme werden nach dieser strengen Schichtung entwickelt, wie am ISO/OSI-Schichtenmodell deutlich wird.

Schichtung in Anwendungen

Anwendungssoftware, Frameworks und Bibliotheken haben im Allgemeinen keine strenge Schichtung, die vorschreibt, dass jede Schicht nur auf die direkt unter ihr liegende Schicht zugreifen darf. In der Regel dürfen die Bausteine in den höheren Schichten mehrere, manchmal auch alle unter ihnen liegenden Schichten verwenden. Diese schwächere Form der Schichtung kommt dadurch zustande, dass nicht mehr die Schaffung von höheren Sprachebenen – wie bei Betriebssystemen – das Ziel ist, sondern die Vermeidung von Aufwärts-Beziehungen zwischen Schichten.

In den heute üblicherweise eingesetzten Schichtenarchitekturen gibt es zwei Dimensionen der Schichtung: eine technische und eine fachliche Schichtung.

6.3.1 Technische Schichtung

Für eine technische Schichtung werden die Bausteine des Softwaresystems nach ihrer technischen Aufgabe eingeteilt und hierarchisiert. Auf diese Weise entstehen Schichten, die den technischen Aufbau eines Softwaresystems wiedergeben. Die von Eric Evans vorgeschlagene technische Schichtung ist eine Aufteilung in Präsentations-, Applikations-, Fachdomänen- und Infrastrukturschicht. Die einzelnen Schichten haben üblicherweise Schnittstellen, über die sie von den anderen Schichten benutzt werden[3].

---

2. s. [Bass et al. 2012], [Brügge & Dutroit 2004], [Fowler 2003], [Hofmeister et al. 2000], [Jacobson 1992], [Nagl 1990] und [Züllighoven 2005].
3. s. [Evans 2004] und [Starke 2020].

Abb. 6–2
Technische Schichtung

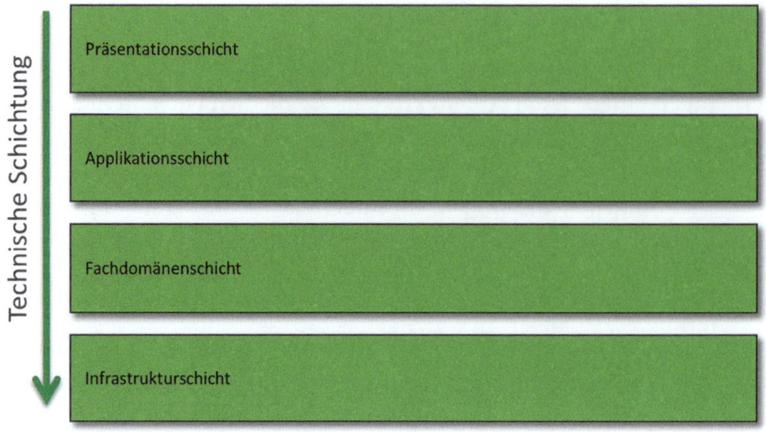

Semantik von Schichten

Parnas hat in seinem Artikel »On a ›Buzzword‹: Hierarchical Structure« [Parnas 1974] kritisiert, dass viele Autoren von hierarchischer Struktur in ihren Systemen sprechen, aber nicht deutlich sagen, wie das System in Schichten zerlegt wird und welche Arten von Beziehungen es gibt[4]. Beliebige Bausteine eines Softwaresystems können so ohne Sinn und Verstand zu einer Schicht zusammengefasst werden. Diesem Dilemma versucht die technische Schichtung in Abbildung 6–2 zu begegnen. Für die Schichten werden bestimmte Aufgaben festgelegt und so eine semantische Anreicherung der Schichten nach technischen Gesichtspunkten herbeigeführt.

Modularität in Schichten

An dieser Diskussion wird deutlich, dass die Zyklenfreiheit, also Beziehungen entgegen der Schichtung, nicht das einzige Kriterium für Schichtung sein kann. Vielmehr geht es um die Frage, was eine modulare Aufteilung eines Systems entlang der technischen Dimension sein kann. Findet man Zyklen zwischen den Schichten, dann ist die Aufteilung der Schichten, also ihre Modularität, nicht gut gelungen (s. Abschnitt 5.4).

6.3.2 Fachliche Schichtung

Bei großen Softwaresystemen ist die klassische technische Schichtung in der Regel nicht ausreichend. Die dabei entstehenden großen technischen Schichten geben zu wenig Orientierung für sinnvolles Chunking. Weitere Aufteilungen und Hierarchisierungen auf Basis der Fachlichkeit sind für die Architekten und Entwickler ab einer bestimmten Größe das natürliche Mittel.

4. s. [Evans 2004] und [Siedersleben 2004].

Sparten in der Organisation

Häufig unterstützen große Softwaresysteme verschiedene Sparten in einer Organisation, wie z.B. das Kreditgeschäft, das Anlagegeschäft, das Wertpapiergeschäft, oder auch übergreifende Funktionalitäten, wie Kundenverwaltung und Kundenkontaktverwaltungen (Customer Relationship Management, CRM)[5]. Aus diesem Grund kann man bei größeren Softwaresystemen oft beobachten, dass die Architekten und Entwickler zusätzlich zur technischen Schichtung auch eine fachliche Schichtung vornehmen.

Auf Basis dieser fachlichen Aufteilung wollen Architekten auch Regeln für die Beziehungen zwischen den fachlichen Bausteinen festlegen. Beispielsweise soll ein zentrales Modul, wie das Kundengeschäft, von anderen Bausteinen, wie Kreditgeschäft, Anlagegeschäft, benutzt werden dürfen. Die Bausteine für das Kundengeschäft hingegen dürfen die anderen fachlich übergeordneten Bausteine nicht verwenden.

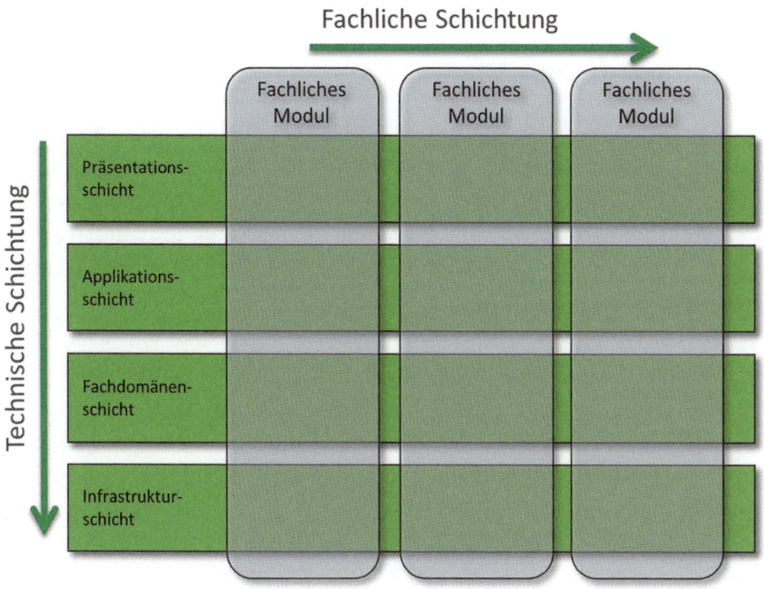

Abb. 6–3
Fachliche Schichtung

Fachliche Module

Für die fachliche Schichtung wird das System in vertikale Module[6] aufgeteilt, die quer zu den technischen Schichten liegen (s. Abb. 6–3). Jedes Modul steht dabei für einen Geschäftsbereich oder ein Geschäftsfeld. In jedem fachlichen Modul finden sich die Anteile der technischen Schichten (Präsentation, Applikation, Fachdomäne, Infrastruktur), die zu dem jeweiligen Geschäftsfeld gehören. Zwischen den einzelnen fach-

---

5. s. [Bäumer et al. 1997], [Brügge & Dutroit 2004] und [Larman 2004].
6. s. [Brügge & Dutroit 2004], [Larman 2004] und [Züllighoven 2005].

lichen Modulen gibt es eine Schichtung und weitere Beschränkungen der Beziehungen. Es kann z. B. durchaus sein, dass das Basismodul Kundenverwaltung von allen darauf aufbauenden Modulen, wie Kredit-, Wertpapier- und Anlagegeschäft, verwendet wird. Diese aufbauenden Module dürfen sich aber gegenseitig nicht verwenden, je nachdem, wie es der Fachlichkeit entspricht.

Fachliche Beziehungen

Die fachlichen Module sind die Architekturelemente der fachlichen Schichtung. Auch für diese Architekturelemente werden Regeln für ihre Beziehungen definiert. Als Architekturregeln werden die erlaubten Beziehungen zwischen Geschäftsfeldern festgelegt. Beziehungen zwischen den fachlichen Modulen sind genau wie bei den technischen Schichten nur in einer Richtung erlaubt, sodass hier eine Hierarchie der fachlichen Module entsteht.

In Abschnitt 6.5 werden wir sehen, wie der neue Trend »Microservices« mit dieser Aufteilung in fachliche Module zusammenhängt.

6.3.3 Infrastrukturschicht

Denkt man eine Weile über die in Abbildung 6–3 dargestellte Schichtung mit der Infrastrukturschicht als unterste Schicht nach, so stellt man fest, dass diese Schichtung für die Infrastrukturschicht einige Schwierigkeiten mit sich bringt. Manche Schichten, die oberhalb der Infrastrukturschicht liegen, dürfen auf bestimmte Bausteine in der Infrastrukturschicht zugreifen, anderen sollte dies eigentlich verboten sein.

Infrastruktur ≠ unterste Schicht

In Abbildung 6–4 sind beispielhafte Beziehungen aus den höheren Schichten auf die Infrastruktur eingezeichnet. Alle Schichten dürfen das Logging-Framework benutzen. Die Widget-Library für die Oberfläche soll aber eigentlich nur aus der Präsentationsschicht verwendet werden. Auch bei anderen Bibliotheken, wie der Druck-Bibliothek und dem OR-Mapper, treten ähnliche Schwierigkeiten auf. Ist die Infrastrukturschicht die unterste Schicht der Architektur, sind solche Schichtenverletzungen nicht offensichtlich. Das Schema oder Muster »Höhere Schichten dürfen alle darunterliegenden Schichten aufrufen« funktioniert für diese Schicht nicht. Dadurch wird das Muster kompliziert, weil es eine Ausnahme hat.

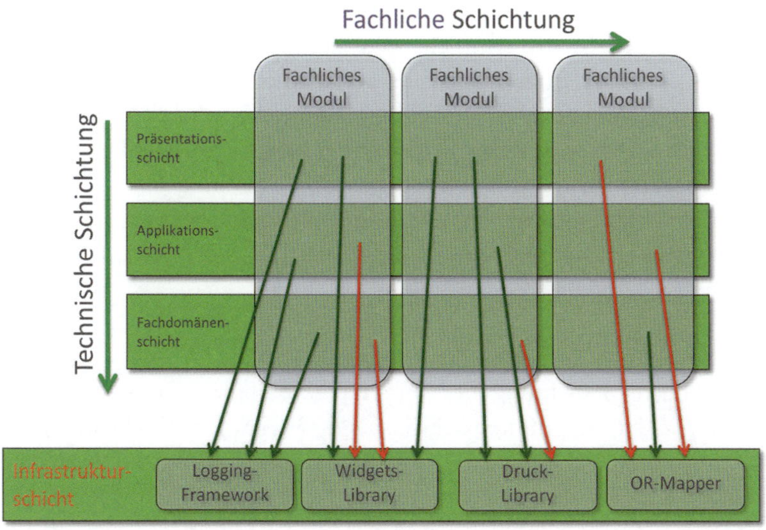

Abb. 6–4 Problem der Infrastrukturschicht

Infrastruktur = unterstes Modul

Um dieser Schwierigkeit zu begegnen, muss die Infrastrukturschicht als unterstes Modul in die fachliche Schichtung eingeordnet werden. Abbildung 6–5 stellt diese neue Platzierung dar.

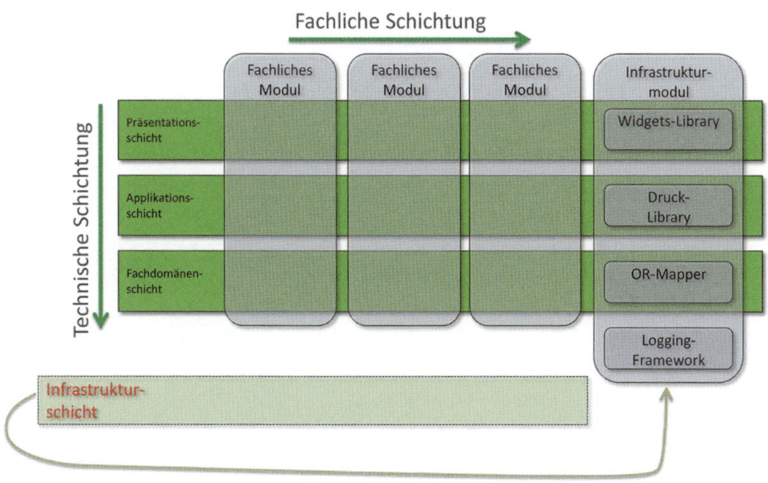

Abb. 6–5 Sinnvolle Anordnung der Infrastrukturschicht

Diese Anordnung der Infrastruktur führt zu klar definierbaren Regeln für die Beziehungen zwischen den Modulen und Schichten. Das grundlegende Muster wird im gesamten Architekturstil einheitlich vorgeschrieben: Höhere Schichten, sowohl in der technischen als auch in der fachlichen Dimension der Schichtung, dürfen die weiter unten liegenden Schichten verwenden. Ein klares und einheitliches Muster!

Fachlichkeit zuerst

Legt man die Infrastrukturschicht als Basismodul unter die fachlichen Module, so wird deutlich, dass die fachliche Schichtung eigentlich die vorherrschende Dimension der Schichtung sein sollte. Mit den hexagonalen Architekturen und Onion Architecture wird in Abschnitt 6.4 mit Ports & Adapters die Umkehrung der Beziehung zur Infrastrukturschicht eingeführt. Mit den Microservices in Abschnitt 6.5 werden wir einen Architekturstil kennenlernen, der die fachliche Aufteilung zum ersten Strukturierungskriterium erklärt hat.

6.3.4 Integration von fachlichen Schichten

Die fachliche Schichtung aus Abschnitt 6.3.2 lässt sich nicht in allen Fällen von der Präsentationsschicht bis zur Fachdomänenschicht durchziehen. Baut man ein Softwaresystem, das eine integrierte Oberfläche besitzen soll, so ist eine Aufteilung in verschiedene fachliche Anteile manchmal nur bedingt möglich. Alle Teile der Oberfläche müssen auf alle fachlichen Bereiche zugreifen, um die komplexe Präsentation darzustellen. Eine ähnliche Frage kann auch bei einer Business-Process-Engine auftreten. Die einzelnen Bearbeitungsschritte sind als fachliche Module unabhängig voneinander oder mit einer klaren fachlichen Schichtung implementierbar. Die Business-Process-Engine muss diese einzelnen Verarbeitungsschritte aber integrieren.

Breite Integrationsschicht

Hier ist eine ähnliche Lösung notwendig wie für die im Folgenden dargestellte integrierende Oberfläche. In Abbildung 6–6 ist eine Extremform für diese Integration über die Oberfläche dargestellt.

Abb. 6–6
Integration der fachlichen Module in der Oberfläche

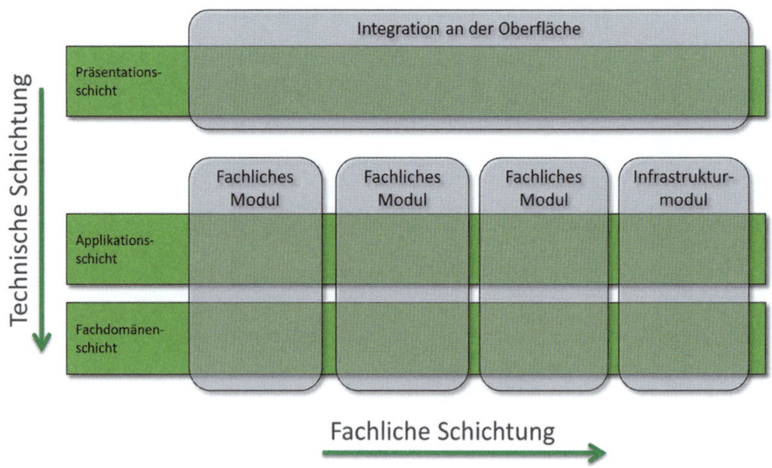

Schmale Integrationsschicht

Eine etwas abgemilderte Form könnte sein, dass auch die Oberfläche in einzelne fachliche Anteile zerschnitten wird, die wieder den fachlichen Modulen zugeordnet werden. Übrig bleibt am Schluss eine möglichst dünne Schicht der Integration (s. Abb. 6–7).

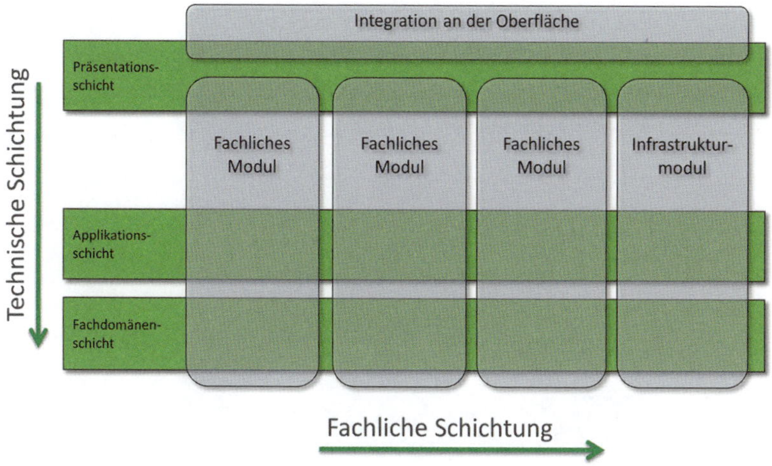

Abb. 6–7 *Schmale Integration von fachlichen Modulen*

Diese schmale Integration von fachlichen Modulen bildet bei Webanwendungen, die nach dem Prinzip der Microservices entwickelt sind, eine typische Lösung.

6.4 Hexagonal, Onion und Clean Architecture

In den letzten Jahren sind verschiedene weitere Architekturstile aufgetaucht, die Aspekte von Schichtenarchitekturen und Quasar aufnehmen und verbessern:

- Hexagonal Architecture (Ports & Adapters) von Alistair Cockburn im Jahre 2005[7]
- Onion Architecture von Jeffrey Palermo in 2008[8]
- Clean Architecture von Robert C. Martin in 2012[9]

Obwohl sich diese Architekturen in ihren Details etwas unterscheiden, haben sie alle das gleiche Ziel: Modularität, wie sie in diesem Buch verfolgt wird. Dieses Ziel erreichen alle diese Stile, indem sie die Trennung der Fachlichkeit von der Technik und den hierarchischen Aufbau der fachlichen Module in den Vordergrund stellen.

7. *http://wiki.c2.com/?PortsAndAdaptersArchitecture*
8. *https://jeffreypalermo.com/2008/07/the-onion-architecture-part-1*
9. *https://blog.cleancoder.com/uncle-bob/2012/08/13/the-clean-architecture.html*

In Abbildung 6–8 habe ich versucht, diese verschiedenen Architekturen zusammenzufassen. In der Mitte sieht man die fachlichen Bausteine als Zwiebel aus drei Schichten, deren Beziehungen von außen nach innen gehen. Das Zerlegen der Zwiebel in fachliche Module wird mit gestrichelten Linien angedeutet. Um die Zwiebel herum ist das Hexagon dargestellt, das über Port & Adapter oder auch über Gateway oder Transformation die Zusammenarbeit mit den technischen Bausteinen ermöglicht. Wie genau Port und Adapter funktionieren, lässt sich auf verschiedenen Webseiten nachlesen.[10]

Abb. 6–8
Hexagonal, Onion und Clean Architecture

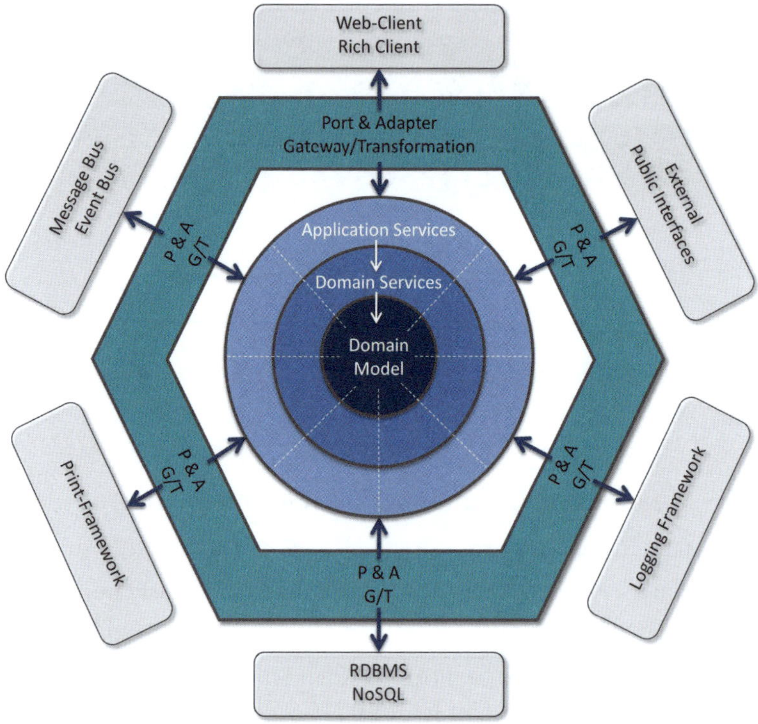

Mit diesen Architekturstilen werden die fachlichen Bausteine tatsächlich unabhängig von den technischen. Die fachlichen Bausteine können ohne die Benutzeroberfläche, Datenbank, Webserver oder andere externe Schnittstellen getestet werden. Benutzeroberfläche, Datenbank und Schnittstellen können geändert oder ausgetauscht werden, ohne den Rest des Systems zu beeinflussen, weil die fachlichen Bausteine nichts vom

10. *https://herbertograca.com/2017/11/16/explicit-architecture-01-ddd-hexagonal-onion-clean-cqrs-how-i-put-it-all-together/* oder *https://www.thinktocode.com/2018/07/19/ports-and-adapters-architecture/* oder *https://blog.cleancoder.com/uncle-bob/2012/08/13/the-clean-architecture.html*

Rest der Welt wissen. Das ist eine klare Verbesserung gegenüber den Schichtenarchitekturen mit der Infrastrukturschicht. Diese als Zwiebeln in Schichten angelegten Architekturstile lassen sich mit den Mitteln des Sotographen ebenso analysieren wie Schichtenarchitekturen und Mustersprachen. Bei zwei Teams haben wir tatsächlich eine entsprechende Analyse durchgeführt.

Hat man die Zwiebel in fachliche Module aufgeteilt und will man unabhängige deploybare Einheiten haben, so eignen sich Microservices und Domain-Driven Design als ein nächster Schritt.

6.5 Microservices und Domain-Driven Design

Unabhängige Services

Microservices sind um 2012 als neuer Architekturstil aufgekommen. Viele Entwickler und Architekten dachten, es ginge bei diesem Architekturstil nur darum, Softwaresysteme in voneinander unabhängig deploybare Services aufzuteilen, sie in der Cloud zu deployen und die Entwicklung durch eine synchrone Teamstruktur zu beschleunigen. Dann wären sie für dieses Buch nicht weiter interessant gewesen.

Bounded Context → Microservice

Durch die Kombination von Microservices mit dem strategischen Design aus Domain-Driven Design (DDD) von Eric Evans[11] wird der Fokus beim Zerteilen eines Softwaresystems in Microservices aber auf die Fachlichkeit gelegt. Das ist eine deutliche und aus meiner Sicht sehr wichtige Entwicklung hin zu einer fachlichen Struktur in der Software (s. Abschnitt 6.3.2). Das strategische Design von Eric Evans gibt Entwicklungsteams und Business-Analysten eine Anleitung, wie sie die Domäne ihres Softwaresystems in Teilbereiche, die sogenannten Bounded Contexts, zerlegen können. Für jeden Bounded Context wird ein Microservice entwickelt und so die fachliche Grobstruktur einer Fachdomäne direkt in der Struktur des Softwaresystems abgebildet.

Ubiquitous Language im Microservice

Innerhalb eines Bounded Context sind alle Begriffe der Fachsprache – oder wie Eric Evans sagt: der Ubiquitous Language – eindeutig und klar definiert. Einerseits gibt es in jeder Domäne Begriffe, die man eindeutig einem Bounded Context zuordnen kann. Andererseits kann derselbe Begriff aber mit einer jeweils etwas anderen Definition in zwei Bounded Contexts existieren. Das liegt einfach daran, dass zwei Abteilungen in einer Firma unterschiedlich über denselben Begriff und das Konzept, was er widerspiegelt, nachdenken. Genau diese semantische Verschiebung von Begriffen zwischen Kontexten wird bei der Implementierung der Fachsprache in den verschiedenen Microservices übernommen. Deshalb ist zu erwarten, dass eine Klasse, die einen fachlichen Begriff

11. s. [Evans 2004], [Vernon 2017].

aus einem Bounded Context in Microservice A abbildet, unter gleichem Namen auch in Microservice B existiert, aber anders implementiert ist. Beispielsweise wird die Klasse `Konto` im Microservice *Kontoführung* anders implementiert sein als die Klasse `Konto` im Microservice *Kredit*. Beide Klassen haben sicherlich ähnliche Anteile, wie Kontonummer und das Ein- bzw. Auszahlen von Beträgen, während es andere Funktionalitäten, wie den Überziehungsrahmen beim Girokonto oder die Ratenzahlung beim Kredit, jeweils nur in einer der beiden Implementierungen gibt.

Microservices + Modularität

Schneiden Entwicklungsteams ihre Microservices anhand der Bounded Contexts in ihrer Fachdomäne, so entsteht eine Architektur mit einem starken Fokus auf Modularität (s. Abb. 6–9). Und zwar auf Modularität, die aus den fachlichen Anforderungen erwächst. Die Entwickler und Architekten versuchen Microservices zu entwerfen, die als fachlich zusammenhängende Einheiten fürs Chunking dienen können. Dabei wird ein sehr großer Wert auf eine minimale Schnittstelle und lose Kopplung gelegt. Fowler schreibt in seinem Artikel zu Microservices: »Ziel von Anwendungen im Microservice-Stil ist es, so entkoppelt und in sich kohäsiv wie möglich zu sein« (s. [Fowler & Lewis 2014/2015]). Für die Modularität und die fachliche Zerlegung ist dieser Architekturstil also ein absoluter Gewinn.

Abb. 6–9
Microservices mit unterschiedlichen Implementierungen

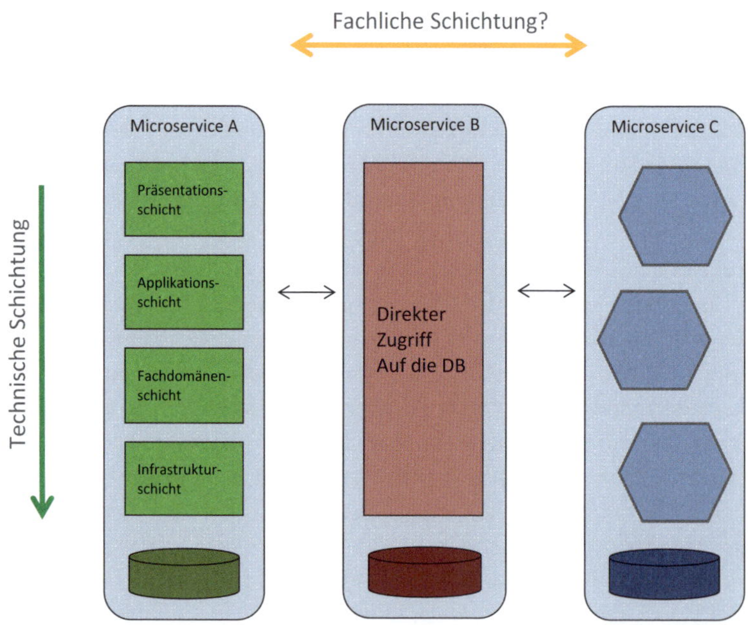

Kommunikation

Wie in Abbildung 6–9 durch die Doppelpfeile bereits angedeutet wird, ist bei der Konstruktion mit Microservices neben dem fachlichen Schneiden außerdem noch zu klären, wie die Kommunikation zwischen den Microservices umgesetzt wird. Fowler & Lewis sagen dazu, dass die Kommunikation zwischen den Services so schlank wie möglich erfolgen soll und die Schnittstellen der Microservices explizit beschrieben werden müssen. Die Logik darf nicht in der Verbindung zwischen den Microservices, sondern in den Microservices selbst implementiert sein (s. [Fowler & Lewis 2014/2015]).

Beachtet man diese Vorgabe nicht, so machen Fowler & Lewis folgende Beobachtung: »Man denkt schnell, dass alles in Ordnung ist, wenn man sich die Innenseite einer Komponente ansieht, übersieht dabei aber die chaotischen Verbindungen zwischen den Services.«

Schnittstellen + Context Mapping

Um dieses Chaos an den Verbindungen zwischen den Services, also den Schnittstellen, konzeptionell zu erfassen, schlägt das strategische Design von DDD sieben verschiedene Möglichkeiten vor. Eric Evans bezeichnet die Zusammenarbeit zwischen Bounded Contexts bzw. die Schnittstellen zwischen den Microservices als Context Mapping. Je enger die Zusammenarbeit, desto mehr müssen sich die Teams, die für die Microservices bzw. Bounded Contexts zuständig sind, absprechen. Die von Evans beschriebenen Arten des Context Mapping sind in der Reihenfolge von der engsten Zusammenarbeit bis hin zu gar keiner Zusammenarbeit die folgenden:

- *Shared Kernel*
  Microservices teilen sich einen Teil ihres Modells, d.h., es gibt einige Klassen, die in beiden Microservices gleich sind und nur gemeinsam geändert werden können. Die Teams, die für diese Bounded Contexts zuständig sind, müssen sich sehr viel absprechen.
- *Customer/Supplier*
  Der Supplier-Microservice stellt dem Customer-Microservice bestimmte Dienste zur Verfügung. Diese Dienste werden zwischen Customer-Team und Supplier-Team abgesprochen.
- *Published Language*
  Eine Published Language ist eine wohldokumentierte Sprache zum Informationsaustausch, die eine einfache Verwendung und Übersetzung von einer beliebigen Anzahl von Microservices ermöglicht. Alle, die die Published Language entwickeln und weiterentwickeln wollen, müssen sich absprechen.
- *Open-Host-Service*
  Ein Microservice bietet seine Dienste als Schnittstelle an, die von anderen Microservices verwendet werden kann. Oft bietet ein Open-Host-Service an seiner Schnittstelle eine Published Language an.

- *Anticorruption Layer*
  Ein Microservice schützt sich und sein Modell vor einem Altsystem durch einen Layer, sodass Änderungen am eigenen Modell möglich sind und bei Änderungen am Altsystem nur der Anticorruption Layer geändert werden muss.
- *Conformist*
  Ein Microservice übernimmt das Modell eines anderen Microservice eins zu eins, weil kein Geld vorhanden ist oder weil klar ist, dass der andere Microservice das perfekte Modell hat.
- *Separate Ways*
  Die Microservices haben keine Verbindung. Jeder hat sein eigenes Modell und es werden keine Daten zwischen den Microservices ausgetauscht.

Zyklenfreiheit + Microservices

Eine zyklenfreie Ordnung wird durch diese Arten des Context Mapping nicht hergestellt. Auch mit den in den neueren Versionen von DDD eingeführten Domain Events wird dieses Problem nicht gelöst. Domain Events entkoppeln sicherlich stärker als REST- oder RPC-Aufrufe. Aber auch Domain Events führen nicht automatisch zu einer geordneten Kommunikation. Jede Organisation, die Microservices in Teams entwickelt, muss sich deshalb intensiv Gedanken machen, wie die Kommunikation zwischen den Microservices geordnet werden soll. Weitere Details zu den Konzepten von Domain-Driven Design und deren Umsetzung in Legacy-Systemen finden sich in [Lilienthal & Schwentner 2023].

Erfahrungen mit DDD und Microservices

In Abschnitt 7.5 stelle ich die Erfahrungen vor, die ich mit dem Umbau von Anwendungen auf Microservices seit 2012 gemacht habe.

6.6 Mustersprachen

Einen Schritt weiter als Schichtenarchitekturen, Microservices und die Quasar-Architektur gehen Mustersprachen. Die Architekturvorgaben der Schichtenarchitektur und von Quasar beziehen sich auf eine relativ grobe Ebene der Architektur. Stellen wir uns beispielsweise die Architektur eines Systems von 250.000 Zeilen Code vor. Die Architektur besteht wahrscheinlich aus drei bis vier technischen Schichten und ebenso vielen fachlichen Modulen. In diesen Modulen und Schichten ist eine Vielzahl von Klassen enthalten. Für die Strukturierung dieser Klassen machen die Schichtenarchitektur und Quasar keine Vorgaben. Architekturstile, die hier Abhilfe schaffen, sind *Mustersprachen*[12].

---

12. Der Begriff »Mustersprache« geht auf den Architekten Christopher Alexander zurück, der für reale Architekturen eine Sprache aus Mustern entwickelt hat (s. [Alexander 1982], [Buschmann et al 2007] und [Züllighoven 2005]).

Zusammenpassende Entwurfsmuster

Mustersprachen sind Architekturstile, die den Einsatz von Entwurfsmustern auf die gesamte Codebasis ausdehnen. Eine Mustersprache definiert auf der Klassenebene ein Set von Musterelementen und gibt für die einzelnen Musterelemente Regeln an. Diese Regeln legen fest, welche Verantwortlichkeiten die einzelnen Musterelemente haben (Elementregeln) und wie die Musterelemente miteinander interagieren dürfen (Gebots- und Verbotsregeln)[13].

Beispiele für solche Musterelemente sind »Business-Objekt« und »Service«. Drei Regeln für diese beiden Musterelemente könnten sein:

- Services sind zustandslose Klassen (Elementregel).
- Services arbeiten auf Business-Objekten und verändern ihren Zustand (Gebotsregel).
- Business-Objekte dürfen Services nicht benutzen (Verbotsregel).

Semantische Anreicherung

Diese Musterelemente und Regeln sind sehr viel feingranularer als die Definition von Schichten, weil sie auf der Klassenebene ansetzen. Durch ihre Festlegungen reichern Mustersprachen die Elemente der Klassenebene semantisch an, sodass eine Klasse nicht nur eine einfache Klasse, sondern eine bestimmte Art von Klasse ist. Die Entwickler müssen die Musterelemente und Regeln kennen, um das Zusammenspiel der Klassen zu verstehen und um Veränderungen vorzunehmen, die die Regeln nicht verletzen. Durch diese Elemente und Regeln der Mustersprache entsteht eine erweiterte Sprach- und Verständnisebene, auf der die Entwickler neuen Schemata und Muster aufbauen können.

Musterkonsistenz + Mustersprachen

Ausgereifte Mustersprachen werden für alle Bereiche eines Softwaresystems durchgängig und unter weitgehendem Verzicht auf Ausnahmen angewandt. Dadurch geben Mustersprachen für die gesamte Architektur einheitliche Muster vor – etwas, was aus dem Blickwinkel der Musterkonsistenz sehr wertvoll ist.

Modularität + Mustersprachen

Neben der Tatsache, dass Mustersprachen ein geniales Mittel sind, um Entwicklern den Aufbau und den Einsatz von Schemata zu erleichtern, haben Mustersprachen ebenfalls Effekte auf Modularität und Zyklenfreiheit. Durch die Elementregeln legt eine Mustersprache die Aufgabe einer Klasse fest. Ein Business-Objekt, zum Beispiel, hat die Aufgabe, seine Daten zu verwalten. Darstellung an der Oberfläche oder Transport über Netze gehören nicht zu seinen Aufgaben. Modularität wird durch Mustersprachen also deutlich verbessert.

Zyklenfreiheit + Mustersprachen

Bei der Zyklenfreiheit erlebt man mit Mustersprachen eine Überraschung: Mustersprachen sind normalerweise hierarchisch. Das heißt, zwischen den verschiedenen Musterelementen gibt es keine Zyklen, sondern eine klare Richtung in der Benutzung. Zwischen Klassen des-

13. s. [Evans 2004], [Fowler 2003], [Siedersleben 2004] und [Züllighoven 2005].

selben Musterelements verhindern die Mustersprachen allerdings keine Zyklen. Diese Richtung in der Benutzung wird durch die Gebots- und Verbotsregeln der Mustersprache erzeugt. Zwei Beispiele dazu haben wir eben schon gesehen: Services arbeiten auf Business-Objekten und verändern ihren Zustand (Gebotsregel). Business-Objekte dürfen Services nicht benutzen (Verbotsregel).

Im Folgenden werden wir uns zwei veröffentlichte Mustersprachen ansehen: die Mustersprache aus dem Werkzeug-Automat-Material (WAM)-Ansatz und die Mustersprache des Domain-Driven Design (DDD). Als Drittes sehen wir uns die Muster an, die üblicherweise durch den Einsatz von Frameworks in Softwaresysteme Einzug halten.

Projekteigene Mustersprachen

Viele Entwicklungsteams haben ihre projekteigenen Mustersprachen gefunden, die nur in ihrem Team bekannt sind[14]. Häufig bauen diese projekteigenen Mustersprachen auf den Mustern auf, die die eingesetzten Frameworks mitbringen. Aufgrund ihrer eigenen Erfahrung erweitern Entwicklungsteams diese Framework-Muster um eigene Elemente.

Alle diese Mustersprachen, projekteigen oder aus der Literatur, haben Ähnlichkeiten und lassen sich bei der Architekturanalyse nutzen, wie wir in Kapitel 8 sehen werden.

6.6.1 WAM-Mustersprache

Der WAM-Ansatz[15] ist eine allgemeine Methodik und Sichtweise für die Softwareentwicklung, der auf Anwendungsorientierung und hohe Gebrauchsqualität der Software ausgerichtet ist. Neben einer Anleitung für die Durchführung von iterativen Softwareprojekten mit Prototyping und für die Analyse von Arbeitsabläufen bietet der WAM-Ansatz Leitbilder, Arbeitsplatztypen und Entwurfsmetaphern an, die Entwickler beim Entwurf unterstützen[16].

Elemente der WAM-Mustersprache

Für die Konstruktion definiert der WAM-Ansatz eine Mustersprache. Folgende Musterelemente stehen in der WAM-Architektur zur Verfügung (s. Abb. 6–10):

Domänenspezifische Werte werden übernommen.

- **Fachwerte** modellieren benutzerdefinierte Werte aus der jeweiligen Domäne. Sie haben einen definierten Wertebereich und werden im Inneren durch Standarddatentypen realisiert. Sie besitzen keine Identität und sind nicht veränderbar. Beispielsweise werden IBAN, Containernummer, Telefonnummer etc. als Fachwerte modelliert und entsprechend implementiert.

---

14. s. [Kim & Garlan 2006] und [Scharping 2006].
15. Das Akronym WAM steht für Werkzeug – Automat – Material s. *http://wam-ansatz.de/*.
16. s. [Züllighoven 2005] und [Riehle & Züllighoven 1995].

- **Materialien** repräsentieren Gegenstände oder Konzepte, die im Rahmen einer Aufgabe Teil des Arbeitsergebnisses werden; Materialien müssen für die Bearbeitung geeignet sein und lassen sich aus den Arbeitsgegenständen der fachlichen Konzepte der Domäne direkt ableiten. Sie verkörpern ein domänenspezifisches Konzept mit Identität und stellen ihre fachliche Konsistenz sicher. Typische Materialien, die in Softwaresysteme übertragen werden können, sind: das Konto, die Krankenakte, der Container, das Schiff, der Vertrag, das Angebot, die Zahlung, die E-Mail (als Abbild des Briefs) etc.

Fachliche Gegenstände und Konzepte werden direkt abgebildet.

- **Fachliche Services** fassen fachliches Wissen einer Domäne zusammen, die in einzelnen Materialien nicht abzubilden sind. Sie bündeln zusammengehörige fachliche Gegenstände oder Prozesse und bieten den Werkzeugen und Automaten einen einheitlichen Dienst an. Sie sind zustandslos und unabhängig vom jeweiligen Frontend. Häufig gibt es zu den Materialien passende Services, wie ein KontoverwaltungsService oder ein VertragsService. Höherwertige fachliche Aufgaben, die mehrere Materialien bearbeiten, könnten sein: BuchungsService (Zahlung, Konto, Gegenkonto), PolicierungsService (Antrag, Vertrag).

Fachliche Dienste bündeln Materialien und Fachwerte.

- **Werkzeuge** verkörpern fachliche Tätigkeiten und Arbeitsschritte, um interaktiv Aufgaben zu erledigen. Werkzeuge werden verwendet, um Materialien zu untersuchen und zu ändern (zu bearbeiten). Sie müssen als Arbeitsmittel neu entworfen werden, weil ihre »handgreiflichen« Pendants in der Domäne nicht direkt in Software übertragbar sind. Sie müssen für die Arbeitserledigung geeignet und gut handhabbar sein. Im Computer neu geschaffene Werkzeuge könnten z.B. sein: ein PortMonitor, um den Hafen zu überwachen, ein VertragsEditor zum Bearbeiten von Verträgen, ein Überweiser, um Überweisungen zu verbuchen, etc.

Werkzeuge müssen neu entworfen werden.

- **Automaten** erledigen wiederkehrende Routinetätigkeiten. Sie automatisieren Folgen von Arbeitsschritten, haben ein definiertes Ergebnis und laufen nach der initialen Einstellung ohne weitere äußere Eingriffe ab. Typische Automaten sind der Geldautomat oder der Dauerüberweisungsautomat im Nachtlauf.

Routinetätigkeiten werden automatisiert.

- **Technische Services** kapseln technische Schnittstellen. Sie besorgen die in der Anwendung benötigten Materialien und Fachwerte aus der Datenbank oder über externe Schnittstellen.

Technische Schnittstellen werden gekapselt.

Abb. 6–10
WAM-Mustersprache

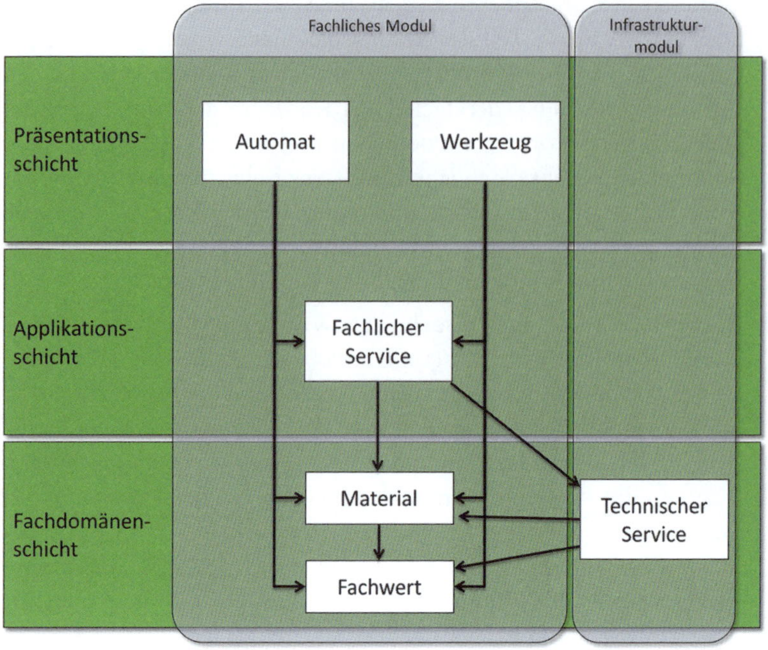

Die Pfeile in Abbildung 6–10 stehen für die Benutzt-Beziehungen, die in der WAM-Architektur zwischen den Musterelementen erlaubt sind. Vererbungs-Beziehungen sind in der WAM-Architektur zwischen den Musterelementen grundsätzlich verboten und können nur zu allgemeinen Oberklassen oder Klassen aus einem Framework bestehen. Diese Einschränkungen lassen sich über Gebots- und Verbotsregeln abbilden. Wie die Schnittstellen der einzelnen Musterelemente aussehen müssen, wird mithilfe von Elementregeln festgelegt[17].

6.6.2 DDD-Mustersprache

Eric Evans stellt in seinem Buch *Domain-Driven Design* (s. [Evans 2004]) einerseits das strategische Design vor, um Microservices anhand von Bounded Contexts zu schneiden und zusammenarbeiten zu lassen (s. Abschnitt 6.5). Auf der anderen Seite entwickelt er mit dem taktischen Design eine Mustersprache, um Vorgaben für die Konstruktion innerhalb von Bounded Contexts bzw. Microservices zu machen. Die Schichtenarchitektur von Domain-Driven Design (DDD) entspricht den vier Schichten, die in Abschnitt 6.3.1 bei der technischen Schichtung vorgestellt wurden.

17. s. [Becker-Pechau et al. 2006], [Knodel & Popescu 2007], [Lilienthal 2007/2008] und [Scharping 2006].

Elemente der DDD-Mustersprache

Die DDD-Mustersprache gibt Muster für die Applikations-, die Fachdomänen- und die Infrastrukturschicht vor (s. Abb. 6–11):

- **Value Objects** besitzen keine eigene Identität, beschreiben den Zustand anderer Objekte und können aus anderen Value Objects bestehen, niemals aber aus Entitäten. Dieses Muster entspricht den Fachwerten im WAM-Ansatz.
- **Entities** sind Kernobjekte einer Fachdomäne mit unveränderlicher Identität und einem klar definierten Lebenszyklus. Entitäten bilden ihren Zustand mit Value Objects ab und sind praktisch immer persistent. Hier finden wir die Materialien des WAM-Ansatzes wieder.
- **Aggregates** kapseln vernetzte Entities und ihre Value Objects, besitzen grundsätzlich eine einzige Entität als Einstiegspunkt (Wurzel) und werden hinsichtlich Änderungen als Einheit betrachtet. Aggregates stellen über die Wurzel-Entity die fachliche Konsistenz und Integrität ihrer enthaltenen Entities sicher und sind komplexe Materialien im Sinne des WAM-Ansatzes.
- **Domain Services** stellen Abläufe oder Prozesse der Domäne dar, die nicht von Entitäten ausgeführt werden können. Services sind zustandslos und die Parameter und Ergebnisse ihrer Operationen sind Entities und Value Objects. Im WAM-Ansatz heißt dieses Musterelement fachlicher Service.
- **Application Services** bilden die Kapsel für ihr fachliches Modul und bieten nach außen eine Schnittstelle an, über die die fachliche Funktionalität aufgerufen werden kann, die in den Domain Services, Entities und Aggregates implementiert ist. Application Services enthalten keine fachliche Funktionalität. Im WAM-Ansatz existiert ein solches Muster nicht.
- **Factories** kapseln die Erzeugung von Aggregates, Entities und Value Objects. Factories arbeiten ausschließlich innerhalb der Domäne und haben keinen Zugriff auf die technischen Bausteine. Ein solches Muster gibt es im WAM-Ansatz nicht.
- **Repositories** kapseln die technischen Details (»T«) der Infrastrukturschicht (technisch) gegenüber der Domänenschicht (fachlich). Repositories beschaffen Objektreferenzen von Entities, die aus Datenbanken gelesen werden müssen. Die Entsprechung hierzu ist im WAM-Ansatz der technische Service.

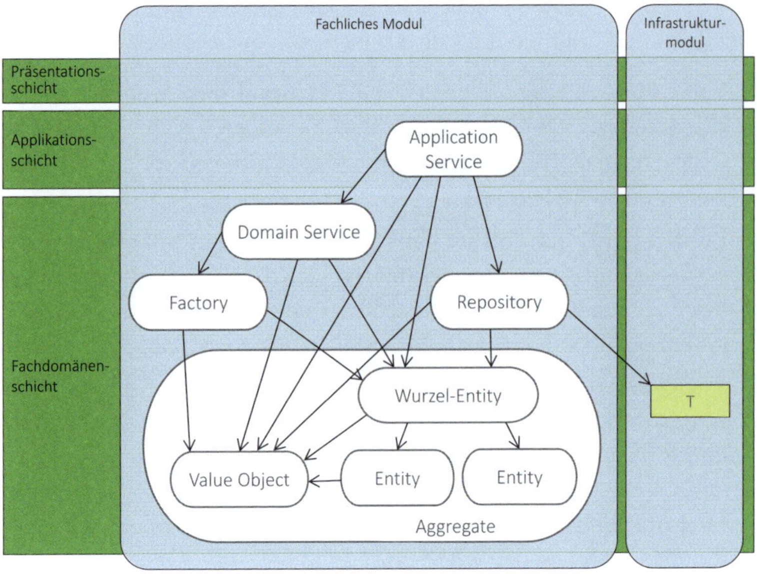

Abb. 6–11
DDD-Architektur

Die Pfeile in Abbildung 6–11 stehen für die Benutzt-Beziehungen, die in der DDD-Architektur zwischen den Musterelementen erlaubt sind. Das Aggregate ist eine Hülle für ein oder mehrere Entities. Im Sourcecode findet man das Aggregate nicht als eigene Klasse, sondern die Wurzel-Entity wahrt die fachliche Konsistenz. Die Architekturelemente und die Regeln zu ihren Beziehungen müssen in jedem fachlichen Modul einer Architektur verwendet werden, um den Designraum einzuschränken. Dadurch entsteht eine einheitliche Struktur für alle fachlichen Module.

Weitere Details zu Domain-Driven Design finden sich in dem Buch »Domain-Driven Transformation – Monolithen und Microservices zukunftsfähig machen« [Lilienthal & Schwentner 2023], das eine Weiterführung dieses Buches darstellt.

6.6.3 Typische Framework-Muster

In Java-Projekten werden heute sehr viele Frameworks eingesetzt, die meistens ihre eigenen Muster mitbringen. Aber auch in C# und C++ sind Frameworks im Einsatz, die Muster vordefinieren. In meinen Analysen sind mir Framework-Muster aus den folgenden Kategorien begegnet, wobei es sicherlich noch eine Reihe weiterer Mustergruppen gibt:

- *Oberflächen-Muster* MVC
  Das für Oberflächen in der Regeln eingesetzte Muster ist das Model-View-Controller-Pattern (MVC). MVC gibt es in einer Vielzahl von Varianten (MVVM, MVP, PAC) mit allen gängigen Frameworks in allen Programmiersprachen[18].
- *Daten-Muster* DAO + DTO
  Für die Datenhaltung und den Datentransfer findet man oft Muster, wie Data Access Object (DAO), Data Transfer Object (DTO), Persistent Entity in Hibernate und Repository in Spring (s. [Fowler 2002]).
- *Rich-Client-Plattform-Muster* RCP
  Für die Entwicklung von Rich-Client-Anwendungen existieren ganze Plattformen, wie Eclipse und NetBeans. Sie legen die Muster für Oberflächen, verschiedene Arten von Dialogen, Datenhaltung und Integration fest.
- *Allgemeine Muster* GOF
  Seit es Mitte der 1990er-Jahre die ersten Bücher zu Mustern gab, beziehen wir uns auf die GOF-Patterns (Gang of Four). Die Muster aus dem GOF-Buch [Gamma et al. 1994], die mir am häufigsten begegnen, sind: Adapter, Command, Builder, Factory (durch Dependency Injection immer weniger). Aber auch andere Patterns, die nicht von der Gang of Four stammen, kommen häufig vor: Handler, Provider, Converter, Listener, Action, Extension, Item.

Vor jeder Analyse kann man anhand der eingesetzten Frameworks vorausdenken, welche Muster wahrscheinlich vorkommen werden. Häufig tauchen sie in Kombination mit selbst entwickelten Mustersprachen oder mit Mustersprachen aus der Literatur auf. Hier wird es dann spannend, wie die Mustersprache mit den Framework-Mustern gekoppelt ist.

---

18. Einen Überblick über alle MVC-Varianten bietet *mvc.givan.se*.

6.7 Langlebigkeit und Architekturstile

Die in diesem Kapitel vorgestellten Architekturstile wirken, richtig angewendet, alle positiv auf die Langlebigkeit eines Softwaresystems. Die Trennung in fachliche und technische Bausteine, die Schichtenarchitekturen, Microservices, hexagonale Architekturen mit ihren Varianten und die Mustersprachen unterstützen Modularität, Hierarchisierung und Musterkonsistenz jeweils im unterschiedlichen Maße und auf unterschiedliche Art und Weise (s. Tab. 6–1).

Tab. 6–1 *Auswirkungen der Architekturstile*

	Modularität	**Hierarchisierung**	**Musterkonsistenz**
Trennung fachliche + technische Bausteine	fachliche + technische Aufgaben der Blutgruppen	Beziehungsregeln für die Blutgruppen	Festlegung von technischen + fachlichen Bausteinen
Schichtenarchitektur	■ Namen/Aufgaben der Schichten ■ Schnittstellen der Schichten	Schichtung in zwei Dimensionen	■ Großstruktur ■ Abbildung auf die Strukturierung des Sourcecodes
Hexagonal, Onion, Clean Architecture	fachliche + technische Aufgaben sind getrennt	Schichtung und Beziehungsregeln für Ports & Adapters	Abbildung von technischen und fachlichen Bausteinen auf den Sourcecode
Microservices	■ Trennung in fachliche Module mit jeweils fachlichem Namen ■ Schnittstellen, lose Kopplung	Innerhalb der Microservices ist eine technische Schichtung zu erwarten	Zusammenfassung von Funktionalität und eigener Datenbank
Mustersprache	Namen/Aufgaben + Schnittstellen der Musterelemente	Beziehungsregeln für die Musterelemente	Semantik durch klar definierte Musterelemente

Die nächsten Kapitel werden uns nun zeigen, wie diese Architekturstile in der Praxis mit echten Softwaresystemen zusammenspielen.

7 Muster in Softwarearchitekturen

In der Praxis findet man viele Varianten von Architekturen und Architekturvorstellungen vor. In diesem Kapitel zu Muster in Softwarearchitekturen gehen wir den Fragen nach: Wie sollten sich die Architekturstile aus dem letzten Kapitel in der Sourcecode-Basis darstellen? Auf welche konkreten Ausprägungen stößt man in der Praxis?

7.1 Abbildung der Soll-Architektur auf die Ist-Architektur

Leider nur technisch

Meine erste Frage nach der Architektur des Systems beantworten die Architekten und Entwickler von kleineren Systemen unter 250.000 LOC in der Regel mit: »Unser System hat die folgenden Schichten: GUI, Businesslogik, Datenbank-Mapping.« Mich überrascht diese Antwort nicht. Für Systeme bis zu dieser Größe ist diese grobe technische Schichtung typisch. Aber lieber wäre mir eine andere Antwort! Nämlich eine fachliche Schichtung, wie wir im Weiteren sehen werden. Sind die Systeme größer, werden auch die Strukturierungsfragen drängender und es kommen Antworten wie: »Unser System ist in XY Komponenten aufgeteilt und hat Schichten.« Hier ist die technische Schichtung um eine fachliche Aufteilung ergänzt.

Architektur als Muster

Die Architekten und Entwickler machen mit diesen Aussagen deutlich, dass sie ein Muster für ihre Architektur haben. Ein Muster, das ihnen helfen könnte, sich in dem Softwaresystem zurechtzufinden – wenn das Muster denn gut eingesetzt würde.

Architektur im Sourcecode

Normalerweise verwenden die Architekten und Entwickler das in der Sprache vorhandene Paketkonzept oberhalb von Klassen, um diese Soll-Architektur aus technischen Schichten abzubilden. Gibt es oberhalb der Pakete noch Build-Artefakte, werden auch diese für die Abbildung der Architektur verwendet. Das gelingt mal besser und mal schlechter.

Eine schlechte Abbildung

Ein Beispiel für einen noch verbesserungswürdigen Versuch findet sich in Abbildung 7–1. Dort sieht man einen Java-Package-Baum, der unterhalb des zweiten Wurzelknotens vier Subpackages hat. Die Pfeile gehen jeweils vom übergeordneten Paket zu seinen Kindern. Zwei dieser Subpackages – das blaue und das grüne jeweils außen – haben wiederum eine Reihe von Subpackages vorzuweisen. Der erste Schritt bei der Modellierung der Architektur bestand darin, zu klären, welche Packages in dem Package-Baum zusammengehören. Die jeweils zusammengehörenden Packages haben in Abbildung 7–1 die gleiche Farbe. Die Farbgebung offenbart sofort, dass dieser Package-Baum nur zum Teil mit der Architektur übereinstimmt. Insbesondere gibt es zwei Komponenten (lila und orange), deren Packages sich auf verschiedenen Ebenen im Package-Baum befinden. Als zusätzliche Schwierigkeit sind sie zum Teil unterhalb von Package-Knoten angesiedelt, die wiederum den Wurzelknoten anderer Komponenten (blau und grün) bilden. In Abbildung 7–1 sind diese beiden Komponenten durch die rote und schwarze gestrichelte Linie gekennzeichnet.

Abb. 7–1
Soll-Architektur in einem Java-Package-Baum

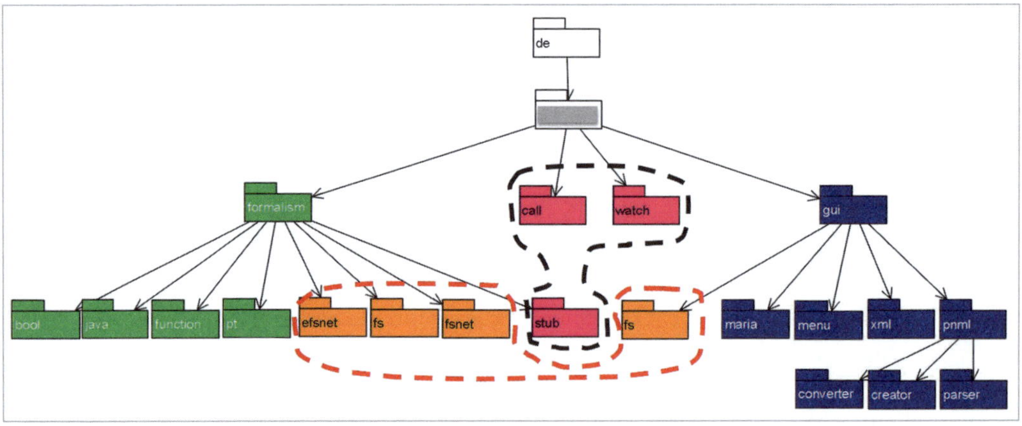

Das Muster der Architektur ist in diesem Beispiel also nur schwer im Package-Baum wiederzufinden. Die Entwickler müssen diese Anomalie bei der Navigation im Package-Baum immer im Kopf behalten. In vielen Fällen führt ein solches Nichtzusammenpassen zwischen Soll-Architektur und Package-Baum dazu, dass das Verständnis der Entwickler von der Architektur über die Zeit verschwimmt oder nur sehr vage bleibt. Hier muss also dringend der Package-Baum angepasst werden.

Je größer, desto besser

Auffällig ist, dass alle Systeme, die aus mehr als 1,5 Millionen LOC bestehen, eine gute Paketierung haben. Bei kleineren Systemen herrscht in der Regel mehr Chaos. Die Modellierung der Architektur ist bei kleineren Systemen infolgedessen im Verhältnis aufwendiger: Die Schichten und Komponenten setzten sich aus verschiedenen Teilbäumen zusammen, die zum Teil auf verschiedenen Ebenen des Package-Baums liegen. Oder es gibt Package-Knoten, die nach Aussage der Architekten Klassen aus verschiedenen Komponenten enthalten.

Große Systeme brauchen Ordnung.

Die Architekten der großen Systeme hingegen haben irgendwo, auf dem Weg über die 1-Millionen-Grenze, Ordnung in die Paketierung gebracht. Zu diesem Zeitpunkt mussten die Build-Artefakte oder der Package-/Directory-Baum bereinigt werden, sonst wäre das Chaos nicht mehr beherrschbar gewesen. Außerdem gaben die Architekten ihren Teams feste Regeln, wie der Baum gestaltet sein sollte. Mit diesen Regeln legten sie auch fest, wo welche Klassen untergebracht werden sollen. Eine wichtige Aufgabe sahen die Architekten dieser großen Systeme darin, diese Regeln ständig und am besten automatisiert zu überprüfen.

Wenn bei der Architekturanalyse deutlich wurde, dass die Paketierung nicht der geplanten Strukturierung entsprach, sind die folgenden Fragen zu klären: Was hindert Sie und das Entwicklungsteam daran, die Paketierung an Veränderungen in der Soll-Architektur anzupassen?

Gründe für Chaos

Die folgenden Argumente werden typischerweise angeführt:

Keine Zeit + kein Geld

- *Fehlendes Budget*
  Eine grundlegende Restrukturierung des Systems braucht etwas Zeit. Für eine solche Veränderung, die die Funktionalität des Softwaresystems nicht erweitert, sondern »nur« seine Struktur verbessert, waren häufig keine Zeit und kein Geld vorhanden (s. Abschnitt 1.3.4).

Großes Refactoring = hohe Testaufwände

- *Testaufwände*
  Für viele Java-/C#-/C++-Architekten erscheint eine Restrukturierung des Systems als ein großes Refactoring. Insbesondere dann, wenn Klassen oder Paket-Bäume zwischen Build-Artefakten verschoben werden müssen oder ganz neue Build-Artefakte geschaffen werden sollen. Diese Umstrukturierungen müssen mit einer Reihe von Komponenten-, Integrations- und Anwendertests abgesichert werden. Diesen Aufwand scheuen die Architekten oft.

  In der ABAP-Welt existiert dieses Argument nicht: Da alle Elemente im systemweiten Dictionary verzeichnet sind, hat die Paketzuordnung keine Auswirkung im Laufzeitsystem.

Veraltete Technologie

- *Widerspenstige Technik*
  Teams, die restriktive und heute zum Glück veraltete Sourcecode-Management-Systeme, wie CVS, einsetzen, haben wenig Lust, Klassen zu verschieben. Solche Sourcecode-Management-Systeme löschen die Klassen beim Verschieben an ihrem Ursprungsort und fügen sie am Zielort als neue Klasse wieder hinzu. Durch das Löschen und Neuanlegen geht die Historie der verschobenen Klasse mit allen Änderungen verloren. Aus diesem Grund wurden in einigen Fallstudien

ungern Klassen in der Paketstruktur verschoben und ein Architekt ging sogar so weit zu sagen, dass der einmal entstandene Package-Baum nicht geändert werden dürfe. Zum Glück setzen die meisten Teams heute fortschrittlichere Sourcecode-Management-Systeme ein.

Sourcecode-Struktur = Soll-Architektur

Soll-Architektur im Sourcecode

Stärken Sie die Architekturmuster für Ihre Entwickler und leiten Sie sie durch den Sourcecode, indem Sie die Strukturierung in Paketen oder Projekten mit der Soll-Architektur regelmäßig in Übereinstimmung bringen. Verwenden Sie dieselben Namen und Hierarchien.

Wenn wir nun aber Geld, ein gutes Entwicklungsteam und passende technische Unterstützung haben, um die ideale Struktur in unserem System umzusetzen, wie sollte sie aussehen?

7.2 Die ideale Struktur: fachlich oder technisch?

Statik und Deployment

Für die Abbildung der Architektur schafft sich jedes Entwicklungsteam sein eigenes Schema. Alle Architekten nutzen dafür die vorhandenen Strukturierungsmechanismen ihrer Programmiersprache und Entwicklungsumgebung: also die Paketstrukturen und die sie umschließenden Build-Artefakte. Mit diesen beiden Mitteln wollen Entwickler und Architekten einerseits die statische Architektur ausdrücken – also welche Bausteine gibt es und wie sollen sie miteinander in Beziehung stehen. Andererseits bereiten sie mit der Aufteilung in Build-Artefakte auch das Deployment von einzelnen Artefakten auf verschiedene Clients und Server vor. Wenden wir uns als Erstes der statischen Architektur zu, um zu klären, ob Technik oder Fachlichkeit den Vorrang haben sollten. Im Anschluss integrieren wir dann noch die Frage des Deployments für verschiedene Arten von Architekturen (Rich Client, Webanwendung etc.).

Das erste Kriterium

Geht man davon aus, dass die Architekten eine technische Schichtung und eine fachliche Aufteilung in Module ausdrücken wollen, so haben wir grundsätzlich zwei Möglichkeiten: Entweder wird als erste Strukturierungsebene die technische Schichtung herangezogen und darunter die fachlichen Strukturen gebildet oder die umgekehrte Sortierung wird gewählt. Abbildung 7–2 illustriert diese beiden Varianten mit einem Java-Package-Baum.

```
de.name.ui.risiko                        de.name.risiko.ui
           .angebot                              .risiko.logic
           .produkt
                          versus         de.name.angebot.ui
de.name.logic.risiko                             .angebot.logic
              .angebot
              .produkt                   de.name.produkt.ui
                                                 .produkt.logic
```

Abb. 7–2
Package-Baum bei Schichtenarchitekturen

Eine Verwendung der Build-Artefakte für diese Strukturierung ist genauso denkbar. Wir könnten in diesem Fall also entweder zwei technische Build-Artefakte UI und Logic haben oder drei fachliche Build-Artefakte Risiko, Angebot und Produkt.

Klein = technisch

Bei den meisten kleineren Projekten, die eine fachlich begrenzte Funktionalität umsetzen, konnte man beobachten, dass die technische Schichtung als erste Strukturierung gewählt wurde. Je größer die Systeme werden, desto mehr steigen die Architekten auf die fachliche Aufteilung als erstes Strukturierungsmittel um.

Fachlichkeit zuerst

Die meisten Entwickler denken schon aufgrund ihrer technischen Ausbildung in technischen Schichten. Die fachliche Aufteilung macht ihnen mehr Schwierigkeiten, weil hierfür das Anwendungsgebiet durchdrungen werden muss. Unser Projektziel ist aber eine gute Modellierung der Fachlichkeit. Ohne gutes fachliches Design wird unser System die Anforderungen der Anwender schon im ersten Wurf nicht erfüllen. Ganz zu schweigen von der Erweiterung und der Fehlerbehebung in einem fachlich schlecht modellierten System. Hat man sein System gar in technische Build-Artefakte aufgeteilt und es existieren einzelne Projekte für die Oberfläche, die Businesslogik etc., dann leidet die inhaltliche Übersichtlichkeit. Fachliche Zusammenhänge sind in einer solchen Aufteilung nur bei kleinen Systemen und sehr guter Namensgebung zu erkennen.

Die fachliche Modularisierung von Systemen sollte gestärkt werden, deshalb gilt folgende Empfehlung:

Fachlichkeit vor Technik

Wählen Sie die fachliche Aufteilung des Systems als wichtigstes Kriterium für die Paket- oder Artefakt-Strukturierung Ihres Systems.

Deployment-Struktur

Nimmt man nun noch das Deployment der Software auf verschiedene Prozesse oder Devices als ein Kriterium für die Architektur mit auf, dann braucht man oberhalb der fachlichen Struktur ggf. noch eine weitere Ebene. Diese Ebene zerlegt den Sourcecode in mehrere Build-Artefakte, die auf verschiedene Prozesse oder Rechner deployed werden können. Getrennt werden so z.B. der Clientcode von Servercode oder die verschiedenen Microservice-Deployments. In Detail kann die Strukturierung Ihres Systems dann beispielsweise folgendermaßen aussehen:

- Bei einer *Rich-Client-Anwendung* oder *Native App* mit *Serverkomponente*
  Als oberste Ebene wird eine grobe Strukturierung in Client, Server und Common/Shared gewählt, um das Deployment abzubilden (s. Abb. 7–3). Gemeinsame Anteile, die von Client und Server verwendet werden sollen, werden üblicherweise in einem gemeinsamen Bereich mit dem Namen Common oder Shared zusammengefasst. Unterhalb dieser drei Bereiche existieren fachliche Build-Artefakte. Häufig sind die fachlichen Build-Artefakte im Client anders oder gröber geschnitten als auf dem Server, weil der Client verschiedene Serverkomponenten integriert (s. Abschnitt 6.3.4).
- Bei einer *Webanwendung*
  Die grobe Strukturierung besteht aus Integrationsschicht (s. Abschnitt 6.3.4) und fachlichen Build-Artefakten.
- Bei einer *reinen Serveranwendung*
  Die fachlichen Build-Artefakte bilden die erste Strukturierung.

Strukturierung in fachlichen Build-Artefakten

Unterhalb der ersten Ebene von fachlichen Build-Artefakten wird in allen Architekturvarianten auf die gleiche Weise strukturiert: Die fachlichen Build-Artefakte werden so lange weiter fachlich unterteilt, bis man bei fachlich nicht weiter zerlegbaren Features angekommen ist. Diese Pakete mit einzelnen fachlichen Features enthalten dann die entsprechenden Klassen aus allen technischen Schichten für die Umsetzung. Verwendet man eine Mustersprache, so findet man hier jeweils einen Satz von Musterelementen (s. Abschnitt 6.6).

In Abbildung 7–3 sieht man die Aufteilung einer Client-Server-Anwendung in die drei Bereiche Client, Server und Common. Unterhalb dieser drei Deployment-Bereiche finden sich die fachlichen Build-Artefakte. Die weiteren Ebenen darunter sind in Abbildung 7–3 nicht zu sehen.

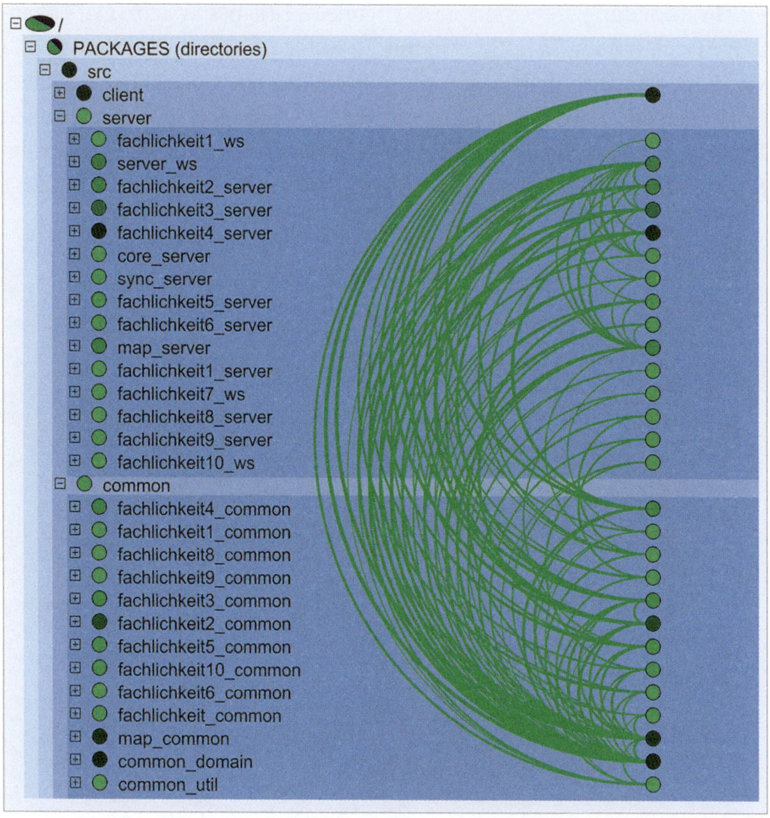

Abb. 7–3
Deployment und fachliche Build-Artefakte einer Rich-Client-Anwendung

Mischung im Umbruch

Schwierig sind Systeme, bei denen die Umstellung von der technischen Schichtung auf eine fachliche Aufteilung halb umgesetzt ist oder wo technische und fachliche Strukturen nebeneinander existieren. In solchen Systemen findet man häufig fachliche und technische Paketknoten auf einer Ebene. Bei diesen Systemen haben die älteren Entwickler in der Regel keine wohlstrukturierte Architekturvorstellung, sondern eine Reihe von parallelen Schemata, mit denen sie ihren Weg finden. Neue Entwickler haben Schwierigkeiten, sich in solchen Strukturen zurechtzufinden.

Untersuchung einer Baustelle

Bei der Architekturanalyse solcher Systeme ist viel Modellierungsaufwand zu leisten, weil die Abbildung des Sourcecodes auf die Soll-Architektur viel Wissen über die verschiedenen Varianten der Architekturmuster benötigt. Als Ursachen für diesen baustellenartigen Zustand bringen die Architekten und Entwickler meist Budgetmangel und widerspenstige Technik an (s. Abschnitt 7.1). Oder aber sie haben gar keine Vorstellung davon, dass es eine Architektur geben sollte, die man in der Struktur des Systems ausdrücken könnte.

In Abbildung 7–4 sehen Sie so ein uneinheitliches System. Dabei handelt es sich um ein Java-System mit 700.000 LOC. Das System wird in vier voneinander abhängigen Eclipse-Projekten entwickelt. Die Packages sind über alle Eclipse-Projekte verteilt und zum Teil gibt es dieselben Packages in verschiedenen Eclipse-Projekten. Mehr zu diesem Code-Smell der Split-Packages finden Sie in Abschnitt 3.1.

Abb. 7–4
Fachliche und technische Package-Knoten gemischt

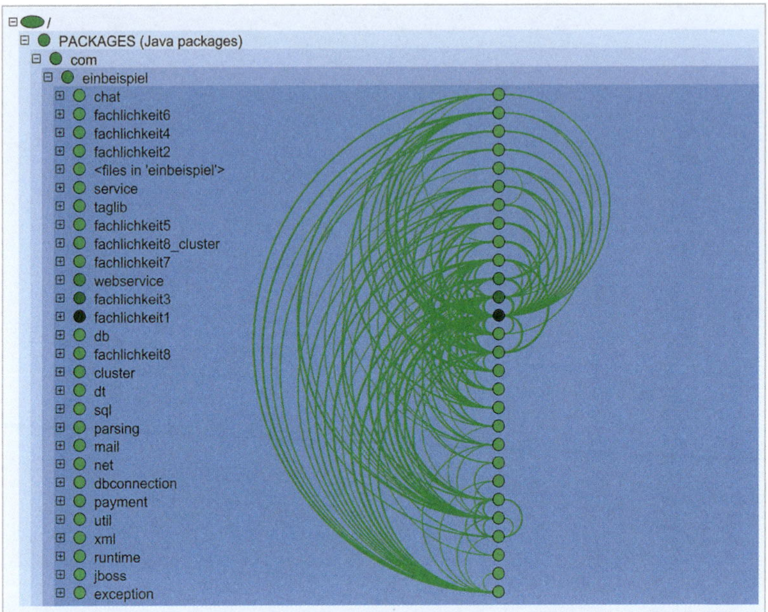

Chaos in Komponenten

Eine andere Problematik bilden Softwaresysteme, bei denen auf der obersten Ebene zwar eine einheitliche Strukturierung, z.B. nach Fachlichkeit, gewählt wurde, unterhalb dieser ersten Ebene aber ganz unterschiedliche Strukturen zu finden sind. Das Ergebnis ist, dass man sich jede Komponente im System einzeln erklären lassen muss. Für diese uneinheitliche Struktur bringen die Architekten oft die folgenden Argumente an:

Mein Code, dein Code

- *No-Collective-Code-Ownership*
  Die Uneinheitlichkeit der Paketierung hat ihre Ursache darin, dass die einzelnen Entwickler jeweils für einen Teilbereich des Softwaresystems zuständig sind. Jeder Entwickler hat seine persönliche Vorstellung über die Strukturierung seines Systemteils. Eine Einheitlichkeit ist nicht vorgesehen und entsteht folglich auch nicht. Microservices gehen mit ihrer Idee von unabhängigen Technologie-Entscheidungen pro Microservice sogar noch einen Schritt weiter: Verschiedene Microservices werden je nach Bedarf mit unterschiedlichen Programmiersprachen und Technologien umgesetzt.

- *Künstler am Werk*
  Ein anderer Architekt sagte mir, dass er eine Vereinheitlichung der Strukturierung nicht durchsetzen könne. Seine Entwickler müssten sich als Softwarekünstler ausleben können und würden so das System jedes Jahr um neue Strukturen und Muster erweitern. Er sagte mir, dass sein System deshalb *Jahresringe* aus Mustern habe.

Selbstverwirklichung

Den Ausführungen in den letzten Abschnitten können Sie schon entnehmen, dass ich mich eher für Einheitlichkeit als für Selbstverwirklichung aussprechen werde. Selbstverständlich lasse ich mich durch gute Argumente davon überzeugen, dass sich bestimmte Technologien und Programmiersprachen für bestimmte Probleme besser eignen und die Architektur deshalb heterogen sein muss. Trotzdem können die Strukturen in den verschiedenen Systemteilen einheitlich aufgebaut werden.

Einheitlichkeit vor Selbstverwirklichung

Einheitliche Muster

Verwenden Sie für die Strukturierung Ihrer Architektur (fachlich, technisch) einheitliche Muster, die immer auf die gleiche Art im Paket-Baum bzw. den Build-Artefakten wiederzufinden sind.

Hat man sich über die grundsätzliche Strukturierung des Systems in technische und fachliche Einheiten geeinigt, kommt bei größeren Systemen als Nächstes die Frage nach den Schnittstellen auf.

7.3 Schnittstellen von Bausteinen

Bei den ersten Java-Systemen, die ich analysiert habe, hatte ich den Eindruck, dass Schnittstellen in Java kein wirklich wichtiges Konzept darstellen.

Das wurde mir besonders bei der Analyse eines Java-Systems deutlich, das von einem Team gebaut worden war, das früher in PL1 programmiert hatte. Diese Gruppe von Entwicklern legte sehr viel Wert auf ihre internen Schnittstellen – so waren sie es von früher gewohnt! Gleich zu Beginn der Entwicklung des Systems hatten die Entwickler die Schnittstellen der Bausteine festgelegt. Damit einher ging natürlich auch eine Entwicklung mit Code-Ownership: Jeder Entwickler hatte seinen Baustein, den er entwarf und implementierte. Wie die Bausteine zusammenarbeiten, wird über die Schnittstelle abgesprochen. Ohne Schnittstellen ging in diesem Fall gar nichts.

Braucht man Schnittstellen im System?

Die Schnittstellen waren für diese Teams das entscheidende Mittel, um die Architektur ihres Softwaresystems stabil zu halten. Diese Archi-

Dokumentierte Schnittstellen

tekten waren ganz besonders daran interessiert, zu überprüfen, ob die Schnittstellen ihrer Bausteine eingehalten werden. Meistens findet man bei solchen Teams eine umfassende Dokumentation aller Schnittstellen. Diese Dokumentation bildet das Kernstück der Architekturbeschreibung und wird an alle Veränderungen angepasst. Bausteine dürfen nur über die dort dokumentierten Klassen und Methoden benutzt werden. Die Architekten solcher Systeme waren in den Analysen überzeugt davon, dass ihr Softwaresystem nur deshalb erweiterbar und wartbar geblieben ist, weil sie sich dieser Restriktion unterworfen haben.

Schnittstellen kommen später.

Im Gegensatz dazu konzipieren die meisten mit objektorientierten Sprachen groß gewordenen Entwicklern zu Beginn des Projekts keine Schnittstellen für die Bausteine ihres Systems oberhalb von Klassen und Paketen. Auf Nachfrage zeigte sich, dass den Architekten Schnittstellen durchaus wichtig sind. Die Definition von Schnittstellen hielten die Architekten aber am Anfang des Projekts nicht für notwendig oder sinnvoll. Die Architekten sagten meistens sinngemäß: »Die Bausteine sind noch zu klein, da ist der gesamte Inhalt in der Schnittstelle.«

Schnittstellen bilden sich üblicherweise ab der Größe von 400.000 LOC zwischen den Bausteinen eines Systems. Die ersten Schnittstellen findet man dabei häufig zwischen Client- und Server-Sourcecode. Das ist ein sehr natürlicher Prozess, weil die Entwickler und Architekten den Client vom Server entkoppeln wollen. Eine solche Schnittstelle besteht aus den Klassen und Interfaces des Servers, die vom Client-Sourcecode verwendet werden.

Fachliche Schnittstellen

Genau wie bei der Schichtung (s. Abschnitt 7.1) beginnen die Architekten und Entwickler also auch hier eher mit einer Schnittstelle in der technischen Schichtung und nicht mit einer Schnittstelle zwischen fachlichen Modulen. Sinnvoll ist aber ähnlich wie bei der Schichtung, dass rechtzeitig die Schnittstellen zwischen den fachlichen Modulen entworfen werden:

Schnittstellen zwischen fachlichen Modulen

Beginnen Sie mit dem Design der fachlichen Schnittstellen, sobald sich die erste Aufteilung in fachliche Module abzeichnet.

Schnittstellen kamen zu spät.

Beachten Sie diesen Merksatz nicht, kommen Sie möglicherweise in die Situation eines Architekten, bei dem ich vor einiger Zeit eine Architekturanalyse machen durfte: Sein System hat eine beachtliche Größe von 850.000 LOC in Java. Schnittstellen für Bausteine waren in der Architektur aber noch nicht vorhanden. Als dieser Architekt gesehen hatte, dass mit dem Sotographen eine Überprüfung der Schnittstellen möglich ist, fragte er uns, ob wir vielleicht auch die inverse Menge prüfen könnten. Er sagte: »Ich hätte gerne eine Abfrage, die feststellt, welche Klassen in den einzelnen Bausteinen bisher nicht von außen verwendet werden. Dann würde ich gerne täglich überprüfen, dass niemand anfängt auch noch diese Klassen zu benutzen.«

Muster für Schnittstellen

Die spannende Frage ist nun: Wo findet man die Schnittstellen in den Systemen? Es gibt einige Varianten, wie Entwicklungsteams ihre Schnittstellen ablegen:

1. *Verteilte Schnittstelle*
   Die Schnittstelle wird von allen Interfaces gebildet, die in irgendwelchen Paketen in der Paketstruktur des Bausteins zu finden sind.
2. *Wurzelpaketschnittstelle*
   Im obersten Paket, dem Wurzelknoten des Bausteins, werden die Elemente der Schnittstelle abgelegt.
3. *Schnittstellenpaket*
   In jedem Baustein gibt es ein spezielles Paket für die Schnittstelle, das sich direkt unterhalb des Wurzelknotens des Bausteins befindet.
4. *Schnittstellenprojekt*
   Die Schnittstelle wird in ein eigenes Projekt ausgelagert.

Verteilte Schnittstellen

Verteilte Schnittstellen finden sich oft in kleineren und jüngeren Systemen, bei denen sich alle Entwickler im gesamten Sourcecode auskennen. In Abbildung 7–5 sieht man einen Ausschnitt eines Systems, bei dem in der Service-Schicht zwei Namespaces existieren: Berater und Niederlassungsleiter. Jeder dieser Namespaces enthält jeweils Interface und Implementierung der jeweiligen Services. Allerdings sollen nur die Interfaces von außerhalb der Service-Schicht verwendet werden, die Implementierungen nicht.

Verteilte Schnittstellen reduzieren die Übersicht.

Das Verteilen der Schnittstellen über die gesamte Paketstruktur ist keine gute Lösung. Will sich ein Nutzer dieses Bausteins die Schnittstelle anschauen, so muss er durch die gesamte Paketstruktur wandern, um einen Einblick zu bekommen. Die Architekten dieser Lösungen argumentieren oft damit, dass man so direkt neben der konkreten Klasse das Interface findet und schneller bei Fragen der Implementierung zu der konkreten Klasse navigieren kann. Da die meisten Entwicklungsumgebungen aber die Vererbungs- oder Implementierungsbeziehungen auswerten können und dem Entwickler die entsprechenden Unterklassen anzeigen können, ist mir dieses Argument nicht ausreichend. Darüber hinaus gehören oft auch Exception-Klassen zur Schnittstelle, für die es kein Interface gibt.

Abb. 7-5
Verteilte Schnittstellen

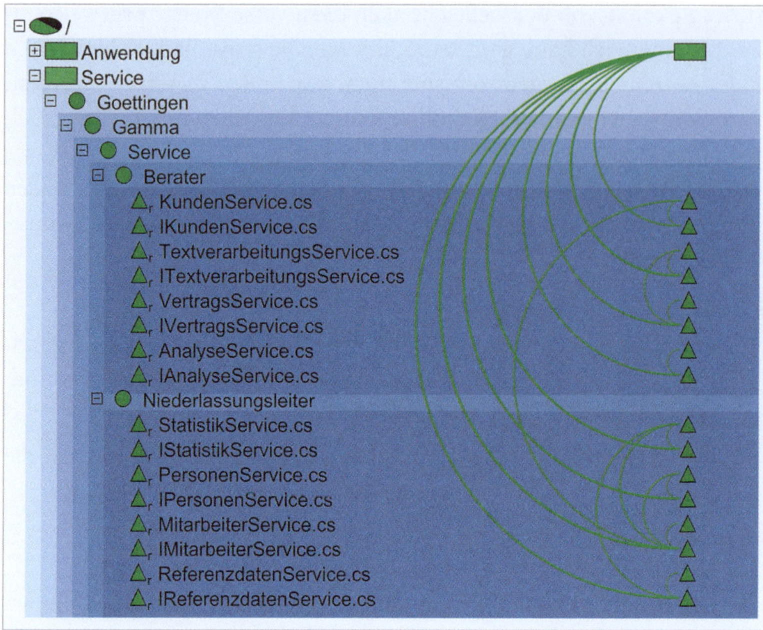

Wurzelpaketschnittstelle

Die Variante Wurzelpaketschnittstelle geht hier in die richtige Richtung: Alle Klassen und Interfaces der Schnittstelle sind an einer Stelle versammelt (s. Abb. 7–6). Sie können gemeinsam untersucht werden – Chunking wird zumindest durch die räumliche Nähe möglich. Ob inhaltlich auch Nähe zwischen den Klassen und Interfaces der Schnittstelle besteht, ist natürlich nicht gesagt.

Abb. 7-6
Wurzelpaketschnittstelle

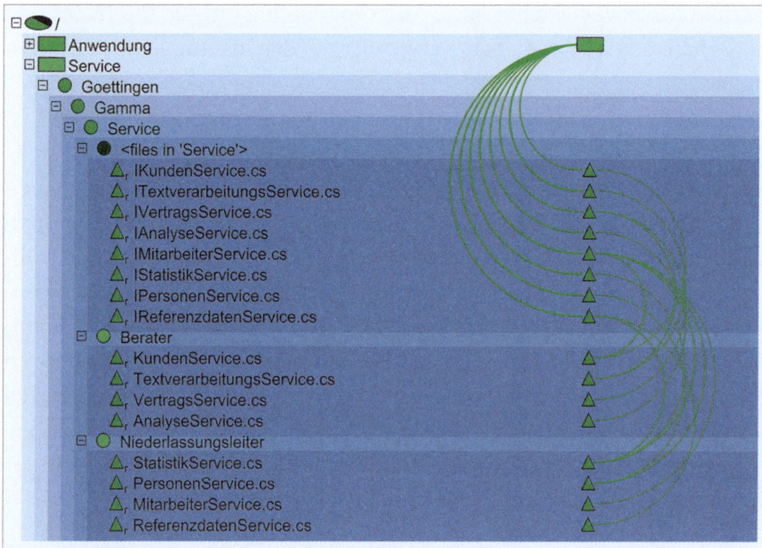

Das Problem dieser Variante ist, dass in das Wurzelpaket oft nicht nur die Klassen und Interfaces der Schnittstelle gelegt werden. Entwicklungsteams suchen oft einen Ort für Hilfsklassen, die im gesamten Baustein verwendet werden. Da es keinen natürlichen Ort für diese Hilfsklassen gibt, werden sie häufig auch im Wurzelpaket untergebracht. So entsteht im Wurzelpaket eine Mischung aus Schnittstelle und Hilfsklassen, was dem Verwender dieses Bausteins keinen klaren Eindruck von der Schnittstelle gibt.

Wurzelknoten für Schnittstelle und Hilfsklassen

Diese Unklarheit löst Variante 3, Schnittstellenpaket, auf (s. Abb. 7–7): Für die Klassen und Interfaces der Schnittstelle gibt es ein Paket mit einem eigenen Namen. Manche Teams, wie das Eclipse-Team, nennen dieses Paket `api`, manche nennen es `interface` oder `public`. Gibt es parallel dazu dann noch ein Paket namens `impl`, in dem sich die gesamte Implementierung befindet, so ist der Entwickler sehr gut unterstützt. Er wird von einem für alle Bausteine einheitlichen Muster angeleitet und findet die Schnittstelle an einem Ort versammelt.

Schnittstellenpaket

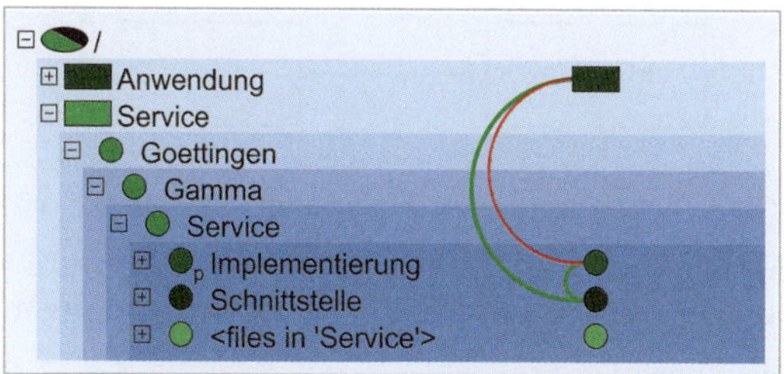

Abb. 7–7
Schnittstellenpaket in Java

In Abbildung 7–7 heißen die beiden Namespaces `Schnittstelle` und `Implementierung`. An dem kleinen p am Namespace `Implementierung` sieht man, dass dieser Knoten privat sein soll. Der Bogen von der Anwendungsschicht zum Namespace `Implementierung` ist rot eingefärbt, denn diese Beziehungen sind von der Architektur verboten.

Hat das Entwicklungsteam seinen Sourcecode in mehrere Projekte aufgeteilt, entsteht oft auch die Idee, eigene Schnittstellen- und Implementierungsprojekte zu bilden, also Variante 4. Dadurch wird die Schnittstelle noch deutlicher von der Implementierung getrennt. Diese Aufteilung hat den Vorteil, dass ein Projekt, das auf einem anderen aufbaut, allein mit dem Interface-Projekt zusammen übersetzt werden kann. Das Implementierungsprojekt wird nicht benötigt. Welche Gefahren sie bergen und warum man sie deshalb nur mit äußerster Vorsicht einsetzen sollte, zeigt der nächste Abschnitt.

Schnittstellenprojekt

7.4 Interfaces – das architektonische Allheilmittel?

In der Softwareentwicklung haben sich verschiedene Prinzipien durchgesetzt, die mit Interfaces und Interface-Projekten zusammenhängen. Software wird flexibler und änderbarer durch:

- Kapselung und lose Kopplung
- Abhängigkeit von Abstraktionen
- Programmierung gegen Abstraktionen

Problem von Interface-Projekten

Problematisch wird der Einsatz von Interfaces und Schnittstellenprojekten dann, wenn sie eingesetzt werden, um Zyklen aufzulösen. Keine Frage: Mit Interfaces kann man Zyklen auflösen und viele Bücher empfehlen dieses Vorgehen. Mir gefällt das nicht! Interfaces sind erfunden worden, damit zu einer abstrakten Beschreibung verschiedene Implementierungen angeboten und eingesetzt werden können. Interfaces sind nicht entwickelt worden, um Zyklen aufzulösen.

Abb. 7–8 *Zweierzyklus auf Klassenebene*

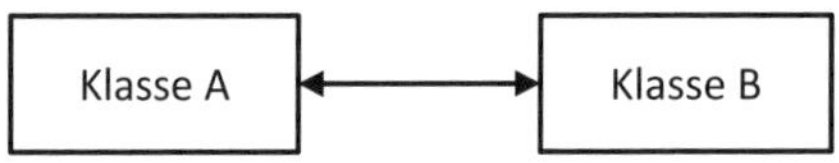

Wir haben einen Zyklus.

Schauen wir uns das einmal genauer an. Stellen wir uns vor, wir haben zwei Klassen (A und B) programmiert (s. Abb. 7–8) und diese beiden Klassen brauchen sich gegenseitig. Wir haben also einen Zyklus auf Klassenebene.

Um diesen Zyklus aufzulösen, haben wir zwei Möglichkeiten:

1. Das Design der Klassen überprüfen und es überarbeiten, sodass der Zyklus nicht mehr nötig ist.
2. Den Zyklus mithilfe von Interfaces auflösen.

7.4.1 Die Basistherapie

Ich wäre natürlich dafür, Strategie 1 zu verfolgen und den Zyklus durch besseres Design loszuwerden. Aber stellen wir uns einmal vor, wir würden Strategie 2 anwenden. Wir erhalten dann eine Struktur aus zwei Klassen und einem Interface, in der es keinen Zyklus mehr gibt (s. Abb. 7–9).

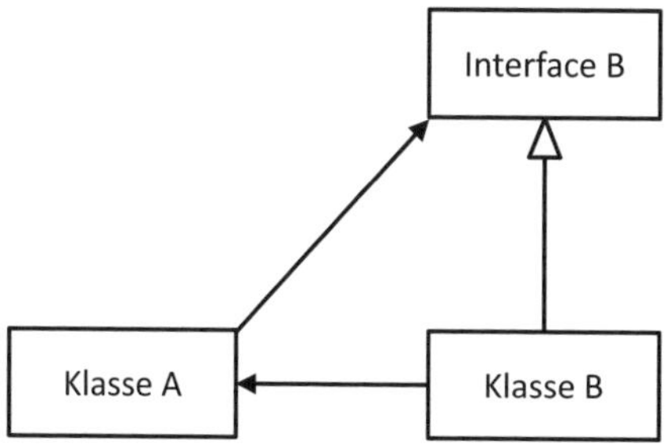

Abb. 7–9
Auflösung eines Zweierzyklus mit Interface

Klasse B implementiert Interface B. Die Beziehung geht von Klasse B zu Interface B, sodass man von Klasse B aus keinen Zyklus mehr hat.

Interfaces verschleiern Zyklen.

Liegt das Hauptaugenmerk des Projektleiters oder der Qualitätsabteilung darauf, bei Metriken besonders gut dazustehen, so ist das Einführen von Interfaces bei zyklisch verkoppelten Klassen die Lösung! Alle Tools zur Qualitätsmessung, die im Projekt eingesetzt werden, schlagen bei den Zyklen nun nicht mehr an. Yes!

Aber ist das Design wirklich besser geworden, dadurch dass wir ein fachliches Konzept – das Klasse B hoffentlich darstellt – in zwei Bestandteile zerlegt haben? Sicherlich nicht! Die vorher statisch sichtbare zyklische Abhängigkeit zwischen Klasse A und B haben wir jetzt in die Laufzeitumgebung verschoben.

Bausteinzyklen

Richtig deutlich wird die Problematik, wenn wir uns vorstellen, dass Klasse A und Klasse B in zwei verschiedenen Bausteinen als Services wichtige Rollen spielen. Wir haben hier also nicht nur einen Zyklus auf Klassenebene, sondern auch auf Bausteinebene (s. Abb. 7–10).

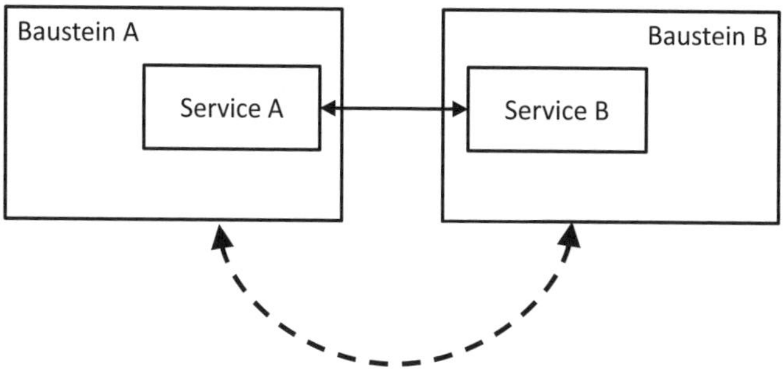

Abb. 7–10
Zweierzyklus auf Bausteinebene

Wenden wir nun unseren Zaubertrick mit dem Interface an, verbessert das erst einmal nicht unsere Situation.

Bausteinzyklen mit Interfaces

Das Interface B wird zusammen mit der Klasse B im Baustein B untergebracht und der Zyklus zwischen den beiden Bausteinen ist weiterhin vorhanden. Hier hilft uns das Zerlegen von Service B in Interface und Implementierung nicht weiter (s. Abb. 7–11).

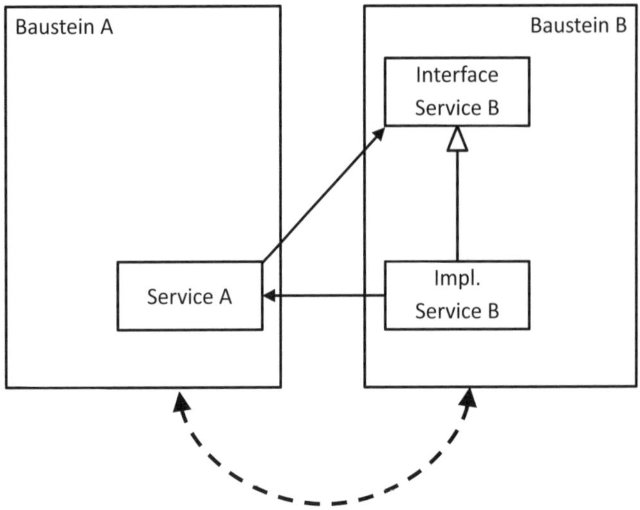

Abb. 7–11
Interface im Zweierzyklus

Um den Zyklus zwischen den Bausteinen doch noch loszuwerden, sind in der Praxis zwei Varianten zu finden: Das Interface von Service B wird Baustein A zugeordnet (s. Abb. 7–12) oder das Interface von Service B wird in einen eigenen Baustein abgelegt (s. Abb. 7–13).

7.4.2 Die Nebenwirkungen

Interface in Plug-in-Architekturen

Die Variante in Abbildung 7–12 hat sich bei Plug-in-Architekturen sehr bewährt. Hier wird von Baustein A ein Interface für ein Plug-in definiert, das von anderen Bausteinen geliefert werden muss, damit Baustein A funktionieren kann. Es ist bei dieser Lösung zu erwarten, dass nicht nur Baustein B eine Implementierung für das Interface Service B liefern wird, sondern eine Reihe anderer Bausteine ihre eigene Implementierung mitbringen. Alle diese Implementierungen erben von Interface Service B. Bei dieser Variante wird das Konzept »Interface« genau im Sinne seiner ursprünglich von den Erfindern geplanten Lösung verwendet. Wir erinnern uns: Interfaces sind eine abstrakte Beschreibung, für die verschiedene Implementierungen angeboten und eingesetzt werden können.

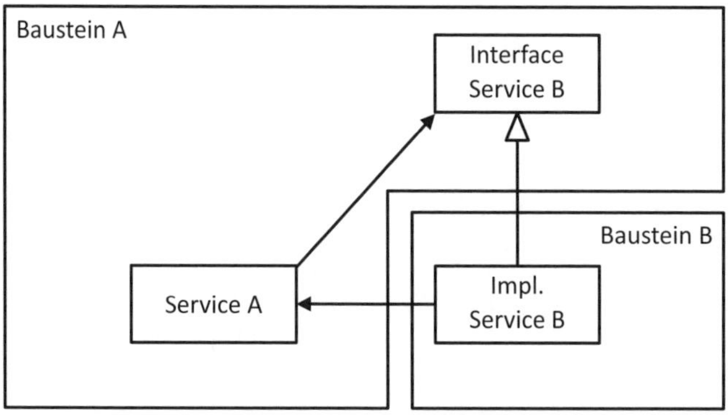

Abb. 7–12
Schneiden von Bausteinen, um Zyklen unsichtbar zu machen

Dependency Injection

Damit die Plug-in-Lösung funktionieren kann, braucht Baustein A natürlich zur Laufzeit die passende Implementierung zu seinem Interface – entweder aus Baustein B oder aus einem anderen Baustein, der eine Implementierung des Plug-in-Interface anbietet. Heute steht eine Reihe von Dependency-Injection-Frameworks zur Verfügung, die diese Aufgabe übernehmen. Alternativ kann auch eine Factory eingesetzt werden, die außerhalb von Baustein A liegen muss, sonst holt man sich den Zyklus zwischen Baustein A und B direkt wieder ins System.

Doch keine Plug-in-Architektur!

Ob die Plug-in-Lösung trägt bzw. ob es eine gute Idee ist, das Interface von Service B dem Baustein A zuzuordnen, merkt man sehr schnell. Wenn andere Bausteine als Baustein A auch das Interface von Service B verwenden wollen. Dann kann das Interface Service B kein Plug-in-Interface von Baustein A mehr sein. In diesem Fall ist das Interface Service B leider nur das Interface von der Implementierung von Service B. Das Interface Service B hat also nichts im Baustein A verloren und wir stehen weiterhin mit unserem Zyklus zwischen Baustein A und B da (s. Abb. 7–11).

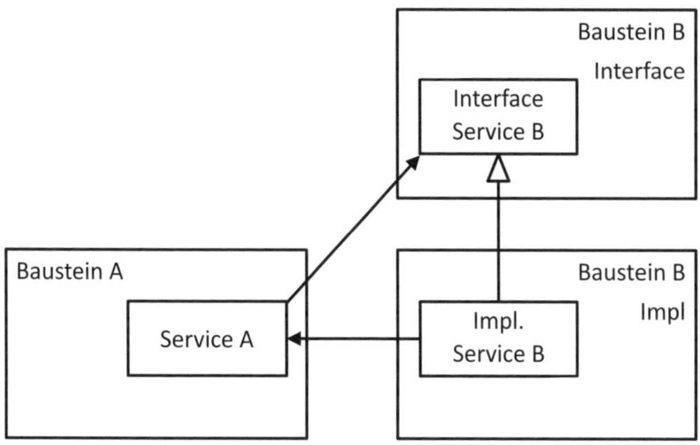

Abb. 7–13
Schneiden von Bausteinen, um Zyklen unsichtbar zu machen

Interface-Projekt?

Um diesem Problem zu entgehen, wird häufig die Variante in Abbildung 7–13 gewählt, bei der das Interface in einen eigenen Baustein verschoben wird. Normalerweise sind in diesem Interface Baustein B natürlich alle Interfaces aus Baustein B versammelt. Hier wird das Problem auf Bausteine mit nur jeweils einer einzelnen Klasse und einem Interface vereinfacht, damit das Prinzip deutlicher wird.

Abb. 7–14
Interface-Baustein

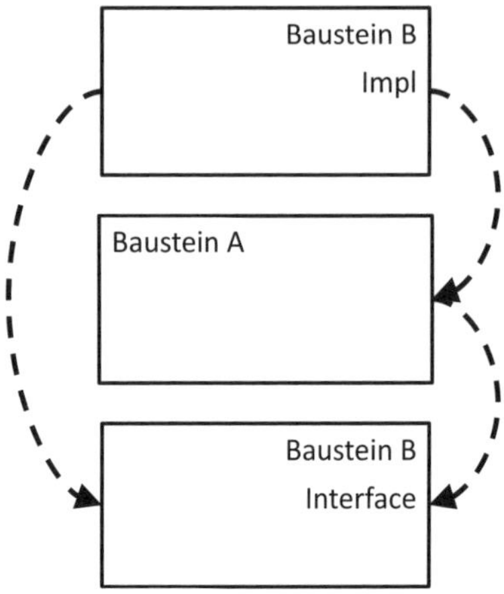

Getrennte Bausteine, die zusammengehören

Dadurch, dass man den Baustein B in zwei Teile aufspaltet, erhält man auf Bausteinebene eine Struktur wie in Abbildung 7–14. Baustein A und Baustein B Impl brauchen Baustein B Interface, aber die gegenseitige Beziehung existiert nicht mehr. Um diese Beziehungen hierarchisch zu ordnen, müssen die Bestandteile von Baustein B um Baustein A herum verteilt werden. Der fachliche Baustein B zerfällt also in zwei Bausteine, die im System nicht mehr nahe beieinander liegen.

Abb. 7–15
Jeder fachliche Baustein hat zwei technische Teile.

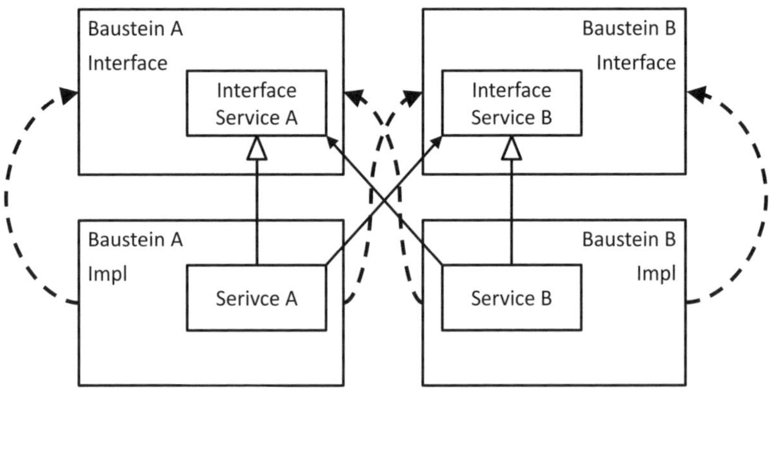

Wenn man das Spiel mit den Interfaces zur Vermeidung von Zyklen weiter treibt, wird irgendwann auch für Baustein A ein Interface-Projekt notwendig (s. Abb. 7–15).

Interface-Projekte als Muster

Wenn Baustein A und Baustein B bereits ein getrenntes Interface-Projekt haben, dann wird dieses Muster irgendwann zur Regel für die gesamte Entwicklung. Jedes Projekt muss ein Interface-Projekt haben, über das auf seine Dienste zugegriffen wird. Oder man legt ein großes Interface-Projekt für das ganze Softwaresystem an, wo alle Interfaces versammelt sind (s. Abb. 7–16). Beide Ansätze klingen doch erst einmal nach einer sehr guten Regel bzw. Leitplanke für die Architektur, nicht wahr?

Interface-Projekte verschleiern Architekturprobleme.

In Wirklichkeit werden aber durch diese Aufteilung in Projekte nur die Abhängigkeiten zwischen Bausteinen verschleiert. Eine echte Modularisierung z.B. im Sinne von fachlichen aufeinander aufbauenden Schnitten oder Microservices wird so nicht erreicht. Vielmehr werden fachlich zusammengehörige Einheiten zerlegt, um technisch Zyklenfreiheit zu erreichen (s. Abb. 7–16).

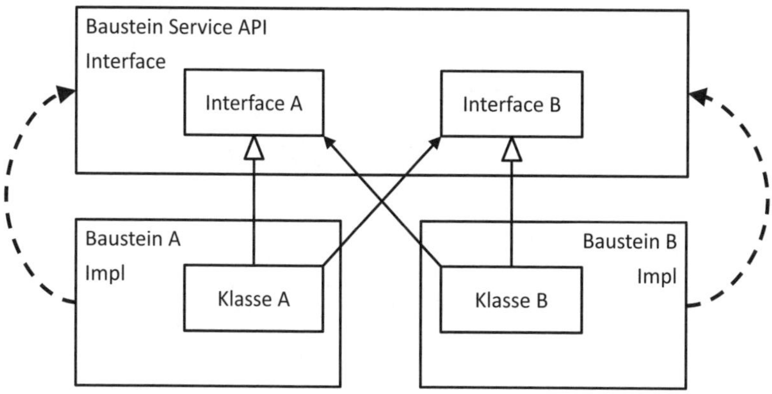

Abb. 7–16
Ein Interface-Projekt für alle

7.4.3 Feldstudien am lebenden Patienten

Für alles ein Interface- und ein Implementierungsprojekt

Zwei Beispiele folgen hier, damit Sie sich das Problem an echten Systemen vergegenwärtigen können. Das erste System hat 715.000 LOC in 7.400 C#-Klassen, die in 590 Projekte aufgeteilt sind. Da Visual Studio keine Zyklen zwischen C#-Projekten und den daraus gebildeten DLLs zulässt, mussten die Projekte, die potenzielle Zyklen verursachen, jeweils in Interface- und Implementationsprojekte aufgeteilt werden. Für 552 Projekte gibt es in diesem System ein Interface- und ein Implementationsprojekt. Die einzige andere Möglichkeit wäre gewesen, einige sehr große Projekte zu bilden.

In der folgenden Abb. 7–17 sehen Sie auf der linken Seite das wunderbar geschichtete System aus 590 Projekten. Auf der rechten Seite sehen Sie, was passiert, wenn man die Interface- und Implementierungsprojekte zusammenlegt. Es entsteht eine Reihe von roten Bögen, die für Beziehungen gegen die Richtung der Schichtung stehen.

Besonders im unteren Bereich des Systems, wo die Basisfunktionalität angesiedelt ist, existiert ein Knäuel aus Projekten, die sich gegenseitig brauchen. Die fachliche Diskussion der Verletzungen während der Analyse hat diesem System sehr in der Reifung seines Designs weitergeholfen.

Abb. 7–17 *Dasselbe System mit Trennung und ohne Trennung von Interface- und Implementierungsprojekten*

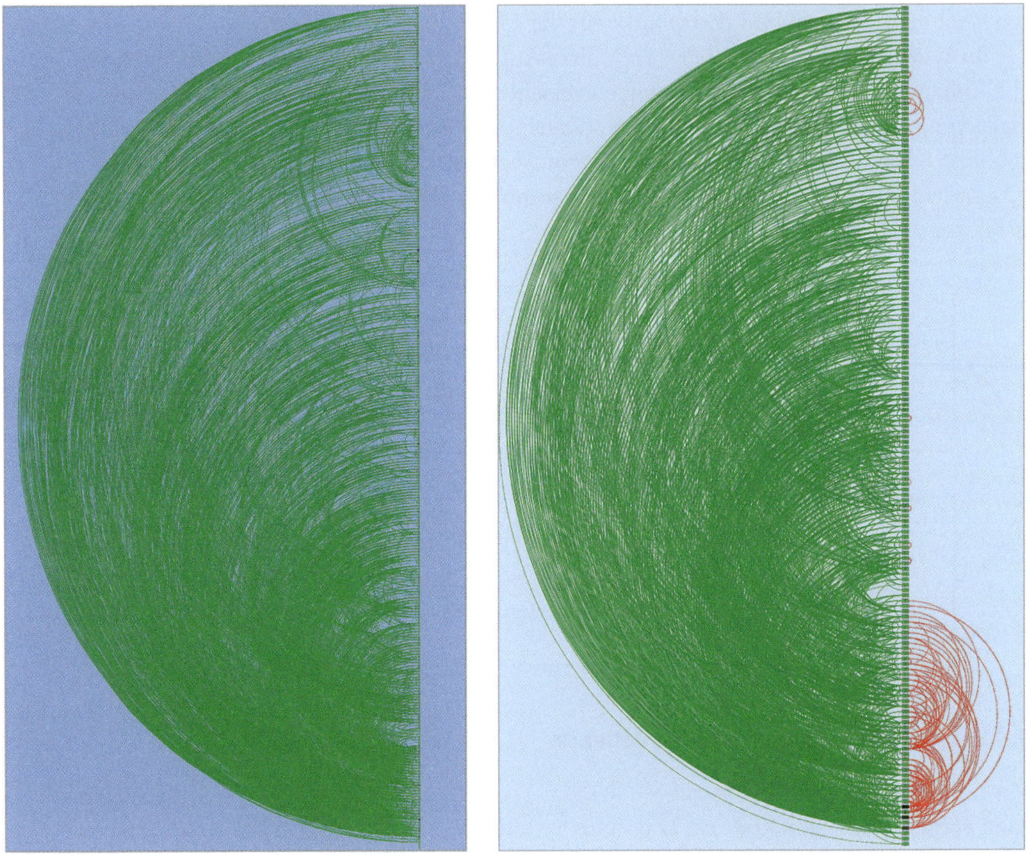

Ein Projekt für alle Interfaces

Beim zweiten System haben die Architekten und Entwickler alle Interfaces in ein gemeinsames Projekt gelegt, sodass alle anderen Projekte genau einen Einstiegspunkt haben, um die Funktionalität der anderen Projekte aufzurufen.

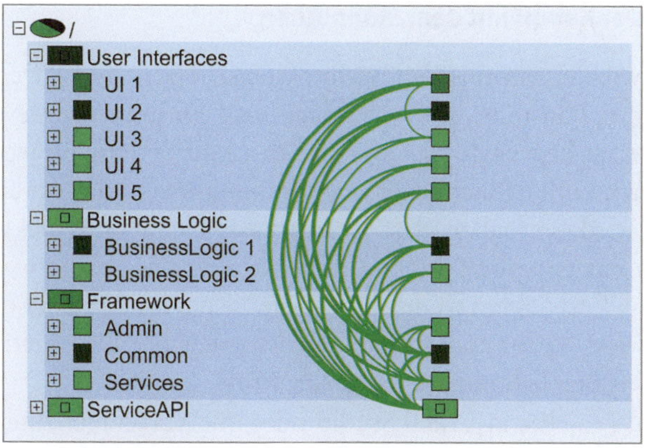

Abb. 7–18
Alle Projekte benutzen die ServiceAPI, um sich gegenseitig aufzurufen.

Die ServiceAPI

Dieses System hat 190.000 LOC in 2.000 Java-Klassen, die in 42 Projekten aufgeteilt sind. In Abbildung 7–18 sieht man, dass alle Projekte Beziehungen zu ServiceAPI haben. Dadurch, dass ServiceAPI alle Interfaces enthält, gehen alle Beziehungen von den Projekten nach unten. Die einzelnen Projekte rufen sich gegenseitig fast gar nicht auf. Die Stellen, an denen es direkte Beziehungen zwischen den einzelnen Projekten gibt (UI 1 → UI 3, UI 5 → BL 1, Zugriffe auf Common und Services), wurden von den Entwicklern und Architekten als Verletzungen betrachtet und von uns bei der Analyse untersucht.

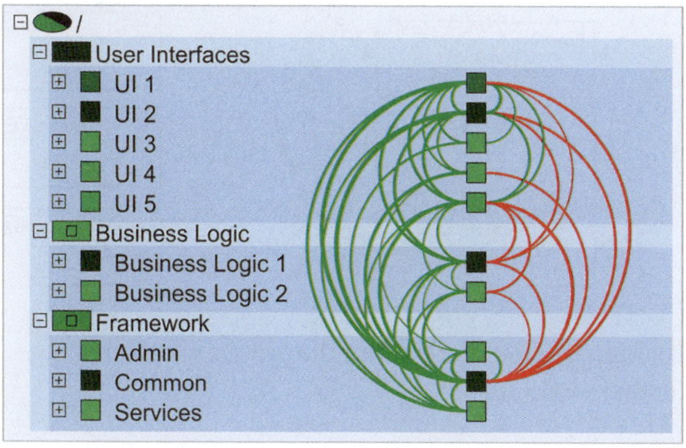

Abb. 7–19
Interfaces den Implementationen zugeordnet

Verwobene Fachlichkeit

Integriert man die Interfaces in die jeweiligen fachlichen Projekte, so entsteht ein ganz anderes Bild (s. Abb. 7–19). Die verschiedenen Projekte sind stark miteinander gekoppelt. Besonders das Projekt Common wird stark verwendet und benutzt die über ihm liegenden Projekte umfassend.

7.4.4 Der Kampf mit dem Monolithen

Fachliche Hierarchien im Monolithen?

Viele Entwicklungsteams und Architekten schlagen diesen Weg ein und zerlegen ihre Bausteine in ein Interface- und ein Implementierungsprojekt. Meistens liegt es daran, dass die Teams ihr System mit wachsender Größe gerne entlang fachlicher Gesichtspunkte modularisieren wollen. Dadurch wird es möglich, dass die Teams an kleineren Projekten arbeiten, ohne das gesamte Projekt auschecken zu müssen. Verwenden die Teams eine Entwicklungsumgebung, wie Visual Studio, oder ein Build-System, wie Maven, kommt jetzt der Moment der Wahrheit: Hat das System eine fachlich hierarchische Struktur?

Keine technischen Notlösungen, bitte!

Denn: Projekte in Visual Studio oder mit Maven gebaute Projekte dürfen nicht zyklisch miteinander verknüpft sein. Die einfachste Methode, mit dieser Beschränkung umzugehen, besteht darin, Interface-Projekte zu bilden. Abbildung 7-20 fasst die üblichen Aufteilungen zusammen.

Abb. 7-20
Drei zyklische Bausteine und zwei Arten, die Zyklen zu kaschieren

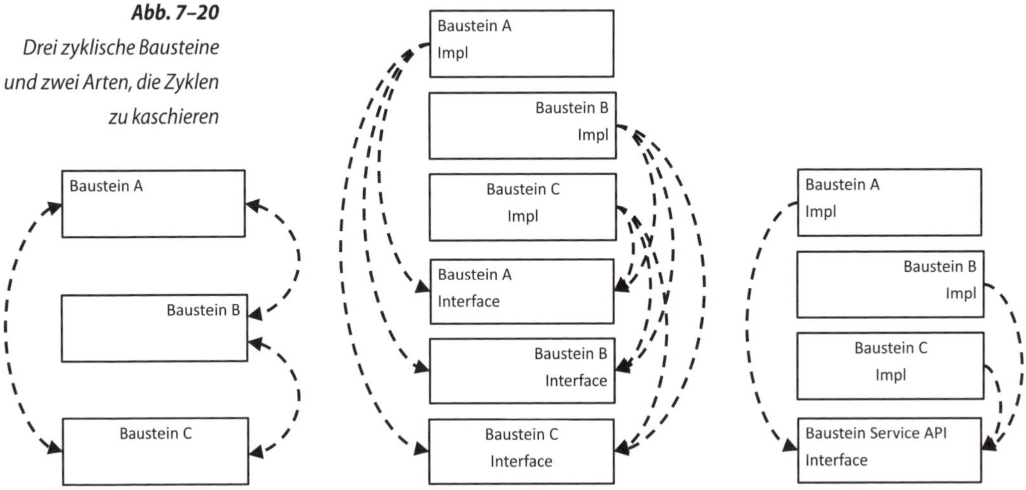

Diese Aufteilung ist eine Notlösung, die Sie für eine langlebige Architektur nicht wählen sollten!

Abb. 7-21
System mit vielen Zyklen

Zerschlagung des Monolithen

Wenn Sie ein monolithisches System wie in Abbildung 7–21 haben, das Sie gerne in mehrere Projekte aufteilen wollen, dann empfiehlt sich das folgende Vorgehen:

Client-Server-Trennung

- Trennen Sie Ihr System als Erstes dort in zwei Projekte auf, wo sich automatisch ein zyklenfreier Schnitt ergibt bzw. ergeben sollte: zwischen Client- und Servercode. Wenn das schwierig ist, haben Sie viel Refactoring-Aufwand vor sich, weil das System wahrscheinlich gar keine Struktur hat (s. Abschnitt 12.1)!

Trennung von Oberflächen- und Businesslogik

- Bei einer Webarchitektur nehmen Sie die Stelle, wo sich im Sourcecode der beste Schnitt zwischen der Oberflächenlogik und der Businesslogik durchführen lässt.

Server-Interface-Projekt zum Client

- Falls Sie den Clientcode unabhängig vom Servercode übersetzen wollen, dann legen Sie die Interfaces für den Servercode in ein eigenes Projekt.
- Das Server-Interface-Projekt sollte nur von dem oder den Clients verwendet werden dürfen. Andere Serverprojekte sollten weiterhin direkt auf den Serverklassen arbeiten.

Fachliche Module im Server

- Beginnen Sie nun den Sourcecode Ihres Serverprojekts zu untersuchen. Wenn Sie die Konstruktion mit einem Fokus auf Modularität, Muster und Zyklenfreiheit angegangen sind, dann sollten die fachlichen Schnitte im Serverprojekt möglich sein und nur eine Richtung der Benutzung zwischen den fachlichen Schnitten existieren.
- Für die einzelnen fachlichen Serverprojekte stellen Sie nun jeweils Interfaces zur Verfügung. Diese Interfaces liegen beim jeweiligen Serverprojekt und dürfen vom jeweils übergeordneten Schnitt gerufen werden.

Fachliche Schichtung und Microservices

- Auf diesem Wege bekommen Sie die erste Version einer fachlichen Schichtung Ihres Systems (s. Abb. 7–22). Falls Ihr Ziel Microservices sind, dann müssen Sie sich nun noch Gedanken über die Kommunikation zwischen den fachlichen Modulen machen. Anschließend können Sie sie in verschiedenen Prozessen laufen lassen.

Schnittstellen beim Modul ablegen

Legen Sie die Schnittstellen für die in einem Modul implementierte Funktionalität im gleichen Projekt ab wie die Klassen, die die Funktionalität implementieren.

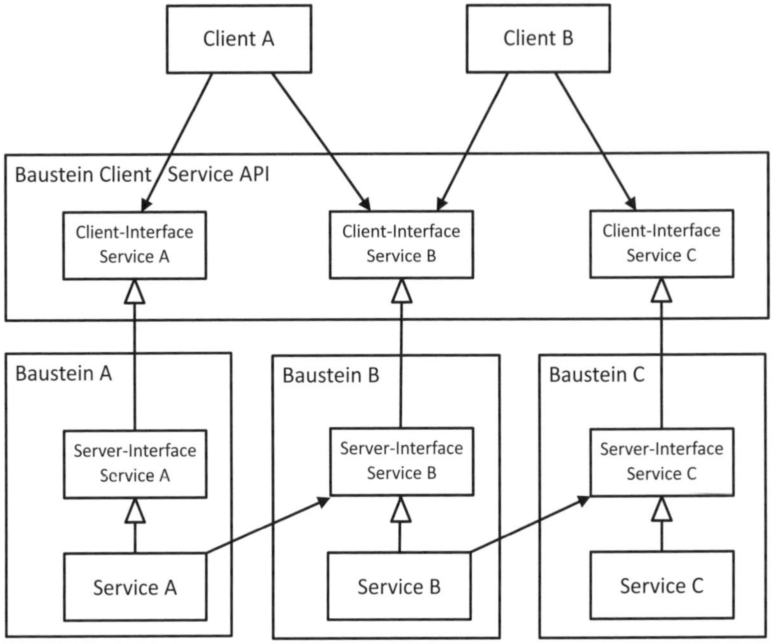

Abb. 7–22 *Aufteilung der Bausteine in einer langlebigen Architektur*

7.5 Der Wunsch nach Microservices

Microservices müssen sein.

Eine Reihe von Unternehmen sind in den vergangenen zwei Jahren mit der Bitte an mich herangetreten, ihr System daraufhin zu untersuchen, wie man es in Microservices zerlegen kann. Solche Anfragen sind hochspannend, weil in vielen Unternehmen nur eine verschwommene Vorstellung davon existiert, was eine Aufteilung des Systems in Microservices bedeutet. Aus diesem Grund gibt es von meinem Kollegen Henning Schwentner und mir inzwischen ein weiteres Buch mit dem Titel »Domain-Driven Transformation – Monolithen und Microservices zukunftsfähig machen«, in dem wir das Zerlegen von Softwaresystemen mit Domain-Driven Design detailliert beschreiben (s. [Lilienthal & Schwentner 2023]).

Zu Beginn einer Analyse gilt es in diesem Fall also zu klären, was Microservices im Prinzip sind und welchen Nutzen das Unternehmen von der Einführung von Microservices haben kann und will.

Die aktuellen Hype-Themen

Ziele, die mir genannt wurden, sind häufig bessere Skalierbarkeit und eine diffuse Idee von einer besseren Architektur durch Microservices, weil das ja alle Welt inzwischen macht. Wenn dann noch Themen wie DevOps, Cloud und automatisierte Deployment-Pipeline hinzukommen, dann haben wir den gesamten aktuellen Hype beisammen. Das sind alles gute und wichtige Themen! Keine Frage. Aber da es mir in meinen

Analysen um die Verständlichkeit der Architektur geht, wende ich mich an dieser Stelle erst einmal dem Sourcecode und seiner Struktur zu.

Wo ist die fachliche Struktur?

Der Architekturstil »Microservices« führt zu einer fachlichen Aufteilung des Systems (s. Abschnitt 6.5), also zu einer Strukturierung des Systems nach fachlichen Kriterien, die sehr gut zu dem Merksatz »Fachlichkeit vor Technik« aus Abschnitt 7.2 passt. Insofern ist das ein absolut zu begrüßender Wunsch. In einem Großteil der Analysen, in denen es bisher um Microservices ging, waren die Voraussetzungen für eine simple fachliche Aufteilung leider nicht gegeben. Die Systeme hatten meistens eine gute technische Schichtung mit wenigen Verletzungen. In der fachlichen Dimension wurde ich aber mit einem Big Ball of Mud (dt.: große Matschkugel, großes verworrenes Knäuel) konfrontiert.

7.5.1 Früh übt sich

Ein kleines, wachsendes System

In Abbildung 7–23 sieht man die fachliche Aufteilung eines Systems bezüglich der Bestellung von Waren. Die Software ist in C# geschrieben und hat nach 9 Monaten Entwicklungszeit ca. 100.000 LOC. Das System ist also noch relativ klein, soll aber in absehbarer Zeit um die Bestellung weiterer Warenkategorien mit spezifischen Bestellprozessen wachsen. Damit das System die damit einhergehende größere Last an Anfragen performant beantworten kann, wäre eine Aufteilung in Microservices sinnvoll.

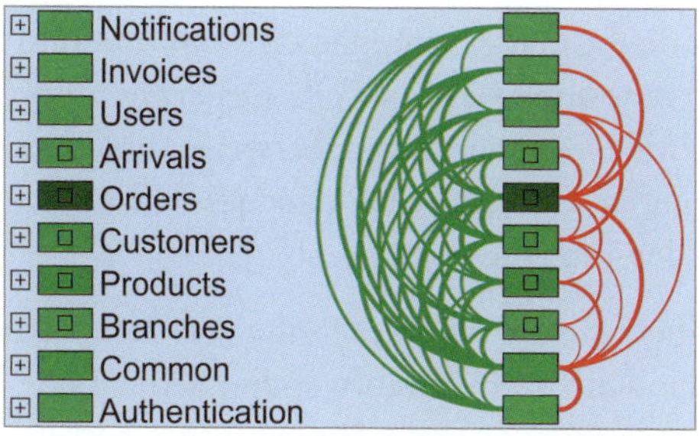

Abb. 7–23
Erste fachliche Aufteilung

Technische Schichtung gut gelungen, aber …

Die fachliche Struktur in Abbildung 7–23 war in den Namespaces und Directories des Systems nicht vorhanden. Dort gab es als erste Ordnung die technische Schichtung – ein übliches Phänomen bei Systemen dieser Größe (s. Abschnitt 7.2). Ein Großteil der Architekturarbeit bei der Analyse dieses Systems haben das Team und wir deshalb mit der Erarbeitung einer sinnvollen fachlichen Struktur verbracht. Das Ergebnis in Abbildung 7–23 ist ein erster Anfang mit 25.804 Beziehungen auf der linken (grün) und 587 Beziehungen auf der rechten Seite (rot). Ein möglicher Schnitt wäre, *Orders* und alles, was darüber liegt, zu einem Microservice »Ordering« zusammenzufassen. Als zweiten fachlichen Microservice »Core Data« bieten sich Customers, Products und Branches an (s. Abb. 7–24).

Abb. 7–24
Aufteilung in zwei Microservices

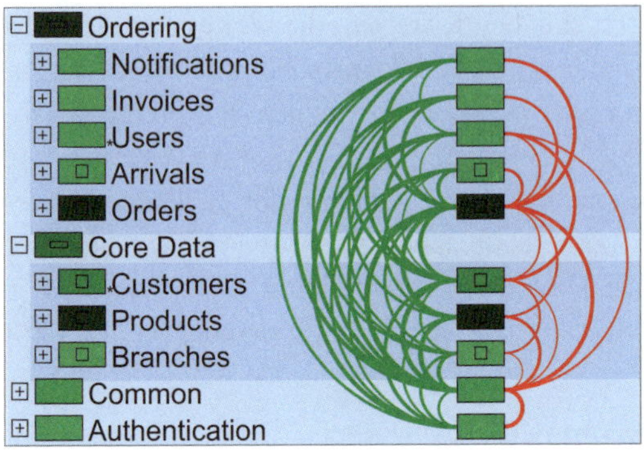

Die notwendigen Schritte

Bevor diese beiden Microservices allerdings als solche bezeichnet und dann auch getrennt deployed werden könnten, müsste sich das Team den folgenden Aufgaben widmen:

- Schnittstelle zwischen den beiden Microservices *Ordering* und *Core Data* bestimmen. Welche Art von Context Mapping soll hier gelten (s. Abschnitt 6.5)?
- Schnittstelle zwischen *Ordering* und *Core Data* verschlanken, sodass eine Kommunikation über Prozessgrenzen performant erfolgen kann.
- Klären, wie die beiden Komponenten *Common* und *Authentication* auseinandergenommen und jeweils *Ordering* oder *Core Data* hinzugefügt werden können. Möglicherweise sind Teile davon eher ein Shared Kernel (s. Abschnitt 6.5), sodass sie in beide Microservices kopiert werden müssen.

Aufwendige Refactorings

All diese Aufgaben werden zu einer Reihe von Refactorings führen und sind aller Voraussicht nach zeitaufwendig. Selbst bei einem so jungen und noch relativ kleinen System wäre es daher besser gewesen, rechtzeitig über die fachlichen Grobstrukturen nachzudenken.

Microservices vorausplanen

Spätestens wenn Sie voraussehen können, dass Ihr System in Microservices aufgeteilt werden muss, beginnen Sie damit, das System fachlich zu strukturieren und die Schnittstellen für die einzelnen Microservices festzulegen. Je später Sie damit anfangen, desto aufwendiger wird es.

7.5.2 Der Knackpunkt: das Domänenmodell

Wiederverwendung

Die meisten Entwickler haben gelernt, dass sie vorhandene Klassen und Komponenten in ihrer Software wiederverwenden sollen. Folglich bauen sie die ganze Software auf einem Domänenmodell auf, das alle Fachbegriffe der gesamten Domäne enthält. Alle Aspekte jedes Fachbegriffs werden in einer Klasse integriert und es entstehen große Domänenklassen. Dieses Domänenmodell wird aus allen Teilen der Software verwendet und die Klassen im Domänenmodell haben im Vergleich zum Rest des Systems sehr viele Methoden und viele Attribute. Die zentralen Klassen des Domänenmodells, wie z.B. Produkt, Vertrag, Kunde, sind dann meistens auch die größten Klassen im System. Was ist passiert?

Erweiterung der zentralen Domänenklassen

Jeder Entwickler, der neue Funktionalität in das System eingebaut hat, hat dafür die zentralen Klassen des Domänenmodells benutzt. Allerdings musste er diese Klassen auch ein bisschen erweitern, damit seine neue Funktionalität umgesetzt werden konnte. So bekamen die zentralen Klassen mit jeder neuen Funktionalität ein bis zwei neue Methoden und Attribute hinzu. Genau! So macht man das! Wenn es schon eine Klasse Produkt im System gibt und Funktionalität entwickelt wird, die das Produkt braucht, dann wird die eine Klasse Produkt im System verwendet und so erweitert, dass es passt. Man will nämlich die vorhandene Klasse wiederverwenden und nur an einer Stelle suchen müssen, wenn beim Produkt ein Fehler auftritt. Schade ist nur, dass diese neuen Methoden im Rest des Systems gar nicht benötigt werden, sondern nur für die neue Funktionalität eingebaut wurden.

Großes übergreifendes Domänenmodell

Hier hat Wiederverwendung zu einem großen verwirrenden Domänenmodell geführt. Diesen Fehler machen leider viele Teams. Sie entwickeln in der Hoffnung auf Wiederverwendung ein Softwareprodukt, das als Monolith oder Big Ball of Mud daherkommt. Ein Monolith, der mehrere ineinander verwickelte Domänenmodelle ohne klare Grenzen enthält. Verschiedenartige Konzepte, die eigentlich nicht miteinander in Beziehung stehen, werden so über viele Module verteilt und durch sich widersprechende Elemente verbunden. Zusätzlich arbeiten mehrere Teams an einem großen Domänenmodell, was für die Geschwindigkeit der Entwicklung und die Unabhängigkeit der Teams sehr problematisch ist. In Abbildung 7–25 sieht man ein zentrales Domänenmodell, das von den darauf aufbauenden fachlichen Modulen gemeinsam verwendet wird.

Abb. 7–25
Monolith mit einem großen Domänenmodell

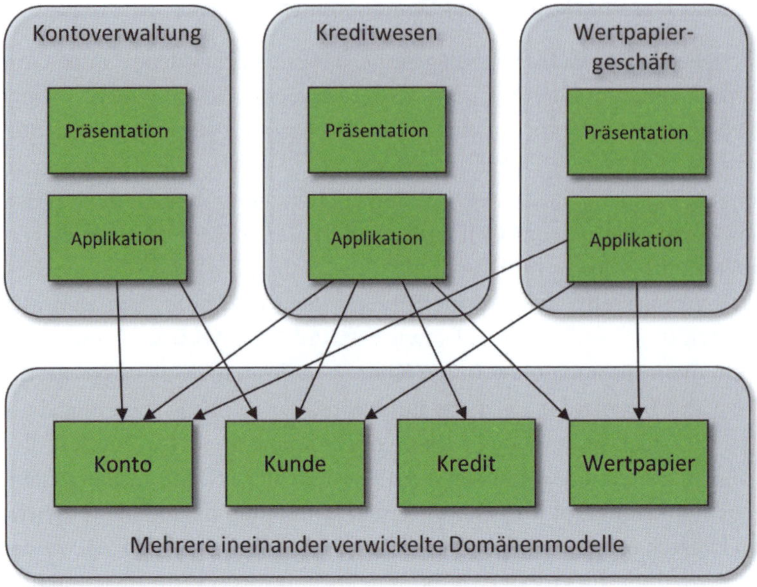

Kontextspezifische Domänenmodelle

Domain-Driven Design empfiehlt uns eine andere Lösung (s. Abb. 7–26). Das zentrale Domänenmodell aus Abbildung 7–25 ist auf die verschiedenen fachlichen Bounded Contexts oder Microservices aufgeteilt. Jeder einzelne Bounded Context hat sein eigenes kleines Domänenmodell. Die jeweils kontextspezifischen Konzepte der lokalen Domänenmodelle werden je nach den Bedürfnissen des jeweiligen Bounded Context strukturell und sprachlich spezialisiert.

Abb. 7–26
Mehrere Bounded Contexts mit spezifischem Domänenmodell

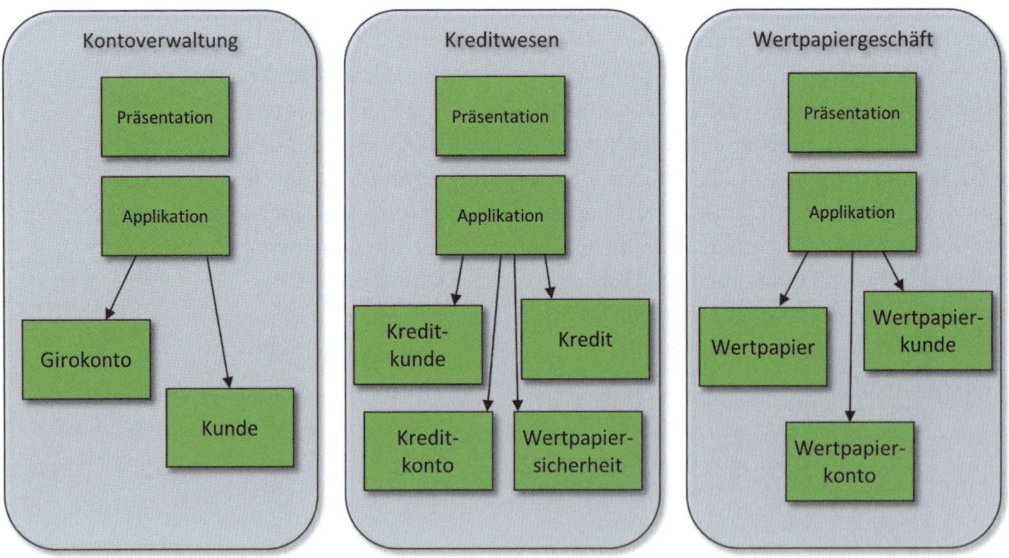

270 Microservices mit einem model.jar

Vor einiger Zeit war ich bei einer Firma mit einem großen Websystem für den Verkauf von Gebrauchtwagen. Die Architekten sagten mir voller Stolz, dass sie 270 getrennt deploybare Microservices hätten. Ich war beeindruckt und fragte, wo ich denn helfen könnte. Die Antwort war: »Immer wenn ein Team in seinem Microservice ein neues Feld braucht, müssen alle Teams zusammenkommen und die Änderung besprechen! Das ist sehr aufwendig!« Nun war ich überrascht und ließ mir den Sourcecode und den Build-Prozess mehrerer zentraler Microservices zeigen. Dabei war das Problem nicht zu übersehen: Alle Microservices verwendeten ein »model.jar«. Dieses Jar enthielt das gesamte Domänenmodell für alle 270 Microservices und bildete gleichzeitig die Schnittstelle zu der einen und einzigen Datenbank. Diese 270 getrennt deploybaren Bausteine kann man sicherlich nicht als Microservices im Sinne des Domain-Driven Design bezeichnen. Die Skalierung ist möglicherweise gut, aber getrennte Teams, die unabhängig voneinander entwickeln, erreicht man auf diese Weise selbstverständlich nicht.

Nicht zu klein anfangen!

Bevor Sie jetzt aber dazu übergehen, Ihr System in viele kleine Bounded Contexts zu zerlegen, möchte ich Sie auf ein Missverständnis hinweisen: Bedenken Sie bei der Aufteilung in Bounded Contexts, dass diese nicht zu klein werden sollten. Jeder Bounded Context sollte einen weitgehend eigenständigen Systemteil umfassen, für das ein Team verantwortlich ist. Folgen Sie diesem Rat, so kann es bei einer Neuentwicklung passieren, dass die ersten Versionen des neuen Systems, die bestimmte Teilprozesse umsetzen, als ein Bounded Context von einem Team begonnen werden. Nach einiger Entwicklungszeit wird der erste Bounded Context zu groß für ein Team, sodass er aufgeteilt werden kann.

Code duplizieren und zurückbauen

Bei einem Altsystem ist der Prozess auf gewisse Weise entgegengesetzt. Ein umfassendes Domänenmodell in einem meistens großen Monolithen zu zerschlagen, ist eine Herkulesaufgabe. Zu verwoben sind die auf dem Domänenmodell aufsetzenden Teile des Systems mit den Klassen des Domänenmodells. Um hier weiterzukommen, zerlegen wir den Big Ball of Mud nicht sofort in alle Bounded Contexts, die wir in der Analyse mit den Fachanwendern entdeckt haben. Ein solches Refactoring wäre viel zu groß. Vielmehr wird der erste Schnitt für eine Aufteilung in zwei immer noch sehr große Bounded Contexts gesetzt (s. Abschnitt 7.5.1). Dabei kopieren wir die Domänenklassen in jeden der beiden Bounded Contexts, wir duplizieren also Code! Anschließend bauen wir die Domänenklassen jeweils für ihren Bounded Context zurück. So bekommen wir kontextspezifische Domänenklassen, die von ihrem jeweiligen Team unabhängig vom Rest des Systems erweitert und angepasst werden können. Wenn dieses Refactoring gelungen ist, wird die weitere Aufteilung Schritt für Schritt vorangetrieben.

Ob Sie Microservices einsetzen wollen oder nicht, für die Langlebigkeit Ihres Systems ist eine Aufteilung in der fachlichen Dimension mit kleinen kontextspezifischen Domänenmodellen ein guter Weg.

Fachliche kontextspezifische Strukturen

Mit jeder Funktionalität, die Sie in Ihr System einbauen (lassen), diskutieren Sie in Ihrem Team, ob eine Aufteilung in getrennte Bounded Contexts mit eigenen kontextspezifischen Domänenmodellen angebracht ist. Je später Sie damit anfangen, desto aufwendiger wird es.

8 Mustersprachen – der architektonische Schatz!

An der Universität Hamburg, wo ich studiert habe, waren Mustersprachen ganz selbstverständlich Teil der Softwaretechnikausbildung. Wir haben nach dem Werkzeug-Automat-Material-Ansatz Software gebaut und uns dabei der WAM-Muster bedient (s. Abschnitt 6.6.1). Wenn immer ich Softwaresysteme analysiere, halte ich quasi automatisch nach Mustersprachen Ausschau. Denn Mustersprachen sind ein architektonischer Schatz, den man hegen und pflegen sollte!

8.1 Die Schatzsuche

Der Schatz ist schon da.

In ca. 10 % meiner Analysen ist bereits am Anfang klar, dass das Softwaresystem auf Basis einer Mustersprache entwickelt worden ist. In solchen Fällen berufen sich die Entwicklungsteams auf eine veröffentlichte Mustersprache: »Unser System ist nach Domain-Driven Design gebaut!« In weiteren 5 % der Analysen existiert eine nur in diesen Unternehmen entwickelte eigene Mustersprache. In solchen Fällen antworten die Entwickler und Architekten auf die Frage nach der Schichtung mit: »Wir haben da noch etwas anderes.« Und dann erzählen sie von ihren Mustern. Hin und wieder gibt es sogar Unternehmen, die Schulungsunterlagen zu ihrer Mustersprache besitzen, mit denen neuen Mitarbeitern in einem mehrtägigen Kurs die verschiedenen Arten von Klassen, ihre Schnittstellen, Aufgaben und Beziehungen vermittelt werden. Das ist dann natürlich die Meisterklasse!

Erste Anzeichen

Aber meistens passiert das Folgende: Bei der Untersuchung der Architekturverletzungen in der technischen Schichtung und der fachlichen Aufteilung fällt auf, dass die Entwickler und Architekten immer wieder von bestimmten Klassenarten sprechen. Die Beteiligten sagen dann Sätze, wie: »Das darf ein Business-Objekt aber gar nicht!« oder: »Wieso benutzt die View den Service? Das muss doch über den Controller gehen!«

Fallen solche Sätze, so lohnt es sich, die Mustersprache freizulegen. Dafür bieten sich verschiedene Wege an. Sei es, dass man sie direkt mit dem Analysewerkzeug modelliert. Sei es, dass man erst einmal ein Tafelbild erstellt, um sich die verschiedenen Muster klarzumachen (s. Abb. 8–1).

Abb. 8–1
Ein erster Blick auf eine Mustersprache

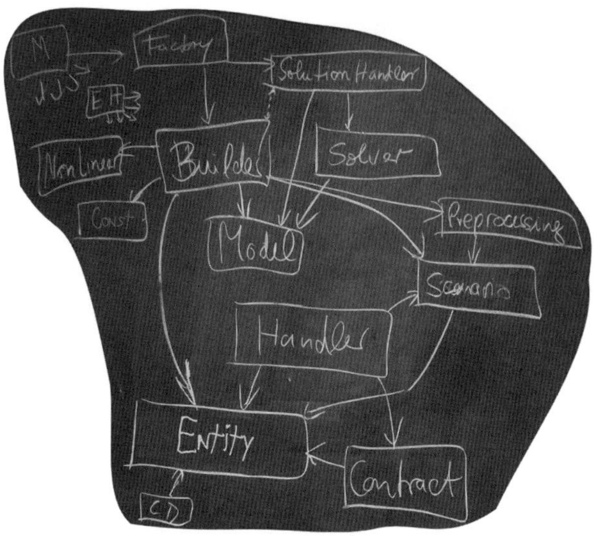

Die Schatzkarte

In Abbildung 8–1 sieht man das anonymisierte Bild einer Mustersprache für ein 800.000 LOC großes C++-System. Die Namen der einzelnen Musterelemente, wie `Model`, `Builder`, `Handler`, `Entity`, `Contract` etc., geben für dieses Team jeweils vor, welche Aufgaben eine entsprechende Klasse hat. Die Aufgabe der Klasse legt auch fest, welche Methoden typischerweise in der Schnittstelle zu finden sind. Außerdem ist mit Abbildung 8–1 auch festgelegt, wie die Klassen der Mustersprache miteinander zusammenarbeiten dürfen. Diese Mustersprache hat das Entwicklerteam bei seiner Arbeit immer im Kopf, um zu entscheiden, wo welche Anpassung oder Erweiterung wie umgesetzt wird. Wie genau diese Mustersprache in der Analyse aussah, können Sie in der Fallstudie Beta nachlesen (s. Abschnitt 12.3).

Wenn Sie herausfinden wollen, ob bei Ihnen eine Mustersprache im Einsatz ist, dann stellen Sie Ihrem Team die folgenden Fragen: *Spurensuche*

Haben wir eine Mustersprache?

Um festzustellen, ob man eine Mustersprache in seinem Projekt hat, helfen die folgenden Fragen:

- Sprechen die Entwickler und Architekten über das Design ihres Softwaresystems in Mustern oder sprechen sie nur von Klassen?
- Gibt es neben Musterelementen insbesondere Regeln, die die Beziehungen zwischen den verschiedenen Musterelementen einschränken und somit zu einer hierarchischen Struktur führen?
- Sind die Musterelemente und Regeln für das gesamte Entwicklungsteam verbindlich oder werden sie nur in manchen Teilen des Softwaresystems eingesetzt?

8.2 Die Ausgrabungsarbeiten

Hat man auf diesem Wege das Soll der Mustersprache mit dem Team festlegen können, so kommt der eigentlich spannende Schritt: die Modellierung und Überprüfung der Mustersprache am Sourcecode. In den Analysen lassen sich drei verschiedene Ansätze beobachten, wie im Programmtext sichtbar gemacht wird, zu welchem Musterelement eine Klasse gehört: *Mustersprachen im Sourcecode*

- *Namenskonvention*
  Setzt ein Team Namenskonvention ein, so haben die Klassen Zusätze im Namen, aus denen sich schließen lässt, zu welcher Art sie gehören. Beispiele sind: »BO« für BusinessObject, »DV« für DomainValue, »UC« für UseCase und »I« für Schnittstellen. Außerdem natürlich Namenszusätze wie »Service«, »Factory«, »Handler«, »Exception« etc.
- *Strukturkonvention*
  Bei Strukturkonventionen werden alle Klassen eines Musterelements gemeinsam in einem Paket abgelegt. Beispielsweise liegen alle Exceptions in einem Paket `exception`.
- *Typisierung*
  In diesem Fall setzen die Teams Interfaces und Oberklassen ein, um die Zugehörigkeit einer Klasse zu einem bestimmten Musterelement zu signalisieren. Durch die Einführung von Oberklassen und Interfaces wollen die Entwicklungsteams sicherstellen, dass Klassen ein-

deutig einem Muster zugeordnet werden können und müssen. Dafür reicht ein reines Marker-Interface häufig aus. Auf der anderen Seite kann man so allen Unterklassen Standardfunktionalität des Musterelements zur Verfügung stellen.

- *Annotation*
  In Java und C# kann man eigene Annotationen definieren. Zum Teil bieten auch Frameworks, wie Spring, inzwischen Annotationen aus Mustersprachen, wie DDD, an. Verwendet man für jedes Musterelement eine Annotation, so können die Klassen mit dieser Annotation eindeutig zugeordnet werden.

Namenskonventionen sind am häufigsten.

Am häufigsten findet man Systeme, bei denen die Teams mit *Namenskonventionen* arbeiten: Sie geben ihren Klassen also Namen, aus denen sich das Musterelement schließen lässt. Manchmal kombinieren die Teams auch *Namens-* und *Strukturkonventionen*, weil sich für einige Musterelemente kein sinnvoller Namenszusatz ergibt. Das tritt hauptsächlich dann auf, wenn die Entwicklungsteams ihre Domäne modellieren und dabei Klassennamen wählen wollen, die direkt den Namen der Dinge oder Begriffe in der Domäne entsprechen sollen. Der Container wird dann durch eine Klasse namens `Container` repräsentiert. Ein Zusatz, wie »BO«, vermindert hier die direkte Abbildung aus der Domäne. *Typisierung* ist ein eher seltener Fall, der nur bei Teams vorkommt, die ein eigenes Framework für ihre Mustersprache geschrieben haben.

Ausschließlich Strukturkonventionen

Zweimal habe ich Teams getroffen, die ihre Muster ausschließlich über Paketnamen, also *Strukturkonventionen*, sichtbar machten. Beide Teams erklärten, dass sie beschlossen hätten, ihre Klassennamen nicht durch Zusätze zu verschmutzen. Diese Entscheidung ging bei diesen Teams auf einer Ablehnung der ungarischen Notation zurück. Die ungarische Notation wurde in den 80er-Jahren eingeführt, um die Aufgabe und den Typ (einer Variablen oder Methode) in deren Namen zu verdeutlichen. Gegen die ungarische Notation gibt es eine Reihe von Argumenten: »Die Namen sind kompliziert zu lesen und der Entwickler wird verwirrt«, »In getypten Sprachen braucht man den Typ nicht im Namen der Variablen/Methode«.

So sehr dieses Argument für Variablen und Methoden nachvollziehbar ist, so ist es für Mustersprachen doch nicht valide. Eine Mustersprache bzw. die Namenszusätze, die Klassen dadurch bekommen, eröffnet eine weitere Sprach- und Verständnisebene, die in der Programmiersprache und ihrer Typprüfung nicht enthalten ist.

Nachteil von Strukturkonventionen

Außerdem führt die Verwendung von Strukturkonvention dazu, dass die fachlich zu einem Use Case gehörenden Klassen über eine Reihe von Paketen verteilt sind. Will man an einem Use Case Änderungen oder Erweiterungen vornehmen, so findet man die dazugehörigen Klassen nicht an einem Ort. Sie sind verteilt über eine Reihe von Paketen, je nachdem, zu welchem Muster sie gehören. Deshalb gilt folgende Empfehlung:

Mustersprache in den Klassennamen sichtbar machen

Machen Sie die Musterelemente Ihrer Mustersprache als Namenszusatz in den Namen Ihrer Klassen deutlich. Falls Sie das bei Klassen aus Ihrer Fachdomäne vermeiden wollen, dann verwenden Sie Annotationen oder führen Sie für diese Musterelemente Marker-Interfaces oder Oberklassen ein.

8.3 Aus der Schatztruhe

In fast jedem System gibt es Ansätze einer Mustersprache. Mal war sie den Entwicklern und Architekten bewusst; mal war die Frage nach Mustern und ihren Zusammenhängen etwas Neues.

Mustersprache modellieren

Das erste Beispiel in Abbildung 8–2 stammt aus einem Java-System mit 320.000 LOC. Dieses Team hat fast alle seine Klassen mit Namenszusätzen versehen: `XYService`, `XYProcess`, `XYImporter` etc. Nur die Business-Objekte hatten keine Namenszusätze. Die Business-Objekte konnte man aber daran erkennen, dass sie in den verschiedenen Projekten jeweils in einem eigenen Package lagen. Dieser Einsatz von Namens- und Strukturkonventionen macht es leicht, die Mustersprache zu modellieren.

Reguläre Ausdrücke

Um alle Klassen eines Musters in einer Schicht oder einem Subsystem zu bündeln, benutzt man im Sotographen reguläre Ausdrücke. Für die Service-Schicht beispielsweise wurden alle Klassen über den regulären Ausdruck `**Service.**`, also über den Namenszusatz Service, eingesammelt. Bei der Schicht BusinessObjects wurde als regulärer Ausdruck:`.**/businessobjects/**` eingesetzt. In diesem Fall werden alle Klassen eingesammelt, die sich in einem Package namens `businessobjects` befinden.

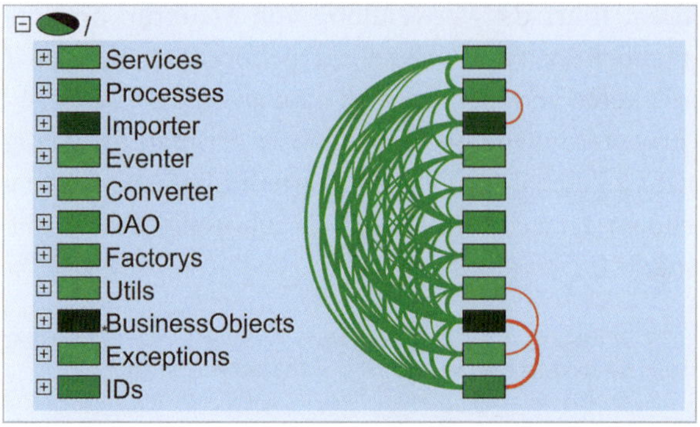

Abb. 8–2 *Mustersprache einer Java-Server-Komponente*

Die Mustersicht ans Licht bringen

Modelliert man ein System auf diese Weise, so entsteht eine ganz neue Sicht auf die Architektur: eine Mustersicht. Diese Sicht ist normalerweise in der Paket- oder Build-Artefakt-Struktur nicht zu finden. Auf diese Weise hebt man einen architektonischen Schatz, der im System verborgen schlummert. Setzen Entwickler und Architekten eine Mustersprache ein, um ihr System zu strukturieren, so macht es sie sehr glücklich, zu sehen, dass sie gute Arbeit geleistet haben.

Ein schönes Beispiel

Bei mustererfahrenen Teams lassen sich in der Regel 80–90 % des Sourcecodes den Mustern zuordnen. So ein schönes Beispiel sehen wir in Abbildung 8–2. Dieses System stellt Webservices zur Verfügung, d.h., es hat keine eigene Oberfläche. Aus diesem Grund findet man in Abbildung 8–2 auch keine Oberflächenmuster. Bei der Analyse konnten wir 93 % des Sourcecodes den Mustern zuordnen – ein wirklich beachtlicher Wert. Bei diesem System bilden fast alle Muster eine aufeinander aufbauende Folge von Schichten. Es existieren ein paar wenige Verletzungen (0,2 %), die insgesamt nur von acht Beziehungen zwischen 12 Klassen verursacht werden. Für diese Verletzungen haben wir in der Analyse sehr schnell Lösungen gefunden. Diesem Team kann man für sein gutes Design also ein großes Lob aussprechen.

Noch ein schönes Beispiel

Ein fast genauso gutes Bild gibt das System in Abbildung 8–3 ab. Dieses System ist in C# programmiert und hat 210.000 LOC. Auch hier ließen sich 90 % des Sourcecodes eindeutig den Mustern zuordnen. Insgesamt verbergen sich hinter den acht roten Bögen 18 Beziehungen, die nicht den Vorgaben der Mustersprache folgen. Die Verletzungen der Mustersprache machen hier gerade einmal 1 % der Beziehungen aus. Das Team des C#-Systems in Abbildung 8–3 hat also ebenfalls sehr gute Arbeit geleistet.

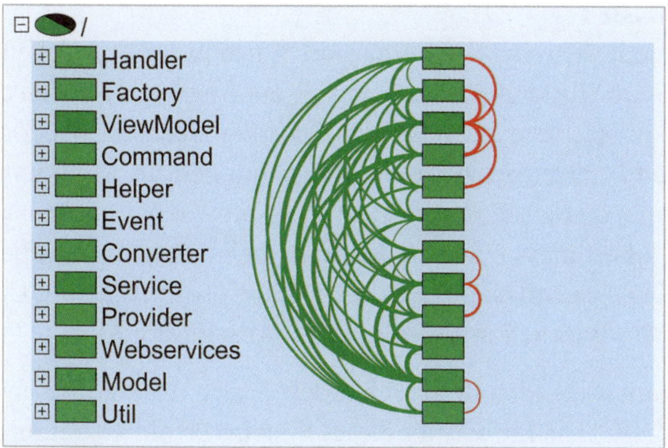

Abb. 8–3
Mustersprache eines C#-Systems

Typische Herausforderungen von Mustersprachen

An dem System in Abbildung 8–3 kann man außerdem typische Herausforderungen von Mustersprachen erkennen:

- *Unschärfe in der Definition*
  Unscharfe Definitionen
  In der Diskussion mit dem Team, das die Mustersprache in Abbildung 8–3 geschaffen hatte, wurde deutlich, dass die Musterelemente »Service«, »Provider« und »Converter« ähnliche Aufgabenarten haben. Zum Teil ist den Entwicklern nicht klar, warum die eine Klasse eher ein »Service« und die andere eher ein »Provider« oder ein »Converter« geworden ist. Solche sich gegenseitig überlappenden Musterelemente verwässern die Mustersprache und sollten deshalb sehr klar definiert oder entfernt werden.
- *Framework-Anschluss*
  Framework-Muster
  Die Klassen Handler, Command und ViewModel stellen in diesem System den Anschluss zum GUI-Framework dar. Häufig macht entweder das GUI-Framework unklare strukturelle Vorgaben und so entstehen Zyklen oder die Entwicklungsteams interpretieren den Anschluss an das GUI-Framework über die angebotenen Musterelemente anders und bauen so zyklische Strukturen ein.
- *Übergreifende Muster*
  Übergreifende Muster
  In den meisten Systemen gibt es Muster, wie die Factory oder den Builder, die zu verschiedenen Mustern in der Mustersprache Beziehungen haben und so Zyklen hervorrufen. Eine Factory könnte z.B. ein Command erzeugen und von einem anderen Command verwendet werden, um ein ViewModel zu erstellen. Diese übergreifenden Muster muss man bei der Betrachtung der Mustersprache gesondert untersuchen.

Utils und Helper

- *Hilfsklassen*
  Hilfsmethoden, bei denen man nicht genau weiß, welchen der vorhandenen Musterelementen man sie zuordnen soll, landen typischerweise als statische Methoden in Klassen namens »Utils« oder »Helper« und führen zu zyklischen Beziehungen. In Abbildung 8–3 ist die Problematik nur in Ansätzen zu erkennen. Bei solchen Methoden und Klassen muss man mit den Entwicklungsteams diskutieren, welche Klasse eigentlich diese Aufgabe haben sollte und ob »Utils« oder »Helper« wirklich notwendig ist (s. Abschnitt 8.6).

Eine degenerierte Mustersprache

Bei dem nun folgenden Beispiel handelt es sich um ein Java-System mit 800.000 LOC. Die Entwickler dieses Systems erzählten auf meine Frage nach Mustern sofort von einer ganzen Reihe von Musterkategorien. Das Ergebnis unserer Modellierung sieht man in Abbildung 8–4. Aufgrund der Vielzahl von Mustern haben wir Gruppen für einige Muster gebildet. Insgesamt konnten wir 86 % des Sourcecodes Mustern zuordnen – was für eine erste Betrachtung eines Systems anhand von Mustern ein guter Wert ist. Das Entwicklungsteam programmiert also tatsächlich in Mustern.

Abb. 8–4
Mustersprache in einem Java-System

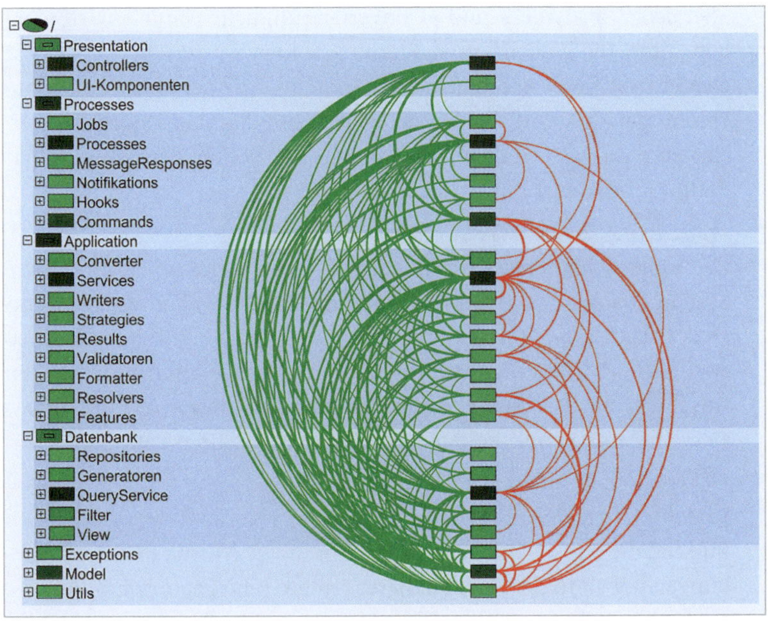

Technische Schulden in Mustersprachen

Trotzdem sieht man in Abbildung 8–4 mehr Verletzungen als in den beiden vorherigen Beispielen. 4,5 % der Beziehungen verletzen die durch die Muster vorgegebene Ordnung. An diesen Verletzungen sind insgesamt mehr als 200 Klassen beteiligt. Diese hohe Anzahl an Musterverletzungen spiegelte für dieses System den allgemeinen Zustand sehr gut wider. Insgesamt hatte dieses Team einiges an technischen Schulden aufgesammelt:

- Das ganze System kann nur als ein Build-Artefakt gebaut werden, weil weder in technischer noch in fachlicher Richtung eine Zerlegung möglich ist.
- 15 % aller Klassen sind in Zyklen verstrickt. Insbesondere ein großer Zyklus aus 270 Klassen verkoppelt das ganze System zu einem kaum zerlegbaren Monolithen.
- Die Testabdeckung mit Unit Tests liegt unter 10 %, was bei einer so starken Kopplung nicht verwunderlich ist.
- Einige Muster sind nicht klar definiert und ihre Beziehungen zu anderen Mustern sind unklar. Der Bereich Utils darf – betrachtet man Abbildung 8–4 – offensichtlich alles, obwohl `utils` eigentlich nur benutzt werden sollten.

Muster als Ansatzpunkt für Refactorings

Dieses Team hatte nach der Analyse viel Arbeit vor sich, um das System in einen wartbaren und erweiterbaren Zustand zu überführen. Gerade die Betrachtung der Muster hat hier viel geholfen. Einerseits weil dem Entwicklungsteam Muster sehr wichtig waren. Und andererseits weil hier ein guter Ausgangspunkt für die Renovierung der Architektur existiert. Das Team hat sukzessive die Verletzungen zwischen den Mustern aufgelöst und so einen Weg gefunden, den Monolithen zu zerschlagen.

8.4 Den Goldanteil bestimmen

Bewertung von Mustersprachen

Bei der Diskussion der Beispiele im letzten Abschnitt sind bereits einige Kriterien deutlich geworden, anhand derer man Mustersprachen beurteilen kann. Um die Qualität einer Mustersprache zu bewerten, muss man sich die folgenden Fragen stellen:

- Gibt es Muster und Regeln dafür, wie die Beziehungen zwischen den Mustern aussehen sollen?
- Welchen Anteil des Systems konnten wir der Mustersprache zuordnen bzw. wie viel Prozent des Sourcecodes liegt außerhalb der Mustersprache?
- Wie viele Verletzungen gibt es zwischen den einzelnen Musterelementen?
- Wie viele Musterelemente gibt es in dem System insgesamt? Gibt es Gruppen von Musterelementen?

Einstieg in die Mustersprache über Zyklen

Nun mag der geneigte Leser den Eindruck gewonnen haben, dass ich Mustersprachen untersuche, um Zyklen zu finden. Diese Einschätzung ist zu kurz gedacht. Ich analysiere Mustersprachen, um einerseits die Durchgängigkeit und Einheitlichkeit der Muster zu überprüfen und andererseits festzustellen, ob die Entwicklungsteams die durch die Muster vorgegebenen Designregeln einhalten. Erfreulicherweise bestehen diese Designregeln häufig darin, dass die einzelnen Musterelemente ohne Zyklen zusammenarbeiten (s. Abschnitt 6.6). Diese Designregeln lassen sich gut überprüfen.

Der weitaus größere Teil der Designregeln, die die Aufgaben der Musterelemente und die Ausgestaltung ihrer Schnittstelle beschreiben, lassen sich mit Analysewerkzeugen nur mittelbar untersuchen. Um diese Designregeln zu analysieren, muss man mit den Entwicklern und Architekten in den Sourcecode einsteigen. Die Zyklen bzw. Schichtenverletzungen sind dabei ein guter Hinweis, wo man als Erstes nachschauen sollte.

Mustersprachen zur Qualitätsverbesserung einsetzen

Bilden Sie Ihre Mitarbeiter zum Thema Mustersprache aus. Sorgen Sie dafür, dass Ihre Mitarbeiter die Mustersprachen kennen, die es für Ihr Anwendungsgebiet gibt. Ermöglichen Sie regelmäßige Diskussionen über die eingesetzten Muster, damit Ihre Mustersprache in einem guten Zustand bleibt.

8.5 Jahresringe

Softwaresysteme setzen mit der Zeit Jahresringe an. Meistens passiert das, wenn neue Entwickler ins Projekt kommen. Sie kennen nicht alle Ecken des Systems und bringen ihre eigene Entwicklungsphilosophie und ihre eigenen Muster mit. Und schon entsteht im System ein Bereich, der anders aussieht als der Rest. Es werden andere Muster verwendet und die Namensgebung der Muster ist anders. Oder Änderungen in verschiedenen Teilen des Systems sind plötzlich ganz anders umgesetzt, als das Team es bisher gewohnt war.

An sich ist es nichts Schlechtes, dass neue Entwickler oder Architekten einen neuen Wind in ein Entwicklungsteam hineintragen. Neue Ideen, neue Architekturkonzepte, neue Muster sind eine Bereicherung. Die Frage: »Warum habt ihr das denn so gemacht? Wäre es so nicht viel besser?« hört man in solchen Phasen oft. Das ist der Moment, wo das Entwicklungsteam Zeit für Diskussionen haben muss, denn sonst entsteht Wildwuchs – eben Jahresringe.

Hat man viele Jahresringe aus verschiedenen Generationen von Mustersprachen, so baut das System ebenfalls technische Schulden auf. Ein guter Indikator dafür sind Muster, die ähnliche Dinge tun und die von unterschiedlichen Entwicklern erklärt werden müssen. Oder Aussagen wie: »In dem Teil kennen sich X und Y aus. In dem Teil nur Z.« Das Problem mit Jahresringen ist, dass man bei Erweiterungen oder Wartung jeweils die Muster aus dem Jahresring nachvollziehen muss, an dem man gerade Anpassungen macht.

Jahresringe aus Mustern vermeiden

Gehen Sie sehr vorsichtig mit der Erweiterung Ihrer Mustersprache um. Achten Sie darauf, dass die Muster einheitlich und durchgängig eingesetzt werden.

Neue Muster dürfen nur nach einer ausführlichen Diskussion im Entwicklungsteam in die Mustersprache aufgenommen werden.

8.6 Unklare Muster führen zu Zyklen

Mühe mit Mustern

Gibt sich ein Team keine Mühe mit seinen Mustern oder ist es sich nicht bewusst, dass Muster der Struktur des Systems guttun, dann gehen die Muster mit der Zeit kaputt und es werden unklare Muster eingeführt. In Abbildung 8–5 sieht man 22 Klassen, die in einem Klassenzyklus zusammenhängen. Keine der Klassen kann ohne Refactoring aus dem Zyklus entfernt werden, weil sie von einer anderen Klasse im Zyklus verwendet wird.

Sternzyklen

Auf der linken Seite von Abbildung 8–5 sieht man eine sehr typische zyklische Struktur in alten Java-Systemen: einen Sternzyklus. Um den `PluginManager` ist eine Reihe von `Command`-Klassen gruppiert, die den `PluginManager` alle selbst kennen und die vom `PluginManager` gekannt werden. Also eine direkte bidirektionale Beziehung. Dieser Teil des Zyklus wäre kein Problem, wenn er lokal und für sich alleine im System vorkommen würde. Leider hängen andere Klassen an diesem Zyklus dran und erzeugen so ein viel größeres undurchsichtigeres Gebilde als einen Sternzyklus. Wir schauen uns zunächst die Fälle an, in denen solche Sternzyklen üblicherweise vorkommen, und diskutieren anschließend das eigentliche Problem in dem Klassenzyklus von Abbildung 8–5.

Abb. 8–5
Kaputte Muster

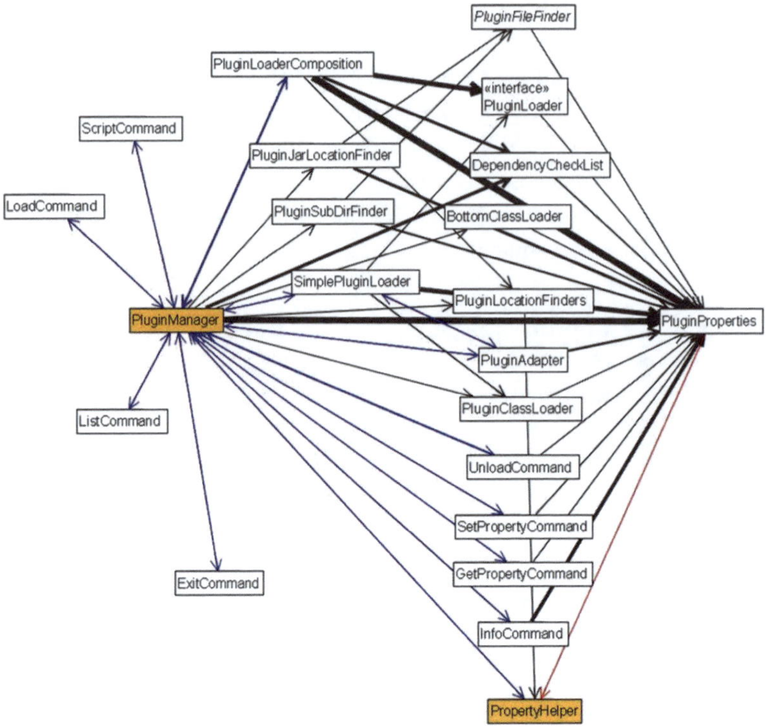

Sternzyklen, wie der in Abbildung 8–5 um den `PluginManager` herum, folgen in der Regel zwei häufig anzutreffenden Mustern:

Sternzyklus um Factories

- Alle Blattklassen im Sternzyklus werden von einer zentralen Klasse, einer Factory oder einem Manager, erzeugt und für andere Klassen zur Verfügung gestellt. Gleichzeitig benutzen die Blattklassen die Factory oder den Manager, um sich Zugang zu ihren Schwesterklassen zu verschaffen. Besser wäre es an dieser Stelle, wenn die Factory bzw. der Manager den Blattklassen bei ihrer Erzeugung die benötigten anderen Klassen per Dependency Injection zur Verfügung stellen würde. Dann bräuchten die Blattklassen die Factory oder den Manager nicht zu kennen und könnten ggf. auch auf anderem Wege erzeugt werden.

Sternzyklus um Oberklassen

- Alle Blattklassen im Sternzyklus haben eine zentrale Oberklasse, die ihre Unterklassen kennt. In diesem Fall wurde der Oberklasse neben der Rolle, gemeinsame Funktionalität für alle Klassen bereitzustellen, auch noch die Aufgabe einer Factory für die Objekte der Unterklassen übertragen. Hier wäre es besser, wenn die beiden Aufgaben auf zwei Klassen verteilt wären. Jedes Hinzufügen einer neuen Unterklasse führt sonst dazu, dass die Oberklasse angepasst und alle anderen Unterklassen neu übersetzt werden müssen.

Properties sind dumm.

Das eigentliche Problem des Klassenzyklus in Abbildung 8–5 ist aber nicht der Sternzyklus um den `PluginManager`, sondern die Beziehungen, die sich um die Klasse `PluginProperties` herum ergeben. Eine Klasse namens `PluginProperties` sollte nur Properties zur Verfügung stellen. Das bedeutet, dass sie von anderen Klassen benutzt wird, um Properties abzufragen. Die Klasse selbst sollte aber keine anderen Klassen aufrufen. Sie sollte ganz dumm am Ende der Aufrufkette stehen. Leider geht in diesem Klassenzyklus aber doch eine Beziehung von `PluginProperties` aus, und zwar zur Klasse `PropertyHelper` (s. roter Pfeil).

Helfen kann man immer und überall.

Helper-Klassen finden sich in immer mehr Systemen und sind eine sehr problematische Entwicklung. Das Problem entsteht dadurch, dass das Muster »Helper« sehr generisch ist. Der Name zeigt an, dass es sich um eine Hilfsklasse handelt, er macht aber keine Einschränkungen für die Zusammenarbeit der Helper-Klasse mit anderen Klassen. Eine Helper-Klasse kann also von überall her benutzt werden und jede andere Klasse benutzen. Manchmal habe ich den Eindruck, dass die Helper-Klassen das neue Util sind. Irgendwie hat es sich herumgesprochen, dass Util-Klassen keine gute Idee sind. Helper klingt um eine Stufe besser. Leider sind Helper-Klassen aber nicht besser als Util-Klassen.

Unklare Muster vermeiden

Vermeiden Sie Helper- und Util-Klassen, wann immer es möglich ist, und suchen Sie die passende fachliche Klasse, in die die Funktionalität der Helper- bzw. Util-Klasse integriert werden muss.

9 Chaos in Schichten – der tägliche Schmerz

Schmerzpunkte

Steigt man mit Entwicklungsteams von der technischen Schichtung über die fachliche Aufteilung langsam auf die Klassenebene ab, so trifft man auf die wirklichen Schmerzpunkte des Systems. Klassen stecken in stark verkoppelten Zyklen, lassen sich schwer verstehen, Anpassungen sind aufwendig und der Testaufwand ist hoch. Schaut man sich Zyklen in Softwaresystemen an, so kann man verschiedene Eigenschaften von Zyklen erkennen, die eine Aussage über die Qualität des Softwaresystems zulassen.

Außen hui, innen pfui

In den letzten Jahren bin ich einige Male auf Systeme und Entwicklungsteams gestoßen, bei denen es eine Schichtenarchitektur ohne viele Verletzungen gab. Trotzdem hatte die Entwicklungsgeschwindigkeit des Teams stetig abgenommen, je länger sie an dem System entwickelt haben. Dieses Phänomen nenne ich: außen hui, innen pfui (glittery outside, hollow inside). Bei diesen Systemen lagen die Schwierigkeiten nicht in den groben Strukturen der Architektur, sondern auf der Klassenebene. Dort wo die Entwickler tatsächlich arbeiten müssen. Kein Entwickler programmiert Schichten oder Module, sondern die Entwickler sind mit der Programmierung von Klassen beschäftigt.

Es wird immer teurer!

Als Beispiel folgt hier ein System von ca. 120.000 LOC aus dem Jahre 2006. Der nachträglich zum Projekt gestoßene Architekt hatte um eine Analyse gebeten, weil sein Team extreme Schwierigkeiten mit Erweiterungen und Anpassungen des Systems hatte. Nach der Modellierung der technischen Schichtung auf dem Sourcecode ergab sich das folgende Bild:

Abb. 9–1
Technische Schichtung

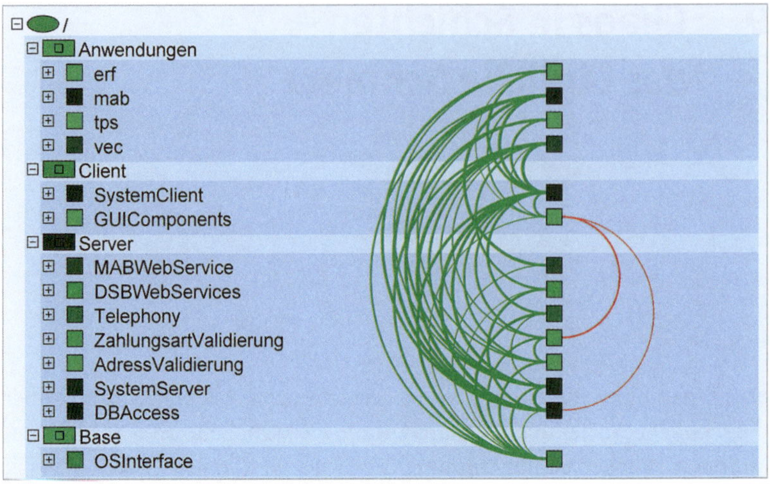

Gute technische Schichtung

In Abbildung 9–1 sehen wir vier technische Schichten (Anwendungen, Client, Server und Base) mit den jeweils in ihnen enthaltenen Bausteinen. Man erkennt in Abbildung 9–1, dass die technische Schichtung gut gelungen ist. Es gibt lediglich zwei rote Beziehungen von `DBAccess` bzw. `ZahlungsartValidierung` zu `GUIComponents`. Für diese beiden Verletzungen ließen sich in der Analyse Refactorings definieren, sodass das erste Fazit lautete: Das System hat eine gute technische Schichtung.

Inneres Chaos

Dieses Ergebnis überraschte mich und ich suchte erneut das Gespräch mit dem Architekten. Er erzählte mir, dass er in den letzten drei Monaten seine ganze Energie darauf verwendet hatte, die Schichtung in Ordnung zu bringen. Die Probleme seiner Entwickler seien dadurch aber leider nicht weniger geworden. Die Entwicklungsaufwände und Testzeiten seien immer noch viel zu hoch für ein kleines System wie dieses. Also machte ich mich daran, dem Problem auf den Grund zu gehen, und untersuchte die Klassenebene. Hier wurde ich fündig:

- 30 % aller Klassen sind in Klassenzyklen verstrickt.
- Zwei Klassen (`Campaign` und `MainFrameEx`) kennen 20 % aller anderen Klassen.

In Abbildung 9–2 sieht man die beiden Klassen mit allen ihren Beziehungen, die sie in einem der größeren Klassenzyklen in diesem System haben.

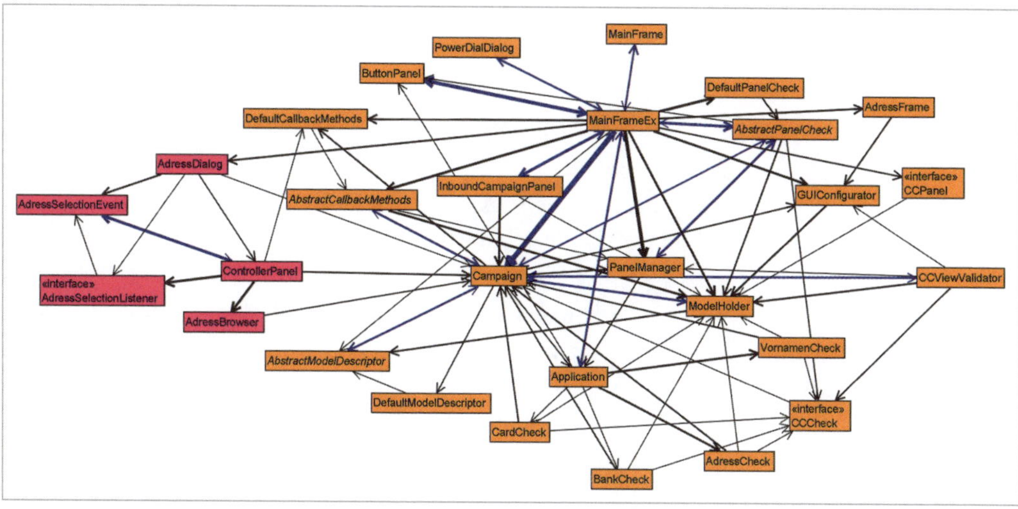

Abb. 9–2
Klassenzyklus aus 29 Klassen

An sich ist dieser Klassenzyklus aus 29 Klassen nicht besonders groß – im Verlauf dieses Kapitels werden Sie noch sehr viel größeres Chaos sehen. Was diesen Zyklus allerdings besonders schmerzhaft in der Entwicklung und bei der Fehlersuche macht, sind die vielen darin enthaltenen direkten Zyklen zwischen jeweils zwei Klassen. Diese direkten Zyklen sind in Abbildung 9–2 blau markiert. Sie zeugen davon, dass es im Verhältnis dieser Klassen nicht einmal im Ansatz eine geplante Ordnung gegeben hat. Es gibt in dieser Struktur kein Indiz dafür, wo oben und wo unten sein soll. Damit einhergeht, dass die Aufgaben der Klassen und damit ihre Modularität nicht klar sind (s. Abschnitt 5.4). Die technischen Schulden sind in diesem System also auf der Klassenebene in den einzelnen Subsystemen und Schichten zu finden. Auf der gröberen Ebene der Architektur sind die technischen Schulden eher gering.

Bidirektionale Beziehungen

Modularität führt zu loser und geordneter Kopplung ohne Zyklen

Bauen Sie Ihre Klassen und größeren Bausteine so, dass sie eine klar beschreibbare Aufgabe erledigen. Wenn Sie das tun, erhalten Sie automatisch eine geordnete und lose Kopplung in Ihrem System.

9.1 Bewertung des Durcheinanders

Um beurteilen zu können, wie viel Unheil ein Zyklus in einem System anrichtet, kann man sich einiger Metriken bedienen, die verschiedene Aspekte von Zyklen abdecken:

- *Ausmaß*
  Wie hoch ist der Prozentsatz der Klassen in Zyklen?
- *Umfang*
  Wie viele Klassen umfassen die großen Zyklen?
- *Verflochtenheit*
  Wie stark sind die Klassen in den Zyklen verkoppelt? Wie viele bidirektionale Beziehungen gibt es?
- *Verborgenheit*
  Welche Beziehungen in den Zyklen sind an den Schnittstellen der Klassen nicht zu sehen?
- *Reichweite*
  Sind die Zyklen lokal in einem Baustein angesiedelt oder reichen sie über Bausteingrenzen hinaus?

Neben den Metriken braucht man zur Beurteilung von Zyklen seinen gesunden Menschenverstand – Zahlen allein können immer nur Indikatoren für mögliche Probleme sein. Ein Beweis oder eine Lösung beinhalten sie nicht.

9.1.1 Ausmaß der Unordnung

Der prozentuale Anteil an Klassen in Zyklen ist für mich ein erster Indikator dafür, wie stark das jeweilige System auf der Klassenebene in Unordnung ist. Außerdem kann man aus dieser Zahl schließen, für wie viele Klassen es wahrscheinlich keine Testklasse im System geben wird. Für Klassen, die in Zyklen sind, existieren in den meisten Systemen keine direkten Unit-Testklassen. Wollte man die Unit Tests programmieren, müsste man alle im Zyklus verflochtenen Klassen durch einen Mock ersetzen oder Objekte von ihnen erzeugen. Das ist sehr viel Aufwand, den die meisten Entwicklungsteams und Projektleiter scheuen.

Bereinigung des Ausmaßes

Bevor wir aus der Prozentzahl Schlüsse ziehen können, müssen wir mehrere Dinge bei der Berechnung überprüfen:

1. Werden die Innerclasses bei der Ermittlung der Zyklen als Klassen mitgezählt? Wenn ja, dann müssen wir sie herausrechnen.
2. Haben die Entwickler das relationale Modell für die Business-Objekte direkt aus der Datenbank in das Klassenmodell übernommen? Wenn die Entwickler diesen Weg gewählt haben, dann sind die Business-Objekte ein einziger Zyklus, weil jede Relation bidirektional ist. Solche Strukturen gefallen mir zwar ebenso wenig wie Zyklen in anderen Bereichen des Sourcecodes, aber ein Umbau an dieser Stelle würde die Basis der Anwendung betreffen. Ist dieser

Klassenzyklus der Business-Objekte gut abgrenzt, so werden die Business-Klassen bei der Berechnung ignoriert.

3. Gibt es viele Zweierzyklen im System, die immer demselben Muster folgen? Wenn ja, sollten wir dieses Muster separat untersuchen und bei der Berechnung des Zyklenausmaßes nicht berücksichtigen.

10 % < 20 % < 30 %

Sind die Zahlen auf diese Weise bereinigt, so lassen sich aus dem Ergebnis einige erste Vermutungen anstellen: Bei einem System mit weniger als 10 % Klassen in Zyklen ist das Chaos auf der Klassenebene nicht so hoch. Wir haben also ein System mit einem hierarchischen Design auf Klassenebene vor uns. Liegt das Ergebnis zwischen 10 und 20 %, so erwartet uns einiges an Arbeit, um die Zyklen zu entwirren. Hat ein System mehr als 30 % seiner Klassen in Zyklen, dann ist das System bereits stark erodiert oder hatte nie ein sinnvolles Design auf Klassenebene. Hat ein System weniger als 7 % Klassen in Zyklen, so steigt meine Erwartung, in diesem System eine gut entwickelte Mustersprache zu finden (s. Kap. 8). Selbstverständlich sind das nur erste Vermutungen anhand einer Prozentzahl. Damit diese Vermutungen zu belastbaren Aussagen werden, muss noch der Umfang und die Verflochtenheit (s. Abschnitt 9.1.2) sowie die Reichweite der Zyklen (s. Abschnitt 9.1.3) berücksichtigt werden.

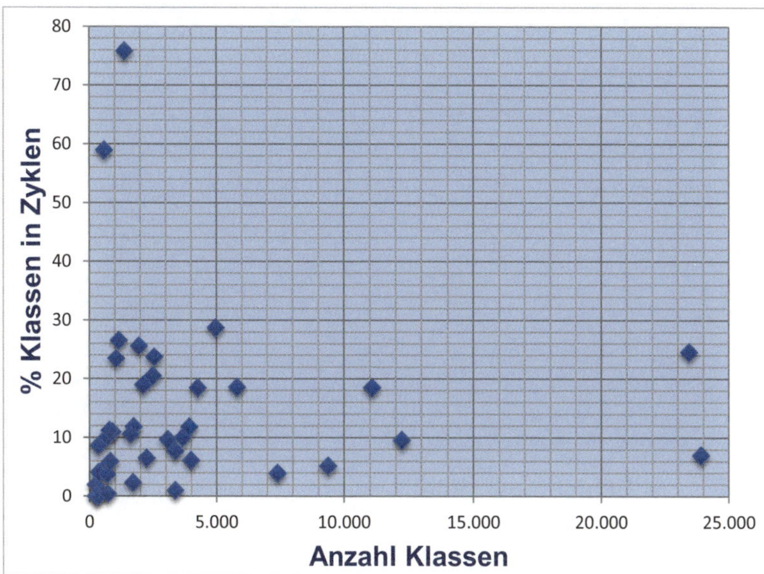

Abb. 9–3
Prozentualer Anteil an Klassen in Zyklen

In der Auswertung in Abbildung 9–3 sieht man den prozentualen Anteil von Klassen in Zyklen bei 40 Java-/C#- und C++-Systemen verschiedener Größe. Eine ganze Reihe der untersuchten Systeme haben weniger als 10 % Klassen in Zyklen. Einige fallen aber auch in die schlechteren

Kategorien von mehr als 20 % an Klassen in Zyklen. Bei manchen befindet sich praktisch jede Klasse in Zyklen.

Trägt man den prozentualen Anteil der Klassen in Zyklen gegen die Programmzeilen (LOC) auf, so ergibt sich ein vergleichbares Bild. Die Größe der Systeme hat bei den von mir untersuchten Systemen also keinen Einfluss auf den Anteil an Klassen in Zyklen gehabt.

9.1.1.1 Architekturstile und Zyklen

Mustersprachen reduzieren Zyklen.

Schaut man sich an, welche Architekturstile die einzelnen Systeme aus Abbildung 9–3 haben, so kann man schnell den Zusammenhang zwischen Mustersprachen und weniger Zyklen erkennen. In Abbildung 9–4 ist der prozentuale Anteil an Klassen in Zyklen und die Art des Architekturstils dargestellt. In dieser Auswertung sind die beiden Systeme mit den sehr hohen Werten (76 % und 58 %, s. Abb. 9–3) weggelassen. Bei diesen beiden Systemen haben die Architekten keine Mustersprache und nicht einmal eine Schichtenarchitektur definiert, um Zyklen zu vermeiden. Der Architekt des Systems mit 76 % Klassen in Zyklen sagte mir: »Zyklen sind für uns kein Kriterium gewesen!«

Abb. 9–4 *Prozentualer Anteil an Klassen in Zyklen mit Architekturstil*

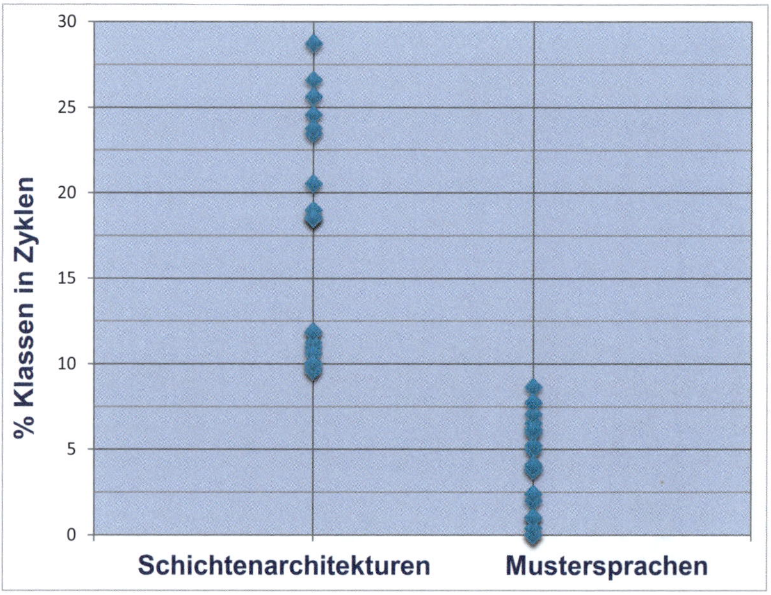

Abbildung 9–4 legt die Einsicht nahe, dass Mustersprachen in der Regel zu einer geringeren Anzahl von Klassen in Zyklen führen als Schichtenarchitekturen.

Degenerierte Mustersprache

Eins der von mir als Mustersprachen klassifizierten Systeme aus Abbildung 9–4 hat mit 8,7 % relativ viele Klassen in Zyklen (Nummer 5 in Tab. 9–1). Dieser hohe Wert lässt sich aus der Entwicklungsgeschichte erklären. Bei der Architekturanalyse zu diesem System erzählte mir der anwesende Wartungsentwickler, dass dieses Softwaresystem ursprünglich mit einer Mustersprache entwickelt worden war. Anschließend wurde es von einem Wartungsteam übernommen, das keine Erfahrung mit der verwendeten Mustersprache hatte.

Verlorenes Wissen

Als zusätzliche Schwierigkeit kam hinzu, dass die ursprüngliche Entwicklung von externen Mitarbeitern geleistet worden war, die nach der Übergabe an das Wartungsteam nicht mehr zur Verfügung standen. Nach zwei Jahren Wartung durch wechselnde Gruppen von Wartungsentwicklern war das Softwaresystem für den jetzt zuständigen Wartungsentwickler unverständlich und schwer beherrschbar. Um Abhilfe zu schaffen, wurde dem Wartungsentwickler einer der ursprünglichen Entwickler zur Seite gestellt, der feststellen musste, dass bei den Erweiterungen der letzten zwei Jahre verschiedene Vorgaben der Mustersprache missachtet worden waren und so die Struktur des Softwaresystems degeneriert war. Mit einigen Refactorings konnte das Team die Situation wieder verbessern.

Dokumentation und Weitergabe der Mustersprachen

Dokumentieren Sie die von Ihnen eingesetzten Mustersprachen gut, damit auch nachfolgende Generationen von Entwicklern die Designregeln verstehen, anhand derer Sie das System strukturiert haben.

9.1.1.2 Programmzeilen in Zyklen

An Klassenzyklen ist nicht nur die Struktur auffällig, sondern es gibt darüber hinaus Untersuchungen, dass Klassen in Zyklen potenziell größer sind als Klassen, die nicht zu Zyklen gehören (s. [Neumann 2005]). In den von mir erhobenen Messdaten lässt sich dieser Effekt ebenfalls wiederfinden.

Klassen in Zyklen sind größer.

Bei den hier untersuchten Softwaresystemen war der Anteil der Programmzeilen aller Klassen in Zyklen um den Faktor 1,5 bis 3 größer als der Anteil der Klassen in Zyklen selbst (s. Tab. 9–1). Die Daten in Tabelle 9–1 sind nach dem prozentualen Anteil der Klassen in Zyklen sortiert, und der jeweilige Architekturstil ist anhand des Grautons erkennbar (Mustersprachen – weiß, Schichtenarchitekturen – hellgrau, kein Stil – dunkelgrau).

Tab. 9–1
Ausführbare Programmzeilen in Klassenzyklen

Nr.	RLOC	% Klassen in Zyklen	% RLOC in Zyklen
1	10.679	0,0	0,0
4	21.591	0,0	0,0
9	43.969	0,4	2,0
3	16.314	1,0	3,5
2	13.219	2,0	2,8
10	49.428	3,8	9,9
12	70.266	4,1	5,2
7	33.651	5,0	20,72
21	629.674	5,2	9,6
17	133.095	6,5	17,2
22	1.296.455	7,1	15,3
5	22.957	8,7	16,9
6	23.478	10,1	23,4
11	65.284	11,0	23,8
13	84.480	11,3	26,1
18	143.101	11,9	17,2
16	120.964	19,0	40,7
23	1.384.260	24,6	59,2
15	112.675	25,6	35,9
14	93.593	26,6	40,3
8	36.671	59,0	66,4
20	344.911	75,9	90,4

Klassen zum Speichern sind noch größer.

Der Wert für das System Nummer 7 in Tabelle 9–1 von 20,72 % RLOC in Zyklen stellt eine auffällige Abweichung zu den anderen Mustersprachen dar. Hier wird ein Effekt sichtbar, der für alle hier untersuchten Softwaresysteme als Tendenz zu beobachten war: Klassen, die für den Zugriff auf die Datenbank oder den Import und Export externer Dateien zuständig sind, sind im Verhältnis zwei- bis dreimal größer als andere Klassen. In Klassen zum Speichern, Importieren oder Exportieren wird häufig der komplette Ablauf prozedural implementiert. Oder es wird eine Hauptklasse entwickelt, die den gesamten Vorgang steuert und Grundfunktionalität zur Verfügung stellt. So entstehen große Klassen, die, wenn sie in Zyklen eingebunden sind, zu extremen Werten führen. Bei System Nummer 7 sind neun der 31 an Zyklen beteiligten Klassen für die Speicherung von Objekten in die Datenbank oder den Import von externen Dateien zuständig und entsprechend sehr groß.

9.1.1.3 Dependency Injection und Zyklen

Neben unschönen Strukturen und größeren Klassen in Zyklen gibt es noch ein weiteres messbares Phänomen, was Zyklen zu unangenehmen Zeitgenossen macht. Melton und Tempero haben 2006 Klassenzyklen in 85 Java-Systemen auf ähnliche Aspekte hin untersucht: auf Ausmaß und Umfang [Melton & Tempero 2006].

Versteckte Aufrufe erzeugen Zyklen.

Dabei haben Melton und Tempero außerdem ausgewertet, ob Zyklen an den Schnittstellen der Klassen zu erkennen sind. Überprüft haben sie dabei, ob die zyklischen Aufrufe zu anderen Klassen nur innerhalb der Methodenimplementierungen zu finden waren. In einem solchen Fall wurde in der Methodenimplementierung direkt eine Klassenmethode angesprochen oder es wurde ein Objekt mit new erzeugt, um dann den eigentlichen Aufruf zu tätigen. Die Ergebnisse von Melton und Tempero zeigen, dass diese versteckten Aufrufe die hauptsächlichen Verursacher von großen Zyklen sind. Melton und Tempero vermuten, dass das Bemühen darum, interne Implementierungsdetails aus der Schnittstelle herauszuhalten, zu diesem Phänomen führt.

Dependency Injection als Verbesserung

Zum Glück hat um 2006 ein neues Prinzip Einzug in die Softwareentwicklung gefunden: Dependency Injection. Folgt man diesem Prinzip, so muss man alle Objekte, die eine Klasse verwendet, an der Schnittstelle in die Klasse injizieren. Die Beziehungen der Klasse zu anderen Klassen und eben auch ihre zyklischen Beziehungen werden dadurch an der Schnittstelle sichtbar und fallen den Entwicklern leichter ins Auge. Schaut man sich die Import-Statements an, ist das natürlich auch zu erkennen. Wer sich aber eine Klasse ansieht, um sie zu benutzen, wird eher auf die angebotenen Methoden als auf die Imports schauen.

Abhängigkeiten sichtbar machen

Legen Sie für Ihr Team fest, dass alle Objekte, die eine Klasse braucht, über ihre Schnittstelle hineingereicht werden müssen. So werden Zyklen frühzeitig sichtbar und sind leichter zu vermeiden.

9.1.2 Umfang und Verflochtenheit

Klein oder groß?

Haben zwei ähnlich große Softwaresysteme ähnlich viele Klassen in Zyklen kann das Chaos trotzdem unterschiedlich ausfallen. So kann es im Extremfall sein, dass in dem einen Softwaresystem viele kleine Zyklen aus jeweils drei oder vier Architekturelementen zu finden sind. In dem anderen existiert hingegen ein riesiger zusammenhängender Zyklus. Für Entwickler sind viele kleine Zyklen weniger komplex, weil der Umfang der problematischen Struktur geringer ist. Sind große Zyklen vorhanden, so werden die Probleme wie Verständlichkeit, Erweiterbarkeit, Testbarkeit, Evolution und Partitionierung verstärkt[1].

Lose oder stark verflochten?

Außerdem können die Klassen in einem Zyklus verschieden stark miteinander verknüpft sein (Verflochtenheit), sodass der Aufwand, den Zyklus aufzulösen, stark variiert. Der Zyklus in Abbildung 9–5 besteht aus sechzehn Klassen, die durch eine einzige Beziehung zwischen zwei Klassen zu einem Zyklus werden. Diese Beziehung wird lediglich durch zwei Konstanten verursacht, die in dem gesamten Softwaresystem ansonsten nicht verwendet werden. Durch das Verschieben der Konstanten in die benutzende Klasse kann dieser Zyklus aufgelöst werden[2].

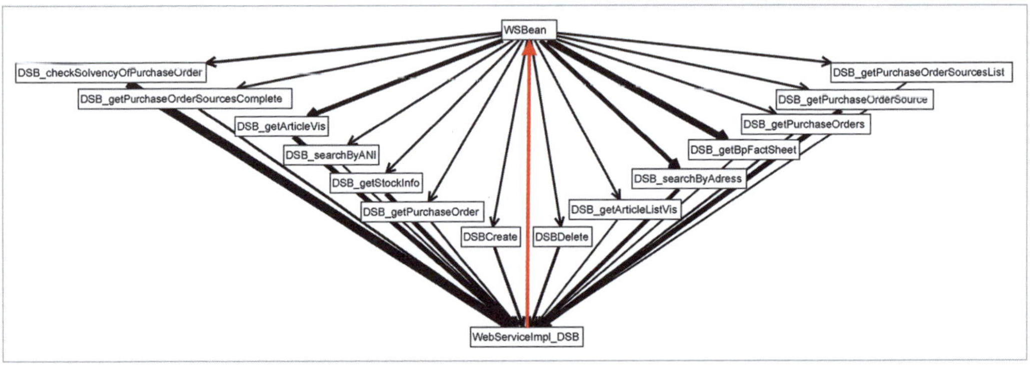

Abb. 9–5 *Wenig verflochtener Zyklus*

In Abbildung 9–6 dagegen ist ein stark verflochtener Zyklus zu sehen. Obwohl er mit sieben Klassen weniger als halb so groß ist wie der Zyklus in Abbildung 9–5, hat er wesentlich mehr direkte Zyklen. Bei der Arbeit mit Zyklen stellt man schnell fest, dass solche Zyklen nur durch ein grundlegendes Redesign mehrerer Klassen aufzulösen sind.

Aufwendiges Redesign

Auffällig an diesem Zyklus in Abbildung 9–6 sind besonders die vier direkten Zyklen oder auch bidirektionalen Beziehungen, die rot markiert sind. Um diese bidirektionalen Beziehungen aufzulösen, müssen die Aufgaben der beteiligten Klassen diskutiert und die insgesamt von diesen Klassen benötigte Funktionalität neu konzipiert werden. In manchen Fällen ist es sogar einfacher, die gesamte Funktionalität neu zu implementieren.

---

1. s. [Binder 1999] und [Lakos 1996].
2. s. [Melton & Tempero 2006], [Nikitina 2007] und [Roock & Lippert 2004].

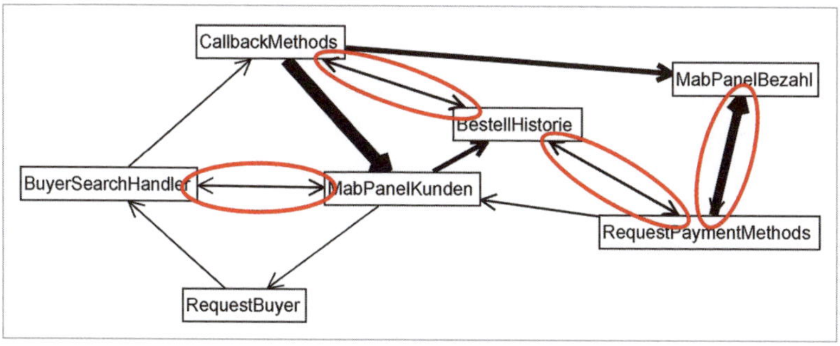

Abb. 9–6
Stark verflochtener Zyklus

Mustersprachen entflechten

Ein Vergleich der verschiedenen Architekturstile lohnt sich auch bei der Verflochtenheit. In Abbildung 9–7 ist deutlich zu sehen, dass Mustersprachen verhältnismäßig wenige bidirektionale Beziehungen in ihren Zyklen haben. Der höchste Wert (9,6 %) bei den Mustersprachen stammt wiederum aus System 5, das bereits in Abschnitt 9.1.1 aufgefallen ist. Dieses System war mit einer Mustersprache entwickelt worden, die aufgrund der Unkenntnis der Wartungsentwickler in den folgenden zwei Jahren erodierte.

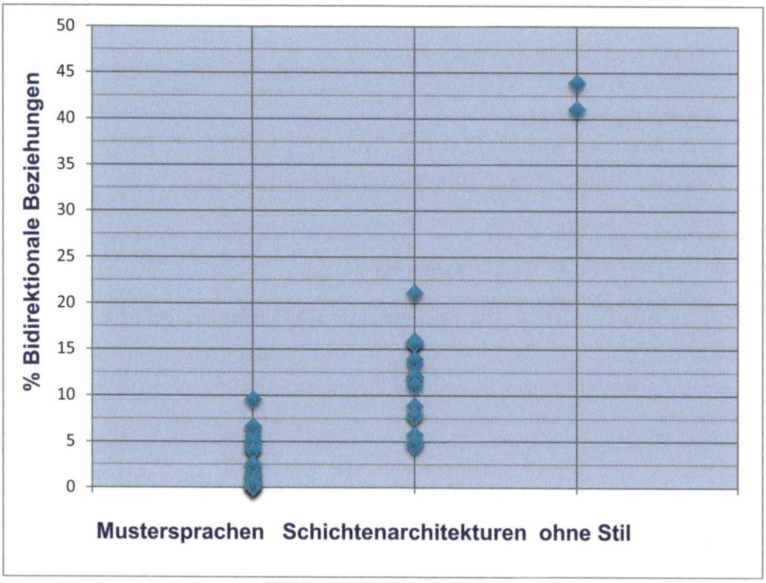

Abb. 9–7
Anzahl bidirektionaler Beziehungen in Zyklen

Klassen, die nicht passen

Bei den verschiedenen Systemen mit Mustersprachen war darüber hinaus auffällig, dass die Zyklen in der Regel durch die Klassen verursacht werden, die keinem Musterelement der Mustersprache zugeordnet werden konnten. Streng genommen dürfte es diese Klassen in einem System, das nach einer Mustersprache entwickelt wurde, gar nicht geben! Typische Vertreter sind Klassen, die Teile des Softwaresystems starten,

Klassen für die Ausnahmebehandlung und Klassen, die Daten zur Benutzeranmeldung und/oder den Datenbankzugang verwalten. Bei solchen Klassen fehlt den Entwicklern eine Anleitung durch Regeln der Mustersprache, die festlegt, welche Rolle die Klasse im Softwaresystem spielen soll. Ohne eine solche Anleitung kommt es an den Rändern von Mustersprachen vermehrt zu Zyklen.

Kleine Zyklen

Die Zyklen, die wir in den letzten Abschnitten gesehen haben, waren noch verhältnismäßig klein: 7 Klassen, 16 Klassen, 29 Klassen. Zyklen dieser Größe kann man noch auf einen Blick erfassen und über ihre Auflösung bzw. ihr Redesign nachdenken. Dazu kann man die einzelnen Klassen hierarchisch anordnen und die fehlerhaften Beziehungen analysieren.

Auflösen von kleinen Zyklen

Sortieren Sie die Klassen, ohne auf die vorhandenen Beziehungen zu achten, in Hierarchien. Selbstverständlich können auch Klassen auf einer Ebene liegen. Diskutieren Sie dabei mit Ihrem Team die Aufgaben der einzelnen Klassen und die gewünschte Zusammenarbeit mit den anderen Klassen aus dem Zyklus. Anschließend untersuchen Sie die Beziehungen, die nicht zu Ihrem neuen Design passen, weil sie Zyklen erzeugen.

Bei Zyklen bis zu eine Größe von 30 Klassen kann man so vorgehen. Sind die Zyklen größer, muss man andere Mittel einsetzen (s. Abschnitt 9.2).

9.1.3 Reichweite in der Architektur

Wenn man sich mit Zyklen beschäftigt, stellt man schnell fest, dass es Klassenzyklen gibt, die lokal in einem Baustein angesiedelt sind, und andere, die Bausteingrenzen überschreiten (s. Abb. 9–8 und 9–9).

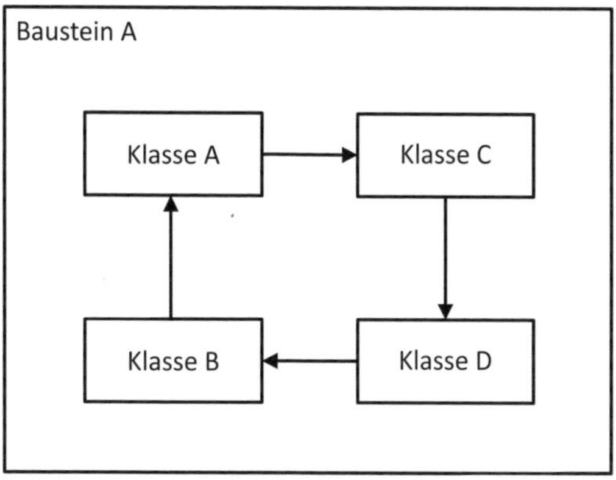

Abb. 9–8
Lokaler Klassenzyklus

Was gehört zusammen?

Der Klassenzyklus in Abbildung 9–8 ist auf der Bausteinebene nicht relevant, weil alle beteiligten Klassen zu Baustein A gehören. In Abbildung 9–9 hingegen ist ein Klassenzyklus abgebildet, der über die Grenzen der Bausteine A und B geht. Beide Zyklen, ob nun lokal oder über Bausteingrenzen, sind für die Entwickler ein Problem. Allerdings drückt die Ansiedlung der vier Klassen in einem Baustein in Abbildung 9–8 immerhin aus, dass diese vier Klassen eng zusammengehören.

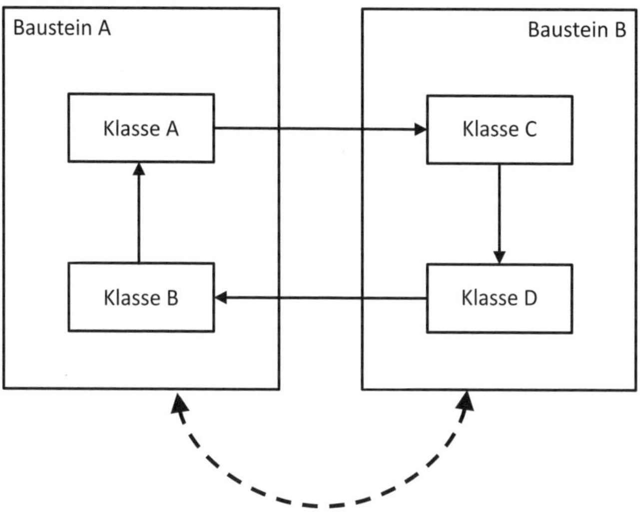

Abb. 9–9
Klassenzyklus über Bausteingrenzen

Die Aufteilung der Klassen auf zwei Bausteine in Abbildung 9–9 dagegen vermittelt den Eindruck, als würden einerseits die Klassen A und B und andererseits die Klassen C und D zusammengehören. Eine solche Aufteilung verschleiert den vorhandenen Zyklus und sollte vermieden werden.

Verortung für Klassen in Zyklen

Ordnen Sie Klassen, die in Zyklen sind, einem Baustein zu. So wird die starke Kopplung dieser Klassen auch dadurch sichtbar gemacht, dass sie zu einem Baustein gehören.

Bausteinzyklen ohne Klassenzyklen

Neben Klassenzyklen, die über Bausteingrenzen gehen, gibt es auch Zyklen auf der Bausteinebene, die nicht aus Klassenzyklen bestehen (s. Abb. 9–10). Zwischen Baustein A und Baustein B gibt es einen Zyklus, der durch die Beziehungen von Klasse A zu Klasse C sowie von Klasse D zu Klasse B verursacht wird.

Abb. 9–10
Bausteinzyklus ohne Klassenzyklus

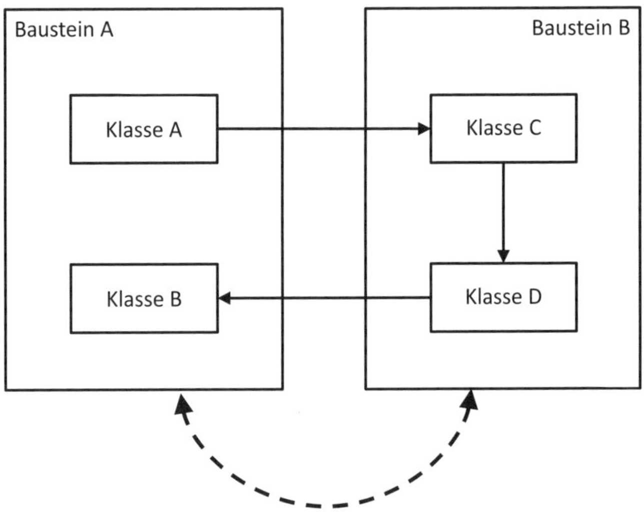

Umsortieren gegen Bausteinzyklen

Zyklen, die nicht aus Klassenzyklen hervorgehen, sondern erst auf Bausteinebene entstehen, deuten in der Regel darauf hin, dass die enthaltenen Klassen nicht den richtigen Bausteinen zugeordnet worden sind. Solche Zyklen lassen sich häufig durch Umstrukturierungen auflösen. Beipielsweise könnte man in Abbildung 9–10 den Bausteinzyklus dadurch auflösen, dass man die Klasse A oder B in das Subsystem B verschiebt. Dabei muss man allerdings sicherstellen, dass man die Situation nicht verschlimmbessert. Verschiebt man beispielsweise die Klasse A in den Baustein B und die Klasse A wird aber in Baustein A von anderen Klasse verwendet, so hat man nichts gewonnen. Baustein A benutzt weiterhin Baustein B nur jetzt eben mit anderen Klassen.

Die richtige Umstrukturierung

Im Open-Source-Projekt InfoGlue, das Sie bereits im Abschnitt 2.3 kennengelernt haben, finden Sie ein gutes Beispiel für die Frage nach der richtigen Umstrukturierung. Grundsätzlich ist InfoGlue in vier Schichten aufgeteilt, die jeweils weitere Bausteine enthalten (s. Abb. 9–11). In Abschnitt 2.3 haben wir zwei Schichtenverletzungen aufgelöst. Zwei Verletzungen zwischen Util und Service ließen sich nicht durch Umsortieren der Klassen beheben, sondern benötigen ein umfangreiches Redesign. In Abbildung 9–11 existieren diese Verletzungen weiterhin, aber sie sind gelb dargestellt, um sie von den noch nicht untersuchten Verletzungen zu unterscheiden.

Abb. 9–11
Architektur von InfoGlue

Als Beispiel für die Auflösung eines Bausteinzyklus dient uns der Zyklus zwischen der Schicht Util und der Schicht Entities. Um diesen Zyklus zu untersuchen, setzt man einen Filter auf die Klassen, die die Verletzung entgegen der Schichtung (roter Bogen) verursachen (s. Abb. 9–12): DefaultInterceptionPointComparator benutzt InterceptionPointVO.

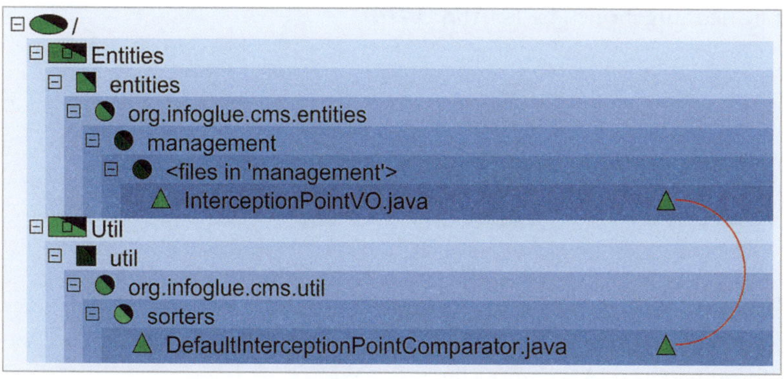

Abb. 9–12
Schichtenverletzung zwischen Util und Entities

Tiefere Inspektion

Aus Abbildung 9–12 wird nicht klar, wie man diese Verletzung auflösen kann. Aus diesem Grund muss man den Filter erweitern, sodass alle Beziehungen der Klassen InterceptionPointVO und DefaultInterceptionPointComparator sichtbar werden. In Abbildung 9–13 sieht man das Ergebnis: Die Klasse InterceptionPointVO verwendet die beiden Klassen StringValidator und ValidatorFactory aus Util.

Abb. 9–13
Auflösung eines Bausteinzyklus

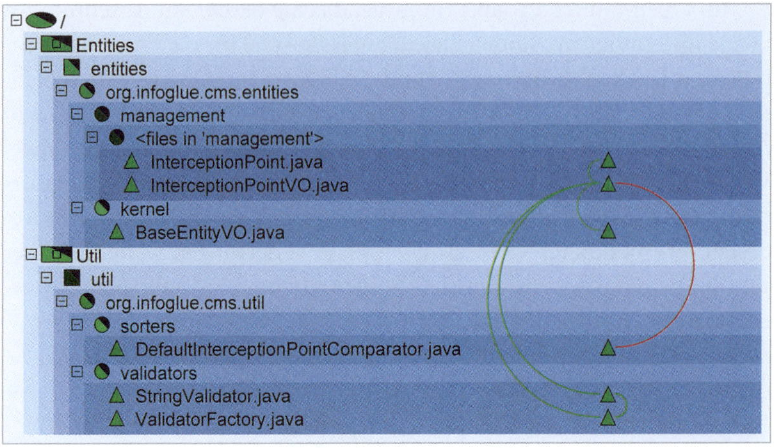

Elegante Auflösung

Diesen Bausteinzyklus kann man sehr elegant auflösen, indem man die Klasse `DefaultInterceptionPointComparator` in die Entities-Schicht verschiebt. `DefaultInterceptionPointComparator` verwendet keine andere Klasse außer `InterceptionPointVO`. Ihr natürlicher Ort wäre also sowieso im gleichen Package wie die Klasse `InterceptionPointVO`. `InterceptionPointVO` hingegen sollte man nicht verschieben. Würde man das tun, würde eine neue Schichtenverletzung entstehen, denn `InterceptionPointVO` benutzt die Klasse `BaseEntityVO` aus der Schicht Entities (s. Abb. 9–13). Das Ergebnis ist eine Architektur, bei der die Verletzung zwischen Util und Entities aufgehoben ist (s. Abb. 9–14).

Abb. 9–14
Restrukturierte Architektur

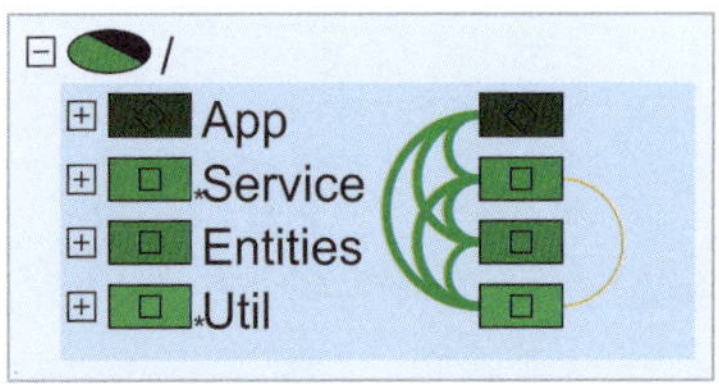

Bei einem Zyklus aus Klassen hingegen ist in der Regel ein aufwendigeres Redesign mehrerer Klassen und ihres Zusammenspiels notwendig, wie wir im nächsten Abschnitt sehen werden.

9.2 Das große Wirrwarr

Monsterzyklus

Große Zyklen sind beeindruckende Gebilde. Ein besonders großes Exemplar sehen Sie in Abbildung 9–15. Diese farblich und strukturell hübsche Form besteht aus 480 Klassen, die sich alle gegenseitig brauchen. Auf irgendeinem Weg kommt man von jeder Klasse über unterschiedliche Wege durch diesen Zyklus wieder zurück zum Ausgangspunkt. Die unterschiedlichen Farben stehen für verschiedene Packages, in denen die Klassen enthalten sind. In der Mitte befinden sich die Klassen, die am stärksten in den Zyklus verwoben sind. Die außen liegenden Klassen haben weniger Beziehungen zu den anderen Klassen in diesem Zyklus. Wie man mit solchen Monstern umgeht, sehen wir uns in den folgenden Abschnitten an.

Abb. 9–15
Klassenzyklus mit 480 beteiligten Klassen

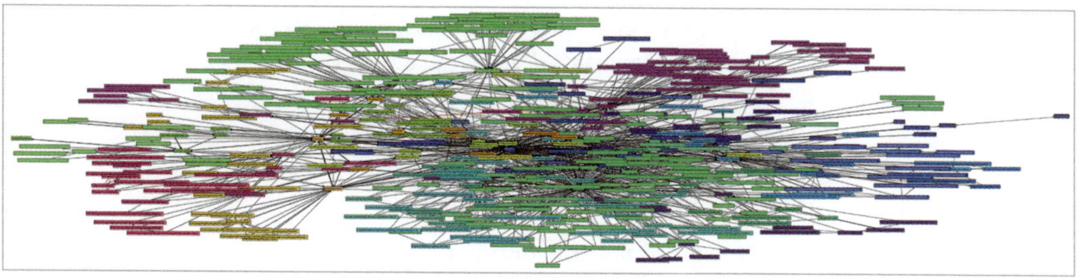

Man findet solche großen Klassenknäuel insbesondere in Systemen, für die es keine oder kaum automatisierte Unit Tests gibt. Schreiben die Entwickler parallel zur Programmierung der produktiven Klassen für jede Klasse einen Unit Test, so werden sie automatisch Zyklen vermeiden. Für jeden Unit Test müssen sie dann so wenig Kontext wie möglich für die zu testende Klasse erzeugen oder als Mock-Objekt erstellen.

Chaotische Zustände

Vor einiger Zeit habe ich ein System mit 650.000 LOC untersucht, das als Java-Rich-Client konzipiert war. Die Testabdeckung in diesem System war leider gleich null. Auf dem Server befand sich nur wenig Sourcecode, weil ein Großteil der Funktionalität im Client eingebaut war. Auch die Klassen für die Business-Objekte wurden in diesem System nur auf dem Client verwendet. Als der Kunde nun eine neue Funktionalität wünschte, stellten die Architekten fest, dass sie die Business-Objekte für diese Funktionalität auch auf dem Server brauchen würden. Leider waren die Business-Objekte auf dem Client in große Zyklen von 460 und 220 Klassen verwoben. Ohne einen größeren Umbau und viele Tests wäre nicht möglich gewesen, die Business-Objekte auf den Server zu migrieren. Die gewählte Lösung sah daher folgendermaßen aus: Der Server bekam alle Klassen des Clients, inklusive GUI-Oberfläche und Controller, als Bibliothek, sodass die Business-Objekte auf dem Server verwendet werden können. Hier hätte etwas mehr Augenmerk auf Unit Tests, Zyklenfreiheit und Modularisierung sicherlich zu einem einfacheren Umbau geführt.

Automatisierte Tests führen zu kleinen, beherrschbaren Zyklen

Legen Sie bei Neuentwicklungen fest, dass es zu jeder Klasse eine Testklasse geben muss, in der die wesentliche Funktionalität der Klasse mit Positiv- und Negativtests überprüft wird. Führen Sie Test Driven Design ein, damit die Tests vor der Funktionalität geschrieben werden.

Falls Sie schon eine größere Codebasis haben, dann legen Sie fest, dass Ihr Entwicklungsteam bei jeder Änderung oder Erweiterung zuerst einen Unit Test schreiben muss, der diese Anpassung absichert, bevor die Änderung vorgenommen wird. Schritt für Schritt kommen Sie so zu einer größeren Testsuite.

9.2.1 Der Schwarze-Loch-Effekt

Durch den Aufbau von automatischen Tests wird das Design der Klasse automatisch besser und es gibt entweder gar keine Klassenzyklen oder sie bleiben klein und überschaubar. Hat man in seinem Team keine Regeln, die Zyklenfreiheit fordern, und keine Unit Tests, die Zyklenfreiheit unterstützen, so werden im Laufe des Projekts aus kleinen Zyklen immer größere werden.

Die Ausgangssituation

Vor einiger Zeit war ich bei einem Kunden als Architektin engagiert. Meine Aufgaben bestanden darin, mit den Anbietern der verschiedenen extern entwickelten Systeme Schnittstellen abzusprechen und die Qualität dieser Softwaresysteme zu überwachen. Eins dieser Systeme hat im Laufe des Projekts eine traurige Entwicklung genommen. Bei der ersten Analyse des Systems (700.000 LOC C++-Code) fanden sich verschiedene zyklische Strukturen (s. Abb. 9–16).

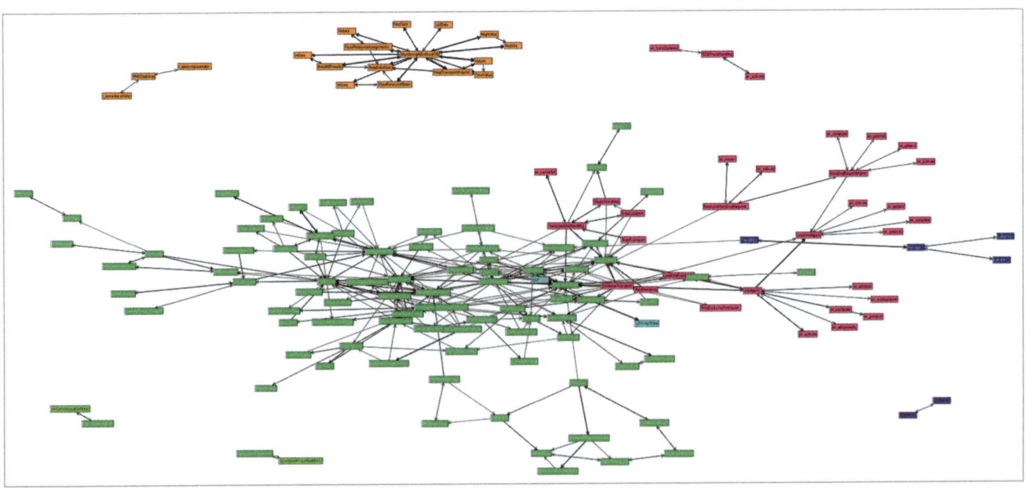

Abb. 9–16
Zyklische Strukturen bei der ersten Analyse

In Abbildung 9–16 sind 147 Klassen als Rechtecke dargestellt. Die verschiedenen Farben stehen für die Bausteine, zu denen diese Klassen gehören. In der Mitte sieht man einen größeren Klassenzyklus aus 119 Klassen, der Klassen aus einem grünen, einem rosa, einem dunkelblauen und einem hellblauen Baustein enthält. Um diesen größeren Zyklus herum sind sechs kleinere Zyklen aus zwei, drei und 15 Klassen angeordnet. Leider hatte mein Auftraggeber bei den Vertragsverhandlungen keine technischen Qualitätskriterien festgelegt. Der Dienstleister nahm unsere Erkenntnisse entgegen, war aber nur gegen Bezahlung und Terminverzögerung bereit, die Qualitätsprobleme anzugehen.

Einige Zyklen sind vorhanden.

Ein Jahr später durfte ich das System erneut analysieren. Die Schätzungen des Dienstleisters für Change Requests waren in den letzten Monaten deutlich nach oben gegangen. Einfache Erweiterungen, die früher zwei Tage gekostet hatten, sollten nun fünf Tage kosten. Bei großen Erweiterungen oder Umbauten schossen die Schätzungen sogar exponentiell in die Höhe. Was würde ich wohl vorfinden?

Der Aufwand für Änderungen steigt.

Das System war im vergangenen Jahr um 200.000 LOC gewachsen und umfasste nun 900.000 LOC. Mit Erschrecken musste ich feststellen, dass die Entwickler die Klassenzyklen im letzten Jahr deutlich verschlimmert hatten. Aus den Zyklen in Abbildung 9–16 war inzwischen ein zusammenhängendes Gebilde mit 410 beteiligten Klassen geworden (s. Abb. 9–17).

Leider verschlimmert!

Abb. 9–17
Zyklische Struktur bei der zweiten Analyse

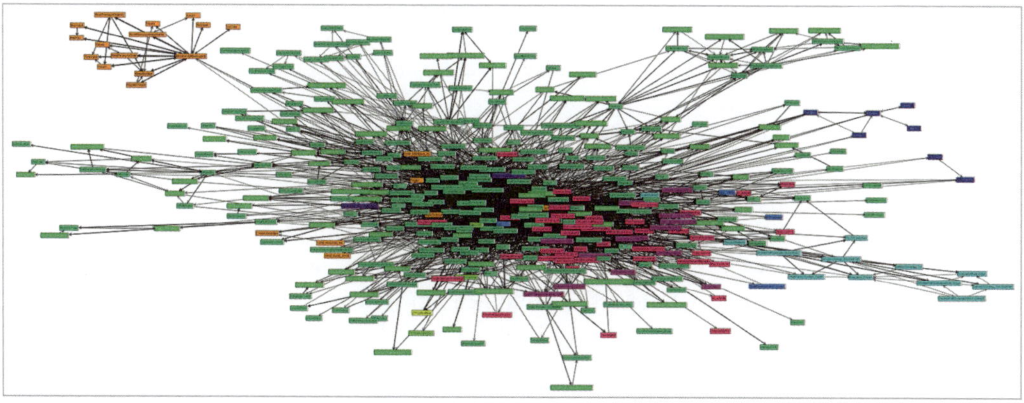

Vergleicht man die beiden Abbildungen, so sieht man:

- Alle 410 Klassen sind nun miteinander verbunden. Es gibt keine separaten Zyklen mehr wie in Abbildung 9–16. Auch der in Abbildung 9–16 noch separate beige Zyklus aus 15 Klassen ist inzwischen an den großen Zyklus angeschlossen.
- Der grüne und der lila Baustein sind deutlich enger zusammengerückt.

Die Verschlimmerung

- Die Anzahl der Klassen aus den Bausteinen in den beiden Grüntönen hat sich deutlich erhöht. Auch die Anzahl der hellblauen Klassen ist deutlich größer geworden.

Das Ansaugen von Klassen

Diese Entwicklung ist absolut typisch und unausweichlich bei großen Klassenzyklen: Die Kopplung in große Klassenzyklen wird immer stärker und fester, je mehr sie wachsen. Große Klassenzyklen sind wie *schwarze Löcher*. Sie saugen Klassen an und befördern sie mit der Zeit immer weiter ins Zentrum des Zyklus.

Kopieren, ändern und schon ist man drin.

Betrachten Sie einmal die hellblauen Klassen in Abbildung 9–17. Stellen Sie sich vor, Sie sollten eine weitere Variante dieser hellblauen Klassen hinzufügen. Was würden Sie tun? Wahrscheinlich würden Sie hergehen, eine vorhandene hellblaue Klasse kopieren und die Zeilen ändern, die notwendig sind. Dann würden Sie die neue hellblaue Klasse in den Mechanismus einhängen, der die anderen hellblauen Klassen mit dem Gesamtsystem verknüpft. Und schon haben wir dem Zyklus eine weitere Klasse hinzugefügt. Die Verbindungen werden enger, weil es immer mehr werden. Die hellblauen Klassen rücken näher zum Zentrum des Zyklus.

Große Zyklen vermeiden

Lassen Sie nicht zu, dass in Ihrem System große, stark gekoppelte Zyklen entstehen. Erweiterungen und Change Requests sind in solchen Strukturen teuer und fehleranfällig.

9.2.2 Der Befreiungsschlag

Analysewerkzeuge bieten heute einige Unterstützung an, um Zyklen zu zerlegen. Es werden die dünnsten Beziehungen im Zyklus identifiziert, weil die Entwickler des Analysewerkzeugs davon ausgehen, dass das Auflösen dieser Beziehungen am wenigsten Aufwand erfordert. Alternativ berechnen die Tools verschiedene Gruppen von Beziehungen, die man zerschneiden müsste, um den Zyklus in möglichst viele kleinere Zyklen oder sogar zyklenfreie Strukturen zerlegen zu können.

Graphentheoretische Lösungen sind keine Lösungen.

Mit dieser graphentheoretischen Sicht auf Zyklen bin ich nie weit gekommen. Meiner Meinung nach ist das Auflösen von Zyklen nur anhand von Kriterien möglich, die aus der Architektur und der Fachlichkeit des Systems erwachsen. Hat das System Zyklen, so sind die Aufgaben der beteiligten Klassen nicht klar definiert. Die Klassen weisen keine gute Modularität auf und der Entwickler wird Schwierigkeiten haben, sie als einen Chunk zu verarbeiten. Man muss sich also fragen, wer in diesem Zyklus welche Aufgabe haben soll und welche Beziehungen deshalb aufgelöst werden müssen, und zwar ganz unabhängig von der Stärke der Beziehungen und den sich möglicherweise ergebenden kleineren Zyklen.

Die Idee, nach den dünnsten Beziehungen im Zyklus zu suchen, halte ich sogar für gefährlich. Immer wieder stoße ich auf Systeme, bei denen Beziehungen in Zyklen durch Copy-Paste-Programmierung entstanden sind. Der erste Programmierer einer neuen Funktionalität hat aus Versehen eine Beziehung eingebaut, die zu einem Zyklus führt. Die nachfolgenden Programmierer kopieren seine Lösung und verstärken so die eigentlich unerwünschte Beziehung. Löst man anstelle der unerwünschten Beziehungen eine andere auf, die zufälligerweise aus weniger Aufrufen besteht, verwässert man die Architektur des Systems nur noch weiter.

Gröbere Einheiten bilden

Besser ist, wenn man Klassenzyklen auflöst, indem man die Klassen des Zyklus in gröbere Einheiten einteilt. Durch die gröberen Einheiten wird die Anzahl der Elemente reduziert und man kann den Zyklus leichter untersuchen. In allen Systemen findet man in der Regel gröbere Strukturierungsmöglichkeiten anhand von Mustern (s. Kap. 7). Die Frage ist nur, wie gut die gröberen Einheiten beim Entwirren der großen Zyklen tatsächlich helfen. Die vier folgenden gröberen Strukturen verwende ich regelmäßig bei der Analyse. Sie sind nach ihrer Wirksamkeit sortiert:

1. *Technische Schichten*
   Wenn sich der Klassenzyklus über technische Schichten erstreckt, dann lässt er sich in kleinere Zyklen zerlegen, indem man die Schichtenverletzungen auflöst. Befindet sich der Zyklus in einer Schicht, so muss man auf die darin enthaltenen Strukturen ausweichen (s. die Punkte 2–4).
2. *Mustersprache*
   Mustersprachen legen in der Regel eine klare Hierarchisierung für die Klassen der Muster fest. Sortiert man die Klassen des Zyklus nach den Mustern in Schichten, so werden die Beziehungen, die aufgelöst werden sollten, als Verletzungen sichtbar.
3. *Fachliche Bausteine*
   In manchen Systemen haben die fachlichen Bausteine, genau wie die technische Schichtung, einen hierarchisierenden Effekt. In diesem Fall können die fachlichen Bausteine beim Zerlegen der Zyklen gute Dienste leisten.

4. *Packages/Namespaces/Directories*
   Als schwächstes Strukturierungsmittel bleibt zu guter Letzt nur noch die unterste Ebene der Bausteine in einem System. Leider setzen Entwickler diese Ebene häufig nicht zur Hierarchisierung ein.

Große Zyklen zerschlagen

Suchen Sie nach einem Strukturierungsmittel auf einer höheren Ebene als die Klassen. Gehen Sie zuerst die Klassenzyklen an, die die Grenzen der technischen Schichten überschreiten. Wenn Sie das Glück haben und in dem System eine Mustersprache vorhanden ist, dann arbeiten Sie in den Schichten mit den Mustern weiter. Sollte Ihr System eine Einteilung in fachliche Bausteine besitzen, dann nutzen Sie diese Strukturierung. Als letzte, häufig deutlich schwächere Unterstützung bleibt Ihnen die Package-Struktur des Systems.

Im Folgenden sehen wir uns zwei Beispiele an, wie mit der technischen Schichtung und mit der Mustersprache große Zyklen aufgebrochen werden können.

9.2.3 Technische Schichtung als Waffe

Vor einiger Zeit habe ich ein Java-System (710.000 LOC) analysiert, das unter anderem einen Klassenzyklus aus 134 Klassen enthielt. Dieser Zyklus erstreckte sich über sieben der insgesamt neun technischen Schichten des Systems (s. Abb. 9–18).

Abb. 9–18 *Zyklus aus 134 Klassen*

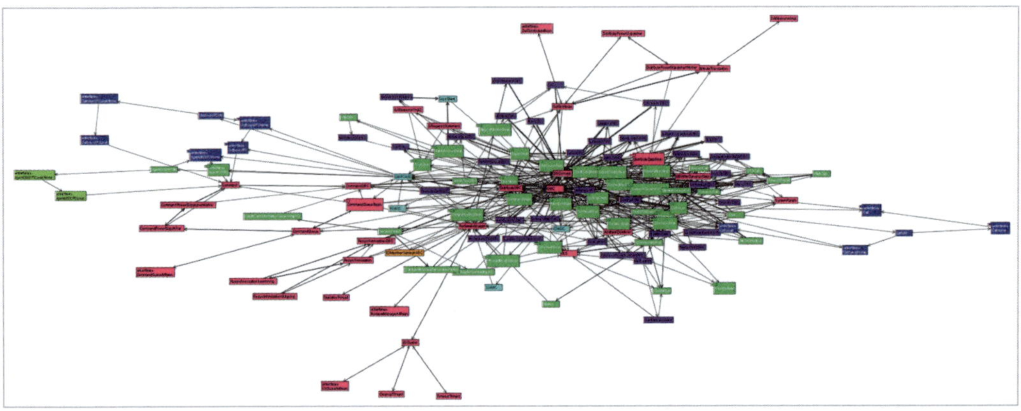

Alle anderen Klassenzyklen in diesem System waren sehr viel kleiner und jeweils lokal in den Schichten. Um die Kopplung zwischen den Schichten zu verringern und den Klassenzyklus aufzulösen, haben wir uns den großen Zyklus auf Schichtenebene angesehen (s. Abb. 9–19).

Reduktion auf technische Schichten

In Abbildung 9–19 sind die Schichten mit schwarzen Dreiecken dargestellt, weil für diese Abbildung ein Filter auf die am Zyklus beteiligten Klassen gesetzt ist. Das schwarze Dreieck drückt aus, dass nicht alle Klassen, die eigentlich dieser Schicht zugeordnet sind, auch Teil der Auswahl sind. Beispielsweise werden alle Klassen aus der Service-Schicht, die nicht an dem großen Klassenzyklus beteiligt sind, in dieser Darstellung ignoriert. Somit werden auch ihre Beziehungen ignoriert und wir sehen nur die Beziehungen, die den Klassenzyklus verursachen.

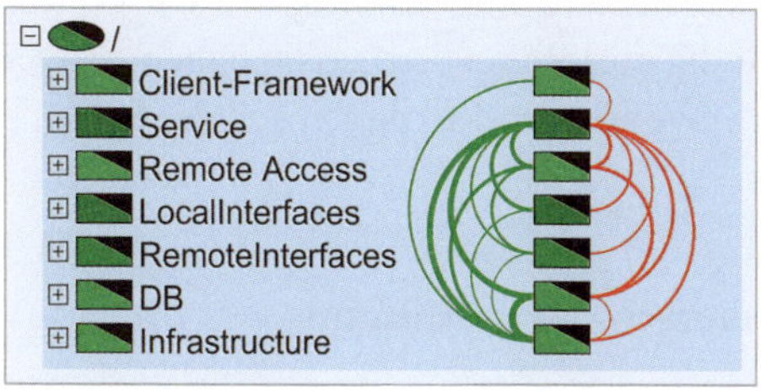

Abb. 9–19
Klassenzyklus auf Schichtenebene

20 Verletzungen bleiben übrig.

Durch die Schichtung in Abbildung 9–19 sind die 134 Klassen automatisch hierarchisch so angeordnet, wie das Entwicklungsteam es in seiner Architektur vorgesehen hat. Wir haben das Problem also von 134 Klassen auf sieben Schichten und die durch die roten Bögen ausgedrückten Verletzungen reduziert. Im ersten Moment scheinen es viele rote Verletzungen zu sein. Allerdings ist die Stärke der Beziehungsbögen im Verhältnis zueinander nicht linear, sondern logarithmisch eingezeichnet. Tatsächlich gibt es nur 20 Beziehungen zwischen Klassen, die Verletzungen herbeiführen. Die grünen Bögen hingegen stehen für insgesamt 598 Beziehungen zwischen Klassen.

Typische Verletzungen einer Service-Schicht

Auffällig ist, dass ein Großteil der Verletzungen durch Beziehungen der anderen Schichten zur Service-Schicht entsteht. Eine Analyse dieser Beziehungen ergab, dass hier zwei relativ typische Fehler in der Implementierung gemacht wurden:

1. *Verortung von Konstanten*
   Häufig führen Teams im Laufe der Entwicklung Konstanten oder auch Enums ein, die sie in die Klasse integrieren, in denen sie als Erstes verwendet werden. Immer mehr Klassen benötigen diese Konstanten und verwenden damit die Klasse, in der die Konstanten deklariert sind. Trennt man die Konstanten aus der Klasse heraus, so löst sich dieser Teil des Zyklus leicht auf.

2. *Fehlende Dependency Injection*
   Die Schnittstellen der Klassen in den fünf Schichten unterhalb der Service-Schicht waren nicht so konzipiert, dass man ihnen die in ihren Methoden jeweils benötigten Objekte oder Daten als Parameter mitgeben konnte. Vielmehr griffen die Klassen in ihre Methodenimplementierung auf die Klassenobjekte der Services zu. Dort holten sie sich die benötigten Objekte oder Daten ab.

   Diese Verletzungen zu beheben, ist aufwendiger als die Verletzung durch Konstanten. Hier muss man Parameter in die Methodenschnittstellen einbauen, damit die Daten und Objekte injiziert werden können. Auch an den Aufrufstellen der Methoden müssen die Anpassungen nachgezogen werden.

Mit diesen beiden Refactorings konnten wir diesen Klassenzyklus tatsächlich vollständig auflösen. Gleichzeitig haben wir während des Umbaus Unit Tests eingeführt und so diesen Teil des Systems deutlich stabilisieren können.

9.2.4 Mustersprache als Leuchtturm

Es geht noch schlimmer!

In einer anderen Analyse (Java, 650.000 LOC) hatte ich mit einem sehr großen Klassenzyklus von 463 Klassen zu tun, der sich über 50 Packages erstreckt. Auf Klassenebene ist dieser Zyklus sehr verwoben (s. Abb. 9–20). Das kann man im Vergleich zu den Abbildungen 9–16 und 9–17 daran erkennen, dass es hier weniger Satelliten um den Zyklus herum gibt. Außerdem sind Klassen aus den gleichen Packages – erkennbar an derselben Farbgebung – über den gesamten Zyklus verteilt.

Abb. 9–20
Klassenzyklus mit 463 Teilnehmern

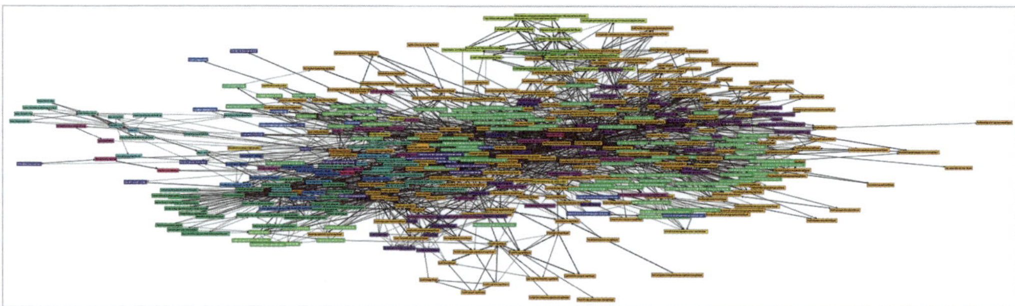

Erfreulicherweise hatten die Entwickler dieses Systems eine Mustersprache verwendet. In Abbildung 9–21 sieht man die neun Schichten, die entstehen, wenn man die 463 Klassen dieses Zyklus nach den Mustern sortiert.

Eine Beziehung, die aufgrund der Schichtung nicht erlaubt ist und eigentlich in einem roten Bogen resultieren müsste, haben wir in der Analyse dieses Systems als erlaubt (gelb) markiert. Die jeweils ein Paar bildenden Controller und Views sind in diesem System so gebaut, dass sie sich gegenseitig kennen müssen.

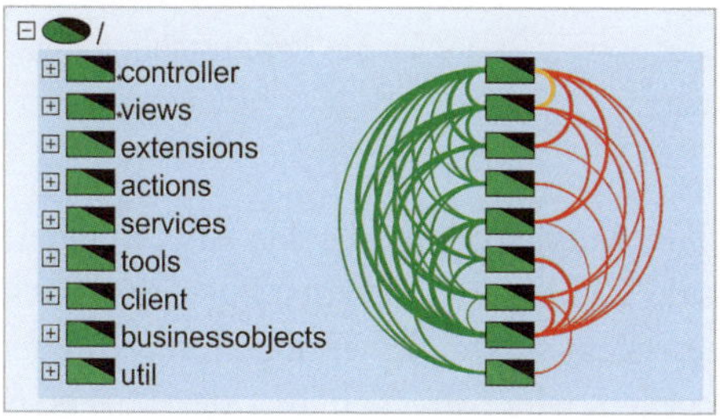

Abb. 9–21

Klassenzyklus in der Mustersprache

Viel Gutes, wenig Schlechtes

Auf den ersten Blick sieht dieser Klassenzyklus auf der Ebene der Mustersprache in Abbildung 9–21 genauso verwoben aus wie auf der Klassenebene in Abbildung 9–20. Schaut man sich die Metriken an, so kann man erfreulicherweise feststellen, dass nur 2 % der Beziehungen in Abbildung 9–21 verbotene und damit rote Beziehungen sind. Wenn so viele Beziehungen richtig sind und nur so wenige falsch, kann man davon ausgehen, dass die Mustersprache, richtig angewendet, einen guten hierarchisierenden Effekt hat. Wir werden im Folgenden sehen, wie man diesen Effekt für das Auflösen des Zyklus nutzen kann.

Business-Objekte = relationales Modell

Eine genaue Betrachtung von Abbildung 9–21 ergibt, dass ein Großteil der Verletzungen in diesem Zyklus von den Klassen ausgeht, die zum Muster `businessobjects` gehören. Der gesamte Klassenzyklus enthält 203 Business-Objekte. In diesem System wurde in den Business-Objekten das relationale Modell aus der Datenbank direkt abgebildet. Das heißt, jede Klasse repräsentiert eine Tabelle und die Beziehungen zwischen den Klassen sind bidirektional. Die Klassen kennen sich also immer gegenseitig, wenn es in der Datenbank eine Beziehung zwischen den zwei entsprechenden Tabellen gibt.

Diese Umsetzung des relationalen Modells in den Business-Objekten treffe ich immer wieder an. Auch wenn ich diese Lösung nicht schön finde, weil sie das Businessmodell zu einem komplett verwobenen Klumpen macht, sollte man an dieser Stelle nur sehr vorsichtig überarbeiten. Das Businessmodell eines Systems ist so grundlegend für alle darüber liegende Funktionalität des Systems, dass ein Umbau einem Neubau gleichkommen würde.

Business-Objekte ≠ relationales Modell

Sollten Sie aber die Gelegenheit haben, ein System von Grund auf neu zu entwickeln, dann wäre meine Empfehlung:

Businessmodell und relationales Modell

Bauen Sie das Businessmodell Ihrer Anwendung zyklenfrei auf. Sie haben dadurch eine stärkere Anleitung für die Modularisierung der einzelnen Klassen nach ihren Aufgaben. Auch für die über dem Businessmodell liegende Funktionalität ist durch die Hierarchisierung des Businessmodells eine fachliche Schichtung vorgegeben, von der Sie bei der Aufteilung in fachliche Module profitieren werden.

Vergessen wir die Zyklen zwischen den Business-Objekten.

Bei unserem großen Klassenzyklus aus den Abbildungen 9–20 und 9–21 war es klar, dass die Zyklen zwischen den Business-Objekt-Klassen nicht verändert werden können. Die Beziehungen, die von den Business-Objekt-Klassen ausgehen, widersprechen aber der Mustersprache. Hier haben die Entwickler nicht sauber gearbeitet. Insgesamt haben 97 der am Zyklus beteiligten 203 Business-Objekt-Klassen Beziehungen zu höheren Schichten. Ein großer Teil dieser Verletzungen (ausgehend von 87 Klassen) gehen zu einigen wenigen Klassen in `tools` und `client`.

Factory + Util gemischt

Diese Klassen aus `tools` und `client` sind typische Vertreter von Klassen mit zwei Aufgaben: Einerseits haben sie Factory-Charakter und erzeugen bestimmte Klassenstrukturen aus Business-Objekten und Tools. Andererseits haben die Entwickler Utility-Funktionalität in diese Klassen integriert, die alle Business-Objekte brauchen. Die beiden Muster `tool` und `client` hatten im Verhältnis zu den anderen Mustern deutlich weniger Designregeln. Es ist also nicht verwunderlich, dass die Entwickler die dort angesiedelten Klassen für zwei Aufgaben missbraucht haben.

Restzyklus ohne Business-Objekte

Hat man diese Beziehungen aufgelöst, bleiben nur zehn Business-Objekt-Klassen übrig, die man sich genauer ansehen muss. Sind auch diese Business-Objekte aus dem Zyklus herausgelöst, so bleiben immer noch ein Zyklus aus 184 Klassen und mehrere kleine Zyklen aus insgesamt 76 Klassen übrig (s. Abb. 9–22).

Abb. 9–22 *Klassenzyklus ohne Business-Objekte*

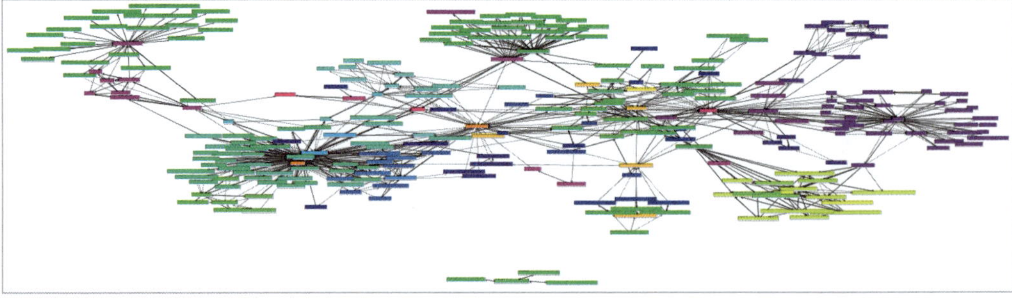

Betrachtet man diesen Restzyklus auf Mustersprachenebene, so wird er sehr viel beherrschbarer (s. Abb. 9–23).

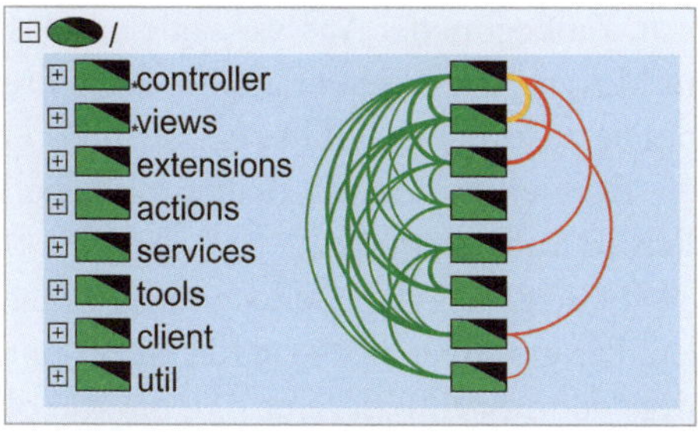

Abb. 9–23
Klassenzyklus ohne Business-Objekte auf Musterebene

Sternzyklus

Löst man die verbleibenden roten Beziehungen aus Abbildung 9–23 auf, so zerfällt der Zyklus aus 184 Klassen in seine Einzelteile. Übrig bleiben lokale Zyklen, die sich meistens um eine zentrale Klasse herumgruppieren: die sogenannten Sternzyklen (s. Abschnitt 8.6).

Diese Sternzyklen kann man in Abbildung 9–22 bereits an fünf Stellen erkennen: oben links und oben in der Mitte (grün-lila), links unten (hellblau) sowie rechts unten und außen (gelb und lila).

Mit den hier beschriebenen Refactorings (Business-Objekte herauslösen, Musterverletzungen beseitigen, Sternzyklus aufbrechen) konnten wir diesen sehr großen Klassenzyklus deutlich verkleinern. Selbstverständlich haben wir auch hier Unit Tests eingeführt, um diese großen Refactorings abzusichern.

9.3 Uneven Modules

Der Zwang zur Zyklenfreiheit – Fluch oder Segen?

Nun könnte man nach den vorherigen Kapiteln zu Zyklen meinen, dass jedes Team in seinem Entwicklungs-/Build-Prozess sicherstellen sollte, dass Zyklen verboten sind. Verschiedene Technologien (Maven, Netweaver, Build in Visual Studio) existieren auch bereits, die diese Aufgabe perfekt übernehmen. Aus meiner Sicht ist an dieser Stelle aber Vorsicht geboten!

Die Scheinlösung

Hat man einen Monolithen vor sich, den man restrukturieren will, so sollte man auf den Einsatz der Zyklen verbietenden Technologien verzichten. Entweder landet man in der Falle der Interfaces (s. Abschnitt 7.4) oder man wählt zwangsläufig eine Scheinlösung. Diese Scheinlösung läuft bei mir unter dem Namen: *Uneven Modules*. Diese Scheinlösung besteht aus einer Anzahl von zyklenfrei miteinander zusammenarbeitenden Modulen, die von ihrer Größe her aber sehr unterschiedlich sind.

Zyklenfreies Komponentenmodell

Das Beispiel dazu ist ein Java-System mit ca. 420.000 LOC, das zuerst ohne Maven entwickelt und dann nachträglich in Maven-Artefakte aufgeteilt worden war. Maven lässt keine Zyklen zwischen Maven-Artefakten zu. Zu Beginn der Analyse sagte mir das Team, dass ihr System aus neun Maven-Artefakten bestände, die in drei Schichten angeordnet wären. Die ausdrückliche Bitte des Teams an mich war aber: »Können wir die Architektur einmal richtig modellieren? Wir haben nämlich eigentlich 17 Subsysteme!«

Möglichkeiten und Wünsche zur Architektur

Abbildung 9–24 zeigt das dabei entstandene Ergebnis mit Rechtecken und Pfeilen. Die einzelnen farbigen Rechtecke mit Reitern stellen die bei der Analyse definierten Bausteine dar, die von oben nach unten in fünf Schichten angeordnet sind. Der Baustein `BaseUtil` in der untersten Schicht wird von allen übergeordneten Bausteinen benutzt, darum sind in Abbildung 9–24 die Beziehungen zum Baustein `BaseUtil` zur besseren Lesbarkeit weggelassen.

Abb. 9–24 *Uneven Modules*

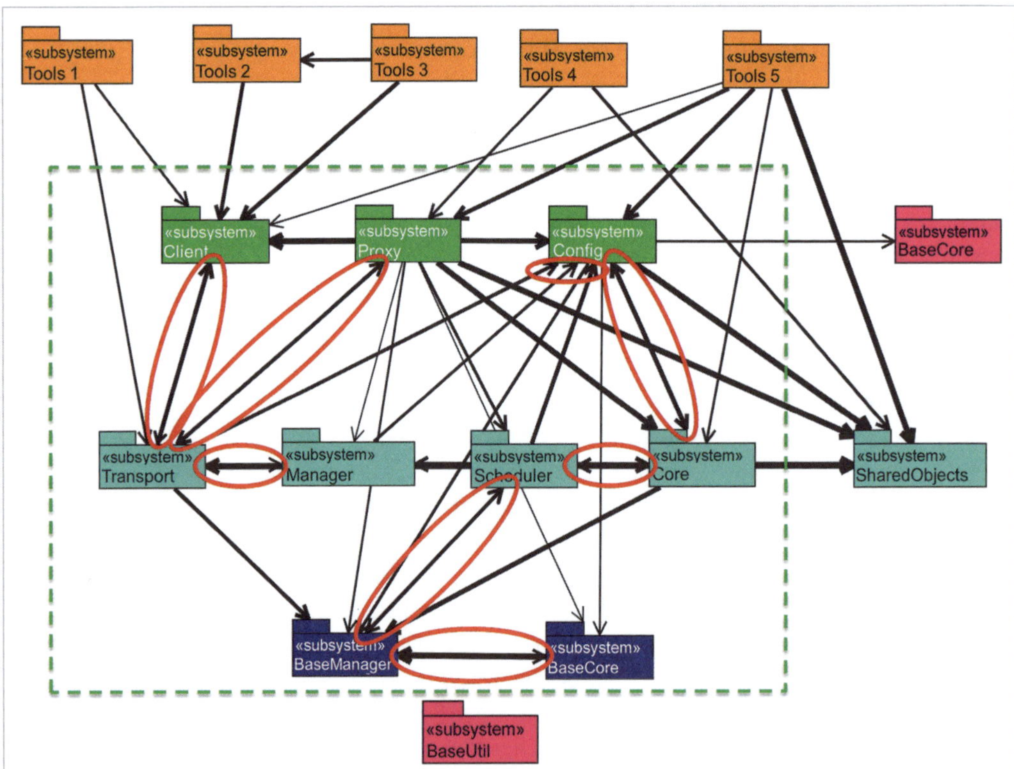

Offiziell zyklenfrei

In Abbildung 9–24 sieht man eine Reihe von Beziehungen zwischen den neun Bausteinen in der Mitte, die gegen die Schichtung gehen oder direkte Zyklen darstellen (rote Markierungen). Diese Beziehungen sind der Grund, warum die »offizielle« zyklenfreie Architektur dieses Systems nur aus neun Maven-Artefakten in drei Schichten besteht: Eines dieser neun Maven-Artefakte ist sehr groß. In Abbildung 9–24 ist dieser große Baustein als ein grüner gestrichelter Kasten angedeutet. Dieses Maven-Artefakt enthält ca. 80 % des gesamten Programmtextes. In ihm sind alle zyklisch verbundenen Bausteine versteckt.

80 % Programmtext = eine Komponente

Die Aufteilung in die neun Bausteine ist im Endeffekt eine Farce. Man hätte sie auch ganz sein lassen können. Wir haben hier einen Monolithen vor uns, der von acht kleinen Satelliten umkreist wird. Von einer echten Modularisierung kann in diesem Fall keine Rede sein! Einzig die Tatsache, dass das Team in der Lage war, einen Baustein `BaseUtil` zu bilden, der ohne Zyklen außerhalb des großen Bausteins liegt, kann man lobend erwähnen.

In der Sackgasse

Die Entwickler dieses Systems hätten ihre Architektur gerne aufgeräumt und die Zyklen aufgelöst. Leider wurde ihnen kein Budget eingeräumt, um diese Restrukturierungen und Refactorings vorzunehmen (s. Abschnitt 1.3.4). So blieb ihnen nichts anderes übrig, als mit dem verkappten Monolithen zu leben und bei Erweiterungen kleinere Verbesserungen vorzunehmen. Durch die von Maven erzwungene Zyklenfreiheit haben diese Entwickler wenig Möglichkeit, die 17 Subsysteme und fünf Schichten, wie sie in ihren Köpfen existieren, in der Ist-Architektur sichtbar zu machen. Die Ist-Architektur ist an den neun Maven-Artefakten ausgerichtet und muss von den Entwicklern immer wieder im Kopf übersetzt werden. Jeder neue Mitarbeiter muss die eigentlich geplante Architektur im Gegensatz zur tatsächlichen Struktur im Code verstehen, um den Diskussionen im Entwicklungsteam folgen zu können. Eine sehr unangenehme Situation!

Man kann nur hoffen, dass das Management den Monolithen irgendwann zerlegt haben will, weil diese technischen Schulden bei Erweiterungen zu schmerzhaft werden.

Zyklenfreie Komponenten ausgewogen schneiden

Zerlegen Sie Ihr System in ähnlich große zyklenfreie Module und überprüfen Sie die Größenverhältnisse in Ihrem System, bevor Sie Technologie einsetzen, die Zyklenfreiheit erzwingt.

Zwang zu zyklenfreien Build-Artefakten

Hat man seinen Sourcecode durch gutes Design bereits so strukturiert, dass man fachliche Bausteine ohne zyklische Beziehungen schneiden kann, dann sind diese Technologien sinnvoll. Man kann sie einsetzen, um die Erosion der Architektur zu verhindern. Allerdings muss man sicher sein, dass sich die Architekten und Entwickler, die an diesem System bauen, regelmäßig über die Architektur austauschen.

10 Modularität schärfen

In der gesamten Diskussion um Schichtenarchitekturen, Schnittstellen, Mustersprachen und Zyklen in den vergangenen Kapiteln ging es immer auch um die Fragen: Was sind die Aufgaben der beteiligten Bausteine? Und: Sind die Verantwortlichkeiten sinnvoll verteilt? Die Frage nach der Modularität begleitet uns also immer, auch wenn wir gerade andere Aspekte als Modularität untersuchen.

Überprüfen von Modularität

Um zu beurteilen, wie gut ein Entwicklungsteam auf Modularität geachtet hat, sollte man bei der Analyse die Grundregeln für eine modulare Architektur überprüfen (s. Abschnitt 5.1). Modularität von Bausteinen lässt sich nicht direkt mit einer einzigen Metrik messen. Man kann sich dem Thema Modularität aber über verschiedene Metriken nähern, wie Größe der Bausteine, Anzahl der ein- und ausgehenden Beziehungen, Komplexität von Methoden, Codeduplikaten, und z.B. auch durch die Untersuchung von Benennungsregeln.

Metriken als Indikatoren

Die Metriken sind, genau wie die Metriken zu Zyklen, nur *Indikatoren* für Bausteine mit geringer Modularität. Ob die Schnittstelle eines Bausteins wirklich eine Kapsel bildet und ob die Methoden in der Schnittstelle eine zusammenhängende Aufgabe darstellen, lässt sich damit bloß mittelbar feststellen. Ein wirkliches Urteil kann man nur in der Diskussion mit den Entwicklern und Architekten fällen.

Einsatz von Tools

Zu Beginn jeder Analyse frage ich das Entwicklungsteam trotzdem, ob und welches Metriktool es einsetzt. Außerdem versuche ich zu erfahren, wie das Entwicklungsteam die Ergebnisse des Metriktools in seinen Entwicklungsprozess integriert. Die Antwort auf diese Fragen gibt mir einerseits einen Eindruck, wie das jeweilige Team mit der Frage nach Sourcecode- und Architekturqualität umgeht. Anderseits kann man anhand der Antwort abschätzen, wie weit man mit den Metriken noch selbst ins Detail gehen muss.

Metriktools einsetzen

Setzen Sie in Ihren Projekten eins der gängigen Metriktools zum Vermessen Ihrer Software ein. Untersuchen Sie regelmäßig die Klassen, Methoden, Pakete und Bausteine, die die von Ihnen festgelegten Grenzen überschreiten.

Metrik okay, Verständlichkeit dahin

Vermeiden sollten Sie dabei allerdings eine Herangehensweise, die ich bei einem Kunden kennenlernen musste: Dort wurden in den Gehaltsgesprächen Prämienzahlungen an das Erreichen bestimmter Metrikwerte geknüpft. Die einzelnen Entwickler nutzten das Jahr dafür, Veränderungen an der Sourcecode-Basis vorzunehmen, um den Metriken zu genügen. Leider war ein großer Teil dieser Umbauten inhaltlich sinnlos. Beispielsweise wurden fachliche Klassen, die für die Metrik »Zeilen pro Klasse« einen zu hohen Wert aufwiesen, einfach in der Mitte in zwei Hälften geteilt usw. Die Metriken der Software sahen hinterher sehr gut aus, aber die Verständlichkeit war dahin.

10.1 Kohäsion von Bausteinen

Guter Name = Kohäsion

Ein einfaches Mittel, um die Kohäsion von Bausteinen zu untersuchen, besteht darin, sich die Namen der Bausteine anzusehen. Haben die Bausteine treffende Namen, die für eine Aufgabe im System stehen, so kann man davon ausgehen, dass die Modularität beim Entwurf des Systems eine Rolle gespielt hat.

Abb. 10–1
Klasse mit hoher Kohäsion

```
public class Konto {
  void einzahlen (Betrag b)...
  void auszahlen (Betrag b)...
  bool istBetragGedeckt (Betrag b)...
  Betrag gibSaldo()...
  KtoNr gibKontonummer()...
```

Abb. 10–2
Klasse mit niedriger Kohäsion

```
public class ProgramManager {
  void initializeEventQueue()...
  void sendEvent(Event event)...
  void registerForEvent(Event event)....
  void shutdownEventQueue()...
  void initializeServiceRegistry()...
  void registerService(Service service)...
  Service getService(String name)...
  void shutdownServiceRegistry()....
  void initializePrinterQueue()...
  void printDocument(Document document)...
```

In Abbildung 10–1 sehen wir eine fachliche Klasse, die den Namen des entsprechenden Fachkonzepts aus dem Anwendungsgebiet trägt: `Konto`. Auch die Methodennamen und die Parametertypen sind eng mit den Begriffen aus dem Anwendungsgebiet verknüpft. Die Klasse `ProgramManager` in Abbildung 10–2 hingegen enthält eine Sammlung von verschiedenartigen Diensten. Eine `Event`- und eine `PrinterQueue` sowie die `ServiceRegistry` des Systems werden verwaltet. Das sind alles drei Aufgaben, die gut und gerne jeweils für eine eigene Klasse ausgereicht hätten. Durch diese Sammlung von verschiedenen Diensten in der Klasse `ProgramManager` ist diese Klasse wahrscheinlich groß und mit vielen Klassen verkoppelt.

Schlechte Namen

Namen, die mir im Laufe meiner Analysen immer wieder aufgefallen sind:

- *Manager*
  Wenn man nicht mehr weiß, wie man eine Klasse nennen soll, dann nennt man sie Manager. Bei diesen Klassen ist die Aufgabe durch den unpräzisen Namen nicht wirklich eingeschränkt. Manager kann im Prinzip alles sein, deshalb sammelt sich in diesen Klassen typischerweise viel Funktionalität.
- *Handler*
  Man braucht eine Klasse, die irgendetwas tut, sich um etwas kümmert. Wenn das kein Manager ist, weil es irgendwie doch etwas kleiner sein soll, dann wird es eben ein Handler.
- *Util* oder *Helper*
  Diese Klassen enthalten meistens Ansammlungen von statischen Methoden, die keinen echten Zusammenhang haben. Util-Bausteine bestehen in der Regel aus Klassen, für die sich keine fachliche oder technische Zuordnung finden ließ.

Auch Util braucht Kohäsion.

Selbstverständlich braucht man neben den fachlichen Klassen noch eine ganze Reihe von technischen Klassen, also auch Util-Klassen. Wichtig ist aber, dass auch diese Klassen oder Bausteine eine sinnvolle Beschreibung ihrer Aufgabe und ihrer Zusammenarbeit mit anderen Klassen brauchen. Ein Catch-All für alles, was nirgendwo sonst unterkommt, kann nicht die Lösung sein.

Geeignete Bezeichner wählen

Achten Sie darauf, die Kohäsion in Ihren Entwürfen durch treffende Namen zu erhöhen. Nehmen Sie Schwierigkeiten bei der Festlegung Ihrer Bezeichner als deutliches Signal für die Überarbeitung Ihres Entwurfs wahr.

Kohäsion messen

Neben Bezeichnern gibt es von verschiedenen Autoren einen Vorschlag, Kohäsion über Kopplung zu messen: Bausteine werden daraufhin untersucht, ob die in ihnen enthaltenen Bausteine stärker miteinander gekoppelt sind als mit den Bausteinen außerhalb[1]. Beispielsweise bestimmt die Kopplung zwischen den Klassen eines Pakets die Kohäsion in diesem Paket. Haben die Klassen mehr Beziehungen untereinander als zu den Klassen in anderen Paketen, so hat dieses Paket eine hohe Kohäsion. Die Kohäsion auf Klassenebene wird daran festgemacht, ob und wie stark die Methoden einer Klasse untereinander und mit den Attributen der Klasse verknüpft sind.

Kohäsion von Paketen und Klassen

Eine hohe Kohäsion innerhalb von Paketen und größeren Bausteinen auf Basis der Kopplung zu messen, ist ein sinnvolles Vorhaben. Das Messen der Kohäsion auf Basis der Kopplung zwischen Attributen und Methoden in Klassen zu messen, erscheint mir schwierig. Schauen wir uns die beiden Klassen `Konto` und `ProgramManager` aus diesem Blickwinkel noch einmal an. Es ist zu erwarten, dass die Klasse `Konto` zwei Attribute haben wird: `Kontonummer` und `Saldo`[2]. Die Klasse `ProgramManager` besitzt als Attribute eine `EventQueue`, eine `PrinterQueue` und eine `ServiceRegistry`. Im `ProgramManager` werden die jeweiligen Methodengruppen mit den jeweiligen Attributen arbeiten und es wird keine Überschneidungen geben. Hier würde eine entsprechende Metrik zu unserem Eindruck passen, dass diese Klasse wenig Kohäsion hat und zerlegt werden sollte. Bei der Klasse `Konto` gibt es aber auch zwei Gruppen von Methoden: alle Methoden, die auf dem `Saldo` arbeiten, und eine Methode, mit der man die `Kontonummer` abfragen kann. Folgt man an dieser Stelle der Empfehlung, Methoden, die keine gemeinsamen Attribute haben, in getrennte Klassen aufzuteilen, würde man eindeutig gegen das Fachkonzept aus dem Anwendungsgebiet arbeiten.

Kohäsion in Paketen, Modulen und Schichten stärken

Achten Sie bei Ihren Systemen darauf, dass die Klassen in einem Paket, einem Modul oder einer Schicht stärker miteinander interagieren als mit den Klassen außerhalb des sie umschließenden Bausteins.

Codeduplikate = schlechte Kohäsion

Ein weiteres Indiz für schlechte Kohäsion kann das Kopieren von Codefragmenten sein. Wenn ein Stück Quelltext an mehreren Stellen eines Systems in sehr ähnlicher Form zu finden ist, dann spricht man von

1. s. [Darcy 2001], [Darcy & Slaughter 2005] und [Simon 2001].
2. In einem echten Softwaresystem würde die Klasse `Konto` neben dem Saldo sicherlich auch die Kontobewegungen und vieles mehr verwalten.

Codeduplizierung. Codeduplikate sind aus Sicht der Modularität deshalb problematisch, weil hier zwei oder mehr Einheiten dieselbe Aufgabe erledigen. Möglicherweise ist die Zuständigkeit hier nicht klar zugeordnet? Darüber hinaus sind Codeduplikate aus Qualitätssicht problematisch, weil sie Redundanzen und Inkonsistenzen erzeugen:

- Duplikate blähen die Codebasis auf. Große Codebasen sind schwerer zu warten als kleine.
- Duplikate erhöhen den Testaufwand, weil jede Version in ihrem Setting getestet werden muss.
- In der Wartung werden wahrscheinlich einige Duplikate übersehen, obwohl sie analog geändert werden sollten.

Für das Auffinden von dupliziertem Code halten die meisten Analysewerkzeuge umfassenden Support bereit (s. Abb. 10–3).

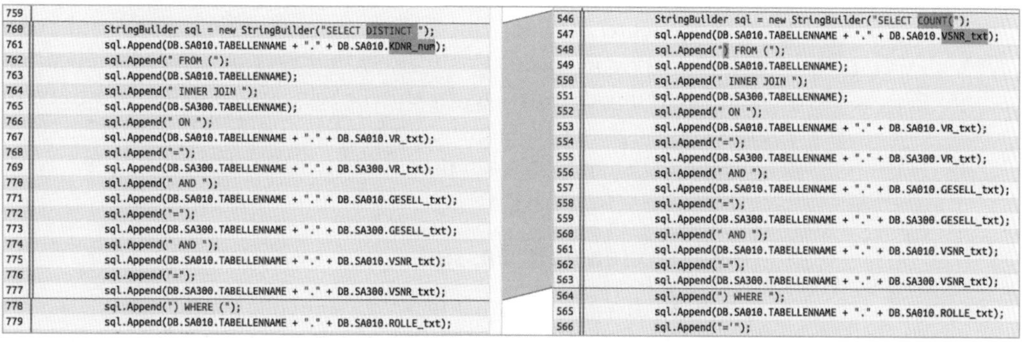

Abb. 10–3
Codeduplikat (hellblau) mit den abweichenden Stellen (lila) in TeamScale

Varianz in Codeduplikaten

Die meisten Analysewerkzeuge verfügen heute über einen ausgefeilten Clone-Detection-Algorithmus, der nicht nur absolut gleiche Codeduplikate findet, sondern mit Toleranz arbeitet. Dadurch werden auch Codeduplikate gefunden, die sich bereits unterschiedlich verändert haben. Nach meiner Erfahrung muss man sich die von einem Tool gemeldeten Codeduplikate jeweils ansehen, um zu beurteilen, ob sie wirklich ein Problem darstellen. Metriken sind eben nur ein Indikator.

Codeduplikate vermeiden

Vermessen Sie Ihren Sourcecode regelmäßig auf Codeduplikate. Kontrollieren Sie nach einer initialen Untersuchung aller Duplikate insbesondere die neu hinzukommenden Duplikate.

10.2 Größen von Bausteinen

5–40 Klassen pro Paket

Meyer – der Erfinder der Programmiersprache Eiffel und des Vertragsmodells – legte fest, dass Pakete zwischen fünf und 40 Klassen enthalten sollten. Sie sollten von ein bis vier Personen entwickelt und von einer einzelnen Person verstanden werden können. Die Existenz von großen Paketen und Bausteinen kann man mit Metriktools genauso vermessen wie die Größe von Klassen und Methoden (s. Abschnitt 10.3 und 10.4). Auch in diesem Fall sollte man sich die großen Einheiten vornehmen.

Bei der Analyse sollte man besonders auf die Größenverhältnisse zwischen den technischen Schichten, zwischen den fachlichen Modulen und zwischen den darin enthaltenen Bausteinen achten. Wenn den Entwicklungsteams klar ist, dass große Einheiten keine gute Idee sind, dann erwarte ich, dass die Größe der Einheiten auch auf dieser Ebene ausgewogen ist. Wenn nicht, hat man wahrscheinlich einen Fall von Uneven Modules vor sich (s. Abschnitt 9.3) oder das Entwicklungsteam betrachtet die Bausteine nicht als modulare Einheiten, sondern lediglich als Verortungen. Das C++-System Beta in den Fallstudien hat eine solche ungleichmäßige, technische Schichtung. In der Fallstudie zu Beta können Sie nachlesen, wie wir für diesen Fall von Uneven Modules eine gute Lösung finden konnten (s. Abschnitt 12.3).

10.3 Größen von Klassen

1.000 Zeilen pro Klasse

In den 1970er-Jahren gab Myers als sinnvolle Größe für Methoden 40 bis 50 ausführbare Befehlszeilen an. Hat eine Klasse 20 Methoden, dann darf sie also maximal 1.000 Zeilen Sourcecode umfassen. Jede Ausnahme von dieser Regel sollte sorgfältig begründet werden.

Große Einheiten und Chunks

Denkt man an die Randbedingungen beim Chunking zurück, so lassen sich die Forderungen nach Größenbeschränkungen nachvollziehen (s. Abschnitt 5.1.1). Um eine größere Einheit zu verstehen, müssen ihre Einzelelemente als einzelne Wissenseinheiten verarbeitet werden können. Da die Kapazität des Kurzzeitgedächtnisses begrenzt ist, darf eine große Einheit nicht zu viele Elemente enthalten.

Objektorientierung begünstigt kleine Einheiten.

In den meisten Systemen, die heute objektorientiert entwickelt werden, kann man erkennen, dass die Teams versuchen, diese Vorgaben umzusetzen. Die folgenden Diagramme sind aus einem System, bei dem der objektorientierte Entwurf auf Klassenebene gut gelungen ist (s. Abb. 10–4 und 10–5).

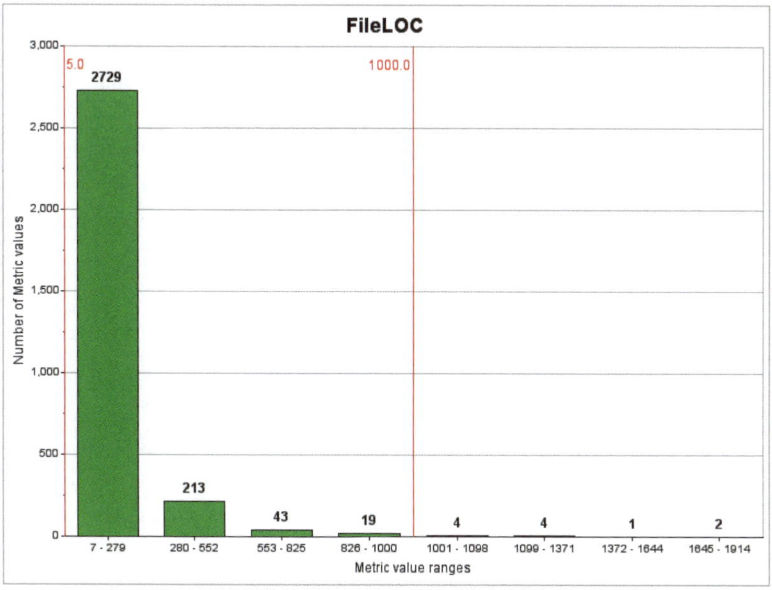

Abb. 10–4

Anzahl an Zeilen pro File

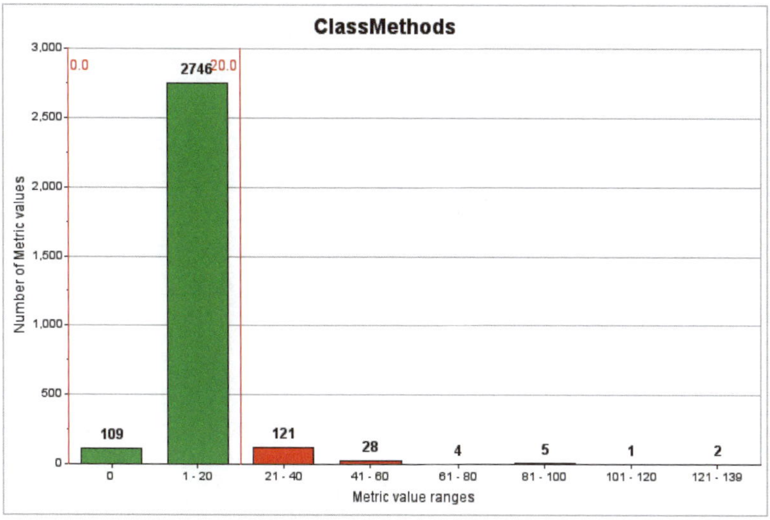

Abb. 10–5

Anzahl an Methoden pro Klasse

99,4 % der Files in diesem System haben weniger als 1.000 Zeilen und 94,7 % der Klassen haben weniger als 20 Methoden.

Typische große Einheiten

Interessant sind die Klassen, die diese Grenzen überschreiten. Je nachdem, wie viele große Einheiten sich in den Auswertungen zeigen, sollte man sich die schlimmsten Ausreißer an den Rändern der Skala ansehen. Dabei versuchen wir ganze Gruppen von großen Bausteinen anhand von Mustern zu identifizieren. Typischerweise finden sich in Systemen große Klassen aus den folgenden Kategorien:

- *Generierter Code*
  Klassen, die von einem externen oder einem selbst entwickelten Framework oder einer Bibliothek generiert worden sind, kann man bei den Auswertungen zur Größe bzw. zu ihrer Modularität ignorieren. Eine Bewertung, ob der Generator modularen Sourcecode generiert, ist uninteressant. Lediglich bei Klassen, die als Gerüst vorgeneriert werden und die die Entwickler anschließend mit Implementierung füllen müssen, ist eine genauere Betrachtung sinnvoll.
- *DB-/Datei-Schnittstellen-Klassen*
  Klassen für den Im- und Export in Dateien und die Datenbankschnittstelle werden häufig prozedural entwickelt.
- *Wegwerf-Klassen*
  Diese Klassen werden nur einmalig zur Migration von Datenbeständen in eine neue Datenbank oder zum Import des initialen Datenbestands entwickelt. Häufig werden sie trotzdem aufgehoben.
- *Zentrale Framework-Oberklassen*
  Bei der Vermessung eines Frameworks kommt es immer wieder vor, dass zentrale Oberklassen groß sind. Die Entwickler statten diese zentralen Oberklassen mit der Zeit mit immer mehr Funktionalität aus. Das Zerlegen der Oberklasse in mehrere Klassen ist in diesem Fall nicht einfach, weil häufig bereits eine Reihe von konkreten Klassen von dieser zentralen Oberklasse erben. Außerdem verwenden viele Klassen im Framework den Typ der zentralen Oberklasse. Auch dieser Umstand macht einen Umbau aufwendig.
- *Zentrale Business-Objekte und Services*
  In vielen Anwendungen werden die zentralen Business-Objekt- und Service-Klassen im Laufe der Zeit größer und größer. Immer neue Funktionalität und Daten wird ihnen hinzugefügt, weil die Anwender immer neue spannende Ideen haben. Verpasst man hier den richtigen Zeitpunkt, um die Klassen aufzuteilen, wird es später genauso schwierig wie bei den zentralen Framework-Oberklassen. Die gesamte Anwendung basiert auf diesen zentralen Klassen. Ein Umbau erfordert viele Anpassungen.
- *Hilfsklassen*
  In vielen Systemen findet man Util-Klassen, die alle Methoden aufnehmen, die keinen richtigen Platz finden.

Für all diese Fälle kann man nur den Rat geben: Wehret den Anfängen! Wir erinnern uns: Große Einheiten sind schwer zu überblicken, haben meistens zu viele Aufgaben gleichzeitig und sind oft auch in Zyklen zu finden. Sie sind einfach ein Code-Smell, den man nicht gerne in seiner Codebasis riechen will.

Wehret den Anfängen!

Neben der Größe in Zeilen kann man auch die nach außen sichtbare Schnittstelle untersuchen, mit der ein Entwickler konfrontiert wird, wenn er die Klasse benutzen will (s. Abb. 10–6 und 10–7).

Öffentliche Schnittstelle

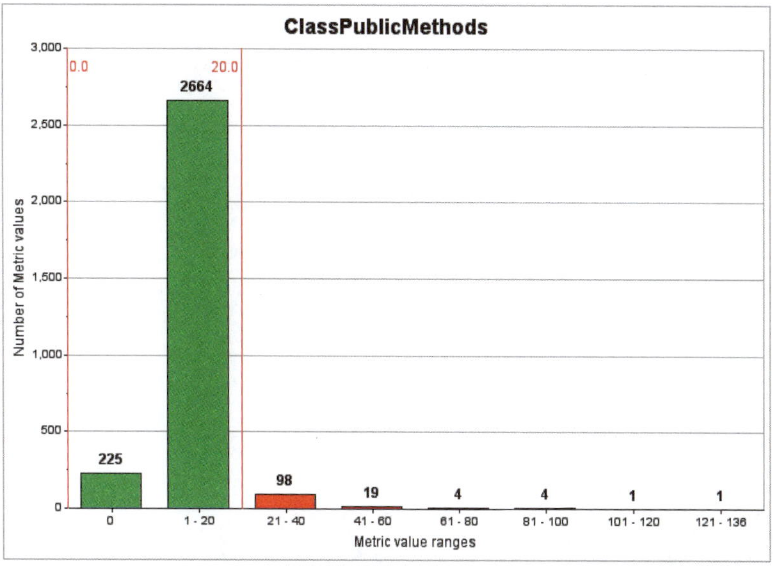

Abb. 10–6 *Anzahl an öffentlichen Methoden*

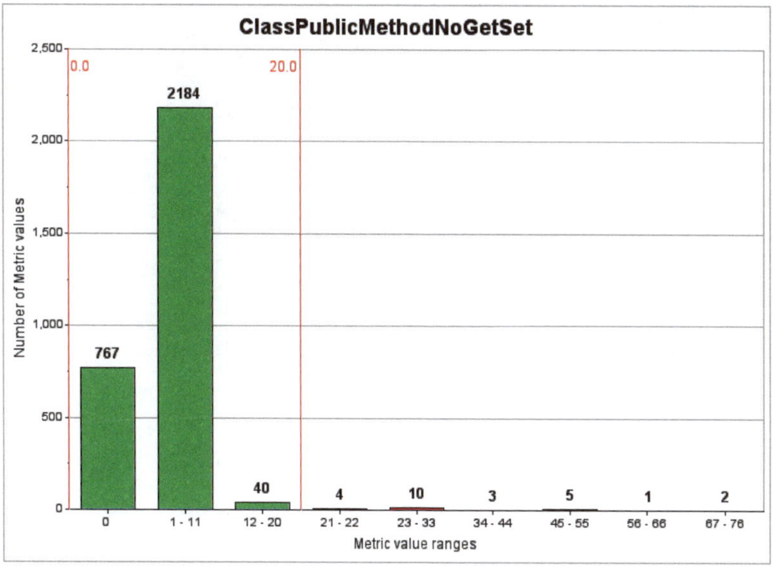

Abb. 10–7 *Anzahl an öffentlichen Methoden pro Klasse ohne Set/Get*

Die öffentlichen Schnittstellen der Klassen in diesem System sind ebenfalls gut gelungen: 96 % der Klassen haben weniger als 20 Methoden. Rechnet man die Setter- und Getter-Methoden heraus, dann sind es sogar 99 % aller Klassen. Die Menge der Klassen mit mehr als 20 Methoden ist also überschaubar, sodass man sie mit begrenztem Aufwand untersuchen kann.

Größe von Klassen und Methoden begrenzen

Messen Sie die Größen von Klassen und Methoden in Ihrem Sourcecode regelmäßig. Kontrollieren Sie dadurch insbesondere die Kohäsion der immer größer werdenden Klassen und Methoden.

Einige Werkzcuge können einen Zusammenhang zwischen der Größe von Klassen mit einem Indikator für die Dringlichkeit der Änderung herstellen. Beispielsweise stellt Seerene den Zusammenhang zwischen großen Klassen, der Änderungshäufigkeit dieser Klassen und der Anzahl an Entwicklern, die Änderungen einchecken, dar (s. Abb. 10–8 und 10–9).

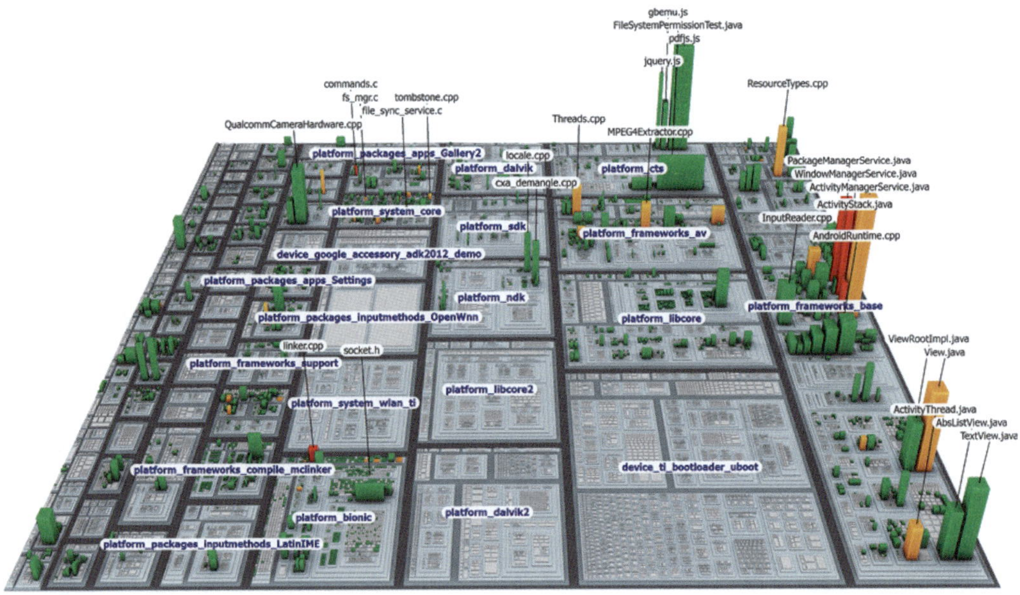

Abb. 10–8
Zusammenhang zwischen der Anzahl an Entwicklern und der Größe in Seerene[3]

3. © *http://www.seerene.com/*

Software als Stadt

In Abbildung 10–8 sieht man ein Softwaresystem aufgeteilt in Module (große Quadrate getrennt durch dicke graue Striche), Pakete (getrennt durch hellgraue Erhöhungen) und Klassen (grüne, gelbe oder rote Türme). Die Höhe der Türme steht für die Größe der Klasse und die Farbe drückt aus, wie viele Entwickler an dieser Klasse arbeiten. Rot bedeutet, dass über einen vorher wählbaren Zeitraum nur ein Entwickler an der Klasse gearbeitet hat. Gelb steht für zwei bis drei Entwickler. Grüne Klassentürme sind unbedenklich, weil viele verschiedene Entwickler an ihnen arbeiten.

In Abbildung 10–9 sieht man eine sehr ähnliche Auswertung. Allerdings steht Rot hier für Klassen mit vielen Änderungen. Gelbe Klassen werden häufig geändert und an grünen Klassen werden kaum Änderungen vorgenommen.

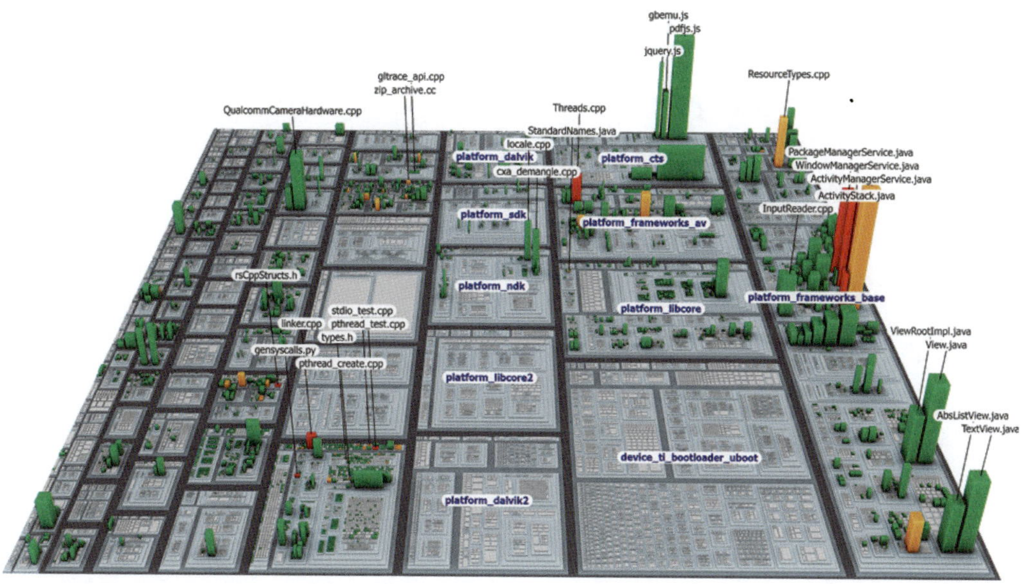

Abb. 10–9
Zusammenhang zwischen der Anzahl an Änderungen und der Größe in Seerene[4]

Hat man eine solche Auswertung in Kombination mit einer Auswertung zur Verfügung (s. Abb. 10–9), die die Anzahl der Änderungen pro großer Klasse darstellt, dann weiß man ziemlich genau, wo man beginnen sollte. Die beiden Abbildungen 10–8 und 10–9 sehen sich sehr ähnlich, allerdings stellt man bei genauerer Betrachtung fest:

- In der unteren rechten Ecke gibt es in Abbildung 10–8 einen großen, gelben Turm, also eine Klasse, die wenige Entwickler hat. In Abbildung 10–9 ist dieser Turm grün, d.h., diese Klasse wird wenig verändert.

---

4. © *http://www.seerene.com/*

- Die hohen Türme, die in beiden Abbildungen rot sind, sollten hingegen genauer untersucht werden. Sie sind groß, haben nur einen Entwickler und werden noch dazu häufig geändert.

> **Größe von Klassen im Griff behalten**
>
> Messen Sie regelmäßig die Größe von Klassen in Ihrem Sourcecode. Stellen Sie sicher, dass großen Klassen zerlegt werden.

10.4 Größe und Komplexität von Methoden

Das Innenleben

Um die Innensicht der Klassen zu beurteilen – also die Komplexität, mit der ein Entwickler zu kämpfen hat, wenn er die Klasse verändern soll –, verwendet man die Metrik *Anzahl Zeilen pro Methode* und die Metrik *Zyklomatische Komplexität* (s. Abb. 10–10 und 10–11).

Abb. 10–10 *Anzahl an Zeilen pro Methoden*

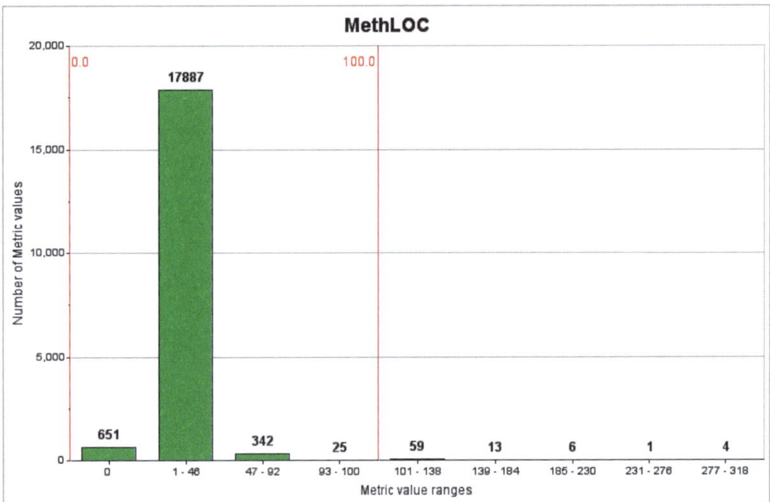

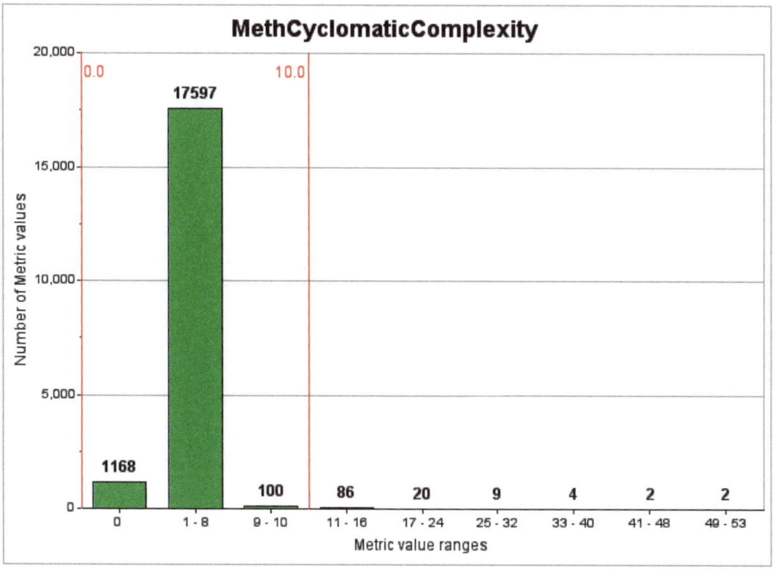

Abb. 10–11
Zyklomatische Komplexität der Methoden

Zyklomatische Komplexität = Anzahl der Pfade

Die Metrik *zyklomatische Komplexität* wurde 1976 von Thomas J. McCabe eingeführt [McCabe 1976]. Zyklomatische Komplexität ist definiert als die Anzahl linear unabhängiger Pfade auf dem Kontrollflussgraphen eines Stücks Sourcecode. Die McCabe-Metrik nimmt damit das Prinzip des Chunkings wieder auf (s. Abschnitt 5.1.1): Ein Stück Sourcecode ist ab einer bestimmten Komplexität für den Entwickler nicht mehr in seiner Gesamtheit zu verstehen. Zusätzlich liefert uns diese Zahl die obere Schranke für die Anzahl der Testfälle, die nötig sind, um eine vollständige Zweigüberdeckung des Kontrollflussgraphen zu erreichen [McCabe & Butler 1989].

Typische Werte für zyklomatische Komplexität

Das in Abbildung 10–11 ausgewertete System hat als höchste zyklomatische Komplexität den Wert 53. Das ist viel, aber ein Ausnahmefall im Vergleich zu dem Großteil der viel weniger komplexen Methoden. Bei Systemen, die von Entwicklern mit einer guten objektorientierten Ausbildung entwickelt wurden, ist das ein sehr typischer Wert. Besser wäre natürlich, wenn diese komplexen Methoden zerlegt würden und der maximale Wert irgendwo zwischen 10 und 20 läge. Grundsätzlich sollte sich jedes Team auf einen Maximalwert einigen und den Sourcecode regelmäßig prüfen.

Die Methoden, die in beiden Auswertungen (Länge und zyklomatische Komplexität) an der Spitze stehen, sollten auf jeden Fall untersucht werden. Meistens kennen die Entwickler diese Methoden nur zu gut und sagen bei der Analyse Dinge wie: »Oh ja! Das ist eine ganz furchtbare Ecke!« oder: »Die Methode steht schon auf unserer Liste der nächsten Refactorings!«

Metriken beinhalten keine absolute Wahrheit.

Wie bei allen Metriken ist auch bei der zyklomatischen Komplexität zu bedenken, dass sie lediglich ein Indikator ist. Methoden mit einer hohen zyklomatischen Komplexität sollte man sich anschauen. Es kann sein, dass sie viel Komplexität enthalten und ein Zerlegen in mehrere Methoden die Verständlichkeit deutlich erhöhen würde. Es kann aber auch sein, dass die Methode aus klar strukturierten einzelnen Abschnitten besteht, die jeweils gut kommentiert sind. In diesem Fall kann man sich wirklich streiten, ob eine Zerlegung in mehrere Methoden dem Verständnis dieses Algorithmus helfen wird. Aus Sicht der Testbarkeit und der Komplexität der Testfälle, die man für diese komplexe Methode konstruieren muss, ist eine Zerlegung allerdings sehr sinnvoll.

Zyklomatische Komplexität von 637

Einmal ist mir ein System begegnet, das eine Methode mit einer zyklomatischen Komplexität von 637 beherbergte. Diese Methode war dafür zuständig, zu überprüfen, ob die an der Weboberfläche eingegebene Kontonummer zur Bankleitzahl passt. Der Bankenverband hat für diesen Zusammenhang einen Algorithmus veröffentlicht, der regelmäßig aktualisiert wird, wenn sich die Bankenlandschaft verändert. Da der Algorithmus vom Bankenverband in Pseudocode als eine lange Funktion bereitgestellt wird, ist es nicht überraschend, dass die Entwickler ihn in eine Methode überführt hatten. Die einzelnen Abschnitte für die verschiedenen Bankleitzahlen waren durch Leerzeilen und Kommentare gut zu erkennen. Das Hinzufügen von neuen Banken und das Verändern der Logik für vorhandene Banken machten in diesem Fall keine Probleme. Ein neuer Block wurde angehängt oder ein vorhandener Block geändert. Lediglich das Zusammenlegen von Banken war in dieser sehr langen Methode aufwendig. Die Abwägung war hier also: Wie oft kommt so eine Veränderung vor? Lohnt sich der Aufwand oder gibt es andere, viel dringendere Refactorings?

Komplexität von Methoden im Griff behalten

Messen Sie regelmäßig die zyklomatische Komplexität von Methoden in Ihrem Sourcecode. Stellen Sie sicher, dass komplexe Methoden zerlegt werden und dass sich mehr als eine Person mit den komplexen Algorithmen auskennt.

10.5 Lose Kopplung

Kopplung lässt sich mit verschiedensten Werkzeugen bei statischen Programmiersprachen relativ einfach feststellen und messen. Einerseits wird die Kopplung in den grafischen Darstellungen der Architektur sichtbar. Andererseits kann man die Kopplung bezogen auf einzelne Bausteine messen (Abb. 10–12 und 10–13).

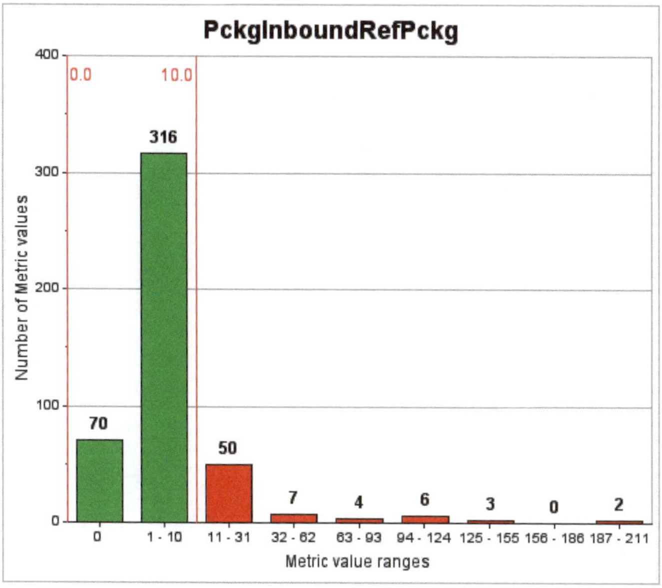

Abb. 10–12
Anzahl Beziehungen, die in ein Paket hineingehen

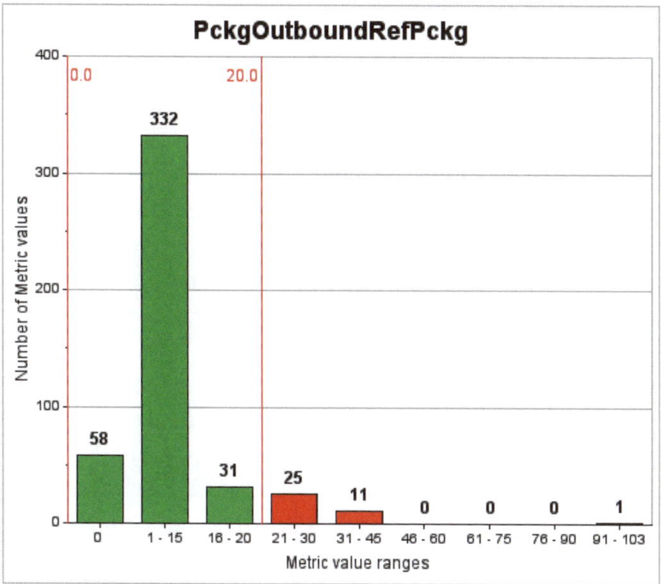

Abb. 10–13
Anzahl Beziehungen, die aus einem Paket hinausgehen

Knotenpunkte hoher Kopplung

Besonders interessant sind bei Kopplung die Bausteine in Systemen, die viel verwendet werden und ihrerseits viele andere Bausteine verwenden. Diese Bausteine sind an vielen Vorgängen im System beteiligt und werden an vielen Stellen gebraucht. Auch hier gilt wieder die Devise, wie bei allen Metriken: Man muss sich die auffälligen Artefakte anschauen. In Abbildung 10–14 sieht man ein typisches Bild für die Klassen, die eine hohe Kopplung in Systemen haben.

Abb. 10–14
Klassen mit vielen eingehenden (dunkelblau) und ausgehenden (hellblau) Beziehungen

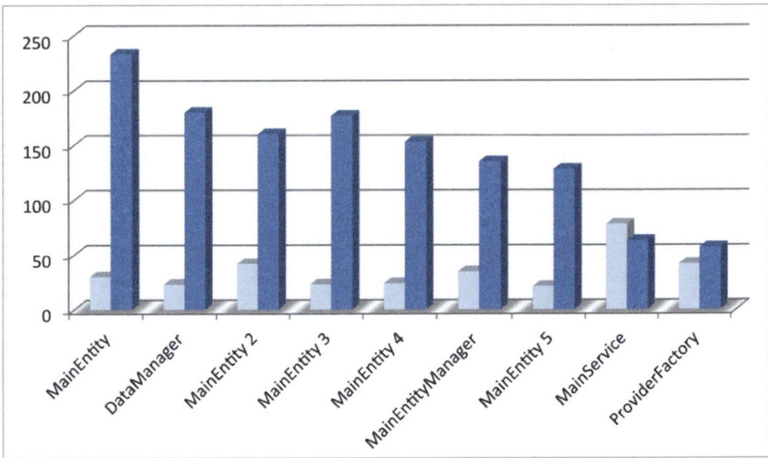

Es sind dieselben Kandidaten wie bei den großen Klassen: DB-/Datei-Schnittstellen-Klassen, zentrale Business-Objekte und Services sowie zentrale Framework-Oberklassen.

Überflüssige Kopplung

Zu wissen, dass bestimmt Klassen in einem System viele Beziehungen haben, hilft uns aber noch nicht wirklich weiter. Eigentlich brauchen wir Hinweise auf die Stellen im Code, wo die Kopplung überflüssig ist. Ein schöner Indikator für solche Stellen ist das *Law of Demeter* (LoD). Diese Designregel besagt, dass Klassen nur die Methoden anderer Klassen aufrufen sollten, die sie direkt kennen. Da sich das LoD formal definieren lässt, ist es mit Analysewerkzeugen messbar.

In Abbildung 10–15 sieht man die Klasse `A`, die an zwei Stellen (rot) das LoD verletzt. Nach dem LoD darf die Klasse `A` mit allen Klassen zusammenarbeiten, die sie als Attribut hat, die sie als Parameter bekommt oder die sie selbst erzeugt.

Nur mit Freunden sprechen

In der ersten grün markierten Zeile ruft `A` Methoden aus der Klasse `B` auf. Also eine Methode an einem ihrer Attribute. In der zweiten und dritten grünen Zeile ruft sie Methoden aus der Klasse `C` auf. Da ein Objekt der Klasse `C` als Parameter übergeben wird, ist das in Ordnung. Die ersten drei Zeilen entsprechen also dem LoD und der damit verknüpften Regel: »Sprich nur mit deinen engsten Freunden!«

```
public class A {
  private B b;
  public void testSomething(C c)
  {
     ☑ b.doSomething();
     ☑ c.doSomething();
     ☑ D d = c.getD();
     ☒ d.doSomething();
     ☒ c.getD().doSomething ();
     ☑ c.doSomethingOnD();
  }
}
```

Abb. 10–15
Verletzung des Law of Demeter

Entfernte Bekannte in Ruhe lassen

Sobald die Klasse `A` aber damit beginnt, an der Variablen `d` Methoden aufzurufen, verletzt sie das LoD. Die Klasse `D` ist kein direkter Nachbar der Klasse `A` und somit darf `A` sie nicht aufrufen. Hier wird das LoD verletzt: »Don't message your delegate object's objects« (»Schreib keine Nachrichten an die Objekte, mit denen das Objekt zusammenarbeitet, an das du Aufgaben delegierst«). Auch das Verschleiern der Verwendung der Klasse `D` in der zweiten roten Zeile macht die Sache nicht besser.

Delegation reduziert Kopplung

Der richtige Umgang damit, dass Klasse `A` etwas an einem Objekt der Klasse `D` tun will, findet sich in der sechsten – wieder grünen – Zeile. Hier ruft die Klasse `A` an dem Parameter `c` eine Methode auf, die dann etwas an `D` tut. `A` delegiert also den Aufruf an die Klasse `C`. Dadurch wird die Klasse `A` von der Klasse `D` entkoppelt. Streng genommen weiß sie gar nicht, ob und was `C` an dem Objekt der Klasse `D` ändert. Die Aufgabe beim Design von `C` wäre, den Dienst `doSomethingOnD()` so zu benennen und anzubieten, dass er fachlich sinnvoll ist und `D` gar nicht erwähnt. Vielleicht wird die Implementierung von `C` irgendwann ausgetauscht und der Aufruf `doSomethingOnD()` wird ganz anders realisiert. Diese Umsetzung entspricht einer weiteren Aussage, die im Zusammenhang mit dem LoD genannt wird: »If you delegate, delegate fully!«

Traversieren von Objektgeflechten vermeiden

Stellen wir uns vor, auch die Klasse `D` ist so realisiert, dass weitere Klassen an ihr hängen. Wir haben also, wie in objektorientierten Systemen üblich, ein großes Objektgeflecht. Würden wir der Klasse `A` erlauben, sich an diesem Objektgeflecht per `getX()` entlang zu hangeln, so würde sie alle Klassen auf dem Weg kennen müssen. Durch dieses Traversieren des Objektgeflechts entstünde viel Kopplung. Indem die Klasse `A` ihrem Nachbarn, der Klasse `C`, den Auftrag gibt, an `D` etwas zu ändern, folgt sie einem weiteren Prinzip des LoD: »Tell, don't ask!«

Kopplung zwischen Bausteinen überwachen

Messen Sie die Kopplung in Ihrem System regelmäßig. Kontrollieren Sie dadurch insbesondere die Stellen Ihres Systems, in denen die Kopplung ständig wächst. Lassen Sie sich vom Law of Demeter zu den verbesserungswürdigen Codestellen leiten.

Lose Kopplung in Schichten

In den meisten Systemen, die man heute zu Gesicht bekommt, ist die Kopplung zwischen den Bausteinen sehr aufgefächert. Das heißt, bei einer Schichtenarchitektur dürfen die oberen Schichten alle darunter liegenden Schichten verwenden. Für viele Systeme ist es sicherlich schon ein Gewinn, wenn es überhaupt eine technische und eine fachliche Schichtung gibt. Vom Standpunkt der losen Kopplung aus kann diese Einschränkung aber nicht ausreichend sein. Wichtig ist vielmehr eine Beschränkung der Zugriffe, sodass selbst in Richtung der Schichtung nicht jeder Baustein jeden anderen verwenden darf.

Kopplung einschränken

Legen Sie in Ihrer Architektur klare Regeln fest, zwischen welchen Bausteinen es keine Kopplung geben soll. Dadurch stärken Sie auch die Kohäsion in Ihren Bausteinen.

Kopplung zu externem Sourcecode

Neben der Kopplung innerhalb einer Architektur muss man sich die Schnittstelle zwischen dem selbst entwickelten Sourcecode und den extern verwendeten Bibliotheken und Frameworks anschauen. Wie breit ist die Kopplung zwischen dem eigenen Sourcecode und den externen Anteilen?

In Abbildung 10–16 sieht man ein Java-System, bei dem wir für die Analyse die externen Bibliotheken mit analysiert haben. Da weder der Source- noch der Bytecode der externen Technologie geparst wird, sind Packages der externen Artefakte als Kreise mit gestricheltem Rand dargestellt. Gezeigt werden nur die Artefakte, die in unserem eigenen Sourcecode verwendet werden. Die Beziehungen innerhalb der externen Technologie können nicht dargestellt werden, weil wir dem Tool keinen Zugang zu diesen Strukturen gewährt haben.

Logging-Framework

Bei der Analyse der externen Technologie sind die wichtigsten Fragen sicherlich: Wie wahrscheinlich ist ein Wechsel einer der verwendeten Technologien? Und wie sehr kann man der verwendeten Technologie vertrauen? Das in Abbildung 10–16 dargestellte System verwendet beispielsweise SLF4J (Simple Logging Facade for Java). SLF4J ist eine

Abstraktionsschicht für diverse Logger-Bibliotheken. Bei dieser Bibliothek muss man keine Angst haben, sie einzusetzen, da man davon ausgehen kann, dass sie auch zukünftig die Anforderungen an das Logging erfüllen wird.

Oberflächen-Frameworks

Technologie bzw. externe Bibliotheken und Frameworks treten ja in ganz unterschiedlichen Rollen auf. Damit einhergeht, dass man sich unterschiedlich stark bindet. An ein Oberflächenframework ist man wohl stärker gebunden als an das Logging-Framework. Zwar nutzt man den Logger in fast allen Klassen. Die Bindung ist aber sehr einförmig und (mit etwas Fleiß) unkompliziert zu ersetzen. Das Oberflächenframework nutzt man (hoffentlich) nur in der Werkzeugschicht. Dafür ist die Bindung hier sehr hoch, weil man ganz verschiedene Oberflächen einsetzt und mit ihnen interagiert. Man muss also bei einer Analyse die Qualität der Bindung betrachten und nicht nur die Quantität.

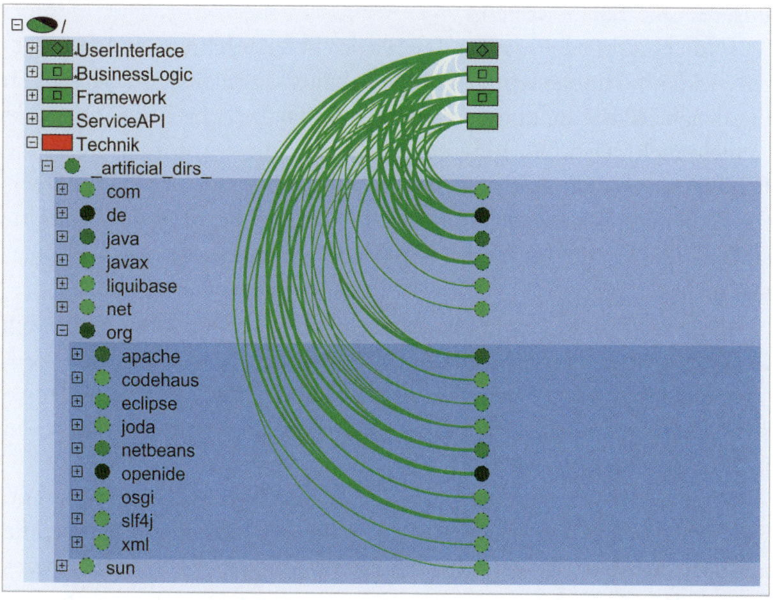

Abb. 10–16
Verwendung externer Bibliotheken

Kapselung der externen Zugriffe

Ein sinnvoller Umgang mit externen Bibliotheken wäre, wenn der Baustein, der eine externe Bibliothek verwendet, sie in seinem Inneren kapselt. Beispielsweise sollten die Hibernate-Implementierungen eines DAO keine Hibernate-Klassen an ihrer Schnittstelle verwenden. Auf diese Weise folgt man dem Architekturstil Trennung von fachlichen und technischen Bausteinen (s. Abschnitt 6.2). Updates auf neue Versionen der externen Bibliotheken und Frameworks werden so deutlich vereinfacht. Natürlich ist man bei der Verwendung von externen Bibliotheken auch darauf angewiesen, was die Bibliothek als Schnittstelle anbietet.

Kopplung an externe Bibliotheken und Frameworks

Wählen Sie die Bibliotheken und Frameworks neben ihrer Funktionalität auch danach aus, wie viel Kopplung Sie eingehen müssen.

Implizite Kopplung

Mit den verfügbaren Werkzeugen kann man leider nur die explizite Kopplung ermitteln, also die Stellen im Sourcecode, wo eine Klasse eine andere Klasse als Typ benutzt oder von ihr erbt. Implizite Kopplung über das eingebaute Wissen der Entwickler lässt sich nicht automatisiert analysieren und ist deshalb deutlich unangenehmer. Stellen wir uns vor, wir sollen eine Schnittstelle einer Behälterklasse benutzen, die mittels eines Iterators Elemente aus einer Liste liefert, die wir dann in einer Liste an der Oberfläche anzeigen. In unseren ersten Tests stellen wir fest, dass die Liste alphabetisch sortiert ist. Genau das Verhalten, das wir an unserer Oberfläche wollen.

Nun tauscht nach einiger Zeit, vielleicht nach Jahren, ein Wartungsentwickler die Implementierung der Behälterklasse aus. Alle Methoden der Behälterklasse funktionieren, aber die alphabetische Reihenfolge gibt es nicht mehr. Dem Wartungsentwickler war diese Anforderung an die Behälterklasse nicht bewusst. Wie auch – die Verwendung in der Oberfläche benutzte ja nur das implizite Wissen aus den Tests der Schnittstelle. Diese Art der impliziten Kopplung lässt sich leider mit Werkzeugen nicht aufspüren.

Lazy Loading + Datenbank

Eine unangenehme, implizite Kopplung entsteht, wenn man Lazy Loading einsetzt. Hat man ein Objekt bekommen, das nachgeladen wird, so braucht man immer eine aktive Transaktion. Ohne diese aktive Transaktion kann man den noch nicht komplett initialisierten Objektgraphen nicht bearbeiten.

Eine weitere Form der impliziten Kopplung ist uns allen gut bekannt: die Datenbank. Über Jahre haben wir uns bemüht, die Software, die auf der Datenbank arbeitet, zu modularisieren. Aber alle Teile unseres Systems brauchen Daten aus einem oder mehreren Datenbanksystemen, die wiederum von mehreren Applikationen verwendet werden. Will man diese Kopplung reduzieren, muss man in Richtung Microservices gehen und die Datenbestände zerlegen.

10.6 Kopplung und Größe von Klassen

Bisher haben wir die Größe von Bausteinen und die Kopplung zwischen ihnen getrennt betrachtet. In meinen Analysen konnte ich, für mich überraschend, feststellen, dass es einen Zusammenhang zwischen großen Klassen und hoher Kopplung zu geben scheint. Hier steht »scheint«, weil eine Auswertung auf 40 Systemen statistisch nicht relevant ist. Diese Auswertungen können also lediglich als Indiz oder Hinweis gesehen werden. Auffällig in den Auswertungen ist, dass die Systeme mit großen Klassen auch eine hohe Kopplung zwischen den Klassen aufweisen.

In Abbildung 10–17 steht jeder Punkt für ein Softwaresystem. Auf der Y-Achse ist die durchschnittliche Anzahl von ausführbaren Zeilen Code pro Klasse und auf der X-Achse die Größe der Systeme abgetragen.

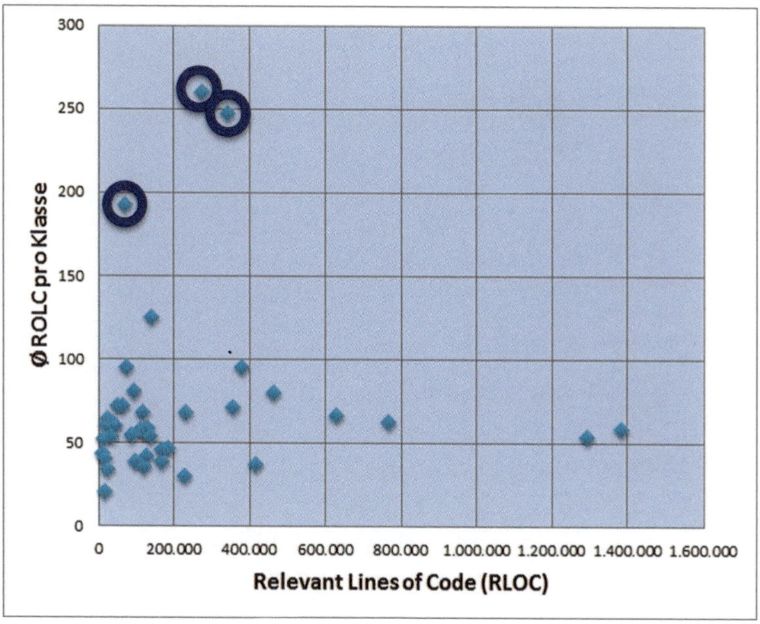

Abb. 10–17
Durchschnittliche Anzahl von ausführbaren Zeilen pro Klasse

Große Systeme haben kleine Klassen.

Abbildung 10–17 zeigt, dass größere Softwaresysteme nicht automatisch größere Klassen haben. Im Gegenteil, die Klassen werden im Durchschnitt nicht größer. Die typische Größe für Klassen lag bei den untersuchten Systemen unterhalb von 100 ausführbaren Programmzeilen.

Nur drei Systeme besitzen im Vergleich zu den anderen größere Klassen (blaue Kreis). Bei diesen Systemen waren die Entwickler der Meinung, dass große Klassen kein Problem darstellen. Viele kleinere Klassen erschienen diesen Entwicklern problematischer. Von diesen drei Ausnahmen abgesehen, lässt sich vermuten, dass die Entwickler der Systeme eine ähnliche Vorstellung davon haben, wie groß Klassen sein sollen.

Bei größeren Softwaresystemen steigt also nicht die Größe, sondern die Anzahl der Klassen.

Meine Vermutung war nun, dass in Systemen mit großen Klassen weniger Beziehungen pro Klasse existieren müssten. Schließlich wurden Klassen quasi zusammengelegt und so Beziehungen eliminiert. In Abbildung 10–18 sieht man nun die durchschnittliche Anzahl der Beziehungen pro Klasse im Vergleich zur Systemgröße.

Große Klassen → hohe Kopplung

Ähnlich wie bei der durchschnittlichen Klassengröße gibt es auch für die großen Systeme eine Grenze. Der Durchschnitt der meisten Systeme scheint bei ca. elf Beziehungen pro Klasse zu liegen. Wieder gibt es drei Ausreißer (blaue Kreise): Die drei Systeme, die oberhalb dieser Grenzen liegen, sind dieselben Systeme, die schon durch besonders große Klassen aufgefallen sind.

Abb. 10–18
Durchschnittliche Anzahl Beziehungen pro Klasse

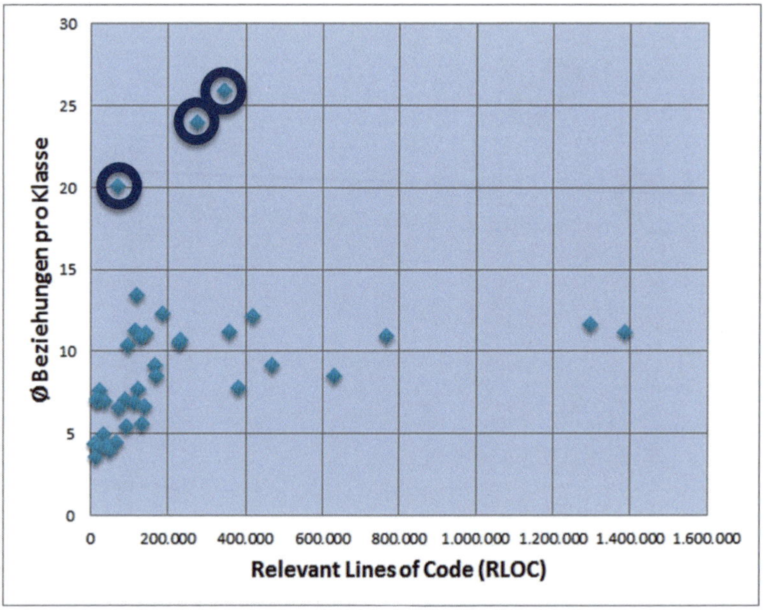

Prozeduraler Entwurf → große Klassen + hohe Kopplung

Was ist bei diesen drei Systemen anders als bei den anderen? Bei genauer Betrachtung des Sourcecodes konnten wir feststellen, dass diese Systeme einige sehr große Klassen enthalten. Diese großen Klassen steuern weite Teile der Abläufe, indem sie viele Klassen aufrufen und ihre Ergebnisse an andere Klassen weitergeben. Zusätzlich stellen sie noch Standardfunktionalität zur Verfügung, sodass sie von vielen Klassen gekannt werden müssen. Die Namen dieser Klassen deuten auf eine solche umfassende Zuständigkeit hin: `{*}Manager`. Einerseits wurde schon beim Thema Kohäsion klar (s. Abschnitt 10.1), dass die Bezeichnung Manager nicht wirklich dabei hilft, eine Klasse mit einer Aufgabe zu entwerfen. Andererseits

seits war im Sourcecode dieser Manager-Klassen deutlich zu sehen, dass hier gar kein objektorientierter Entwurf vorlag. Die Klassen haben alle viele statische Methoden und geben sich jeweils die Daten zur Bearbeitung weiter. Ein klarer Fall von prozeduraler Entwicklung im Gewand einer objektorientierten Programmiersprache.

Größe und Kopplung können sich gegenseitig bedingen

Entwickeln Sie Klassen mit vergleichbarer Größe, dann erhalten Sie ein System mit gut verteilter Kopplung.

10.7 Wie modular sind Sie?

Die Frage nach Modularität führt bei einigen Entwicklungsteams zu überraschenden Antworten. Für viele ist Modularität erfreulicherweise die Grundlage für den Entwurf von Klassen und für den Schnitt von Bausteinen des Systems.

Klassen sind keine Behälter für Methoden.

In einem Fall traf ich auf ein Team, das von Modularität noch nie etwas gehört hatte. Besonders augenfällig wurde das bei der Diskussion darüber, wie ein Zyklus aufgelöst werden könnte. Der Entwickler sagte mir: »Um diesen Zyklus aufzulösen, nehme ich die Methode X aus der Klasse A und verschiebe sie in Klasse B. Und dann noch Methode Y aus Klassen A nach Klasse C. Und der Zyklus ist weg!« Diese Umstrukturierungsmöglichkeit freute den Entwickler – mich freute sie nicht. Diese Restrukturierung war vollständig losgelöst von der Frage, ob die verschobenen Methoden zu der Aufgabe der Zielklasse passten oder nicht. Diese Entwickler benutzten zwar Java, aber der Grundgedanke der Objektorientierung war ihnen nicht geläufig. Sie betrachteten Klassen lediglich als Behälter für Methoden, nicht als eine zusammengehörige Einheit im System. Zugegebenermaßen war dies ein Einzelfall.

Dienste stärken Modularität.

Bei Teams, die Teile ihres Systems als Dienste konzipieren, existiert oft ein starker Fokus auf Modularität. Dienste sollen innerhalb des Systems oder auch von anderen Systemen als eine Einheit wahrgenommen werden. Bei solchen Bausteinen legen die Teams sehr viel Wert auf die Schnittstelle und ihre konsistente Ausgestaltung für eine Aufgabe – einen Dienst oder Service.

Bausteine als Services

Stärken Sie die Modularität in Ihrem System, indem Sie die Bausteine als Dienste betrachten, die über eine Schnittstelle verwendet werden. Durch diese Sichtweise unterstützen Sie die Konzentration auf die Aufgabe eines Bausteins.

Wer passt zu keinem Muster?

Bei Systemen mit einer Mustersprache geben die Musterelemente den Entwicklungsteams eine direkte Orientierung, welche Zuständigkeit eine Klasse haben sollte. Solche Designregeln sind ein wichtiger Treiber für die Modularität.

Dementsprechend interessant sind die restlichen Klassen, für die es in der Mustersprache kein Musterelement gibt. Diese Klassen haben häufig eine geringe Modularität und erfüllen mehrere Zuständigkeiten gleichzeitig. Ende der 1990er-Jahre – als für Java noch relativ wenige Frameworks existierten – haben wir die ersten produktiven Systeme mit Java gebaut. Damals gab es in unseren Systemen immer eine Klasse namens `StartUp`. Diese Klasse war für die Initialisierung aller Services beim Systemstart zuständig und hat im Anschluss das Login-Fenster angezeigt. In einigen Fällen haben wir in diese Klasse zusätzlich einige systemweit benötigte Konstanten, in der Applikation verwendete Dateipfade und Datenbankzugänge integriert. Das erschien uns im ersten Moment logisch, denn einige Services mussten beim Hochfahren mit diesen Informationen versorgt werden. Andere Klassen, wie die Oberflächen, die im späteren Verlauf von anderen Klassen erzeugt wurden, konnten sich diese Informationen bei der `StartUp`-Klasse abholen.

StartUp + Ressourcen

Das Ergebnis war eine `StartUp`-Klasse, die viele Klassen kannte, um sie zu starten, und die von vielen anderen Klassen nach den in ihr abgelegten Informationen gefragt wurde. `StartUp` war somit an einem größeren Zyklus beteiligt und hatte aus Sicht der Modularität zwei Aufgaben: das System hochfahren und Informationen zu Ressourcen verwalten. Als uns dieses Architekturproblem klar wurde, haben wir eine andere Konstruktion gewählt: Die beiden Aufgaben wurden auf zwei Klassen verteilt. Die `StartUp`-Klasse blieb bestehen, aber die Verwaltung der Ressourcen wurde in eine eigene Klasse ausgelagert.

Modularität von Klassen ohne Muster

Achten Sie besonders auf die Klassen, für die kein Musterelement in Ihrer Mustersprache existiert oder zu existieren scheint. Diese Klassen sind üblicherweise eine Diskussion über ihre Modularität wert!

11 Modularity Maturity Index (MMI)

Um die Fragen unserer Kunden nach einem Vergleich ihrer Systeme zu beantworten, haben wir ab 2008 damit begonnen, auf Basis unserer Analyseerfahrungen ein einheitliches Bewertungsschema zu entwickeln: den Modularity Maturity Index (MMI). Den Namen Modularity Maturity Index haben wir gewählt, weil für Langlebigkeit der Aspekt der Modularität auf allen Ebenen die entscheidende Rolle spielt.

Der MMI bewertet Softwaresysteme anhand der Kategorien Modularität, Hierarchie und Musterkonsistenz, den drei informatischen Grundprinzipien, die in Kapitel 5 im Zusammenhang mit Mechanismen aus der kognitiven Psychologie entwickelt wurden. Der MMI wird aus verschiedenen Kriterien und Metriken berechnet und bildet die Bewertung auf eine Skala von 1 bis 10 ab. Einerseits sind das tatsächlich messbare Werte, wie Größenverhältnisse und Kopplung zwischen Bausteinen. Andererseits fließen qualitative Bewertungen durch die Reviewer z.B. zu dem Schnitt der Bausteine, ihren Schnittstellen und ihren Namen ein.

In den nächsten drei Abschnitten sehen wir, welche Kriterien und Metriken für Modularität, Hierarchie und Musterkonsistenz herangezogen werden. Im Anschluss daran stellen wir den Algorithmus vor, mit dem die Berechnung des MMI durchgeführt wird.

11.1 Modularität im MMI

Hohe Kohäsion und lose Kopplung

Die **Modularität** drückt der MMI über die Angabe aus, ob die Bausteine in einem Softwaresystem auf allen Ebenen hohe Kohäsion im Inneren und lose Kopplung zu anderen Bausteinen haben. Modularität kann in weiten Teilen nur qualitativ beurteilt werden, d.h., ein Mensch muss diese Bewertung machen. Diese qualitative Beurteilung wird durch verschiedene Messwerte unterstützt:

Abbildung der Soll-Architektur auf die Ist-Architektur

- **Abbildung der Soll-Architektur auf die Ist-Architektur**
  In einem Softwaresystem findet sich eine Strukturierung durch Schichten, Pakete und vielleicht auch Module, Projekte oder Deployment-Einheiten. Diese implementierte Struktur – die Ist-Architektur – entspricht meistens nicht dem Plan, den die Architekten für dieses System einmal hatten – der Soll-Architektur. Wie stark und in welcher Weise weichen Soll und Ist voneinander ab?

Verantwortlichkeiten der Bausteine

- **Verantwortlichkeiten der Bausteine**
  Wenn die Bausteine eines Systems modular sind, sollten Sie in der Lage sein, für jeden Baustein die Frage zu beantworten: Was ist seine Aufgabe? Wichtig ist dabei, dass der Baustein genau eine Aufgabe hat und nicht mehrere. Gute Anhaltspunkte für unklare Zuständigkeiten sind die Namen der Bausteine – der Name eines Bausteins sollte seine Aufgabe beschreiben. Wenn der Name vage ist, sollte er überprüft werden.

Kohäsion durch Kopplung

- **Kohäsion durch Kopplung**
  Blöcke sollten Unterblöcke enthalten, die zusammengehören. Zum Beispiel sollte eine Klasse Methoden enthalten, die zusammen ein Ganzes ergeben. Das Gleiche gilt für größere Bausteine wie Pakete, Komponenten, Module, Schnittstellen und Schichten. Wenn die Unterbausteine mehr mit anderen Bausteinen zu tun haben als mit ihren »Schwestern und Brüdern«, dann stellt sich die Frage, ob sie in einen anderen Baustein gehören.

Ausgewogene Proportionen

- **Ausgewogene Proportionen**
  Bausteine, die sich auf einer Ebene befinden, also die Schichten, die technischen Module, die Schnittstellen, die Pakete, die Klassen oder die Methoden, sollten ausgewogene Proportionen haben. Hier lohnt es sich, die sehr großen Bausteine daraufhin zu untersuchen, ob sie für eine Dekomposition infrage kommen.

11.2 Hierarchie im MMI

Big Ball of Mud

Die **Hierarchie** drückt der MMI darüber aus, wie verwoben die Systeme in ihrem Inneren sind – in Domain-Driven Design spricht man dann von einem *Big Ball of Mud* (s. Abschnitt 7.5). Ein Big Ball of Mud besteht auf allen Ebenen aus zyklischen Strukturen, die wir für ein modulares System auflösen müssen. Hierarchie kann quantitativ durch Metriken gemessen werden. Im MMI werden die folgenden Messwerte verwendet:

- **Trennung von fachlichem und technischem Sourcecode**
  Wie gut die technische Schichtung eingehalten wird, lässt sich über den %-Anteil an Verletzungen in der technischen Schichtung bestimmen. Wie gut die geplante Kopplung zwischen den fachlichen Modulen eingehalten wird, lässt sich über den %-Anteil Verstöße bei den Beziehungen in der fachlichen Struktur bewerten.

Technische Schichtung und fachliche Struktur

- **%-Anteil Klassen und Pakete in Zyklen**
  Bei einem System mit weniger als 10 % Klassen in Zyklen ist das Chaos auf der Klassenebene nicht hoch. Liegt das Ergebnis zwischen 10 und 20 %, so erwartet uns einiges an Arbeit, um die Zyklen zu entwirren. Befinden sich mehr als 30 % seiner Klassen in Zyklen, dann ist das System bereits stark erodiert oder hatte nie ein sinnvolles Design auf Klassenebene. Bei Paketzyklen sind 20 % ein guter Wert; alles über 40 % stellt ein ernsthaftes Problem dar.

%-Anteil Klassen und Pakete in Zyklen

- **Anzahl Klassen und Pakete pro Zyklus**
  Systeme mit Klassenzyklen im Umfang von 2 bis 5 Klassen sind in einem guten Zustand. In einem Big Ball of Mud findet man hingegen Zyklen im Umfang von 300, 400 oder 500 Klassen. Diese großen Monster zu entwirren, bedeutet viel Arbeit. Auf Paketebene gibt es ähnliche Größenordnungen zu bewältigen.

Anzahl Klassen und Pakete pro Zyklus

11.3 Musterkonsistenz im MMI

Struktur durch Regeln

Die Musterkonsistenz drückt der MMI über die Angabe aus, ob die Architektur- und Entwurfsmuster, die für das System geplant sind, eingehalten werden. Muster legen Regeln für die Aufgaben der Klassen oder Pakete fest und erhöhen so die Kohäsion. Außerdem beschränken sie durch Regeln die Beziehungen, die in einem Muster erlaubt sind, was die Kopplung reduziert. Musterkonsistenz kann nur qualitativ beurteilt werden, d.h., ein Mensch muss auch diese Bewertung durchführen. Diese qualitative Beurteilung wird durch verschiedene Messwerte unterstützt:

- **Einsatz der Muster auf Klassenebene**
  Je höher der Anteil an Sourcecode ist, der einem Muster folgt, desto besser sind die Ergebnisse für Kohäsion und Kopplung. Oder auch: Der Teil des Sourcecodes, der keinem Muster zuzuordnen ist, macht in der Regel die größten Schwierigkeiten. Sind die Muster zyklenfrei umgesetzt, sodass sie ihrer strukturverbessernden Aufgabe gerecht werden? Sind die Muster im Sourcecode durch Namenszusätze, Vererbung oder Annotationen sichtbar gemacht? Dadurch wird ihr Einsatz und ihre durchgängige Verwendung deutlich wahrscheinlicher.

Einsatz der Muster auf Klassenebene

Trennung von fachlichem und technischem Sourcecode

- **Trennung von fachlichem und technischem Sourcecode**
  Ist der technische Sourcecode vom fachlichen getrennt oder gibt es viele Klassen, die beide Aspekte beinhalten? Durch eine klare Trennung dieser beiden Aspekte entstehen klare Verantwortlichkeiten und die typischerweise nur einen Aspekt betreffenden Änderungen können lokal umgesetzt werden.

11.4 Berechnung des MMI

Gewichtung im MMI

In die Gesamtberechnung des MMI gehen Modularität, Hierarchie und Musterkonsistenz jeweils mit einem individuellen prozentualen Anteil ein. Die Modularität hat mit 45 % den stärksten Einfluss auf den MMI, weil Modularität die Grundlage für Hierarchie und Musterkonsistenz ist. Die Hierarchisierung fließt mit 30 % ein und Musterkonsistenz mit 25 %. Der Musterkonsistenz haben wir ein etwas geringeres Gewicht gegeben als der Hierarchisierung, weil Muster als sinnvolles Mittel zur Strukturierung von Architekturen noch nicht in allen Bereichen der Softwareentwicklung angekommen sind. Bei Modularität und Hierarchisierung gibt es unterhalb des Grundprinzips zwei bis drei Teilprinzipien, die jeweils einen Anteil des Prozentsatzes vom Grundprinzip übernehmen. Anhand der Anweisungen in Tabelle 11–1 werden die Werte schließlich berechnet.

1. Modularität (45 %)
   - 1.1 Fachliche und technische Modularität (25 %)
     - 1.1.1 Zuordnung des Sourcecodes zu den fachlichen Modulen in % des gesamten Sourcecodes (s. Abschnitt 4.3)
     - 1.1.2 Zuordnung des Sourcecodes zu den technischen Schichten in % des gesamten Sourcecodes (s. Abschnitt 4.3)
     - 1.1.3 Größenverhältnisse der fachlichen Subsysteme ((LoC max/LoC min)/Anzahl) (s. Abschnitt 10.2)
     - 1.1.4 Größenverhältnisse der technischen Schichten ((LoC max/LoC min)/Anzahl) (s. Abschnitt 10.2)
     - 1.1.5 Fachliche Module, technische Schichten, Pakete und Klassen haben klare Verantwortlichkeiten (s. Abschnitt 10.1)
     - 1.1.6 Abbildung der technischen Schichtung und fachlichen Module durch Pakete oder Projekte (s. Abschnitt 7.1)
   - 1.2 Interne Schnittstellen (10 %)
     - 1.2.1 Mindestens eine Art von Modulen (fachlich/technisch) hat SSTs (% Verletzungen) (s. Abschnitt 7.3 und 7.4)
     - 1.2.2 Abbildung der internen Schnittstellen durch Pakete oder Projekte (s. Abschnitt 7.3)

→

1.3 Größenverhältnisse (10 %)
- 1.3.1 % des Sourcecodes in großen Klassen (s. Abschnitt 10.3)
- 1.3.2 % des Sourcecodes in Methoden (s. Abschnitt 10.4)
- 1.3.3 % der Klassen in großen Paketen (s. Kap. 10)
- 1.3.4 % der Methoden des Systems mit einer hohen zyklomatischen Komplexität (s. Abschnitt 10.4)

2. Hierarchie (30%)

2.1 Technische Schichtung und fachliche Struktur (15%)
- 2.1.1 Anzahl der Architekturverletzungen in der technischen Schichtung (%) (s. Abschnitt 6.3.1, 7.2 und Kap. 9)
- 2.1.2 Anzahl der Architekturverletzungen in der fachlichen Struktur (%) (s. Abschnitt 6.3.2, 6.5 und 7.2)

2.2 Klassen- und Paketzyklen (15%)
- 2.2.1 Anzahl Klassen in Zyklen (%) (s. Abschnitt 9.1.1)
- 2.2.2 Anzahl Pakete in Zyklen (%) (s. Abschnitt 9.1.1)
- 2.2.3 Anzahl Klassen pro Zyklus (s. Abschnitt 9.1.2)
- 2.2.4 Anzahl Pakete pro Zyklus (s. Abschnitt 9.1.2)

3. Musterkonsistenz (25 %)

- 3.1 Zuordnung des Sourcecodes in % zu Mustern (s. Abschnitt 6.6 und 8.4)
- 3.2 Beziehungen der Muster sind zyklenfrei (% Verletzungen) (s. Abschnitt 8.6 und 9.2.4)
- 3.3 Explizite Abbildung der Muster (über Klassennamen, Vererbung oder Annotationen) (s. Abschnitt 8.2, 8.3 und 8.4)
- 3.4 Trennung des fachlichen und technischen Sourcecodes (Beispiel Quasar, Hexagonal) (s. Abschnitt 6.2 und 6.4)

Der MMI wird berechnet, indem für jedes Kriterium eine Zahl zwischen 0 und 10 anhand der Tabelle 11–1 ermittelt wird. Die sich daraus ergebenden Zahlen pro Abschnitt werden addiert und durch die Anzahl der infrage kommenden Kriterien geteilt. Das Ergebnis wird im MMI mit dem prozentualen Anteil des jeweiligen Prinzips festgehalten, sodass eine Zahl zwischen 0 und 10 ermittelt werden kann.

#	0	1	2	3	4	5	6	7	8	9	10	#
1.1.1	≤54%	>54%	>58%	>62%	>66%	>70%	>74%	>78%	>82%	>86%	>90%	(linear)
1.1.2	≤75%	>75%	>77,5%	>80%	>82,5%	>85%	>87,5%	>90%	>92,5%	>95%	>97,5%	(linear)
1.1.3	≥7,5	<7,5	<5	<3,5	<2,5	<2	<1,5	<1,1	<0,85	<0,65	<0,5	(logarithmisch)
1.1.4	≥16,5	<16,5	<11	<7,5	<5	<3,5	<2,5	<2	<1,5	<1,1	<0,85	(logarithmisch)
1.1.5	Nein					teilweise					Ja, alle	
1.1.6	Nein					teilweise					Ja	
#	0	1	2	3	4	5	6	7	8	9	10	#
1.2.1	≥6,5%	<6,5%	<4%	<2,5%	<1,5%	<1%	<0,65%	<0,4%	<0,25%	<0,15%	<0,1%	(logarithmisch)
1.2.2	Nein					teilweise					Ja	
#	0	1	2	3	4	5	6	7	8	9	10	#
1.3.1	≥23%	<23%	<18%	<13,5%	<10,5%	<8%	<6%	<4,75%	<3,5%	<2,75%	<2%	(logarithmisch)
1.3.2	≥23%	<23%	<18%	<13,5%	<10,5%	<8%	<6%	<4,75%	<3,5%	<2,75%	<2%	(logarithmisch)
1.3.3	≥23%	<23%	<18%	<13,5%	<10,5%	<8%	<6%	<4,75%	<3,5%	<2,75%	<2%	(logarithmisch)
1.3.4	≥3,6%	<3,6%	<2,6%	<1,9%	<1,4%	<1%	<0,75%	<0,5%	<0,4%	<0,3%	<0,2%	(logarithmisch)
#	0	1	2	3	4	5	6	7	8	9	10	#
2.1.1	≥6,5%	<6,5%	<4%	<2,5%	<1,5%	<1%	<0,65%	<0,4%	<0,25%	<0,15%	<0,1%	(logarithmisch)
2.1.2	≥14%	<14%	<9,6%	<6,5%	<4,5%	<3,2%	<2,25%	<1,5%	<1,1%	<0,75%	<0,5%	(logarithmisch)
#	0	1	2	3	4	5	6	7	8	9	10	#
2.2.1	≥25%	<25%	<22,5%	<20%	<17,5%	<15%	<12,5%	<10%	<7,5%	<5%	<2,5%	(linear)
2.2.2	≥50%	<50%	<45%	<40%	<35%	<30%	<25%	<20%	<15%	<10%	<5%	(linear)
2.2.3	≥106	<106	<82	<62	<48	<37	<29	<22	<17	<13	<10	(logarithmisch)
2.2.4	≥37	<37	<30	<24	<19	<15	<12	<10	<8	<6	<5	(logarithmisch)
#	0	1	2	3	4	5	6	7	8	9	10	#
3.1	≤54,5%	>54,5%	>59%	>63,5%	>68%	>72,5%	>77%	>81,5%	>86%	>90,5%	>95%	(linear)
3.2	≥7,5%	<7,5%	<5%	<3,5%	<2,5%	<2%	<1,5%	<1,1%	<0,85%	<0,65%	<0,5%	(logarithmisch)
3.3	Nein					teilweise					Ja	
3.4	Nein					teilweise					Ja	
#	0	1	2	3	4	5	6	7	8	9	10	#

Tab. 11-1 *Detaillierte Berechnungsanleitung für den MMI*

Vergleichbarkeit herstellen

Einige Kriterien, wie z.B. große Klassen oder große Pakete, können mit metrischen Werkzeugen bestimmt werden und ihre Vergleichbarkeit hängt nur von der Vergleichbarkeit der jeweils verwendeten metrischen Werkzeuge ab. Andere Kriterien, wie die Frage, ob die Module, Schichten etc. klare Zuständigkeiten haben (1.1.5), sind nicht messbar, sondern liegen im Ermessen des Reviewers. Um hier eine größtmögliche Vergleichbarkeit zu gewährleisten, führen wir die Reviews immer paarweise durch und diskutieren die Ergebnisse anschließend in einer größeren Gruppe von Architekturreviewern.

Um diese nicht messbaren Kriterien bewerten zu können, sind unsere Gutachter auf Gespräche mit den Entwicklern und Architekten des jeweiligen Systems angewiesen. Diese Diskussion führen wir in Vor-Ort- oder Remote-Workshops durch, wobei wir die Architektur des Systems aus verschiedenen architektonischen Perspektiven mithilfe eines Analysewerkzeugs diskutieren (s. Abschnitt 4.3).

11.5 Vergleich mit dem MMI

MMI von 1 bis 10

In Abbildung 11–1 ist eine Auswahl von 22 Softwaresystemen dargestellt, die in einem Zeitraum von fünf Jahren analysiert wurden. Die Größe der Systeme in Lines of Code (LOC) ist jeweils unterhalb der Punkte angegeben. Bei System 2 handelt es sich um ein 14,7 Millionen LOC großes Java-System. System 16 ist ein knapp 10 Millionen LOC großes C#-System. Insgesamt finden sich in Abbildung 11–1 Java-, C#-, C++- und PHP-Systeme.

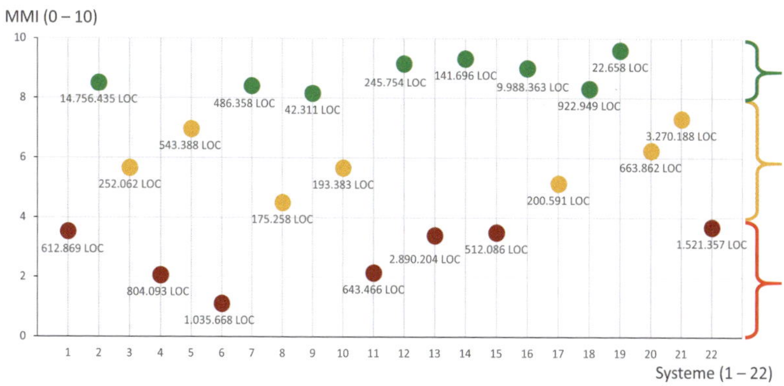

Abb. 11–1
MMI für 22 verschiedene Systeme

Grüner und gelber Bereich

Liegt der MMI eines Systems zwischen 8 und 10, also im grünen Bereich, so ist der Anteil an technischen Schulden gering. Das System befindet sich im Korridor des »Gleichbleibenden Aufwands für Wartung« aus Abbildung 1–1 in Abschnitt 1.3. Systeme mit einem MMI zwischen 4 und 8 haben bereits einiges an technischen Schulden angesammelt. Architekturerosion verlangsamt die Wartungs- und Entwicklungsgeschwindigkeit immer mehr und es sind Refactorings notwendig, um in den grünen Bereich zurückzugelangen. In diesem Fall sollte das Team zusammen mit dem Reviewer Refactorings definieren und priorisieren, die die technischen Schulden reduzieren. Schritt für Schritt müssen diese Refactorings in die Wartung oder auch Erweiterung des Systems eingeplant und die Ergebnisse regelmäßig überprüft werden. So kann ein System schrittweise in den grünen Bereich hochgezogen werden.

Roter Bereich Systeme mit einem MMI unterhalb der Marke 4 sind nur mit sehr viel Aufwand zu warten und zu erweitern. Sie sind im Korridor »Hoher, unplanbarer Aufwand für Wartung« aus Abbildung 1–1 in Abschnitt 1.3 angelangt. Bei diesen Systemen muss sehr genau abgewogen werden, ob sich ein Erneuern durch Refactorings lohnt oder ob das System ersetzt werden sollte. Vor einiger Zeit durften wir beispielsweise das System mit der Nummer 13 (2,8 Millionen LOC) aus Abbildung 11–1 analysieren. Dieses System war sowohl in der Wartung als auch in der Erweiterung sehr teuer. Die Analyse konnte den schlechten Eindruck, den dieses System in den letzten Jahren hinterlassen hatte, mit eindeutigen Fakten aus dem Inneren des Systems belegen. Mit einem MMI von 3,5 war das System im roten Bereich angekommen. Bereits vor einiger Zeit hatte das Unternehmen, das dieses System einsetzte, sich nach Ersatz umgesehen und ein Standardprodukt ausfindig gemacht. Um hier nicht in dieselbe Falle der ständig steigenden Wartungskosten zu tappen, wurde dieses Standardprodukt ebenfalls untersucht. Dabei handelt es sich um System 18 aus Abbildung 11–1. Mit einem MMI von 8,6 ist dieses System in einem guten Zustand und das in der Analyse identifizierte Verbesserungspotenzial lässt sich mit vertretbaren Kosten umsetzen.

Und wie weiter? Um diese doch etwas theoretische Beschreibung des MMI mit Leben zu füllen, folgt nun das letzte Kapitel dieses Buches, in dem ich die Analyse von sechs verschiedenen Systemen ausführlich beschreibe.

Neben den vielen Refactoring-Möglichkeiten, die in diesem Buch erläutert werden, möchte ich Ihnen außerdem das Buch »Domain-Driven Transformation – Monolithen und Microservices zukunftsfähig machen« von meinem Kollegen Henning Schwentner und mir ans Herz legen (s. [Lilienthal & Schwentner 2023]). Dort finden Sie einerseits detaillierte Anleitungen, wie Sie ein System aus dem roten Bereich herausbringen und dadurch auf Architekturebene wieder handlungsfähig werden. Andererseits haben wir Methoden des Collaborative Modeling, der Architekturanalyse sowie aus dem Domain-Driven Design und auch die Veränderung der Teamorganisation durch Team Topologies zusammengebracht, um eine ganzheitliche Verbesserung von Softwaresystemen zu erreichen. Dieses Buch zur langlebigen Softwarearchitektur hat mit Domain-Driven Transformation einen würdigen zweiten Band bekommen.

12 Geschichten aus der Praxis

Den ganzen Charme einer Architekturanalyse kann man natürlich nur erleben, wenn man sein eigenes System untersuchen darf oder bei der Untersuchung des eigenen Systems dabei ist. Zu einem solchen Erlebnis kann Ihnen ein Buch nicht verhelfen. Aber vielleicht gelingt es, Ihnen mit den nun folgenden Fallstudien einen kleinen Eindruck zu vermitteln.

Anonyme Fallstudien

Für die Fallstudien auf den folgenden Seiten haben mir die Unternehmen ihr Einverständnis zur Veröffentlichung gegeben. Voraussetzung für die Veröffentlichung war, dass das jeweilige System nicht erkannt werden darf. Immer dort, wo es fachlich wird, werden Sie auf den nächsten Seiten also mit anonymen Bezeichnern zu tun haben. Eine Ausnahme bildet das System Epsilon, bei dem mir dankenswerterweise erlaubt wurde, die Fachlichkeit beizubehalten.

Einordnung in den MMI

In Kapitel 11 habe ich den Modularity Maturity Index (MMI) vorgestellt, mit dessen Hilfe es möglich ist, die Modularität verschiedener Systeme zu vergleichen. In Abbildung 12–1 ist der MMI für die nun folgenden sechs Fallstudien dargestellt.

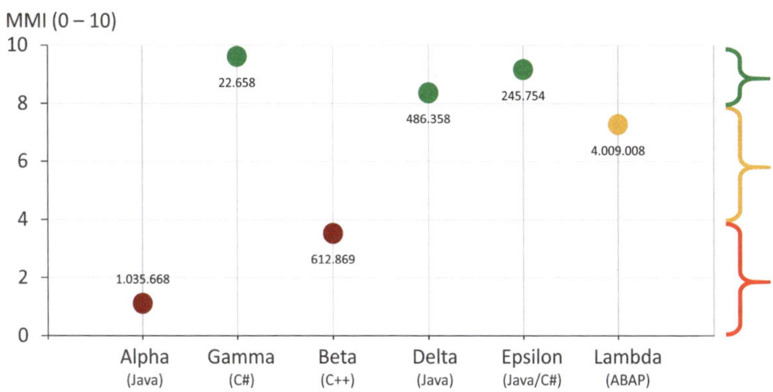

Abb. 12–1
MMI für die Geschichten aus der Praxis

Selbst bei dieser kleinen Menge an Systemen kann man erkennen, dass weder die Größe noch die Programmiersprache der entscheidende Faktor dafür ist, ob ein System beim MMI gut abschneidet oder nicht. Entscheidend ist vielmehr, ob das jeweilige Entwicklerteam Modularität, Musterkonsistenz und Hierarchisierung im Sourcecode und in den gröberen Strukturen des Systems berücksichtigt. Das kann selbstverständlich nur dann gelingen, wenn die Entwickler und Architekten, die ein System im Laufe seines Lebens betreuen, eine entsprechende Aus- und Weiterbildung erfahren durften.

Direkt nach dem Studium der (Wirtschafts-)Informatik oder einem ähnlichen Studium sind die meisten Entwickler in der Lage, kleine Systeme zu bauen, die wartbar bleiben, solange sie klein sind. Die Struktur dieser kleinen Systeme ist von jungen Entwicklern in der Regel nicht so angelegt, dass ihre Systeme beliebig erweitert und so zu großen Systemen werden können. Erst mit der Zeit haben sie die Erfahrungen, die sie brauchen, um große Systeme entwickeln zu können. Erfahrungen, die an der Universität ohne Praxiskenntnisse nicht vermittelbar sind. Entweder durchleben die jungen Entwickler und die Organisation, für die sie versuchen, ihre ersten großen Systeme zu bauen, diesen Lernprozess, der für beide Seiten schmerzhaft sein kann, oder den jungen Entwicklern wird ein erfahrener Entwickler/Architekt zur Seite gestellt. Dann können die jungen Entwickler von den erfahreneren lernen. In den nun folgenden Geschichten aus der Praxis lässt sich dieses Phänomen wiederfinden.

12.1 Das Java-System Alpha

Das System Alpha der Firma Aachen ist in den 90er-Jahren entstanden und wurde im Laufe der Jahre von verschiedenen Entwicklern weiterentwickelt. Anfänglich wurde Alpha in einer funktionalen Programmiersprache gebaut, wurde 1996 aber dann auf Java portiert. Seit 1993 ist es im produktiven Einsatz und wird regelmäßig um neue Funktionalität erweitert. 2005 entstand beispielsweise eine SOAP-Schnittstelle und 2007 wurden umfassende Anstrengungen zur Optimierung der Performance unternommen. Des Weiteren wurden die Oberflächen auf modernere Technologien umgestellt und ältere Oberflächen abgelöst.

1 Mio. LOC Java

Zum Zeitpunkt der Analyse von Alpha im Jahr 2014 war es für das Wartungsteam anstrengend, sich in dem Projekt zurechtzufinden. Alpha umfasst inzwischen 1 Million Lines of Code. Es ist damit ein großes Java-System, was durchaus einiges an Komplexität bergen kann. Die Aussagen des Wartungsteams machten aber den Eindruck, dass die Komplexität in Alpha auch auf einen Mangel in der Architektur zurückzuführen sein könnte. Refactorings waren in der Vergangenheit aus Zeitmangel immer wieder verschoben worden. Auch war der Kunde nicht bereit gewesen, für Refactorings zu zahlen. So hatte sich in den letzten Jahren mehr und mehr Arbeit angestaut und das Integrieren von neuen Funktionen war zunehmend schwieriger geworden. In dieser für alle sehr anstrengenden Situation hatte das Management der Firma Aachen die Initiative ergriffen und eine Untersuchung der Architektur eingeleitet.

Architekturdokumentation

Zu Beginn der Analyse haben mir die Entwickler ein Architekturdiagramm gezeigt, um mir die Architektur von Alpha zu erklären. Die Abbildung 12–2 liefert einen Überblick über die in Alpha im Einsatz befindlichen Bausteine. Diese Abbildung stellt eine Art Komponentendiagramm mit der eingesetzten Kommunikationstechnologie dar.

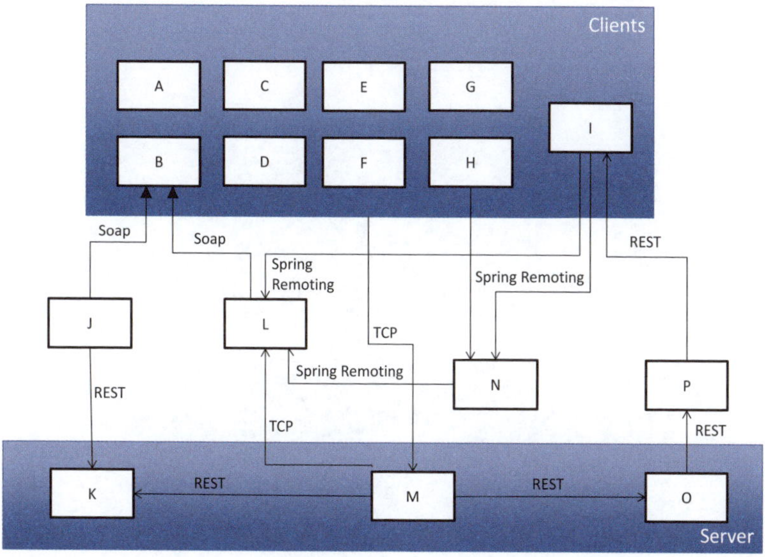

Abb. 12–2
Die anonymisierten Komponenten von Alpha

Uneven Modules

Bei der Betrachtung von Abbildung 12–2 darf man sich allerdings nicht täuschen lassen: Die Komponenten J, K, L, N, P und O machen nur 12 % des Systems aus, obwohl sie als gleich große Rechtecke neben M dargestellt sind. Die Komponente M alleine enthält 50 % des Sourcecodes von Alpha. Auf die Clientkomponenten entfallen die restlichen 38 %. Die Komponenten J, L, N und P enthalten sowohl Client- als auch Serveranteile, sodass sie in Abbildung 12–2 keiner der beiden Kategorien zugeordnet sind. Für J, L und O existieren in Alpha eigene JARs. Der »Rest« des Systems (Client und Server) muss als eine Einheit ausgeliefert werden, weil es keine weiteren getrennten abgeschlossenen Komponenten in Alpha gibt. Wir haben hier einen weiteren Fall von Uneven Modules vor uns (s. Abschnitt 9.3).

Architektur war kein wichtiges Thema.

Dieser Zustand gefiel den Entwicklern von Alpha und dem Management der Firma Aachen überhaupt nicht! Trotzdem war es über die Jahre dazu gekommen: Zu Beginn der Entwicklung Anfang der 1990er-Jahre gab es noch wenige Bücher und Ausbildung zu Architektur. Entsprechend gering war das Bewusstsein zu diesem Thema in den meisten Entwicklungsteams. Viele Systeme, die in dieser Zeit entstanden sind, wurden ohne Architekturvorstellung gebaut. Genau dasselbe war auch bei Alpha passiert. Eine Architektur während der Weiterentwicklung und Wartung einzubeziehen, war dem Team aus Zeit- und Geldmangel nicht gelungen. Das gehört aber auch zu den schwierigsten Aufgaben bei der Wartung überhaupt (s. Abschnitt 7.5).

Da für Alpha keine Aufteilung in Projekte existiert, haben wir Alpha auf Basis seines Package-Baums eingelesen. Der Package-Baum von Alpha sieht wie folgt aus (s. Abb. 12–3):

Abb. 12–3
Package-Baum von Alpha

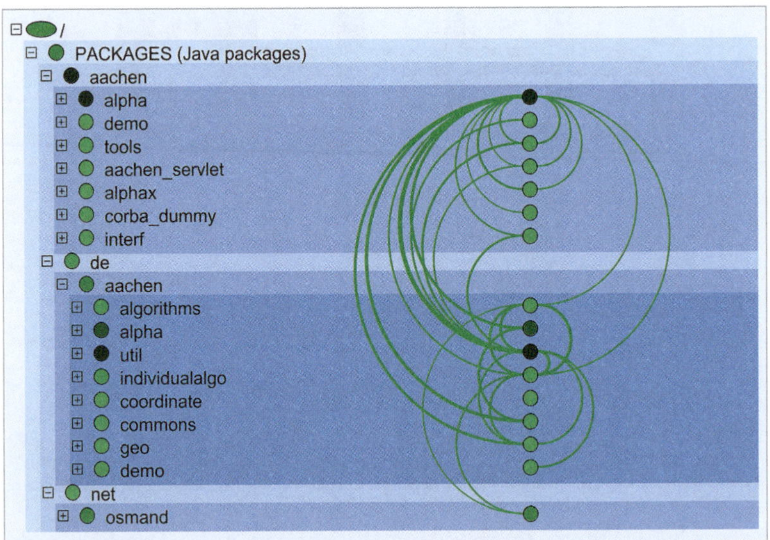

Soll-Architektur ≠ Ist-Architektur

Drei Dinge fallen in diesem Package-Baum auf, die sichtbar machen, dass Architekturvorgaben fehlten und Refactorings nicht angegangen wurden:

- Es gibt zwei parallele Stränge im Package-Baum von Alpha mit und ohne »de« als ersten Knoten. Der ältere Teil von Alpha, dem das Präfix »de« fehlt, wurde nie in die neue Struktur migriert.
- Die mit Abbildung 12–2 verbundenen Architekturvorstellungen existieren nicht im Package-Baum. Selbst ohne Anonymisierung lassen sich nur drei Namen von Komponenten in Unterpaketen wiederfinden.
- Neben dem Package-Knoten `alpha`, der den Namen des Systems darstellt, gibt es auf gleicher Ebene weitere Knoten.

Offenbart der erste Blick auf die Paket- oder Projektstruktur eines Systems einen solchen Zustand, dann ist zu erwarten, dass die Modellierung der Architektur aufwendig werden wird: Package für Package werden wir das System durchgehen müssen, um eine sinnvolle Zuordnung zu möglichen Architekturartefakten vornehmen zu können. Zum Teil werden wir auch Klassen sortieren müssen, damit sie in das richtige Architekturelement gelangen.

Fehlende Musterkonsistenz

Aus Sicht der Architektur wird bei Alpha das Kriterium Musterkonsistenz verletzt (s. Abschnitt 5.2). Der Package-Baum von Alpha gibt den Entwicklern keine durchgängigen Muster an die Hand, um sich im Sourcecode von Alpha zurechtzufinden. Dieses Muster fehlt bei der Architekturanalyse dann logischerweise.

Viele Klassen in Zyklen

Ein weiteres, schnell zu ermittelndes Kriterium dafür, wie aufwendig die Arbeit sein wird, sind die Zyklenmaße. Alpha hat 19 % Klassen in Zyklen. Der größte Zyklus umfasst 370 Klassen, die auf 43 Packages verteilt sind. Es ist also nicht zu erwarten, dass sich hier eine ausgeprägte und gut umgesetzte Mustersprache finden wird (s. Abschnitt 6.6). Ist eine Mustersprache vorhanden, so lohnt es sich durchaus, zuerst die Mustersprache zu modellieren und ihre Schichtung für die Erarbeitung der technischen Schichtung zu verwenden. Bei Alpha war dies nicht gegeben, also haben wir die technische Schichtung mit sechs Schichten aus dem Package-Baum entwickelt (s. Abb. 12–4). Dabei haben wir zwei Klassenarten gefunden, die an eine Mustersprache erinnern: `BusinessObjects` und `TransferObjects`.

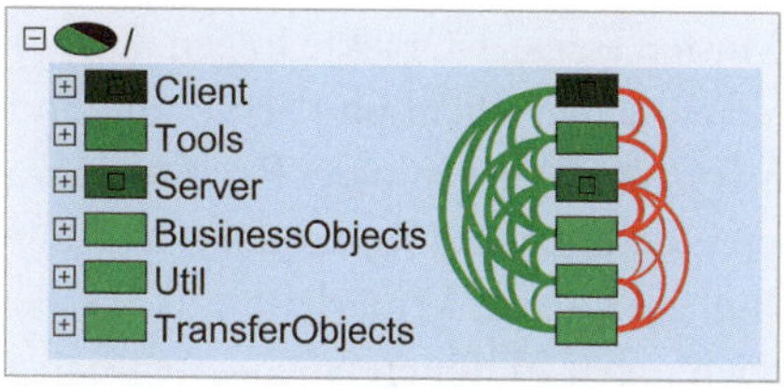

Abb. 12–4 *Technische Schichtung von Alpha*

Technische Schichtung als Ausgangspunkt

Die Erarbeitung der technischen Schichtung hat uns insgesamt eineinhalb Tage gekostet. Bei einem System dieser Größe mit klaren Architekturvorstellungen würde in der Regel ein halber Tag ausreichen. Die Hauptarbeit bestand darin, die Zuordnungen von Packages und Klassen zu den einzelnen Schichten zu diskutieren und die Verletzungen zu analysieren. Eine Reihe von Klassen haben wir nach dem initialen Schritt der Zuordnung später, bei der Untersuchung der Verletzungen, noch in eine andere Schicht verschoben. Bei der Untersuchung der Verletzungen konnten wir eine Vielzahl von Refactorings erarbeiten und dokumentieren. Abbildung 12–4 zeigt das Ergebnis dieser Arbeit und der Diskussionen:

- Die *Client-Schicht* enthält alle Klassen (ca. 400.000 LOC), die die verschiedenen Oberflächen von Alpha bilden. Dazu gehören auch sämtliche Klassen, die Anfragen formulieren und an den Server schicken.
- Die *Tool-Schicht* besteht aus verschiedenen Tools (ca. 180.000 LOC), die nur von den Entwicklern verwendet werden und deshalb nicht Teil des öffentlichen Clients sind.
- Die *Server-Schicht* enthält den Kern von Alpha (ca. 300.000 LOC), also alle Klassen, die aufwendige Berechnungen durchführen. Außerdem beinhaltet die Server-Schicht die Schnittstelle, über die die Client-Schicht zugreifen darf. Beziehungen in die Gegenrichtung sollte es eigentlich nicht geben.
- In der *BusinessObjects-Schicht* sind alle Klassen angesiedelt (ca. 58.000 LOC), die reale Abläufe und Größen aus dem Anwendungsgebiet repräsentieren. Diese Klassen folgen dem gleichnamigen J2EE-Muster. Neben den Datenanteilen können sie Logikanteile zur Verarbeitung besitzen. Business-Objekte sollten vom Server verwendet werden, aber nicht andersherum.
- Die *Util-Schicht* stellt allgemeingültige Funktionalitäten zur Verfügung (ca. 53.000 LOC), die nicht auf bestimmten Datenklassen basieren. Es handelt sich dabei um Funktionen wie die Formatierung von Date-Objekten oder Ähnlichem. Die Util-Schicht darf von den über ihr liegenden Schichten aus verwendet werden. Sie selbst darf keinerlei Abhängigkeiten zu anderen Schichten besitzen.
- Die *TransferObjects-Schicht* umfasst alle Klassen (ca. 35.000 LOC), die dem JEE-Muster Transfer-Objekte folgen. Diese Klassen haben die Aufgabe, Daten zwischen Client und Server hin und her zu schicken. Dabei kapseln Transfer-Objekte in der Regel viele Daten in einer Klasse und reduzieren dadurch den Kommunikationsaufwand. Typischerweise besitzen diese Klassen keinerlei Logikanteile und sollten deshalb keine Beziehungen zu höheren Schichten haben oder brauchen.

Insgesamt zeigt Abbildung 12–4, dass es fast zwischen allen Schichten Beziehungen gibt, die die technische Schichtung verletzen. Abbildung 12–4 mag den Eindruck erwecken, dass es sehr viele Verletzungen sind, allerdings machen die roten Beziehungen nur 1,5 % aller Beziehungen aus. 98,5 % der Beziehungen befinden sich auf der richtigen Seite und sind deshalb grün.

Schichtenverletzungen → Monolith

An den am Ende verbleibenden Verletzungen in Abbildung 12–4 sieht man, warum Alpha nur als Monolith existieren kann. Es gibt Aufwärts-Beziehungen von allen anderen Schichten zur Client-Schicht. Zwei weitere Punkte machen eine Aufteilung im Server zusätzlich schwierig: Bei einem Großteil der Transfer-Objekte ist das JEE-Muster verletzt, dass diese Klassen nur Daten tragen sollen. Eine Reihe der Transfer-Objekte enthalten Logik und rufen dabei Business-Objekte und andere Klassen aus dem Server auf. Auch bei den Business-Objekten wurde nicht darauf geachtet, dass sie eigentlich Beschränkungen bei ihren Zugriffen unterworfen sein sollten. Sie greifen auf Serverklassen und auf Klassen aus der Tool-Schicht zu.

Schnittstelle zwischen Client + Server

Zwischen dem Server und dem Client ist in Alpha darüber hinaus eine Schnittstelle vorgesehen. Serverklassen, die nicht zur Schnittstelle gehören, dürfen in keinem Fall direkt verwendet werden. In Abbildung 12–5 sieht man einen Ausschnitt von Alpha: Die Server-Schicht mit den beiden darüber liegenden Schichten, Tools und Client, die den Server verwenden. Innerhalb der Server-Schicht finden sich drei Bausteine. Zwei dieser Bausteine sollen nicht von der Client-Schicht verwendet werden, weshalb wir sie als `private`-Bausteine modelliert haben (erkennbar an dem kleinen p). In Abbildung 12–5 ist zu sehen, dass aus der Client-Schicht Zugriffe an der Schnittstelle vorbei existieren (roter Bogen links). Auch aus der Tool-Schicht gibt es Zugriffe direkt auf die Serverklassen (gelber Bogen links). Die Tool-Schicht darf, im Gegensatz zur Client-Schicht, die Server-Schicht direkt benutzen, weil die Tools nur intern verwendet werden.

Abb. 12–5
Schnittstelle zwischen Client und Server

105 Klassen aus der Client-Schicht verwenden 56 Klassen aus dem privaten Teil des Servers. Auf Basis dieser Auswertung haben wir bei der Analyse einige Refactorings erarbeitet, um die Schnittstelle zu bereinigen.

Fachliche Aufteilung

Nach den Arbeiten an der technischen Schichtung und der Schnittstelle haben wir uns im Anschluss mit der fachlichen Aufteilung beschäftigt. Bei einem System von der Größe von Alpha ist eine fachliche Aufteilung sinnvoll, um eigenständige fachliche Bausteine zu bekommen. Diese eigenständigen Bausteine können dann ggf. auf eigenen Servern laufen und so die Skalierbarkeit erhöhen. Ich verwende hier bewusst nicht den Begriff Microservices, denn um zu diesem Architekturstil zu gelangen, müsste auch die Datenbank zerlegt werden. Ein solcher Umbau ist bei Systemen dieser Größe sehr aufwendig und daher kaum durchzuführen.

Die fachliche Aufteilung von Alpha war ähnlich aufwendig wie die technische Schichtung, weil wir uns auch hier Package für Package durch den Sourcecode arbeiten mussten. Am Ende hatten wir 26 fachliche Bausteine und einen weiteren Baustein namens »Legacy« modelliert[1]. Für die 26 Bausteine konnten wir eine Schichtung mit 4 % verbleibenden Verletzungen entwickeln. Im Anschluss haben wir eine Reihe von Refactorings definiert, die die Verletzungen in den Beziehungen noch weiter reduzieren.

Der Legacy-Baustein

Überrascht hat mich in dieser Analyse der Baustein »Legacy«. Bei der fachlichen Modellierung sagte der eine oder andere Entwickler regelmäßig: »Der Code kommt mir gar nicht bekannt vor! Weiß jemand, was der macht?« Die Antwort eines anderen Entwicklers war dann häufig: »Nein, ich glaube das ist Legacy! Das machen wir jetzt mit der Funktionalität XY in Baustein Z.« All diese Teile von Alpha haben wir in dem Baustein »Legacy« gesammelt. Mit dem überraschenden Ergebnis, dass 13 % des Sourcecodes von den Entwicklern als Legacy eingestuft wurden. Der Wissensverlust durch Wechsel zwischen Entwicklergenerationen, die Hoffnung auf Wiederverwendung in der Zukunft und die Angst, etwas kaputt zu machen, haben bei Alpha dazu geführt, dass toter Code nie gelöscht wurde.

Klassenzyklen

Zum Ende der Untersuchung haben wir uns noch dem großen Klassenzyklus in Alpha gewidmet (s. Abb. 12–6). Dieser Zyklus umfasst 370 Klassen und erstreckt sich über 43 Packages bzw. fünf der sechs Schichten (alle außer die Tool-Schicht).

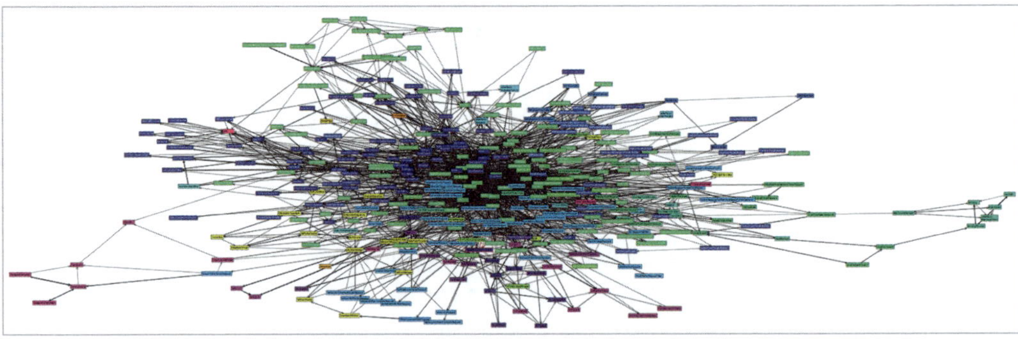

Abb. 12–6 *Klassenzyklus aus 370 Klassen in Alpha*

Wenn man den Klassenzyklus auf Ebene der technischen Schichten untersucht, dann sieht man, dass die Business-Objekte einen großen Anteil an diesem Zyklus haben.

1. An dieser Stelle ist kein Bild der Architektur eingefügt, weil die fachliche Struktur eines Systems schwer zu anonymisieren ist.

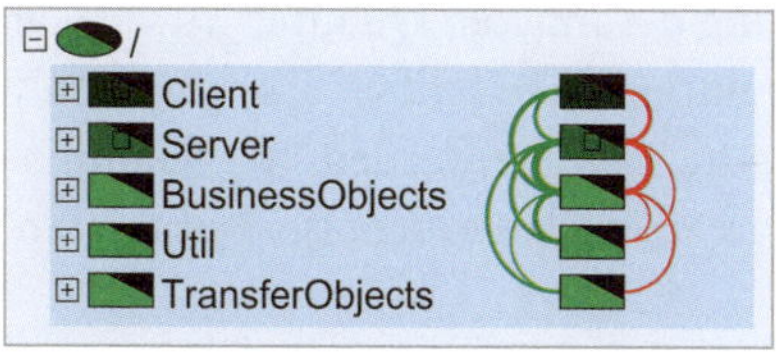

Abb. 12–7
Klassenzyklus auf Schichtebene in Alpha

Zerschlagen des großen Klassenzyklus

Der rote Bogen von der BusinessObjects-Schicht zur Server-Schicht steht für Aufrufe von 47 Business-Objekt-Klassen zu 27 Serverklassen. Alle anderen Beziehungen stehen nur für Aufrufe zwischen ein oder zwei Klassen. Würde man also diese starke Beziehung von den Business-Objekten zurück zur Serverlogik auflösen, so würde dieser Zyklus sich deutlich reduzieren. Gleichzeitig hat man mit diesem Zyklus einen guten Ansatzpunkt, um die Verletzungen zwischen den Schichten zu reduzieren.

Die nächsten Schritte

Am Ende der Analyse hatten wir die folgenden Aufgaben für die Verbesserung der Architekturqualität von Alpha herausgearbeitet:

1. Den Package-Baum anhand der Architektur neu strukturieren.
2. Die Schnittstelle zwischen Client und Server reparieren.
3. Den großen Klassenzyklus auflösen.
4. Die Transfer- und Business-Objekte auf ihre Originalaufgabe reduzieren.

12.2 Das C#-System Gamma

Das System Gamma der Firma Göttingen wurde im Frühjahr 2014 von einem Vier-Mann-Team in C# entwickelt. Es löst eine in Visual Basic programmierte Altanwendung ab, die auf den neueren Windows-Versionen nicht mehr lauffähig war. Die Altanwendung und auch Gamma sind als Rich Client gestaltet, der auf Windows-PCs ohne eine eigene Serverkomponente läuft. Der Datenaustausch mit dem Zentralsystem erfolgt durch die Übertragung der Daten in separaten Dateien, die dann auf dem Clientrechner verarbeitet und in die lokale Datenbank eingespielt werden.

C# ersetzt VB

Die Firma Göttingen verfolgte mit dieser Neuentwicklung mehrere Ziele: Technologiewechsel, bessere Softwarequalität und bessere Usability der Oberfläche. Die Altanwendung war neben der mangelnden technologischen Zukunftsfähigkeit aufgrund der mangelhaften inneren Qualität schlecht wartbar und die Oberfläche war nur für erfahrene Anwender leicht zu bedienen. Eine Randbedingung der alten Architektur durften die Entwickler nicht ändern: Die Datenbankstruktur, auf der der Vorgänger von Gamma arbeitete, musste erhalten bleiben. Ursache dafür war, dass der Übertragungsweg der Daten vom Zentralsystem und damit auch das Einspielen in die lokale Datenbank nicht geändert werden sollte.

25.000 LOC C#

Zur Überprüfung der inneren Qualität wurde Gamma ein Jahr nach seiner Produktivstellung einen halben Tag lang analysiert. Die Analyse konnte so schnell durchgeführt werden, weil Gamma ein kleines System mit knapp 25.000 LOC ist. Außerdem ist seine Architektur in einem sehr guten Zustand.

Nach dem ersten Einlesen stellt sich Gamma auf der Namespace-Ebene und der Directory-Ebene sehr einheitlich und gut strukturiert dar (s. Abb. 12–8 und 12–9).

Abb. 12–8
Struktur nach Namespaces in Gamma

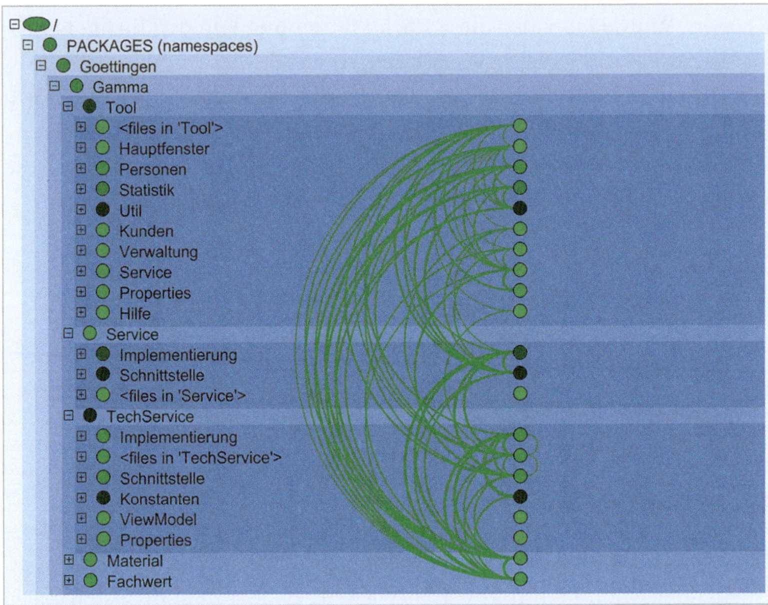

Abb. 12–9
Struktur nach Directories in Gamma

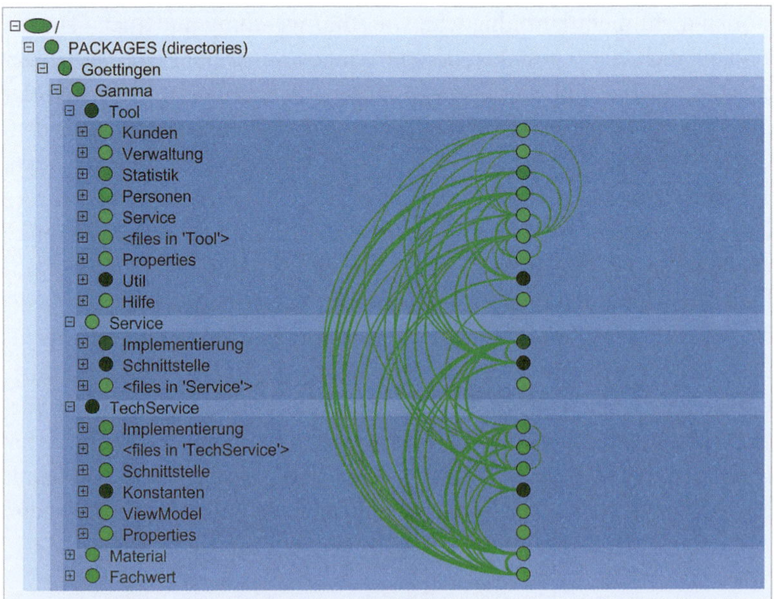

Lediglich eine Uneinheitlichkeit lässt sich in den Abbildungen 12–8 und 12–9 finden: Unter dem Namespace `Tool` gibt es einen weiteren Namespace `Hauptfenster`, der in den Directories nicht existiert. Die Klasse, die in dem Namespace `Hauptfenster` einsortiert ist, befindet sich bei den Directories noch direkt unter `Tools`. Da Visual Studio nicht für die Synchronisation zwischen Namespaces und Directories sorgt, kommen solche Unterschiede bei C#-Systemen häufiger vor (s. Abschnitt 3.2). Da in Gamma die Namespaces exakt der Architekturvorstellung des Teams entsprachen, haben wir sie als Ausgangspunkt für die Architekturmodellierung gewählt.

Technische Schichtung direkt im Baum

Im Namespace-Baum von Gamma ist die technische Schichtung an den Namespace-Knoten direkt unter dem Knoten Gamma abzulesen (s. Abb. 12–8). Das zeugt für das Qualitätsbewusstsein des Entwicklungsteams: Das Muster der technischen Schichtung findet sich eins zu eins im Sourcecode. In Abbildung 12–8 sieht man auch bereits, dass die technische Schichtung keine Verletzungen aufweist. Trotzdem haben wir bei Gamma eine technische Schichtung erzeugt (s. Abb. 12–10), um den nächsten Schritt der Schnittstellenprüfung vornehmen zu können (s. Abb. 12–11).

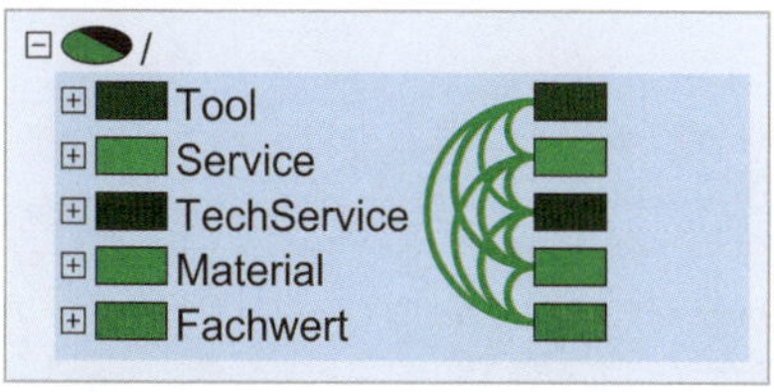

Abb. 12–10 *Technische Schichtung in Gamma*

Unterhalb der beiden Schichten `Service` und `TechService` kann man in Abbildung 12–8 jeweils zwei Namespaces `Schnittstelle` und `Implementierung` erkennen. Für ein so kleines System ist das im ersten Moment eine Überraschung. Erklärt sich aber dadurch, dass die Entwickler die Ablösung der vorhandenen Datenbankstruktur vorbereiten wollten.

Schnittstellen im Baum

Um die Schnittstelle zu modellieren, haben wir alle Namespaces und die Files, die direkt in den Namespaces `Service` und `TechService` liegen, privat gemacht. In Abbildung 12–10 erkennt man das an den kleinen Ps neben dem jeweiligen Namespace-Knoten. An den roten Bögen links der Achse in Abbildung 12–11 kann man sehen, dass es Schnittstellenverletzungen in Gamma gibt. Klassen aus der `Tool`-Schicht greifen direkt auf Klassen im Namespace `Implementierung` zu. In der momentanen Implementierung werden die Schnittstellen der Schichten `Service` und `TechService` also verletzt.

Abb. 12–11
Schnittstellenverletzungen der Services in Gamma

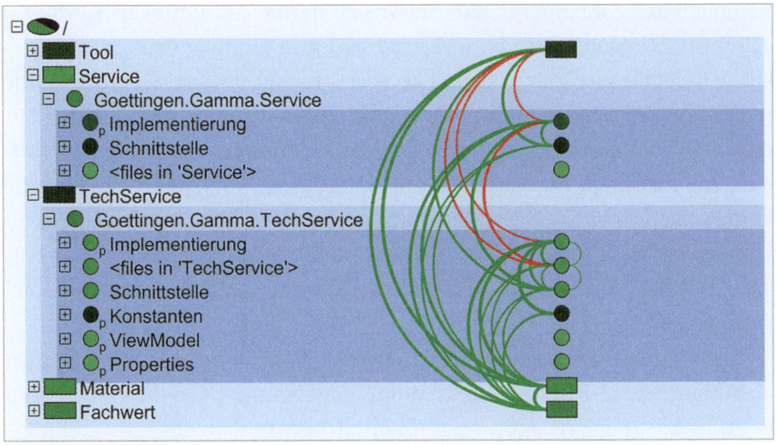

Schnittstellenverletzungen

Eine genauere Untersuchung macht deutlich, dass fast alle Verletzungen von der Schicht `Tool` zu den beiden Implementierungs-Namespaces auf einem Muster beruhen (s. Abb. 12–12 und 12–13): Die Klasse `App` erzeugt alle Service-Implementierungen aus den beiden Schichten `Service` und `TechService` und registriert sie bei der `ServiceRegistry`.

Abb. 12–12
Verletzung der Schnittstelle von Tool nach TechService

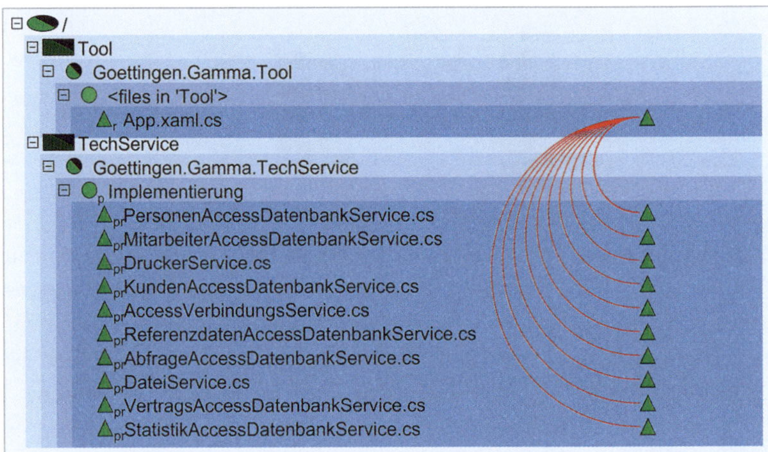

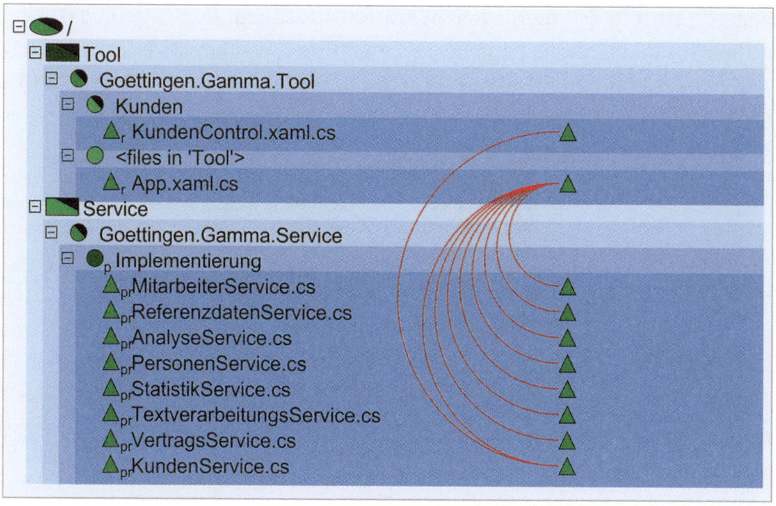

Abb. 12–13
Verletzung der Schnittstelle von Tool nach Service

Mögliche Korrekturen für diese Verletzung könnten sein:

- Verwendung von Dependency Injection
- Erzeugung der Service-Implementierungen jeweils lokal in der `Service`- und `TechService`-Schicht mithilfe von zwei Factory-Klassen in der Schnittstelle der Schichten.

Außerdem sieht man in Abbildung 12–13 eine Verletzung der Schnittstelle, bei der die Klasse `KundenControl` direkt auf den `KundenService` zugreift und nicht über die Schnittstelle geht. Die Klasse `KundenControl` verwendet hier fälschlicherweise den Typ `KundenService` und nicht `IKundenService`. Ein einfacher Schreibfehler, der sich leicht beheben lässt (s. Abb. 12–14).

Abb. 12–14
Sourcecode mit der Schnittstellenverletzung von KundenControl

```
   public partial class KundenControl : UserControl, INotifyPropertyChanged {

   private IKundenService _service = ServiceRegistrierung.GibServiceInstanz(
typeof(KundenService)) as IKundenService;
.......
```

Fachliche Schnitte

Nach der technischen Schichtung haben wir uns den fachlichen Schnitten in Gamma gewidmet. In dem Namespace-Baum aus Abbildung 12–8 sieht man unterhalb des Knotens `Tool` mehrere Namespaces, die fachliche Namen haben (z.B. Person, Verwaltung, Statistik etc.). In den anderen Namespaces, die für technische Schichten stehen, gibt es diese Unterteilung nicht. Die Modellierung der fachlichen Schnitte war für Gamma also etwas aufwendiger als bei der technischen Schichtung. Aus den Schichten `Service`, `TechService`, `Material` und `Fachwert` mussten wir die

Klassen einzeln den fachlichen Schnitten zuordnen. Das Ergebnis ist eine aufgeräumte fachliche Schichtung in Gamma, mit einer Verletzung zwischen den fachlichen Schnitten `Infrastruktur` und `Personen` (s. Abb. 12–15).

Abb. 12–15
Fachliche Schichtung in Gamma

Jedem dieser fachlichen Schnitte haben wir Klassen aus allen technischen Namespaces zugeordnet. Dadurch sind die einzelnen Namespaces auf mehrere fachliche Säulen verteilt (s. Abb. 12–16).

Abb. 12–16
Verteilung der Namespaces und Klassen auf die fachlichen Schnitte

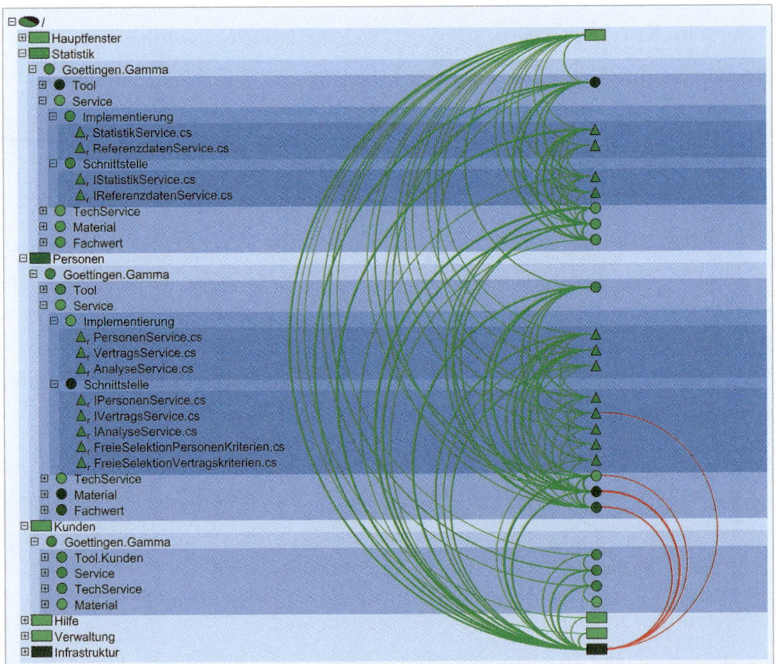

Fachlichkeit nicht in der Namespace-Struktur

Diese fachliche Sicht auf sein System war dem Entwickler neu, sodass wir bei der Verteilung der Klassen auf die einzelnen Schnitte eine rege Diskussion geführt haben, was wohin kommt. Im Anschluss an die Modellierung hat der Entwickler beschlossen, in der gesamten Codebasis fachliche Namespaces einzuführen, damit auch diese Sicht auf die Architektur erkennbar wird.

Die Verletzungen zwischen Infrastruktur-Schnitt und Personen-Schnitt haben wir diskutiert. Dabei haben wir festgestellt, dass fachliche Logik fälschlicherweise in die Infrastruktur gewandert war. Hier werden Personendaten für einen Dateitransfer aufbereitet. Extrahiert man die fachliche Logik in einen Service in der Schicht Personen, so dreht sich die Beziehung um. Nur die technischen Anteile des Dateitransfers gehören in die Infrastruktur-Schicht und sollten auch dort verbleiben.

Mustersprache

Als letzte Sicht auf die Architektur haben wir die Mustersprache in Gamma modelliert. Einen Teil der Mustersprache von Gamma sieht man schon in der technischen Schichtung (s. Abb. 12–10). Die Schichten Fachwert, Material, TechService und Service enthalten jeweils eine Art von Klassen der Mustersprache von Gamma. In der technischen Schicht Tool verbergen sich hingegen eine Reihe von weiteren Mustern. Diese Muster der GUI-Schicht werden häufig von dem jeweiligen GUI-Framework vorgeschrieben, das man für die Entwicklung einsetzt. In Abbildung 12–17 haben wir die GUI-Muster in Subschichten der Schicht Tool sichtbar gemacht.

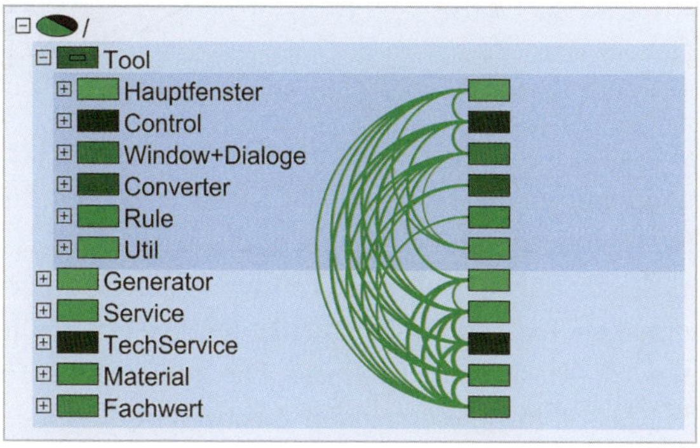

Abb. 12–17
Mustersprache in Gamma

In der Tool-Schicht finden sich wie bei Gamma die Muster: Control, Window, Dialog, Converter und Rule (s. Abb. 12–17). Außerdem gibt es einige Util-Klassen. Die Klassen zu den Mustern sind in Gamma über die Namespaces verteilt. Schaut man sich nun eine Mustersprachen-Schicht an, so findet man in ihr Klassen aus jeweils allen Namespaces (s. Abb. 12–18). Die Zuordnung haben wir jeweils mit Regular Expressions vorgenommen. Beispielsweise wurden alle Klassen, die dem Pattern **Control.cs genügen, in die Control-Schicht eingefügt. Außerdem gab es noch einige Klassen mit dem Namenszusatz »Generator«, die wir ebenfalls in einer eigenen Schicht zusammengefasst haben (s. Abb. 12–18).

Abb. 12–18
Verteilung der Namespaces und einiger Klassen auf die Mustersprache

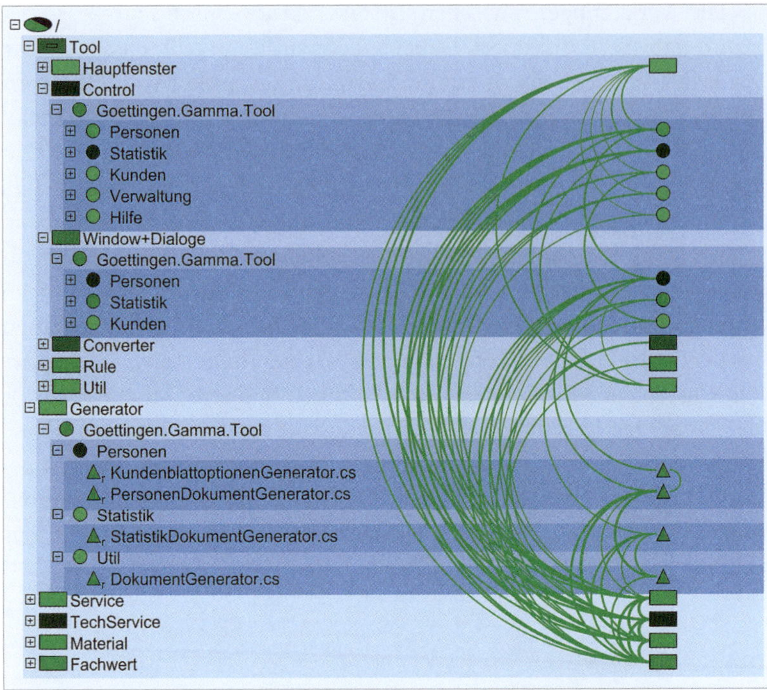

Reparatur in der Mustersprache

Bei der Diskussion über die Zuordnung der einzelnen Klassen zu den Musterelementen fielen uns besonders die Klassen mit dem Zusatz `Window` und dem Zusatz `Dialog` auf. Alle Klassen, die entweder den einen oder den anderen Zusatz haben, stellen ein Fenster an der Oberfläche dar und bieten verschiedene Interaktionsmöglichkeiten. Sie erben alle von einer .NET-Framework-Klasse namens `Window`. Diese Erkenntnis führte dazu, dass wir alle Klassen mit diesen beiden Zusätzen in dieselbe Musterelement-Schicht eingeordnet haben (s. Abb. 12–19).

Dieser Effekt tritt bei Mustersprachen immer wieder auf: Für bestimmte Muster sind die Definitionen im Team etwas unscharf (Was ist ein Window? Was ist ein Dialog?). Dadurch entstehen Klassen mit einem weiteren Musternamen. Mustersprachen können ihre anleitende Kraft für das Design von Softwaresystemen am besten entfalten, wenn die Muster klar definiert sind und wenn die Anzahl der Muster nicht ausufert (s. Kap. 8). Im Fall von Gamma gab es die Unschärfe in der Definition der Muster Window und Dialog. Im Anschluss an die Analyse hat der Entwickler von Gamma alle Klassen mit dem Zusatz Dialog in Window umbenannt.

Gamma hat keinen einzigen Klassenzyklus – ein seltenes Phänomen bei Softwaresystemen. In Gamma wird die Zyklenfreiheit auf Klassenebene durch die gute Mustersprache herbeigeführt.

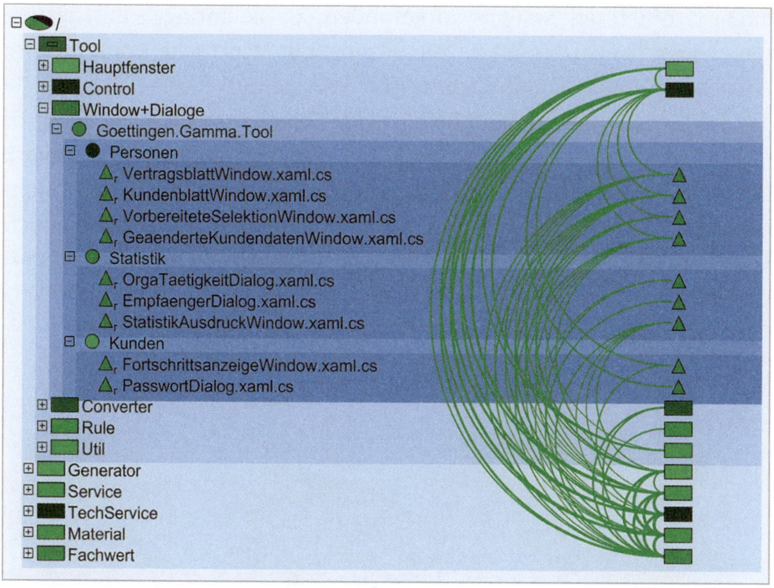

Abb. 12–19 *Window- und Dialog-Klassen in Gamma*

Gamma ist ein relativ kleines System. Nichtsdestotrotz hat die Analyse dem Entwickler wertvolle Hinweise zur aktuellen Architektur gegeben. Durch die Diskussion wurden Architekturvorstellungen geschärft. Kleine Fehler im Sourcecode konnten ebenfalls gefunden und Refactorings definiert werden. Eine frühzeitige Untersuchung ist also auf jeden Fall zu empfehlen.

12.3 Das C++-System Beta

Das System Beta der Firma Bonn wird seit sieben Jahren in einem Forschungsprojekt entwickelt, an dem mehrere Universitäten beteiligt sind. Dabei ist Beta durch verschiedene Entwicklerhände gegangen, die Beta jeweils um neue Algorithmen für verschiedene komplizierte Berechnungsverfahren erweitert haben. Ende 2013 standen die Abnahmetests von Beta kurz bevor. Anschließend sollte Beta an eine Softwareentwicklungsfirma übergeben werden, die die Wartung von Beta im Auftrag der Firma Bonn durchführen sollte. Um den Wartungsaufwand abzuschätzen, brauchte die Firma Bonn eine Bewertung der Architektur von Beta.

613.000 LOC C++

Beta ist von Beginn an in C++ entwickelt worden und umfasste Ende 2013 613.000 LOC, die sich auf 1.056 Klassen in 936 h-Files, 800 cpp-Files und 68 Directories verteilen. Die Analyse fand an einem Tag statt und wurde von zwei Entwicklern begleitet. Interessant war bei dieser Analyse, dass keiner der beiden Entwickler zu den Vätern des Systems zählte. Sie waren erst drei Jahre im Team und hatten schon einen Großteil des Systems vorgefunden, als sie anfingen mitzuarbeiten. Dieser Umstand hat es uns ermöglicht, eine sehr konzentrierte Analyse an einem Tag durchzuführen (s. Abschnitt 2.5).

Sehr grobe Schichten

Im Directory-Baum von Beta ist eine Schichtung zwischen vier größeren Einheiten zu erkennen: `main`, `Application`, `Solvers` und `Framework` (s. Abb. 12–20). Einige wenige Beziehungen gehen gegen diese Schichtung. Innerhalb der zwei Einheiten `Application` und `Framework` ist jedoch keine klare Schichtung zu erkennen. Da in vielen Systemen die Directories oder Pakete nicht zur Abbildung einer Schichtung eingesetzt werden, muss die weitere Analyse zeigen, ob hier ein Problem besteht.

Abb. 12–20
Directory-Struktur von Beta

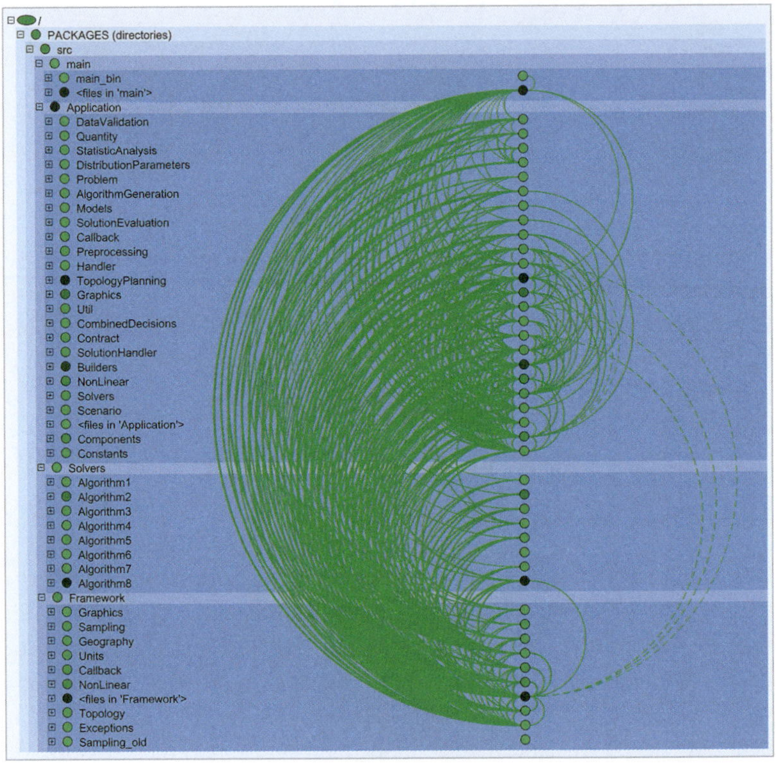

Außerdem sieht man in Abbildung 12–20 eine Besonderheit von C++-Systemen. Neben den normalen durchgezogenen Bögen für Beziehungen gibt es gestrichelte Bögen. Gestrichelte Bögen werden verwendet, wenn es im File einer Klasse eine Forward-Deklaration für eine andere Klasse gibt. Diese Beziehungen werden bei der Modellierung von Schichten nicht als Verletzungen dargestellt (s. Abb. 12–21) und auch bei der Zyklenanalyse ignoriert.

Als erste Modellierung haben wir die im Directory-Baum sichtbare Aufteilung von Beta in vier Bereiche übernommen. In Abbildung 12–21 sind die vier Bereiche zu sehen: `main` (8.835 LOC), `Application` (480.313 LOC), `Solvers` (50.251 LOC) und `Framework` (73.470 LOC).

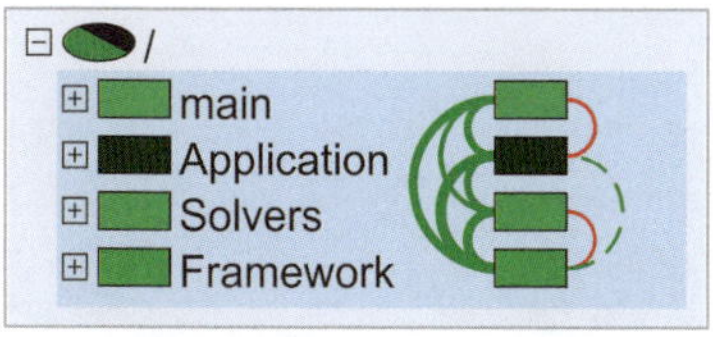

Abb. 12–21
Schichtung in Beta

Schichtenverletzungen

Diese vier Bausteine mit unterschiedlichen Aufgaben und einer Schichtung zwischen den Bausteinen waren von den Entwicklern so vorgesehen. Die direkte Abbildung der Directories auf die Architektur ist eine gute Entscheidung, weil sich die Entwickler so schneller zurechtfinden.

Die Verletzungen zwischen den vier Schichten von Beta lassen sich relativ einfach auflösen:

Die beiden roten Verletzungen von `Framework` nach `Solvers` (Abb. 12–21 rechts unten) und von `Application` nach `main` (Abb. 12–21 rechts oben) entstehen durch die Verwendung von konkreten Klassen, wo über ihre Oberklassen gegangen werden sollte. Die beiden folgenden Grafiken (Abb. 12–22 und 12–23) zeigen jeweils den Ausschnitt des Systems, der die Verletzung verursacht. Alle anderen Files und Directories sind ausgeblendet.

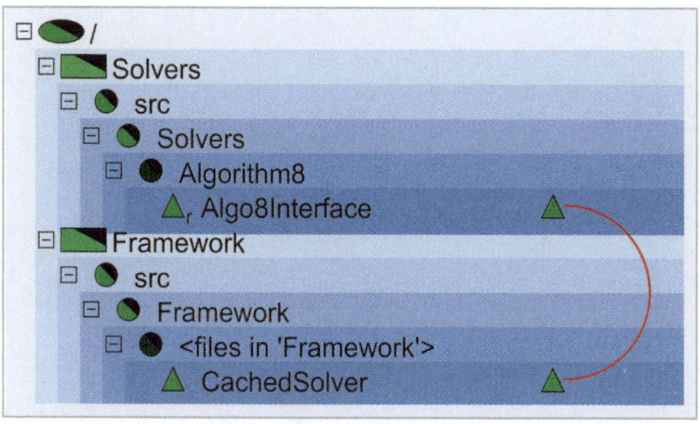

Abb. 12–22
Verletzung von Framework nach Solver

Die Klasse `CachedSolver` aus `Framework` benutzt direkt eine Solver-Klasse. Die Lösung für diese Verletzung wurde von den Entwicklern von Beta beim Blick in den Sourcecode direkt erkannt: `CachedSolver` muss über eine eigens dafür entwickelte `Framework`-Klasse gehen, um die Funktionalität hinter dem `Algo8Interface` zu benutzen.

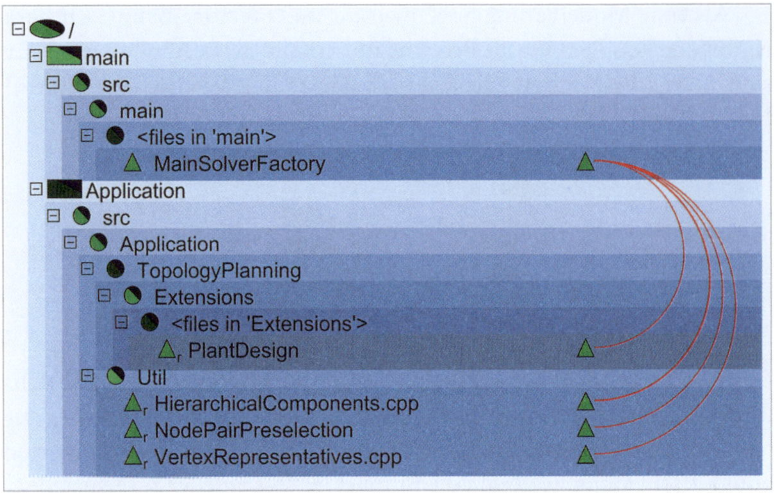

Abb. 12–23
Verletzung von Application nach main

Die Verletzung in Abbildung 12–23 lässt sich ebenfalls leicht auflösen. Die Klassen aus `Util` in `Application` müssen anstelle der `MainSolverFactory` aus `main` eine Klasse aus der `Framework`-Schicht verwenden. Die Deklarationsbeziehungen von `Framework` nach `Application` (s. Abb. 12–24) lassen sich ebenfalls entfernen, indem im `Framework` entsprechende abstrakte Basisklassen eingefügt und dort verwendet werden.

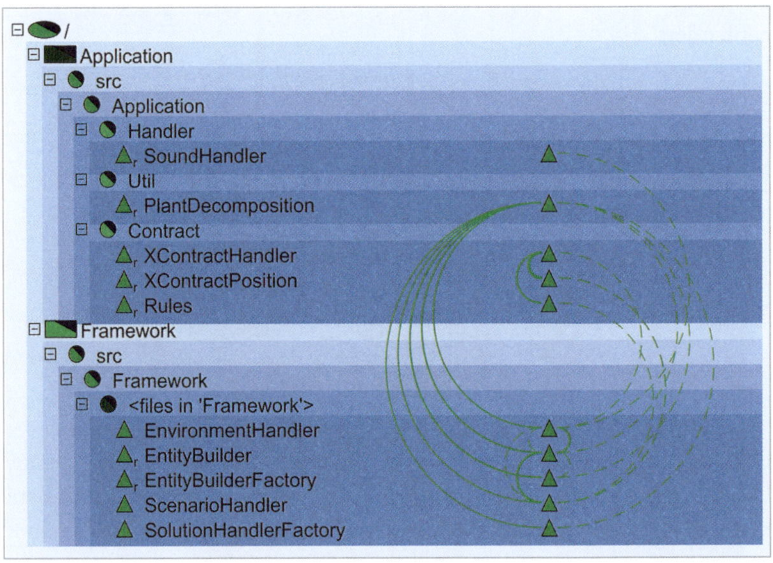

Abb. 12–24
Deklarationsbeziehungen von Framework nach Application

Ein solch schnelles Auflösen von Verletzungen ist typisch für eine Situation, bei der dem Team die erlaubten und nicht erlaubten Beziehungen sehr präsent sind. Einige wenige Verletzungen haben sich über die Zeit eingeschlichen und lassen sich leicht beheben. Auf dieser Ebene hat das Entwicklungsteam in der Vergangenheit gute Arbeit geleistet.

Die gesamte Application in einer Schicht

Das Ergebnis dieser beiden Refactorings ist eine Aufteilung von Beta in vier Schichten, die aufeinander aufbauen. Wenn man diese Schichtung genauer untersucht, wird allerdings klar, dass die Aufteilung keine technische Schichtung im klassischen Sinne mit User Interface, Businesslogik und Infrastruktur ist (s. Abschnitt 6.3.1). Die für Beta gewählte Strukturierung trennt lediglich drei Teile von der Anwendung ab:

1. Das `Framework` ist eine eigene Schicht, die Vorgaben für alle Bereiche der Anwendung macht.
2. Die `Solver`-Schicht enthält Algorithmen, die in der Anwendung verwendet werden.
3. In `main` wird die Anwendung zusammen mit dem `Framework` gestartet.

Schichtung in Application + Framework?

Eine echte technische Schichtung müsste man jeweils in `Application` (s. Abb. 12–25) und in `Framework` (s. Abb. 12–26) finden können.

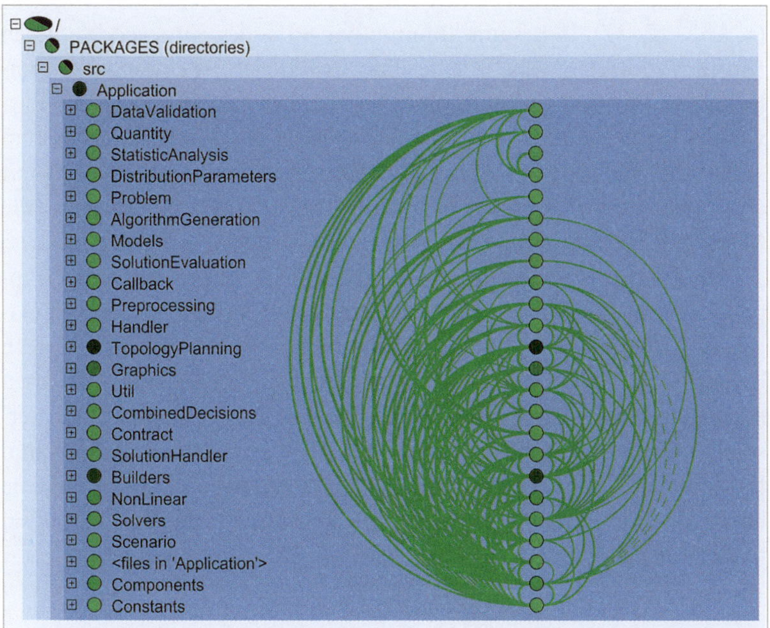

Abb. 12–25
Strukturen in Application

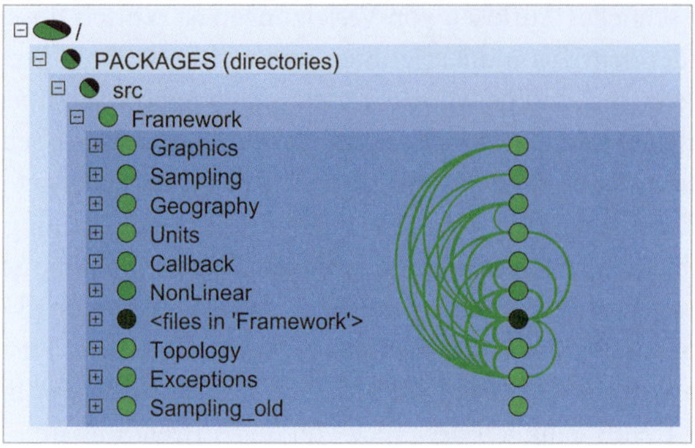

Abb. 12-26
Strukturen in Framework

Die Abbildungen 12–25 und 12–26 legen keine technische Schichtung nahe und auch das Entwicklungsteam hatte keine Strukturierung anhand der Directories in technische Schichten parat.

Mustersprache als technische Schichtung

Allerdings war uns bereits bei der Diskussion der Verletzungen zwischen `Framework`, `Solver`, `Application` und `main` aufgefallen, dass die Entwickler von Beta eine Reihe von Mustern verwenden. Die verschiedenen Musterelemente in Beta erlauben eine technische Schichtung, die sich nur an manchen Stellen in den Directories wiederfindet.

Anhand der Muster haben wir Beta in Musterschichten eingeteilt (s. Abb. 12–27). Insgesamt konnten wir 80 % des Sourcecodes diesen Mustern zuordnen, was für eine erste Strukturierung eines Systems anhand von Mustern ein sehr guter Wert ist. Das bedeutet, dass die Entwickler tatsächlich in diesen Mustern leben und versuchen, das System anhand dieser Muster aufzubauen. Bei vergleichbaren Versuchen mit anderen Systemen ist uns meistens nur für 50 % des Sourcecodes eine Musterzuordnung gelungen.

Mustergruppen

Im Zuge der Modellierung haben wir die Muster zu gröberen Gruppen von ähnlichen Mustern zusammengefasst (z.B. Datenbearbeiter, Daten, Basis usw.). Auf diese Weise konnten wir die Anzahl an Mustern reduzieren (s. Abb. 12–27) und einen Vorschlag für technische Schichten erarbeiten. Bei Beta haben wir ein System vor uns, bei dem die Mustersprache als Ersatz für die technische Schichtung verwendet werden kann. Die Einteilung in Mustergruppen bricht die Anzahl der Muster auf eine handhabbare Menge herunter, die man direkt zu technischen Schichten machen kann.

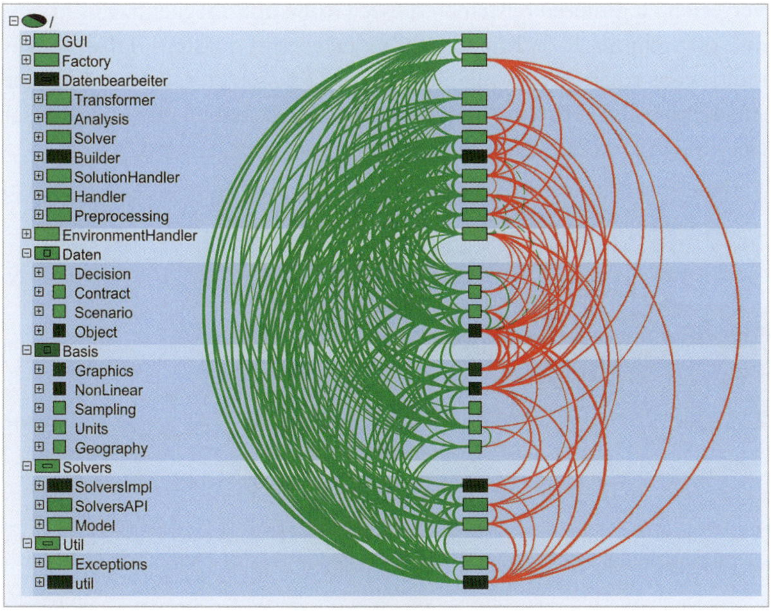

Abb. 12–27
Schichtung nach Mustern

Aufgrund der fehlenden Zeit konnten wir die Verletzungen zwischen den Mustern während der Analyse nicht im Detail untersuchen. Die Anzahl der richtigen grünen Beziehungen in Abbildung 12–27 übersteigt die der falschen roten Beziehungen aber deutlich. Die roten Bögen machen lediglich 4 % der Beziehungen in Abbildung 12–27 aus. Die Musterschichtung ist also gut gelungen in Beta.

Fachliche Aufteilung + Schnittstellen

Bei einem so großen System wie Beta sollte man bei guter Architekturqualität auch eine fachliche Aufteilung des Systems und Schnittstellen zwischen den Bausteinen vorfinden. Weder das eine noch das andere war im Directory-Baum oder den Klassennamen zu entdecken. Mit den Entwicklern hatten wir während der Analyse eine fachliche Aufteilung für den Bereich der Anwendung modelliert. Diese Sicht auf ihre Architektur war für die Entwickler neu, sodass logischerweise keine gute fachlich geschichtete Aufteilung[2] möglich war. An diesem Punkt wartet viel Arbeit auf die Mitglieder des Entwicklungsteams von Beta, wenn sie ihre Anwendung weiterentwickeln wollen.

Klassenzyklen

Schließlich haben wir uns noch die Zyklen und Metriken von Beta angesehen. Die Anzahl der Klassen in Zyklen liegt bei Beta mit 23 % hoch. Allerdings gibt es nur einen großen Klassenzyklus von 115 Klassen in Application und weitere kleinere Zyklen in anderen Systemteilen (mit 22, 7, 7, 6, 5, 5×4, 12×3 und 17×2 Klassen). Dieses Ergebnis ist im

2. Auch an dieser Stelle ist kein Bild abgedruckt, weil die fachliche Struktur eines Systems schwer zu anonymisieren ist.

Vergleich zu anderen Systemen dieser Größe überraschend. Ein Ergebnis von mehr als 15 % Klassen in Zyklen spricht meistens dafür, dass es mindestens einen Zyklus mit mehr als 300 Klassen gibt. Beta ist hier eine Ausnahme. Die verhältnismäßig kleinen Zyklen haben ihre Ursache darin, dass in Beta eine gute Mustersprache verwendet wird.

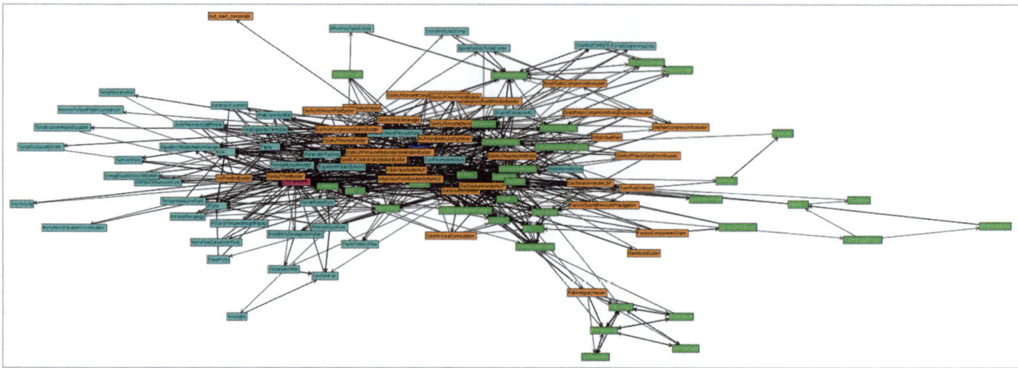

Abb. 12-28
Klassenzyklus in Application mit 115 Klassen

Klassenzyklus in der Mustersprache

Der größte Klassenzyklus (s. Abb. 12-28) befindet sich bei Beta in Application. Da Application den meisten Sourcecode von Beta enthält (78 %), war dies zu erwarten. Einen Zyklus dieser Größe kann man aufgrund der großen Anzahl an Klassen nicht auf Klassenebene auflösen. In Beta ist die Mustersprache die richtige Ebene, um diesen Zyklus zu bearbeiten.

Abb. 12-29
Klassenzyklus in Application sortiert nach der Mustersprache

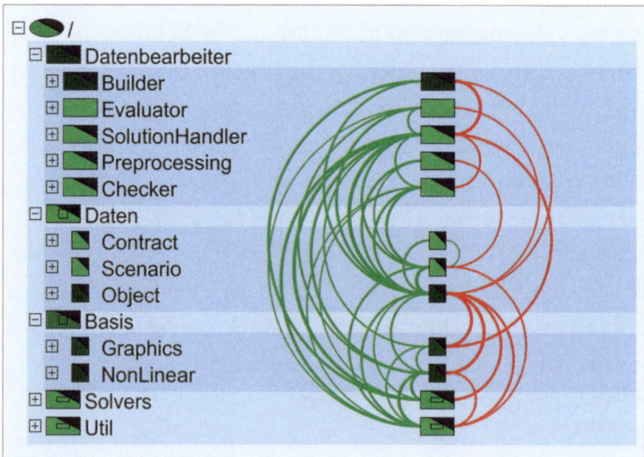

In Abbildung 12-29 kann man sehen, welche Beziehungen in diesem Zyklus als Erstes entfernt werden sollten: die Beziehungen zwischen den technischen Musterschichten. Für die vier roten Beziehungen von den unteren Musterschichten zur Schicht Datenbearbeiter konnten wir Refactorings definieren. Dadurch würde dieser Zyklus in mehrere kleinere Zyklen zerfallen, die wiederum viel leichter zu handhaben sind.

Klassenzyklus im Framework

Der größte Zyklus im `Framework` besteht aus 22 Klassen. Dieser Zyklus ist interessant, weil nur ein Teil der Klassen die Ursache für die verkoppelte Struktur sind. In Abbildung 12–30 sieht man in blauer Farbe die problematischen Beziehungen, die für den Zyklus verantwortlich sind. Die 12 blauen und lila Klassen im unteren Bereich sowie die drei grünen Klassen rechts oben hängen lediglich an diesem Zyklus dran. Sie sind nur deshalb Teil des Zyklus, weil es von der Klasse `EntityConstraint` eine Beziehung zur Klasse `Solution` gibt.

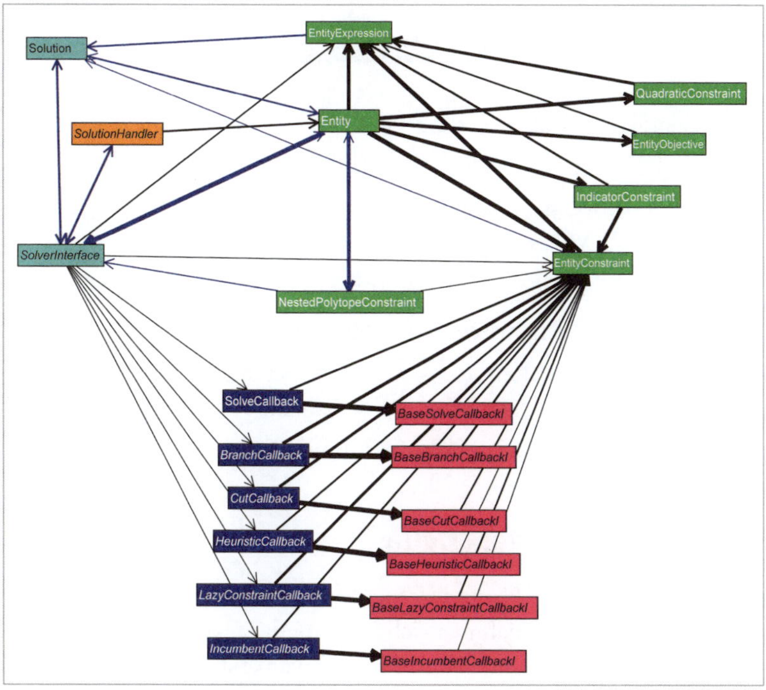

Abb. 12–30
Klassenzyklus im Framework mit 22 Klassen

Reduktion des Zyklus

Der Zyklus in Abbildung 12–30 wird sich nach einem Redesign der Zusammenarbeit zwischen den Klassen `Solution`, `SolutionHandler`, `SolverInterface`, `Entity`, `EntityConstraint`, `EntityExpression` und `NestedPolytapeConstraint` auflösen. Für diese Klassen (s. Abb. 12–31) muss das Entwicklungsteam die Zuständigkeiten klären und festgelegen, wer wen benutzen darf.

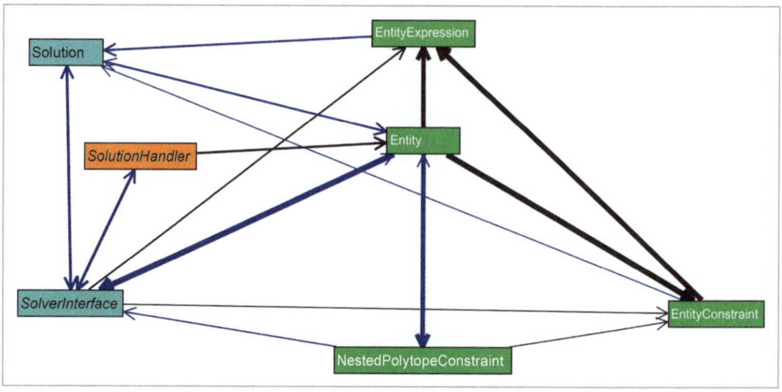

Abb. 12-31 *Zentraler Klassenzyklus in Framework*

Die nächsten Schritte

Die folgenden Aufgaben für die Verbesserung der Architekturqualität von Beta haben wir mit dem Entwicklungsteam besprochen:

1. Die Directory-Struktur von Beta in `Application` und in `Framework` auf die groben Mustersprachen-Schichten umstellen.
2. Die Klassenzyklen in `Application` und `Framework` auflösen.
3. Die Verletzungen zwischen den Mustern analysieren und entfernen.
4. Die verbleibenden 20 % des Sourcecodes untersuchen und den vorhandenen bzw. neuen Mustern zuordnen.
5. Die Muster in Beta umfassend dokumentieren.

12.4 Das Java-System Delta

Das System Delta der Firma Dresden wurde Anfang der 2000er-Jahre in Java entwickelt und befindet sich seitdem im Einsatz. Es dient zur Berechnung des saisonal und geografisch schwankenden Bedarfs von Verbrauchsgütern. Delta ist eine Client-Server-Anwendung, die an einen ESB (Enterprise Service Bus) angeschlossen ist, um Daten mit anderen Anwendungen auszutauschen. Ursprünglich wurde der Client von Delta mit JFace und SWT (Standard Widget Toolkit) entwickelt.

486.000 LOC Java

Zum Zeitpunkt unserer Analyse wurde Delta gerade in eine Webanwendung umgebaut. Das Hauptaugenmerk unserer Analyse lag deshalb auf den Serverkomponenten und ihrer Zusammenarbeit untereinander und mit den Clientkomponenten. Insgesamt umfasst Delta 486.400 LOC, von denen 242.600 zu den Serverkomponenten und 225.700 zum alten Client gehören.

Directory-Baum als Grundlage

Zu Beginn der Analyse haben wir Delta anhand des Package-Baums eingelesen und das folgende Ergebnis erhalten:

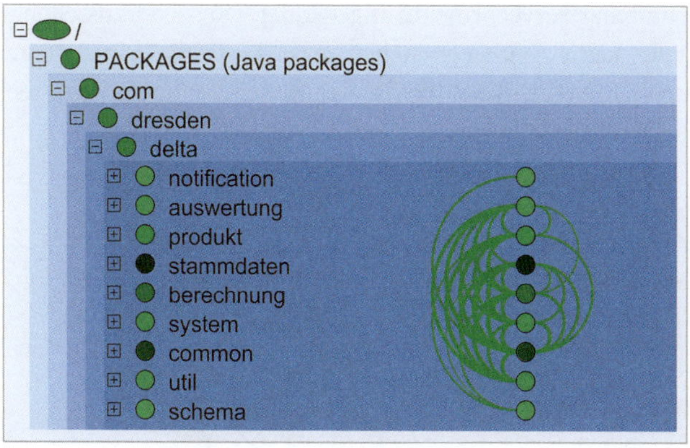

Abb. 12–32
Package-Baum von Delta

In dieser Darstellung ihres Systems (s. Abb. 12–32) konnten sich die Entwickler überhaupt nicht wiederfinden. Sie haben ihr System in mehrere Eclipse-Projekte aufgeteilt und denken auf dieser Ebene über die Architektur von Delta nach. Um auf Basis dieses Architekturverständnisses mit den Entwicklern die Architektur von Delta modellieren zu können, haben wir die Analyse auf die Struktur im Directory-Baum umgestellt.

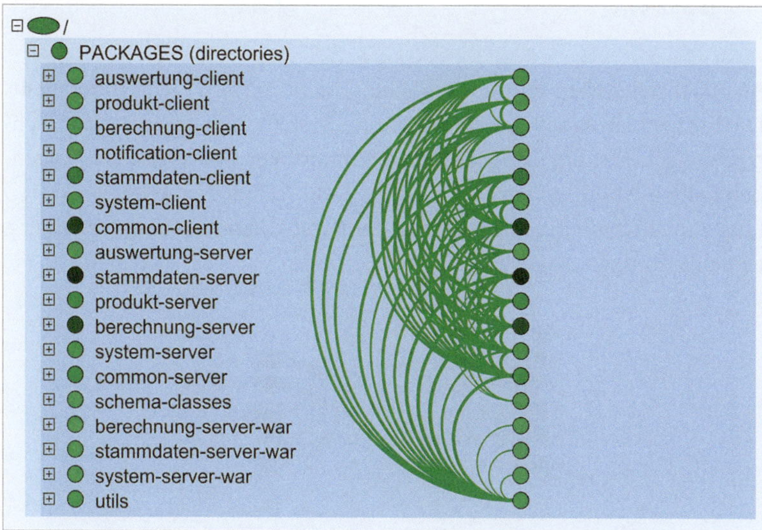

Abb. 12–33
Directory-Baum von Delta

Gute technische Schichtung

In Abbildung 12–33 sieht man die Struktur von Delta mit seinen verschiedenen Projekten für Client- und Serveranteile sowie einigen fachlichen Aufteilungen. In den einzelnen Directories finden sich jeweils Teile der Package-Baums, die jeweils mit `com.dresden.delta` beginnen. Abbildung 12–33 macht bereits deutlich, dass das Entwicklungsteam von Delta Wert auf eine geschichtete Architektur legt: Wir sehen einen hierarchischen Baum vor uns ohne jeden Zyklus und die Clientprojekte sind alle oberhalb der Serverprojekte angeordnet. Um sicherzustellen, dass auf dieser Ebene keine Zyklen entstehen, setzt das Entwicklungsteam Maven ein. Ausgehend von dieser Basis war es sehr einfach, eine technische Schichtung zu modellieren (s. Abb. 12–34).

Abb. 12–34
Technische Schichtung von Delta

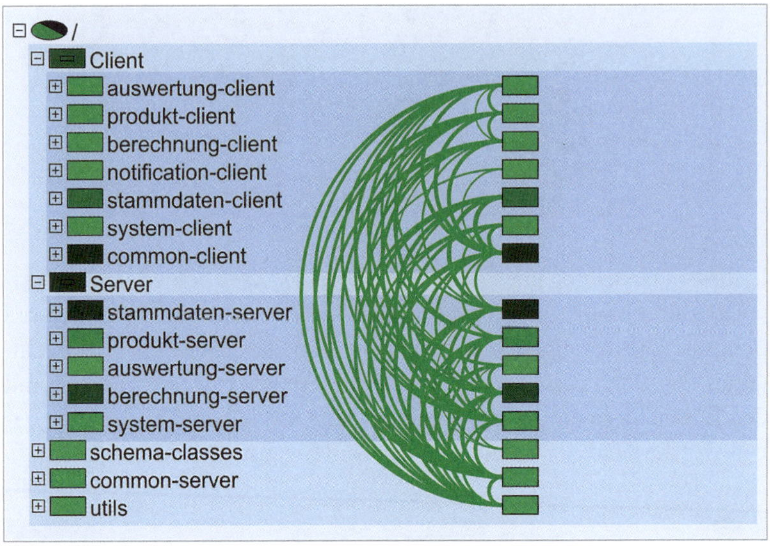

Fachliche Schnitte

Als Nächstes haben wir die fachliche Schichtung von Delta untersucht. Die Entwickler haben diese Sicht auf ihr System, im Gegensatz zur technischen Schichtung, bisher nicht mit Technologie überprüft. Die folgenden beiden Abbildungen 12–35 und 12–36 stellen die fachliche Aufteilung zunächst allein im Server und dann mit Client- und Serveranteilen gemeinsam dar.

Abb. 12–35
Fachliche Schichtung im Server von Delta

Abb. 12–36
Fachliche Schichtung mit Client und Server

Unterschiedliche Schnitte in Client + Server

In Vergleich von Abbildung 12–35 und Abbildung 12–36 sieht man, dass durch die Hinzunahme der Clientprojekte eine Reihe von Beziehungen sichtbar werden, die gegen die im Server angedachte Schichtung gehen. Diese Verletzungen haben zwei Ursachen, die man in Abbildung 12–37 gut identifizieren kann:

1. Einerseits ist in Abbildung 12–37 zu erkennen, dass verschiedene fachliche Clients, wie `berechnung-client` und `auswertung-client`, auch Dienstleistungen vom `stammdaten-server` brauchen. Diese Beziehungen beruhen auf den Anforderungen der Anwender für die Entwicklung der verschiedenen Clients. Die einzelnen Clients in Delta benötigen Funktionalität aus allen Serverteilsystemen, um ihre fachliche Aufgabe erledigen zu können.
2. Andererseits benötigt der `common-client` Dienste aus fast allen anderen Serverprojekten. Diese Beziehungen deuten daraufhin, dass der Schnitt zwischen Common und den Serverprojekten zwar technisch gelungen, aber fachlich noch nicht ganz ausgereift ist. Hier muss überprüft werden, ob Teile der von `common-client` benötigten Serverfunktionalitäten in den `common-server` wandern sollten.

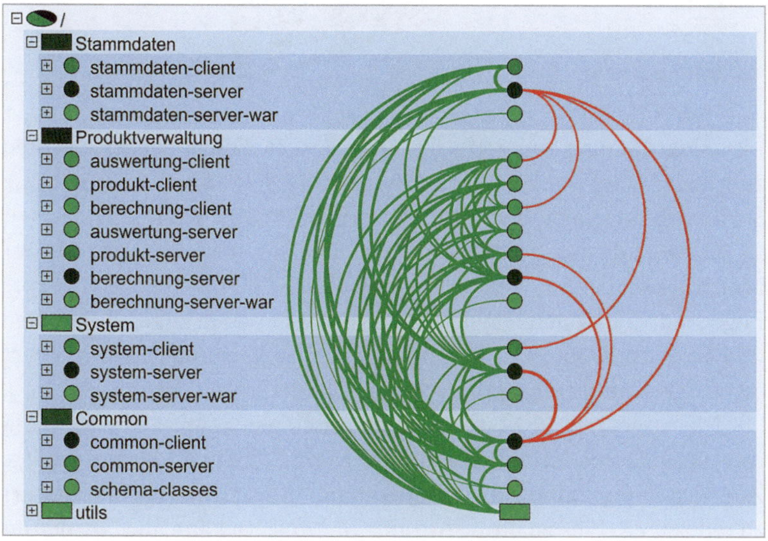

Abb. 12–37
Fachliche Schichtung mit enthaltenen Projekten

Da die Clients gerade als Webfrontends neu entwickelt werden und sich dabei auch ihr Zuschnitt ändern wird, haben wir an dieser Stelle auf eine detaillierte Untersuchung der Verletzungen verzichtet. Eine gleichmäßige fachliche Schichtung im Server- und Client-Sourcecode würde die Kopplung des Systems verringern und sollte bei der Neuimplementierung als Webfrontend bedacht werden.

Mustersprache

Bei den Diskussionen der technischen und fachlichen Schichtung wurde deutlich, dass es in Delta eine Reihe von Mustern gibt, die weitere Strukturierung des Sourcecodes ermöglichen. Mithilfe dieser Muster konnten wir Delta anhand einer Mustersprache einteilen (s. Abb. 12–38).

Abb. 12–38
Mustersprache

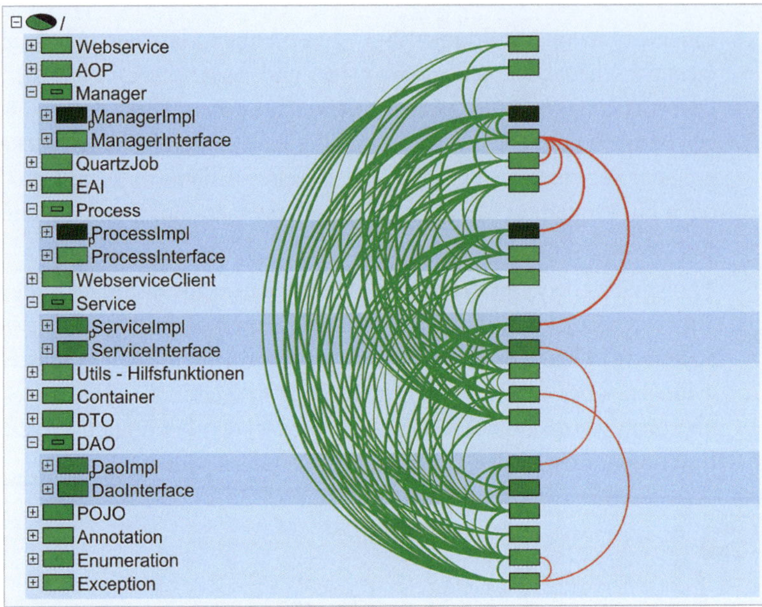

Insgesamt konnten wir 80 % des Sourcecodes diesen Musterschichten zuordnen, was, wie bereits in Abschnitt 12.3 erwähnt, für eine erste Strukturierung anhand von Mustern ein sehr guter Wert ist.

Obwohl die Architektur von Delta noch nie auf Basis dieser Muster überprüft worden ist, weist Abbildung 12–38 überraschend wenige rote Bögen auf. Wir konnten in der Diskussion alle Verletzungen diskutieren und auflösen. Dabei wurde insbesondere das Verständnis des Musters »Manager« im Gegensatz zu »Service« und »Process« geschärft.

Mit insgesamt 16 Mustern im serverseitigen Sourcecode hat Delta eine angemessene Anzahl an Mustern. Der Einsatz von Mustern hat das Ziel, den Designraum einzuschränken und Komplexität beim Entwurf zu reduzieren. Eine zu große Anzahl von Mustern kann aber wiederum zu mehr Komplexität und Unschärfe beim Entwurf führen. Deshalb sollte bei der Weiterentwicklung von Delta darauf geachtet werden, dass keine weiteren Muster in den serverseitigen Sourcecode eingebaut werden, sondern die vorhandenen Muster in ihrer Aufgabe und ihren Beziehungen klar definiert und stringent eingesetzt werden.

In Abbildung 12–38 kann man an dem Buchstaben p neben den Schichten `ManagerImpl`, `ProcessImpl`, `ServiceImpl` und `DaoImpl` bereits erahnen, dass wir Delta auch auf Schnittstellen untersucht haben. Schnittstellen werden in Systemen benötigt, um zwischen Komponenten Abstraktionen zu schaffen, auf denen die anderen Komponenten aufbauen können. Andere Komponenten sollen nicht alle Details für die Realisierung der Funktionalität aus der verwendeten Komponente kennen, sondern lediglich eine möglichst schmale Schnittstelle benutzen müssen.

Schnittstellen

Delta hat eine Größe, bei der sich langsam Schnittstellen innerhalb des Systems herausbilden sollten. Zuerst wird in der Regel die Schnittstelle zwischen Client und Server beschrieben. Dieses Phänomen lässt sich in Delta beobachten. Unterhalb der Muster Webservice, Manager, Process, Service und DAO (Data Access Object) erfolgt eine Aufteilung in jeweils zwei Bereiche: das Interface und die Implementierung. Die Interfaces dürfen vom Client benutzt werden, die Implementierung nicht. Diese Regel ist in Delta an allen Stellen korrekt umgesetzt. Auch im Package-Baum gibt es jeweils einen Knoten für die Interfaces und einen für die Implementierung.

Insgesamt benutzt der Client-Sourcecode von Delta allerdings mehr Klassen als die Interface-Klassen aus den Bereichen Webservice, Manager, Process, Service und DAO. Es werden z. B. auch DTOs (Data Transfer Objects) und Enumerations benutzt. Für die Weiterentwicklung von Delta wäre es ratsam, die Schnittstellen zwischen Client und Server sowie zwischen den einzelnen fachlichen Modulen klar zu spezifizieren und in der Struktur des Systems sichtbar zu machen.

Klassenzyklen

Als wir zum Abschluss der Analyse auf Klassenzyklen zu sprechen kamen, haben uns die Entwickler von Delta deutlich gemacht, dass sie genauso kritisch auf Zyklen schauen wie wir. Die einzigen in Delta erlaubten Zyklen dürfen sich zwischen den POJOs[3] und den DTOs abspielen. Die POJOs in Delta bilden direkt die Tabellen aus der relationalen Datenbank ab und die Entwickler haben die bidirektionalen Beziehungen aus der Datenbank direkt in die POJOs und DTOs übernommen.

3. Das Akronym POJO steht für Plain Old Java Object und wurde von Martin Fowler erfunden, um Klassen zu benennen, die einfach nur in Java entwickelt sind und keine extra Technologie wie EJB (Enterprise JavaBeans) beinhalten. Heute werden in manchen Fällen Business-Objekte und Value-Objekte so bezeichnet, wenn sie technologiefrei sind.

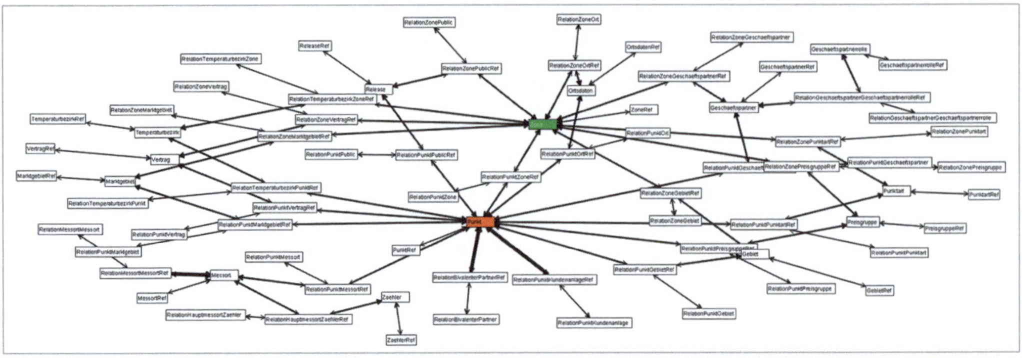

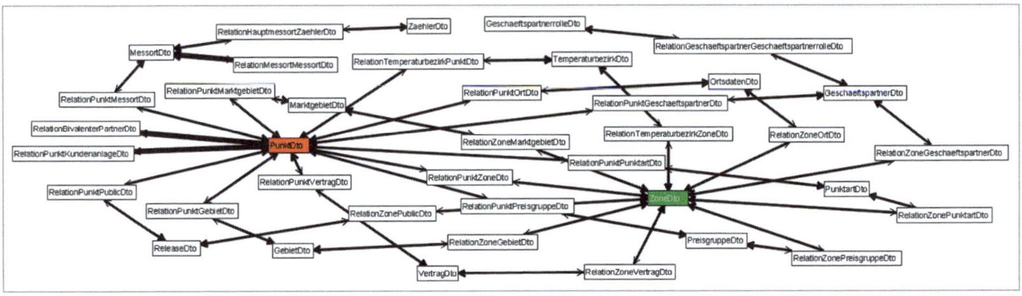

***Abb. 12–39** (oben)*
POJO-Klassenzyklus in Stammdaten-Server

***Abb. 12–40** (unten)*
DTO-Klassenzyklus in Stammdaten-Server

In den Abbildungen 12–39 und 12–40 sieht man die beiden Klassenzyklen in Delta: 78 POJO-Klassen und 39 DTO-Klassen in Stammdaten-Server sammeln sich jeweils um zwei Klassen (orange und grün). Diese beiden Klassen sind die fachlichen Kernklassen von Delta, sodass ihre zentrale Stellung nicht überraschend ist. Alle Beziehungen in diesen Klassenzyklen sind, wie von den Entwicklern angekündigt, bidirektional. In Delta sind die Klassenzyklen in den Business-Objekten (POJOs und DTOs) unabhängig vom Rest des Systems – genauso wie wir es in Abschnitt 9.1.1 gefordert haben. Auch wenn ein zyklenfreies Design von Business-Objekten grundsätzlich wünschenswert wäre, ist es unverantwortlich, den fachlichen Kern eines Systems umzubauen, nur weil man Zyklen vermeiden will.

Die nächsten Schritte

Insgesamt bleibt festzuhalten, dass die Entwickler von Delta gute Arbeit geleistet haben und die Menge der notwendigen Refactorings gering ist:

1. Verletzungen in der Mustersprache auflösen.
2. Verbleibende 20 % des Sourcecodes der Mustersprache zuordnen.
3. Fachliche Schichtung bei der Neuimplementierung der Clients überdenken.

12.5 Das Java-System Epsilon mit C#-Satelliten

246.000 LOC Java

Das System Epsilon der Firma Essen wird seit 2009 entwickelt und besteht aus einer Plattform, die in Java programmiert ist, sowie aus mehreren Satelliten in C#. Für diese Fallstudie wurde die Java-Plattform und zwei C#-Satelliten analysiert. Der größere Java-Teil von Epsilon (246.000 LOC mit 3.370 Klassen) ist seit 2010 im produktiven Einsatz. Java-Epsilon bietet eine Reihe von Services, um verschiedene geografische Karten mit geografischen Bewegungsdaten zu kombinieren. Außerdem enthält Java-Epsilon mehrere Java-Clients für Desktop-Computer und einen Java-Client für eine Videowand in einem Leitstand. Die Entwicklung von Java-Epsilon erfolgt in einem Team von vier Personen.

14.000 LOC C#

Die beiden C#-Teile von Epsilon (10.000 LOC und 4.000 LOC) erlauben die Arbeit mit Karten auf Touch Devices und setzt auf Diensten von Java-Epsilon auf. C#-Epsilon 1 und 2 kommunizieren mit den Diensten von Java-Epsilon über eine REST-Schnittstelle mit JSON. C#-Epsilon 1 und 2 sind im Sommer 2015 in Produktion gegangen und werden jeweils von 2–3 Personen entwickelt. Für die Analyse haben wir die drei Systeme getrennt betrachtet.

12.5.1 Java-Epsilon

Fachliche Komponenten in Deployment-Struktur

Java-Epsilon besteht auf seiner obersten Ebene aus drei Deployment-Komponenten: Client, Server und Common (s. Abb. 12–41). Server und Common zusammen bilden die Plattform, die Java-Epsilon nach außen anbietet. Die in Java-Epsilon enthaltenen eigenen Clients und auch die beiden C#-Satelliten setzen auf dieser Plattform auf. Die drei Komponenten Client, Server und Common sind in weitere Subkomponenten unterteilt. Der Server besteht aus 15 Maven-Artefakten, Common aus 13 Eclipse-Projekten und der Client enthält noch einmal 39 weitere Eclipse-Projekte. Der Übersichtlichkeit halber ist der Clientknoten in Abbildung 12–41 zugeklappt. Fragt man das Entwicklungsteam nach der Architektur von Epsilon, so verweisen die Entwickler genau auf diese Strukturierung. In Epsilon findet man also eine direkte und damit sehr gute Übereinstimmung zwischen Architektur und Projektstruktur. Die Regeln dieser Architektur legen fest, dass Server und Client lediglich über die Common-Schicht miteinander kommunizieren dürfen. Andererseits enthalten Server, Client und Common fachliche Komponenten, die zyklenfrei aufeinander aufbauen.

Zyklenfreie, fachliche Komponenten

Um diese Architekturinformation sichtbar zu machen, haben wir das System nicht anhand der Java-Packages, sondern anhand der Artefakt-/Projekt-Struktur analysiert. Bereits ohne weitere Modellierung ist in Abbildung 12–41 zu erkennen, dass die beiden Architekturvorgaben für Java-Epsilon umgesetzt sind: Sowohl der Client- als auch der Serveranteil von Java-Epsilon arbeiten nur auf dem gemeinsam genutzten Bereich Common. Gegenseitig kennen sich Client und Server nicht. Außerdem bestehen zwischen den fachlichen Komponenten keine Zyklen.

Abb. 12–41
Komponentenstruktur von Java-Epsilon

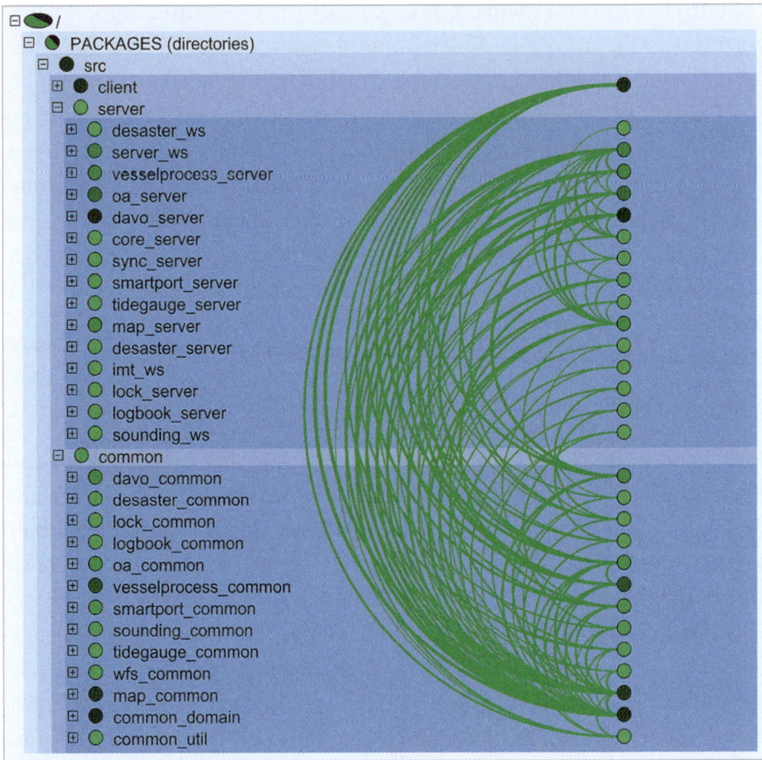

Verletzung der Musterkonsistenz

Unterhalb der fachlichen Komponenten sieht man in Java-Epsilon einen Package-Baum, der über die Jahre etwas an Klarheit eingebüßt hat. In Abbildung 12–42 erkennt man, dass sich der Firmenname in den vergangenen Jahren geändert hat. Bisher existieren der alte und der neue Firmenname im Package-Baum parallel. Eine Umbenennung aller Packages auf den neuen Firmennamen hat das Entwicklungsteam bisher nicht vorgenommen, weil das bedeuten würde, dass alle Anwendungen überprüft werden müssten, die auf den Webservices von Java-Epsilon aufbauen. Da das Entwicklungsteam diesen Aufwand allerdings als überschaubar einschätzt (maximal zwei Personentage), sollte eine Umbenennung erfolgen.

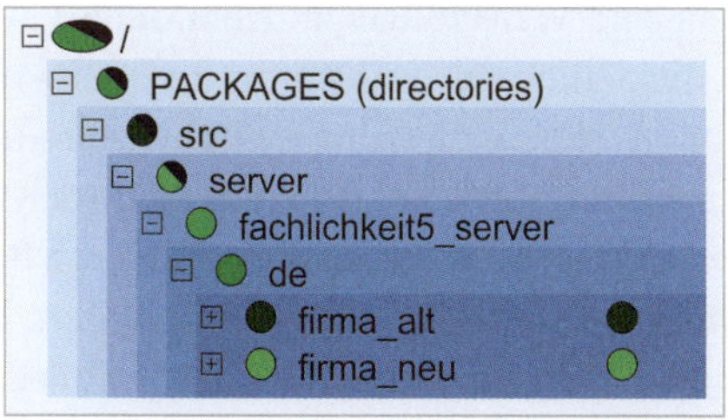

Abb. 12–42
Ausschnitt des Package-Baums in Java-Epsilon

Geschichtete Fachlichkeit

Neben der gut gelungenen Client-Server-Trennung und den zyklenfreien Komponenten ist an Java-Epsilon bemerkenswert, dass die zweite Ebene der Strukturierung direkt von fachlichen Komponenten gebildet wird. In vielen Systemen findet man auf dieser Ebene eine Mischung aus Fachlichkeit und Technik. Um zu überprüfen, wie sich die Fachlichkeit auf Client, Server und Common verteilt, haben wir als Erstes eine Aufteilung in fachliche Schnitte modelliert (s. Abschnitt 6.3.2).

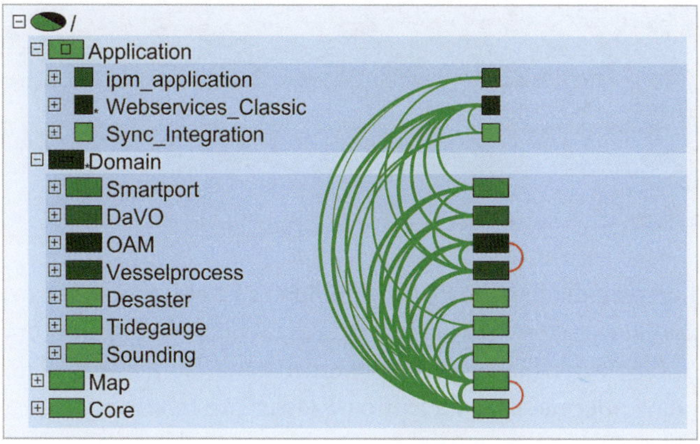

Abb. 12–43
Fachliche Schichtung von Java-Epsilon

In Abbildung 12–43 sieht man, dass die fachliche Aufteilung in Java-Epsilon gut umgesetzt ist. Als oberste Schicht haben wir `Application` modelliert. Hier finden sich die Klammern für drei verschiedene Verwendungen der Plattform: als Desktop-Applikation, als Webservices und zur Synchronisation zwischen verschiedenen externen Diensten. Unterhalb von `Application` befindet sich der eigentliche fachliche Kern der Anwendung. Diese `Domain`-Schicht enthält sieben Schichten, die jeweils eine spezifische Fachlichkeit bereitstellen. In jeder dieser Schichten befinden sich sowohl Client- als auch Server- und Common-Projekte. Einige der `Domain`-Schichten enthalten mehr als ein fachliches Projekt aus Abbildung 12–41. Unterhalb der `Domain`-Schicht existieren schließlich zwei fachliche Basisschichten `Core` und `Map`. `Core` stellt technische Basisklassen zur Verfügung. `Map` beinhaltet fachliche Basisklassen zur Darstellung und Verwendung von Karten.

Verletzungen der fachlichen Schichtung

An zwei Stellen sind Verletzungen in Abbildung 12–43 zu erkennen: `Core` greift gegen die Schichtung auf `Map` zu und `Vesselprocess` benötigt Funktionalität aus `OAM`. Die Verletzung zwischen `Core` und `Map` lässt sich leicht auflösen. In Abbildung 12–44 sieht man, dass Klassen aus Core-Client die Klasse `ServiceException` benötigen (roter Bogen). Der Ausschnitt des Systems ist in Abbildung 12–44 so gefiltert, dass alle Klassen und ihre Beziehungen dargestellt werden, die `ServiceException` irgendwie verwenden (grüne Bögen).

Abb. 12–44
Verletzung von Core nach Map

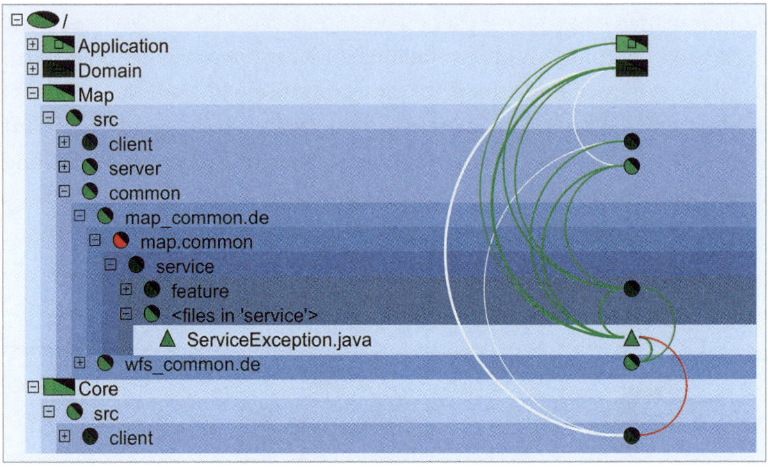

Betrachtet man die Beziehungen in Abbildung 12–44, so kann man erkennen, dass `ServiceException` eigentlich in die Schicht `Core` gehört und auch ohne Probleme dorthin verschoben werden kann. Eine solche Verletzung, bei der eine oder mehrere Exception-Klassen am falschen Ort liegen, ist sehr typisch für eine erste Analyse. Die Exception-Klasse wurde mit den Klassen gebaut und abgelegt, mit denen sie ursprünglich entwickelt wurde. Je mehr andere Klassen die Exception verwenden und je mehr die Architektur des Systems wächst, desto mehr müssen solche Exception-Klassen und oft auch Hilfsklassen mit Konstanten sowie Hilfsmethoden in der Schichtung nach unten wandern.

Die zweite Aufwärts-Beziehung zwischen `Vesselprocess` und `OAM` ist schwieriger aufzulösen als die Verletzung zwischen `Core` und `Map`. Die Klasse `BerthBlockadeSyncService` aus `Vesselprocess` verwendet mehrere andere Klassen aus der `OAM`-Schicht (s. Abb. 12–45). Im Prinzip könnte `BerthBlockadeSyncService` in die `OAM`-Schicht verschoben werden, aber fachlich gehört die Klasse eher zu `Vesselprocess`. Hier muss das Entwicklungsteam das Design der beteiligten Klassen diskutieren, um eine Lösung zu finden.

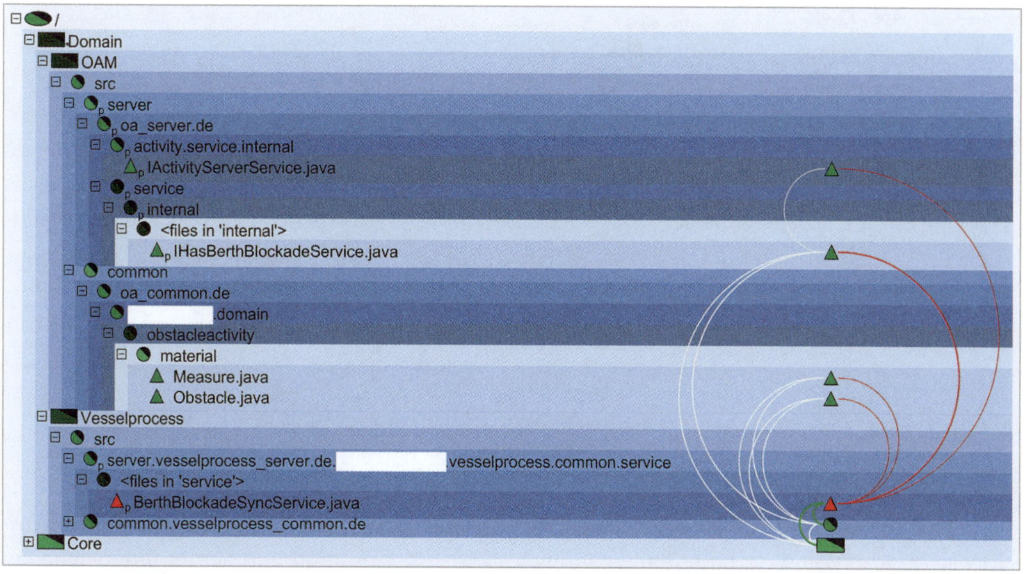

Abb. 12–45
Verletzung zwischen Vesselprocess und OAM

In Abbildung 12–45 kann man neben der Verletzung an den kleinen `p` bereits erkennen, dass wir in der Modellierung der Architektur die Serverprojekte als interne Projekte ihrer Schicht deklariert haben. Dafür steht das kleine `p` für `private` an den Server-Packages und Serverklassen. Diese Regel haben wir eingeführt, um zu erreichen, dass die Serverprojekte auch untereinander nur über die Common-Projekte arbeiten und sich nicht direkt aufrufen.

Schnittstellen der fachlichen Domänen

Blicken wir noch einmal auf Abbildung 12–43 zurück, so sieht man, dass nur drei der fachlichen Schichten, `Smartport`, `OAM` und `Vesselprocess`, überhaupt Beziehungen untereinander haben. Die anderen vier Schichten, `DaVO`, `Desaster`, `Tidegauge` und `Sounding`, sind unabhängig voneinander. Sie rufen sich gegenseitig nicht auf.

`Smartport` sowie `OAM` und `Vesselprocess` verwenden sich gegenseitig, sodass eine Modellierung, die den Zugriff auf die Serverprojekte von außerhalb verbietet, Verletzungen zutage fördern würde. Abbildung 12–46 zeigt die Beziehungen von `Smartport` und `OAM` zu `Vesselprocess`. Abgesehen von der Verletzung, die wir gerade eben mit Abbildung 12–45 untersucht haben, sieht man, dass die Entwickler die Regel der privaten Serverprojekte beachtet haben. Von `Smartport` gehen lediglich Beziehungen vom Clientprojekt zu den Common- und Clientprojekten in `Vesselprocess`. Auf der Serverplattform-Ebene ist `Smartport` also unabhängig. `OAM` und `Vesselprocess` arbeiten hingegen enger zusammen – verletzen dabei aber nicht die Regel, dass der Server privat sein soll. Neben den Beziehungen vom `OAM`-Client gibt es weitere Beziehungen von `OAM`-Server und `OAM`-Common zum Common-Projekt in `Vesselprocess`.

Abb. 12–46
Zusammenarbeit zwischen den Domain-Schichten

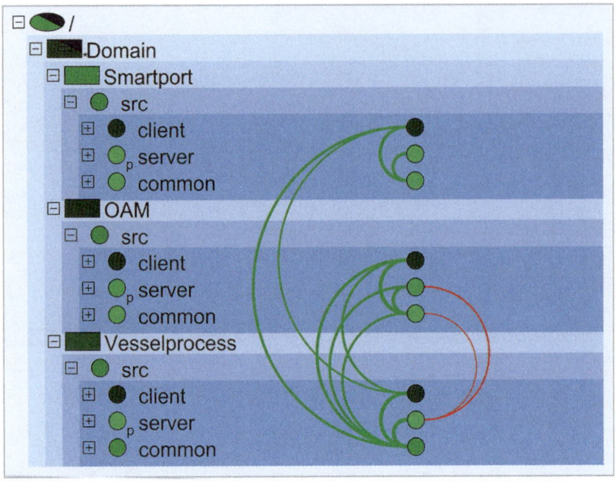

Mustersprache als technische Schichtung

Als Nächstes haben wir die technische Schichtung von Java-Epsilon unterhalb der Trennung von Client, Common und Server untersucht. Im Package-Baum gibt es vereinzelt Knoten, die eine Bedeutung für die technische Schichtung haben. Es existieren beispielsweise Packages mit den Namen `view`, `command` oder `tool`. Der Großteil der Packages ist aber fachlich benannt. In Java-Epsilon lässt sich trotzdem eine technische Schichtung identifizieren. Die technische Schichtung spiegelt sich in Java-Epsilon in seiner Mustersprache wider.

Abb. 12–47
Mustersprache in Java-Epsilon

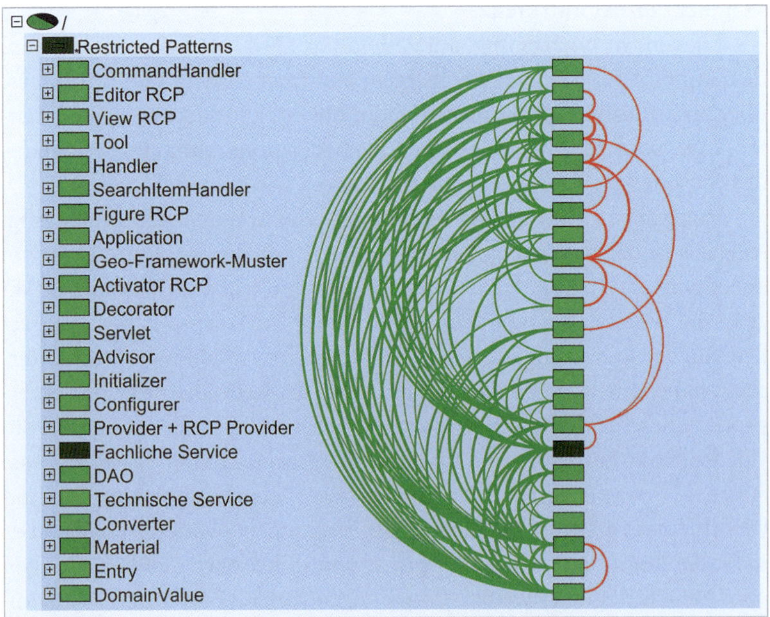

Während der Analyse konnten 80 % des Sourcecodes den Mustern zugeordnet werden[4]. Die Verletzungen in der Mustersprache machen nur 2 % aller Beziehungen in Abbildung 12–47 aus. Solche Werte haben in meinen Analysen nur Systeme erzielt, bei denen die Entwicklungsteams sich ihrer Muster bewusst sind und bei der Programmierung in diesen Mustern leben.

Verletzung in der Mustersprache

In der Diskussion über die Verletzungen in der Mustersprache konnten wir einige Verletzungen auflösen: Manche Klassen waren aufgrund falscher Benennung in der falschen Musterschicht gelandet. In einigen Fällen benutzen Klassen aus einer Musterschicht tatsächlich ungewollt ein übergeordnetes Muster. Für diese Fälle konnten wir einfache Refactorings definieren. Dabei haben wir uns besonders auf die relativ wenigen Verletzungen im Server- und Common-Teil von Java-Epsilon konzentriert. Dieser Teil des Systems sollte als Plattform für weitere Systeme von besonders hoher Qualität sein.

Typische Verletzungen der Mustersprache

An einigen Verletzungen in der Mustersprache lassen sich Effekte erkennen, die typisch für die Verwendung von Frameworks sind:

- *Musterdopplung*
  In der Mustersprache des Java-Epsilon-Entwicklungsteams gibt es das Muster »fachlicher Service«. Verschiedene Frameworks verwenden das Muster »Provider«. Einen echten Unterschied zwischen diesen beiden Mustern konnten wir in der Diskussion während der Analyse nicht identifizieren. Eine solche Musterdopplung reduziert die Klarheit und Einfachheit der Architektur und sollte deshalb vermieden werden. Da es in Java-Epsilon 537 fachliche Services gibt und nur 46 Provider, sollte an dieser Stelle auf das Muster Provider in Java-Epsilon verzichtet werden. Die Klassen in Java-Epsilon, die von einem Framework-Provider erben, sollten Services genannt werden.
- *Mehrfachverwendung des Musternamens*
  In Abbildung 12–47 kann man drei Schichten erkennen, die alle das Wort Handler im Namen haben: Es gibt den »CommandHandler«, den »SearchItemHandler« und den »Handler«. In der Handler-Schicht sind alle Klassen versammelt, die wir anhand ihres Namens nicht als spezielle Handler identifizieren konnten. Um Klarheit über die Aufgaben und Regeln der Verwendung von Handler-Klassen zu schaffen, sollte das Entwicklungsteam die Handler-Muster untersuchen und ihre Verwendung überprüfen.

4. In Abbildung 12–47 haben wir vier Muster ausgeblendet, die quer zu den hierarchisierenden Mustern liegen: Extension, Factory, Adapter und Listener. Diese Muster sind so angelegt, dass sie von allen anderen Mustern verwendet werden dürfen und wiederum Beziehungen zu Klassen der anderen Muster haben können.

- *Framework-basierte Mustervarianten*
  Bei der Implementierung der Tools für die Clients hat das Entwicklungsteam über die Jahre unterschiedliche Varianten von Oberflächenkonstruktionen verwendet. Diese Varianten spiegeln sich in den Schichten Editor RCP, View RCP, Tool, Handler und Figure RCP wider. Die verschiedenen Clients von Java-Epsilon wurden mit Eclipse RCP gebaut und für die im Laufe der Zeit entstandenen verschiedenen Clients wurde vom Entwicklungsteam jeweils die für den speziellen Anwendungskontext passende Konstruktionsvariante gewählt. Für die Wartbarkeit von Java-Epsilon wäre es auf lange Sicht sinnvoll, diese verschiedenen Konstruktionsvarianten zu konsolidieren.

Minimale Klassenzyklen

Nach der Analyse der fachlichen und der technischen Schichtung in Java-Epsilon haben wir die Anzahl und Komplexität der Klassenzyklen ausgewertet. In Java-Epsilon ist gerade einmal 1 % der Klassen in Zyklen. Das ist für ein System dieser Größe ein sehr guter Wert. Die 35 Klassen, die sich in Zyklen befinden, verteilen sich auf drei Dreierzyklen und 13 Zweierzyklen. In Abbildung 12–48 kann man anhand der Farben erkennen, dass sich zwei dieser Zyklen jeweils lokal in einem Package befinden. Lediglich der oberste Dreierzyklus dehnt sich über zwei Packages aus. Die Aufgaben dieser Klassen müssen im Entwicklungsteam diskutiert werden und es muss entweder eine Auflösung der Zyklen oder eine entsprechende Dokumentation herbeigeführt werden.

Abb. 12–48
Dreier-Klassenzyklen in Java Epsilon

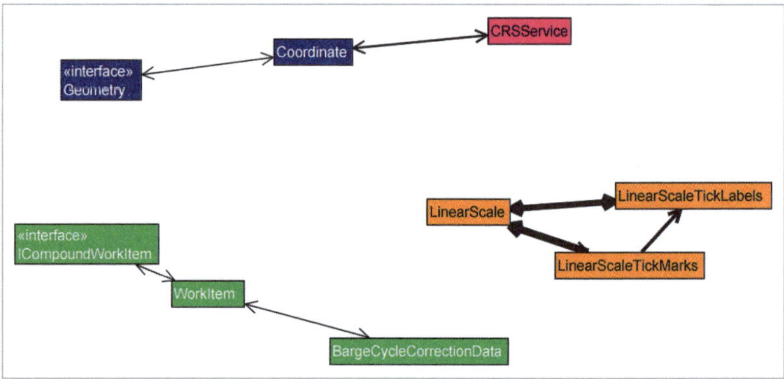

Nächste Schritte

Zum Abschluss der Analyse haben wir die identifizierten Maßnahmen priorisiert. Dabei haben wir die weniger aufwendigen Maßnahmen an den Anfang gestellt:

1. Die Verletzungen von `Core` zu `Map` auflösen.
2. Die Verletzungen zwischen `Vesselprocess` und `OAM` auf Ebene der Serverplattform auflösen.
3. Den Package-Baum auf den neuen Firmennamen vereinheitlichen.

4. Die Muster Provider und fachlicher Service vereinheitlichen.
5. Die verbleibenden Verletzungen in der Mustersprache im Server- und Common-Teil beheben.
6. Die Dreierzyklen analysieren und ggf. auflösen.
7. Die verschiedenen Handler-Varianten auf eine einheitliche Verwendung der Muster überprüfen.
8. Die Mustervarianten in der Clientkonstruktion analysieren.
9. Die verbleibenden 20 % des Sourcecodes, die nicht in die Mustersprache einsortiert werden konnten, untersuchen.

12.5.2 C#-Epsilon 1

Der C#-Teil von Epsilon 1 wurde bisher als Prototyp für eine Machbarkeitsstudie entwickelt und wurde bis September 2015 zu einem in Produktion einsatzfähigen System ausgebaut. Um sicherzugehen, dass die bisher entwickelten prototypischen Klassen eine gute Architektur haben, hat das Entwicklungsteam drei Stunden investiert, um C#-Epsilon 1 mit mir zu untersuchen. Nach dem Einlesen stellt sich der Namespace-Baum von C#-Epsilon 1 wie in Abbildung 12–49 dar.

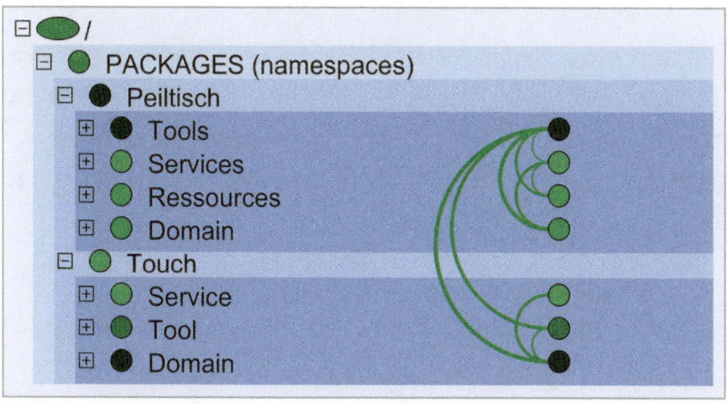

Abb. 12–49
Namespace-Baum von C#-Epsilon 1

Technische Schichtung in den Namespaces

Die Namespace-Struktur von C#-Epsilon 1 lässt die technische Schichtung bereits deutlich erkennen. Einerseits besteht C#-Epsilon 1 aus zwei Teilen: der Peiltisch-Anwendung und dem Touch-Framework. Andererseits sind unterhalb dieser beiden Knoten die geschichteten Strukturen `Tools`, `Services`, `Domain` und `Ressources` (sic) zu finden. Interessant ist an dieser Stelle, dass die Entwickler in ihrem Framework die Namespaces im Singular benannt haben: Tool, Service. In der Peiltisch-Anwendung sind die entsprechenden Namespaces im Plural benannt. Solche Singular-Plural-Varianten kommen immer wieder vor und lassen sich in der Regel schnell vereinheitlichen.

Obwohl der Namespace-Baum geschichtet ist, hatte das Entwicklungsteam von C#-Epsilon 1 noch weitere Vorstellungen für Architekturregeln für die technische Schichtung. Um diese Regeln auszudrücken, haben wir die technische Schichtung modelliert. Abbildung 12–50 zeigt die vom Entwicklungsteam geplante Architektur. Unterhalb von Peiltisch und Touch-Framework spiegelt sich dieselbe Struktur wider, mit zwei Komponenten `Tool` und `Service`, die sich gegenseitig nicht kennen dürfen, und den darunter liegenden Schichten, auf die `Tool` und `Service` zugreifen können. In Abbildung 12–50 sieht man eine Verletzung der geplanten Architektur: in der Komponente `Tools` im Peiltisch gibt es eine Beziehung (rot) zu `Services`.

Abb. 12–50
Technische Schichtung in C#-Epsilon 1

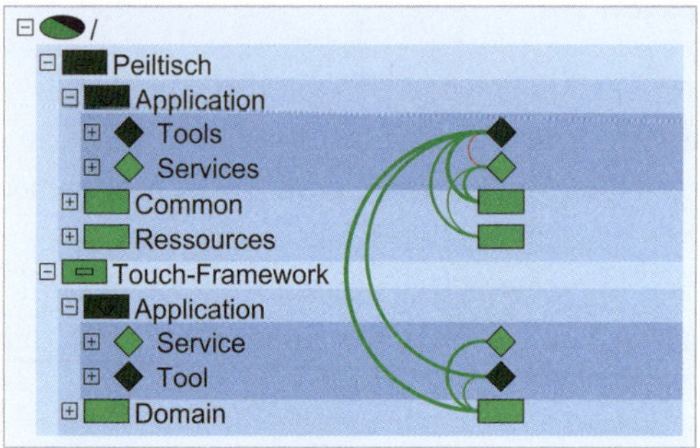

Diese Verletzung wird von der Klasse `ServiceLocator` verursacht, die die Klasse `StartUp` benötigt (s. Abb. 12–51). Diese fehlerhafte Beziehung lässt sich leicht auflösen, weil `StartUp` keine weiteren Beziehungen im `Services`-Systemteil hat. Wir haben die Klasse `StartUp` deshalb nach `Tools` verschoben.

Abb. 12–51
Verletzung zwischen Tools und Services in Application

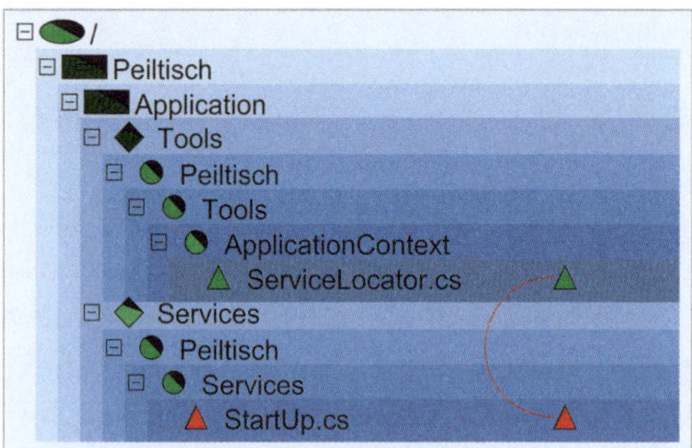

Fachliche Schichtung

Unterhalb der technischen Namespace-Knoten finden sich in C#-Epsilon 1 die fachlichen Namespaces. Die fachliche Architekturvorstellung des Entwicklungsteams spiegelt sich in Abbildung 12–52 wider. Oberhalb des Touch-Frameworks gibt es zwei Schichten, die fachliche Basisdienste zur Verfügung stellen: Die Schicht `Arbeitsumgebung` beinhaltet Funktionalität für den Touch-Device-Arbeitsplatz. Darauf aufbauend werden in der Schicht `Map` Grundlagen für die Arbeit mit Karten geschaffen. In der Schicht darüber stehen verschiedene kleinere Anwendungen zur Verfügung, die auf den Karten arbeiten. Das Entwicklungsteam war erfreut, in Abbildung 12–52 zu sehen, dass es in weiten Teilen unabhängige Anwendungen gebaut hatte. Nur die Beziehung zwischen `Tide` und `Depth` verletzte dieses Prinzip. Außerdem gab es eine Rückbeziehung von `Arbeitsumgebung` zu `Export`.

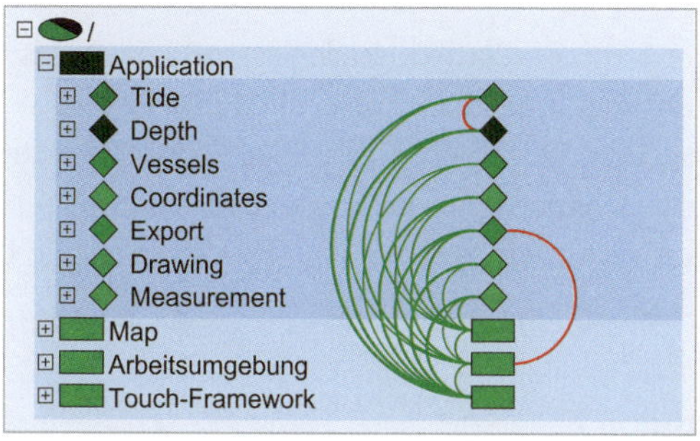

Abb. 12–52
Fachliche Aufteilung in C#-Epsilon 1

Die beiden Verletzungen in Abbildung 12–52 haben wir gemeinsam untersucht. In beiden Fällen sah das Entwicklungsteam die an der Verletzung beteiligten fünf Klassen und einer der Entwickler sagte sofort: »Ja, genau! Mit den Klassen haben wir uns schon immer unwohl gefühlt! Die haben kein gutes Design.« In beiden Fällen hat sich das Entwicklungsteam vorgenommen, das Design der beteiligten Klassen zu überdenken.

Mustersprache

Schließlich haben wir uns noch der Mustersprache in C#-Epsilon 1 gewidmet. Die Mustersprache in C#-Epsilon 1 ist gut gelungen. Es gibt eine für die Größe von C#-Epsilon 1 angemessene Anzahl von Mustern und die Muster sind gut hierarchisiert (s. Abb. 12–53). Die Verletzungen in der Mustersprache von C#-Epsilon 1 werden von fünf Klassen verursacht. Auch diese Verletzungen waren für das Entwicklungsteam sofort offensichtlich und eine rege Diskussion entstand, wie diese Verletzungen zu lösen seien. Die entscheidende Frage auf der Musterebene ist dabei weniger, ob das Design der Klasse, also ihre Aufgaben, richtig geschnitten ist, sondern vielmehr: Ist diese Klasse tatsächlich eine Klasse von dieser Musterart? Wie und warum verletzt diese Klasse die Regeln der Musterart, der sie zugeordnet ist?

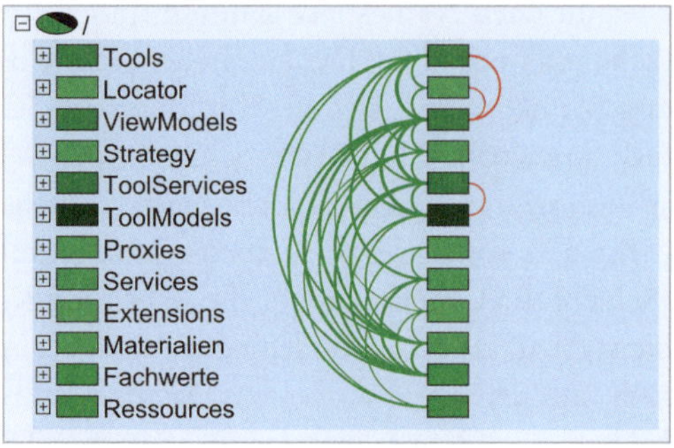

Abb. 12–53
Mustersprache in C#-Epsilon 1

C#-Epsilon 1 hat keinen einzigen Klassenzyklus – ein seltenes Phänomen bei Softwaresystemen. Nach meiner Einschätzung wird die Zyklenfreiheit auf Klassenebene in C#-Epsilon 1 durch die gute Mustersprache herbeigeführt.

C#-Epsilon 1 ist ein relativ kleines System. Nichtsdestotrotz hat die Analyse dem Entwicklungsteam wertvolle Hinweise zu seiner aktuellen Architektur gegeben. Durch die Diskussion wurden Architekturvorstellungen geschärft. Kleine Fehler im Sourcecode konnten ebenfalls gefunden und Refactorings definiert werden. Eine frühzeitige Untersuchung ist also auf jeden Fall zu empfehlen.

12.5.3 C#-Epsilon 2

Der zweite C#-Teil von Epsilon wurde, genau wie C#-Epsilon 1, als Prototyp für eine Machbarkeitsstudie entwickelt und wurde bis Oktober 2015 zu einem in Produktion einsatzfähigen System ausgebaut. Da C#-Epsilon 2 mit seinen 4.000 LOC sehr klein ist, haben zwei Stunden ausgereicht, um die Architektur von C#-Epsilon 2 zu überprüfen. Nach dem Einlesen stellt sich der Namespace-Baum von C#-Epsilon 2 wie in Abbildung 12–54 dar.

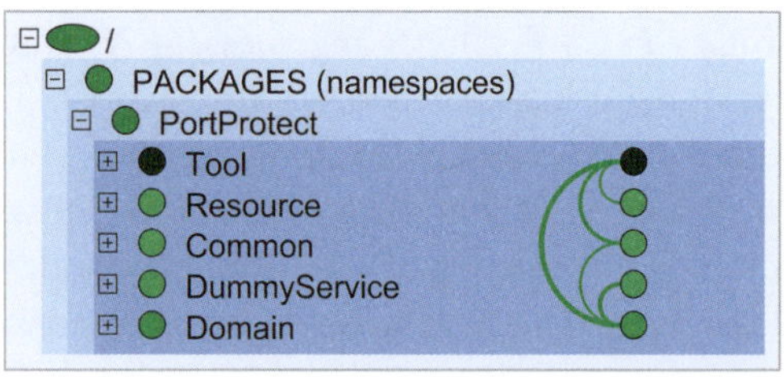

Abb. 12–54
Namespace-Baum von C#-Epsilon 2

Technische Schichtung in den Namespaces

Die Namespace-Struktur von C#-Epsilon 2 ist technisch geschichtet und die technischen Schichten ergeben sich relativ automatisch (s. Abb. 12–55). Spannend war bei der Modellierung der technischen Schichten die Benennung der Schicht »TechnikAdapter«. Diese Schicht enthält den Namespace Common. Common ist in den meisten Rich-Client-Architekturen als Behälter für die Klassen reserviert, die vom Client und vom Server verwendet werden. Durch die Bildung dieser Schicht will man in Rich-Client-Architekturen erreichen, dass das Deployment von Client und Server jeweils nur mit dem Common-Artefakt kombiniert werden muss. In C#-Epsilon 2 enthält der Knoten Common aber Klassen, die Adapter zu technischen Frameworks (WPF – Windows Presentation Foundation – und einem Karten-Framework) sind. Die Entwickler sagten mir, dass der Name aus der Not geboren wurde. Sie hatten einfach keine andere Idee, als sie diese Klassen separieren wollten. Zusammen haben wir dann den Namen `TechnikAdapter` gefunden.

Aus Architektursicht ist diese Trennung der technischen von den fachlichen Klassen eine sehr gute Idee (s. Abschnitt 6.2)! Dieses Muster der Trennung dann auch noch im Namespace-Baum sichtbar zu machen, setzt die Musterkonsistenz vollständig um.

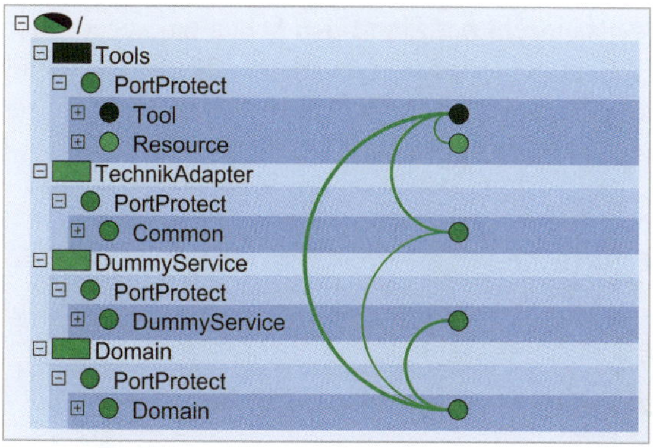

Abb. 12–55
Technische Schichtung in C#-Epsilon 2

Eine WAM-Mustersprache

Um die technische Schichtung von C#-Epsilon 2 zu verfeinern, haben wir als Nächstes die Mustersprache modelliert (s. Abb. 12–56).

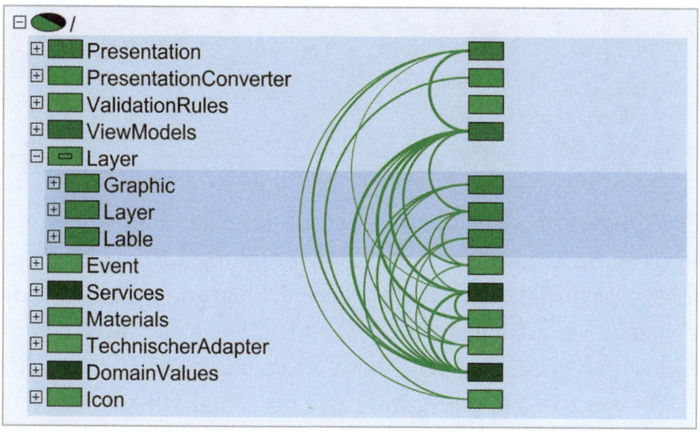

Abb. 12–56
Mustersprache in C#-Eplison 2

Da es sich bei dieser Mustersprache um eine WAM-Architektur handelt (s. Abschnitt 6.6.1), waren die ersten Musterelemente leicht zu identifizieren: DomainValues, Materials und Services.

Dann wurde es spannend. Aus vergangenen C#-Analysen wusste ich, dass wir sicherlich Converter und ViewModels finden würden. Die weiteren Musterschichten haben sich in der Diskussion ergeben. Dabei wurde deutlich, dass nur ein Teil der Teammitglieder alle verschiedenen Muster kannte. An dieser Stelle konnten wir das Verständnis für die Muster im Team deutlich erhöhen. Insgesamt ist die Mustersprache in C#-Epsilon 2 gut gelungen und auch die Anzahl der Muster ist angemessen.

Das erste Mal eine fachliche Schichtung

Schließlich haben wir uns noch der fachlichen Architektur von C#-Epsilon 2 zugewandt. Für die fachliche Architektur gab es in C#-Epsilon 2 noch keine Strukturen aus eigenen Namespaces. Das ist bei einem so kleinen Projekt auch nicht anders zu erwarten. Trotzdem hatte das Team eine Vorstellung von vier fachlichen Schnitten, die aufeinander aufbauen sollen. Wir haben diese vier Schichten modelliert und die Klassen jeweils einzeln per Hand den Schichten zugeordnet. In Abbildung 12–57 sieht man, dass in fast allen fachlichen Schichten Teile der Namespaces gelandet sind. Lediglich die unterste Schicht enthält nur Klassen aus dem Namespace Tool.

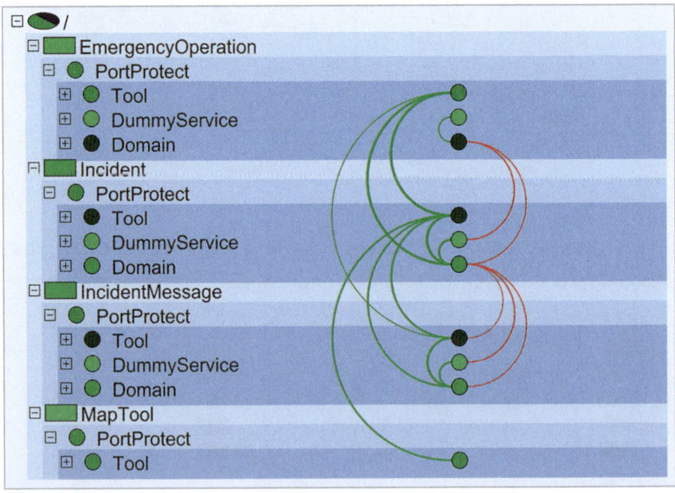

Abb. 12–57
Fachliche Schichtung in C#-Epsilon 2

Das Ergebnis war für alle überraschend – das Team hatte mit einer sehr viel unklareren Struktur gerechnet. In Abbildung 12–57 sieht man hingegen, dass grundsätzlich eine fachliche Schichtung existiert. Lediglich einige wenige Verletzungen sind vorhanden. Die Untersuchung der Verletzungen ergab noch dazu, dass diese Verletzungen nur von zwei Klassen verursacht werden! Ein sehr gutes Ergebnis für eine erste Untersuchung nach fachlichen Kriterien.

Verletzung der Fachlichkeit

In beiden Fällen handelt es sich um dasselbe Muster (s. Abb. 12–58 und 12–59): Je eine Klasse (`IncidentId` und `IncidentMessageId`), die eine Id für ein Material (Business-Objekt) repräsentiert, kennt die Id ihres Parents (`EmergencyOperationId` und `IncidentId`) – ebenfalls ein Material (Business-Objekt).

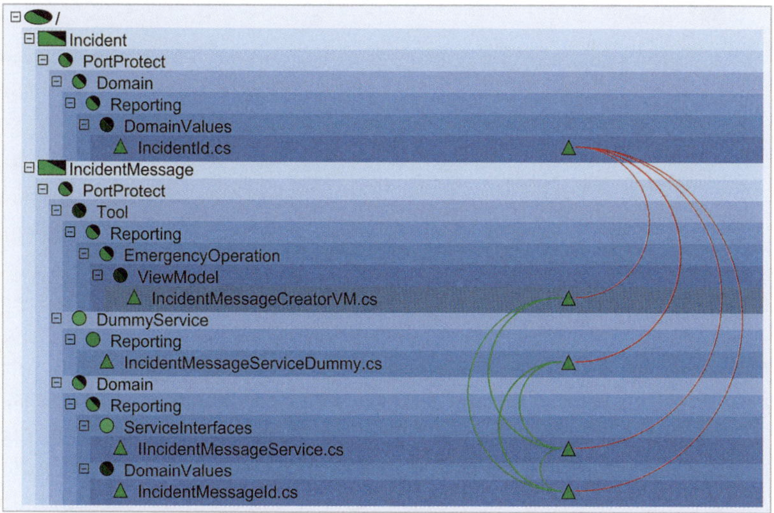

Abb. 12–58
Verletzung mit IncidentId

Durch diese Beziehungen sind auch weitere Klassen aus den jeweiligen fachlichen Schichten von der Id in der darüber liegenden Schicht abhängig. Die Mitglieder des Entwicklungsteams, die schon länger dabei waren, sahen die Verletzung und sagten sofort: »Ja, darüber haben wir schon öfter nachgedacht, ob das gut ist!« und: »Es gab, glaube ich, einen Grund, aber ich weiß ihn nicht mehr!« Solche Momente sind in Entwicklungsprojekten immer wieder frustrierend – wenn man feststellen muss, dass man die wichtigen Architekturentscheidungen nicht dokumentiert hat. An dieser Stelle hat sich das Entwicklungsteam vorgenommen den Grund zu finden oder diese Beziehungsrichtung zu entfernen. Sollte der Grund gefunden werden, nahm sich das Team vor, sofort eine Dokumentation für diese Architekturentscheidung anzufertigen.

Ein solcher Umbau würde die Testbarkeit der einzelnen fachlichen Schichten deutlich erhöhen. Man könnte dann `IncidentMessages` unabhängig von `Incident` und `EmergencyOperation` testen. `Incident` könnte man nur mit `IncidentMessages` zusammen testen, ohne `EmergencyOperation` berücksichtigen zu müssen.

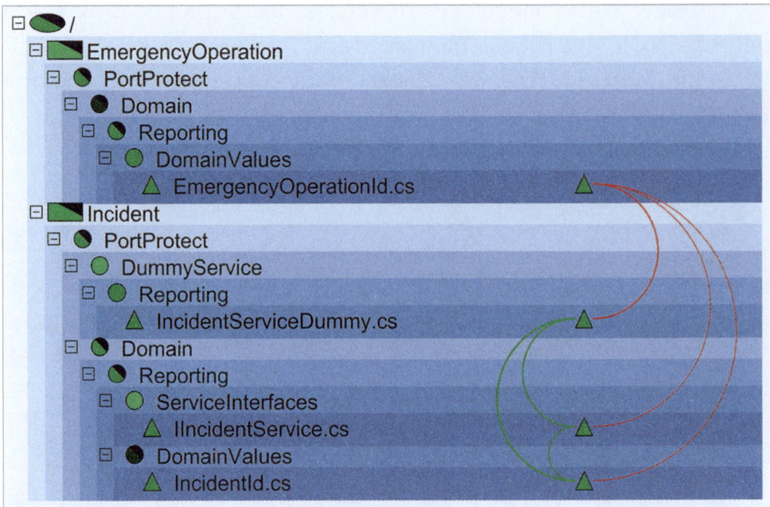

Abb. 12–59
Verletzung mit EmergencyOperationId

Abschließend haben wir uns noch die Klassenzyklen angesehen. C#-Epsilon 2 hat, genau wie C#-Epsilon 1, keinen einzigen Klassenzyklus.

C#-Epsilon 2 ist ein sehr kleines System. Nichtsdestotrotz war die Analyse wertvoll für das Entwicklungsteam. Zum einen haben wir die Architekturvorstellung des Teams geschärft und damit für die Zukunft verbessert. Zum anderen war ein neues Mitglied des Teams bei der Analyse dabei. Durch die Diskussion auf Architekturebene hat dieses neue Teammitglied viel schneller einen Einblick in die Muster und die Strukturen im Sourcecode bekommen. Sein Einstieg wird durch die Analyse wesentlich erleichtert.

12.6 Das ABAP-System Lambda

Das ABAP-System Lambda der Firma Lübeck ist ein System zur Verwaltung von Versicherungsprodukten. Die Entwicklung an Lambda hat im Jahre 2002 begonnen, um ein Altsystem in PL1 abzulösen. Lambda ist seit 2004 in Produktion und wird seitdem von einem Team aus zehn Entwicklern erweitert und gewartet. Zu Beginn wurde Lambda mit den üblichen ABAP-Artefakten (Reports, Funktionsgruppen etc.) entwickelt. Seit 2011 unternehmen die Entwickler und Architekten von Lambda große Anstrengungen, die objektorientierten Fähigkeiten von ABAP zu nutzen, und bauen alle weitere Funktionalität mit Klassen und Interfaces.

4 Mio. LOC ABAP

Lambda umfasst heute eine Codebasis von 4 Millionen LOC mit 10.300 ABAP-Artefakten. Auch wenn ABAP im Vergleich zu Java, C# oder C++ mehr Sourcecode für die gleiche Funktionalität braucht, gehört Lambda zu den großen Systemen über der 1-Millionengrenze.

Das Entwicklungsteam der Firma Lübeck achtete für Lambda seit Langem auf eine hohe Qualität im Sourcecode. Dazu setzt es z.B. den SAP Code Inspector ein, ein in SAP integriertes Werkzeug, mit dem man Sourcecode-Artefakte auf Performance, Sicherheit, Syntax und Einhaltung von Namenskonventionen überprüfen kann. Außerdem kann der Code Inspector statistische Informationen zu Beziehungen ermitteln oder nach bestimmten ABAP-Worten (Tokens) suchen. Als Ergebnis einer Inspektion erzeugt der Code Inspector Informationen, Warnungen und Fehlermeldungen zu verschiedenen Eigenschaften der untersuchten Artefakte. Um auch die Ebene der Architektur sichtbar und überprüfbar zu machen, hat die Firma Lübeck damit begonnen, Lambda regelmäßig jede Nacht automatisiert mit dem Sotographen zu analysieren. Die initiale Architekturmodellierung wurde zusammen mit den Architekten von Lambda durchgeführt.

Wie in Abschnitt 3.4 beschrieben, hat ABAP gegenüber den anderen hier betrachteten objektorientierten Programmiersprachen einige Besonderheiten: globaler Namensraum, verschiedene nicht objektorientierte Artefakte neben Klassen und Interfaces, integrierte Datenbank, integrierte SAP-Funktionalität. Nichtsdestotrotz kann man die Strukturen in ABAP-Systemen ähnlich analysieren wie die Strukturen von Java-, C#- oder C++-Systemen.

Fachliche Aufteilung im Paket-Baum

Das erste Bild von Lambda, wenn man es in den Sotographen lädt, zeigt uns Abbildung 12–60. Darin erkennt man die verschiedenen Pakete, aus denen Lambda auf erster Ebene besteht. Diese Pakete sind fachliche Bausteine, die wiederum Subpakete und schließlich SAP-Artefakte enthalten. Ganz unten in Abbildung 12–60 findet sich der Knoten »EXTERNAL_LIBRARY«, in dem für Lambda alle SAP-Artefakte abgebildet sind, die Lambda benutzt. Diese SAP-Artefakte zählen nicht mit bei den ermittelten 4 Millionen LOC, sondern werden als virtuelle Artefakte aus dem vorhandenen ABAP-Code ermittelt.

Auf der obersten Paketebene von Lambda kann man in Abbildung 12–60 keine Schichtung erkennen. Das ist nicht verwunderlich, denn das Entwicklungsteam von Lambda hat für die fachlichen Pakete keine Schichtung vorgesehen. Entscheidend ist für die fachlichen Pakete die Einhaltung von Schnittstellen, wenn ein fachliches Paket Funktionalität aus einem anderen fachlichen Paket verwenden will.

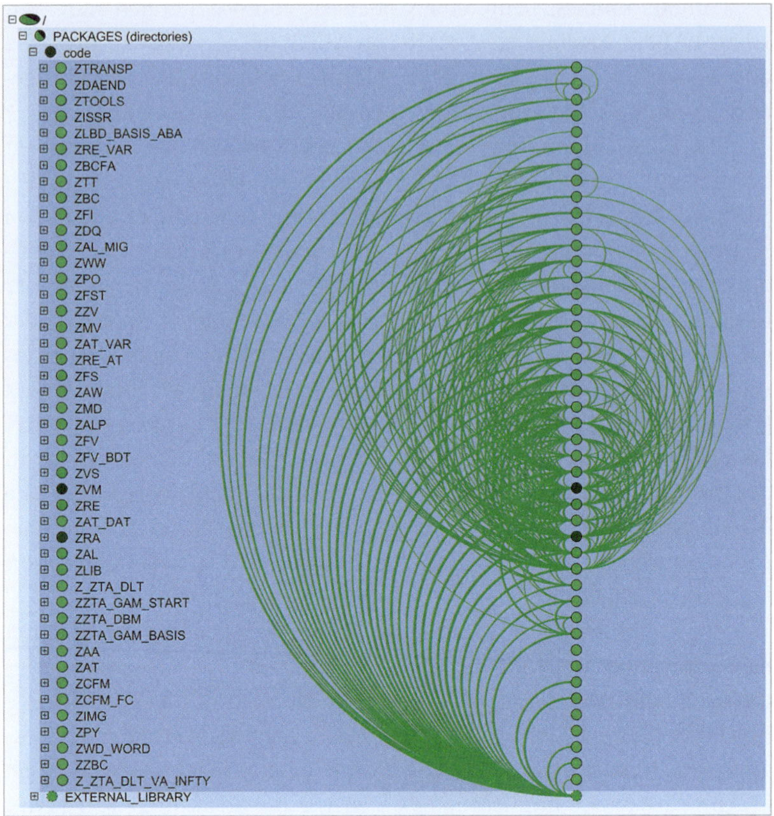

Abb. 12–60
Paketstruktur von Lambda

Die Strukturierung anhand der Fachlichkeit ist für ABAP-Systeme typisch. Im Gegensatz zu Java-, C#- oder C++-Systemen findet man die technische Schichtung nie auf der ersten Ebene der Pakete und nur sehr selten in den enthaltenen Paketstrukturen. Das liegt meiner Einschätzung nach daran, dass die technische Schichtung in ABAP durch die verschiedenen Arten von ABAP-Artefakten ausgedrückt wird. Unten liegen die Typen und Datenbanktabellen, darauf aufbauend arbeiten Funktionsgruppen und Reports, die wiederum von Transaktionen und Dynpros (eine ABAP-spezifische Oberflächentechnologie) verwendet werden.

Für die technische Schichtung von Lambda haben wir uns an den Namen der einzelnen ABAP-Artefakte in Lambda orientiert: Einerseits konnten wir verschiedene ABAP-Artefakte, wie Reports, Transaktionen, Datenbanktabellen etc., aufgrund ihres Typs gut auseinanderhalten. Andererseits haben die Architekten von Lambda bei den Klassen und Interfaces gute Arbeit geleistet, weil sie Namenszusätze eingeführt haben. Klassen, die Controller-Funktionalität haben, erkennt man in Lambda z.B. an dem Namenszusatz `_CTR_` oder `_CONTRL`. Hier haben die Lambda-

Architekten ihre eigene Mustersprache (s. Abschnitt 6.6) entwickelt, die für viel Klarheit in der Architektur von Lambda sorgt. Mithilfe dieser ABAP-Artefakt-Typen und der Namenskonventionen konnten wir die technische Schichtung von Lambda innerhalb von einem Tag modellieren und untersuchen.

Technische Schichtung

In Abbildung 12–61 ist die technische Schichtung von Lambda und der verwendeten SAP-Funktionalität ohne Einschränkung durch Schnittstellen zu sehen. Ganz oben haben wir zwei Schichten modelliert, die alle Artefakte enthalten, die entweder obsolet oder nicht transportierbar sind. Obsolet sind Artefakte, die das Entwicklungsteam eigentlich löschen wollte, aber bisher nicht konnte, weil diese Artefakte noch von anderen Artefakten verwendet werden. Das erkennt man an den roten Bögen, die aus dem Lambda-Code zu der Schicht »Obsolete Objekte« gehen. Die nicht transportierbaren Objekte sind Artefakte, die in SAP im Paket $TMP oder $XMPL liegen. SAP hat einen eigenen Transportmechanismus, mit dem Artefakte aus dem Entwicklungssystem auf das Test- oder gar das Produktionssystem übertragen werden. Artefakte, die in diesen Paketen abgelegt werden, sollen auf keinen Fall in Test oder Produktion gelangen. An sich ist das auch kein Problem. Problematisch wird es nur, wenn andere Artefakte diese untransportierbaren Objekte benötigen. Aus diesem Grund haben wir die Schicht »Nicht transportierbare Objekte« oberhalb von Lambda angeordnet. Alle Verwendungen dieser Objekte sind dadurch als rote Bögen sichtbar.

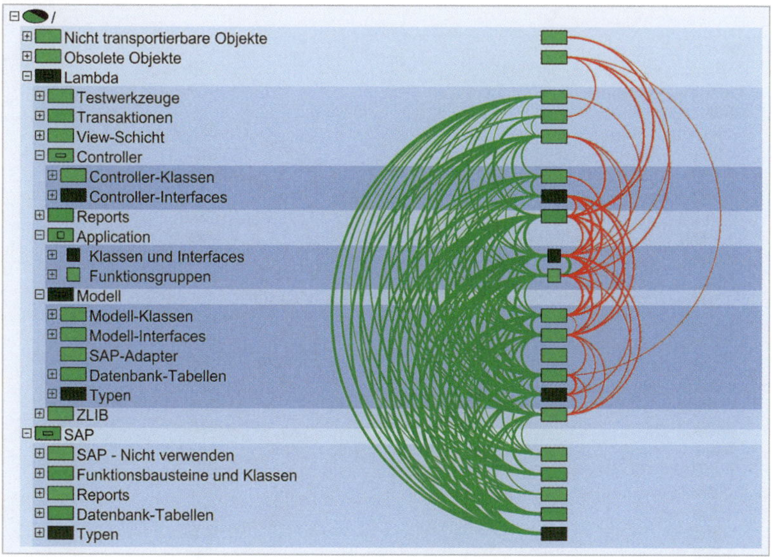

Abb. 12–61
Technische Schichtung von Lambda

ABAP-eigene Mustersprache

Ein Großteil der Beziehungen in Abbildung 12–61 folgt der Schichtung, die die Lambda-Architekten geplant haben. Lediglich 3 % der Beziehungen verlaufen gegen die Schichtung. Etwa ein Viertel der Verletzungen gehen von Reports und Funktionsgruppen aus, die nicht nach objektorientierten Prinzipien entworfen worden sind. Während der Analyse haben wir verschiedene dieser Schichtenverletzungen untersucht. Besonders Funktionsgruppen werden in ABAP häufig so verwendet, dass sie sich architektonisch deutlich von objektorientierten Klassen unterscheiden. Funktionsgruppen sind Behälter von Funktionsbausteinen, die jeweils eigene Funktionalität anbieten. Allerdings können Funktionsgruppen auch Funktionalität und Variablen anbieten, die von mehreren Funktionsbausteinen verwendet werden. Auf diese Weise können leicht große Funktionsgruppen zustande kommen, die in Lambda bis zu 40.000 Zeilen Code beherbergen. Über eine sinnvolle Darstellung der Funktionsgruppen und der in ihnen enthaltenen Funktionsbausteine in einem Werkzeug, wie dem Sotographen, sind wir seitdem in Diskussion mit den Lambda-Architekten.

Schnittstellen

Die Struktur in Abbildung 12–61 legt bereits nahe, dass es in der technischen Schichtung von Lambda Schnittstellen geben muss. Es ist zum Beispiel naheliegend, dass bei der Modell-Schicht die Interface-Modelle von außerhalb der Schicht verwendet werden sollen und nicht die Modell-Klassen. Ähnlich verhält es sich auch mit den Datenbanktabellen und verschiedenen SAP-Funktionalitäten, die von Lambda aus verwendet werden.

Abb. 12–62
Schnittstellenverletzungen in Lambda

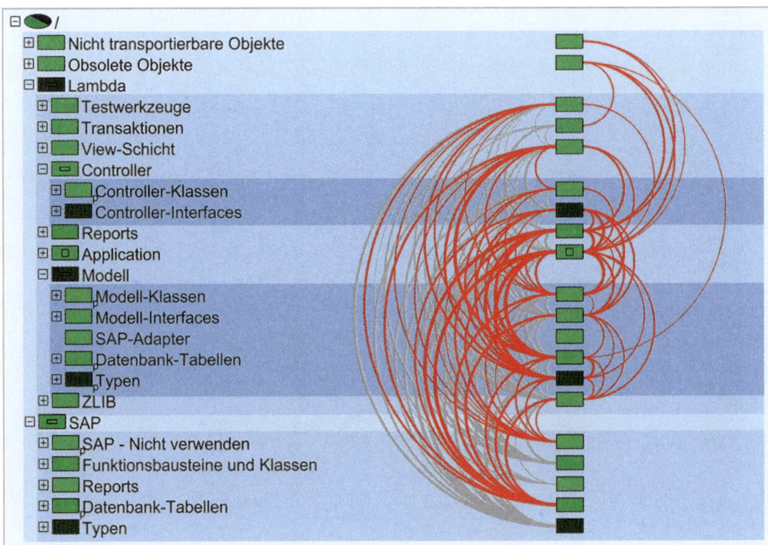

In Abbildung 12–62 sieht man auf der linken Seite der Achse eine große Anzahl an roten Bögen. Diese Verletzungen sind dadurch sichtbar geworden, weil wir verschiedene Subschichten zu privaten Schichten erklärt haben. Die privaten Subschichten erkennt man an dem kleinen p vor ihrem Namen. Damit man die roten Bögen besser sieht, sind die erlaubten, grünen Bögen in Abbildung 12–62 gedimmt in Grau dargestellt.

Die Modellierung in Abbildung 12–62 stellt den Wunsch der Lambda-Architekten für die zukünftige Architektur von Lambda dar. Eigentlich wünschen sich die Lambda-Architekten, dass sie mithilfe der Modell-Klassen eine Kapsel für alle Datenbankzugriffe schreiben können. Dass Lambda noch nicht so weit ist, erkennt man in Abbildung 12–62 an den vielen roten Bögen zu der Datenbanktabellen-Schicht. 89 % der Schnittstellenverletzungen in Abbildung 12–62 kommen durch die Verwendung der Datenbanktabellen, die in Lambda oder in SAP definiert sind, zustande. Hier sieht man die starke Integration von SAP-Anwendungen mit der Datenbank.

Fachliche Aufteilung

Im Anschluss an die technische Schichtung haben wir die fachliche Unterteilung von Lambda analysiert. Wichtig war den Architekten von Lambda hier, dass die einzelnen fachlichen Pakete über klare Schnittstellen angesprochen werden. Für jedes fachliche Paket soll es in Lambda eine oder mehrere Funktionsgruppen geben, die die Funktionalität für andere fachliche Pakete von außen zugänglich macht.[5] Diese Funktionsgruppen sollen in einem eigens dafür vorgesehenen Subpaket abgelegt werden, das über Namenskonvention seinen Schnittstellencharakter deutlich macht. Dieses Subpaket bildet dadurch eine Fassade für andere Pakete, sodass die Interna des jeweiligen Pakets verborgen bleiben. Da Lambda ein großes System mit einer Vielzahl an fachlichen Paketen ist, haben wir uns bei der Analyse von fachlichem Paket zu fachlichem Paket vorgearbeitet. In dem neueren Sourcecode von Lambda war diese Strukturierung bereits sichtbar. Viele der älteren Bereiche müssen aber noch auf diese Struktur umgestellt werden – was einiges an Arbeit bedeuten wird.

Klassenzyklen

Wie üblich bei einer Analyse wurden zum Schluss auch bei Lambda die Klassenzyklen überprüft. Für ein so großes und über Jahre entwickeltes System wie Lambda ist die Anzahl und Größe der Zyklen sehr gering. Der größte Zyklus besteht lediglich aus 13 Artefakten und insgesamt befinden sich weniger als 2 % aller Artefakte in Zyklen. Hier haben die Architekten mit ihren Vorgaben für Klassennamen und der dadurch entstehenden Mustersprache sehr gute Arbeit geleistet.

5. An dieser Stelle kann kein Bild aus dem Sotographen erscheinen, weil die fachliche Struktur eines Systems schwer zu anonymisieren ist.

Die nächsten Schritte

Die nächsten Aufgaben für die Verbesserung der Architektur von Lambda sind:

1. Die Verletzungen in der technischen Schichtung auflösen.
2. Die Schnittstellenverletzungen in der technischen Schichtung auflösen.
3. Die fachlichen Schnittstellen klar strukturieren.
4. Gegebenenfalls über eine Datenbankkapsel diskutieren und sie einführen.

13 Fazit: der Weg zu langlebigen Architekturen

Architektur im 12. Jahrhundert

Wir sind Zeugen einer sehr interessanten Zeit! Ich vergleiche unseren aktuellen Wissensstand zu Softwarearchitektur gerne mit den Erbauern von Kathedralen im 12. Jahrhundert. Es gab damals Visionäre, die unglaublich beeindruckende Kathedralen gebaut haben, die heute noch stehen. Aber vieles ist nie fertig geworden oder nach kurzer Zeit wieder eingestürzt. Das Wissen über Statik und die passenden Materialien hat sich erst im Laufe der Zeit parallel entwickelt. Ganz ähnlich geht es uns heute auch: Niemand muss Baugenehmigungen für Softwaresysteme beantragen – obwohl ein Zusammenbruch ähnlich dramatische Folgen haben kann wie bei einer Kathedrale.

Baugenehmigung für Software

In diesem Buch, und in vielen anderen natürlich auch, finden Sie erste Ansätze einer Standardisierung, die eine Bauaufsicht überprüfen könnte. Sie haben viele Hinweise bekommen, was Sie als Entwickler, als Architekt, als Projektleiter und auch als Manager tun können, um die technischen Schulden in Projekten niedrig zu halten. Damit Sie für eine Überprüfung Ihrer technischen Schulden gerüstet sind, sind die wichtigsten Aufgaben in den folgenden Punkten auf sehr hohem Niveau zusammengefasst. Anhand der Stichworte in der Randspalte können Sie über den Index die entsprechenden Kapitel ansteuern, in denen weitere Details zu diesem Thema stehen.

Architekturarbeit ist eine Holschuld.

- Planen Sie regelmäßige Diskussionen der Architektur mit allen Beteiligten ein. Nur wer die Architektur kennt, kann sie auch erhalten. Unkenntnis führt zu fortschreitender Architekturerosion.

Architekturstile gegen Schulden

- Wählen Sie den oder die Architekturstile aus, die Sie in Ihren Teams einsetzen wollen. Sorgen Sie dafür, dass alle den Architekturstil kennen und wissen, welche Regeln er beinhaltet. Überprüfen Sie regelmäßig Ihre Wahl.

Schichtenarchitekturen

- Setzen Sie nicht nur auf Architekturstile, die die grobe Architektur festlegen, wie Schichtenarchitekturen. Verwenden Sie eine an Ihre Bedürfnisse angepasste Mustersprache. Durch die Mustersprache wird die Klassenebene strukturiert und reglementiert.

Mustersprachen

- Überwachen Sie den Einsatz der Mustersprache. Lassen Sie nicht zu, dass die Mustersprache Jahresringe ansetzt, weil jedes Jahr neue Muster »hinzugefügt« werden. Hinterfragen Sie die Muster, die die von Ihnen benötigten Frameworks mitbringen. Achten Sie darauf, dass die Framework-Muster in Ihre Mustersprache passen und sie nicht verwässern.

Fachliche Schichtung

- Geben Sie dem guten fachlichen Design einen wichtigen Stellenwert in Ihrer Organisation. Gutes fachliches Design ist die Grundlage für eine langlebige Architektur. Trennen Sie die fachlichen von den technischen Klassen.

Microservices

- Planen Sie frühzeitig eine Aufteilung Ihrer fachlichen Module in unabhängige, selbstständige Einheiten. Nutzen Sie die Möglichkeiten von Domain-Driven Design, um diese Aufteilung in der Fachlichkeit und der Fachsprache zu verankern.

Automatische Tests

- Stellen Sie sicher, dass automatisierte Tests in Ihren Teams eine Selbstverständlichkeit sind. Ohne automatisierte Tests sind Refactorings ein gefährliches Unterfangen.

Architekturanalyse und -verbesserung

- Überprüfen Sie Ihre Architektur regelmäßig auf verschiedenen Ebenen mit passenden Analysewerkzeugen. Betrachten Sie alles, was die Werkzeuge finden, als Indiz, nicht als Wahrheit. Diskutieren Sie Ihre Erkenntnisse regelmäßig im Team. Auf diese Weise wird das Qualitätsbewusstsein im Team gestärkt.
- Beginnen Sie mit diesen Architekturüberprüfungen so früh wie möglich. Gerade zu Beginn eines Projekts oder bei einer Erweiterung werden die Weichen in Richtung Architekturqualität gestellt. Je früher Sie beginnen, desto einfacher sind die Reparaturen.

Modularity Maturity Index (MMI)

- Ermitteln Sie für Ihre Systeme den MMI, um für die einzelnen Systeme festzustellen, wie modular sie sind, und gleichzeitig eine Vergleichbarkeit innerhalb Ihrer IT-Landschaft herzustellen.

Domain-Driven Transformation

- Überlegen Sie bei großen Systemen, die mit den Jahren immer schwerfälliger in der Wartung und Weiterentwicklung geworden sind, ob eine Zerlegung in getrennte fachliche Module sinnvoll wäre. Wenn Sie an dieser Stelle weiterdenken wollen, dann empfehle ich Ihnen das Buch »Domain-Driven Transformation« [Lilienthal & Schwentner 2023].

Weiterbildung

- Besuchen Sie regelmäßig Konferenzen, um die neusten Strömungen aufzunehmen. Eine kontinuierliche Auseinandersetzung mit der Softwareentwicklungsszene führt dazu, dass alle Beteiligten wachsam und in Entwicklung bleiben.

Dieses gesamte Buch ist auf die Langlebigkeit der inneren Struktur von Softwaresystemen ausgerichtet. Das Thema Softwarearchitektur umfasst selbstverständlich viel mehr. Architekten müssen sich mit einer Vielzahl von Themen beschäftigen, die nicht im Fokus dieses Buches liegen:

- Technische Konzepte, wie Verteilung, Integration, Persistenz, Sicherheit, Ausnahme- und Fehlerbehandlung, Protokollierung, Skalierbarkeit u.v.m.
- IT-Landschaften und ihre Realisierung mit serviceorientierten Architekturen, Messaging und anderen Kommunikationsmustern
- Geschäftsprozesse und ihre sinnvolle Umsetzung in Einzelsystemen und IT-Landschaften
- Kommunikation und Dokumentation der gewählten Architektur und der Architekturentscheidungen im Team und gegenüber allen anderen Stakeholdern
- Architekturmanagement, um Geschäftsziele, Geschäftsprozesse, Anwendungen und Hardware zusammenzubringen
- Zusammenarbeit im Unternehmen mit allen beteiligten Rollen zum Thema Architektur

Zu all diesen Themen gibt es eine Vielzahl von hervorragenden Büchern und Quellen im Internet. Täglich entstehen neue Konzepte und Ideen, die uns neue Möglichkeiten eröffnen. Ich wünsche Ihnen viel Spaß beim Analysieren und Verbessern von Architekturen.

Anhang

A Analysewerkzeuge

Sourcecode lesen

Anfang dieses Jahrtausends gab es noch keine guten Analysewerkzeuge für Softwaresysteme. In dieser Zeit wurde die Architektur von Systemen durch Lesen des Sourcecodes in der Entwicklungsumgebung untersucht. Das war aufwendig und unvollständig. Wir waren niemals in der Lage, alle Zeilen der Softwaresysteme zu lesen und die Gesamtstruktur irgendwie im Blick zu behalten. Zum Glück wurden ab 2002 immer mehr Analysewerkzeuge entwickelt, die eine tiefgreifende Analyse der Ist-Architektur in einem professionellen Umfeld ermöglichen.

Kriterien für Werkzeuge

Dieser Anhang gibt einen Überblick über die gängigsten Analysewerkzeuge. Die Vorstellung der Werkzeuge geht von einem Satz an Kriterien aus, die auf den in Abbildung 2–3 (s. Seite 23) definierten drei Phasen der Architekturanalyse (Extraktion, Mapping und Analyse) basieren. Die Kriterien halten fest, welche Funktionalität ein Werkzeug für eine erfolgreiche Architekturanalyse und -verbesserung anbieten muss:

- **Extraktion der Ist-Architektur**
  1. Die Strukturen im Sourcecode (Elemente, wie Klassen, Pakete etc., und Beziehungen) werden geparst und dargestellt.
  2. Die Strukturen aus den Build-Artefakten werden geparst und dargestellt.
- **Mapping Soll-Architektur auf Ist-Architektur**
  3. Modellierung von Architekturelementen, wie z. B. Schichten und Subsystemen, ist in beliebiger Verschachtelung möglich.
  4. Modellierung von Schnittstellen für alle Architekturelemente wird angeboten.
  5. Zuweisen von Elementen der Ist-Architektur, wie Klassen, Pakete, Namespaces, Directories, zu Architekturelementen, wie Schichten und Subsystemen, ist über Selektion und reguläre Ausdrücke möglich.
  6. Paralleles Aufsetzen von mehreren Architekturmodellen für verschiedene Sichten auf die Architektur wird unterstützt.

- **Analyse der Ist-Architektur**
  7. Architekturverletzungen können auf allen Ebenen mit grafischer Unterstützung bis in den Sourcecode inspiziert werden.
  8. Filter können eingestellt werden, sodass nur Teilaspekte der Architektur sichtbar sind, z.B. die Klassen, die eine Schichtenverletzung verursachen.
  9. Refactorings können vorgenommen werden, z.B. Verschieben von Klassen und Paketen sowie Neuanlegen von Paketen.
  10. Typische objektorientierte Metriken und Komplexitätsmetriken können berechnet werden.
  11. Beliebigen Abfragen zu Untersuchung von Aspekten der Ist-Architektur können definiert werden.
  12. Die Entwicklung der Architektur im Laufe der Zeit kann durch den Vergleich verschiedener Sourcecode-Stände untersucht werden.

In dieses Buch sind nur Werkzeuge aufgenommen, die ich selbst in Workshops mit Kunden eingesetzt habe. Mir sind einige weitere Werkzeuge begegnet, die sehr gut für die langfristige Überwachung von Architektur- und Qualitätsentwicklung eingesetzt werden können. Für die in diesem Buch favorisierte Architekturverbesserung eignen sie sich aber bisher nicht. Besonders spannend erscheinen mir dafür die Axivion Bauhaus Suite[1], Neo4J[2], Seerene[3], SonarQube[4] und TeamScale[5]. Axivion Bauhaus Suite spielt ihre Stärken besonders bei Software für eingebettete Systeme aus. Neo4J ist eine Graphdatenbank, mit der sich komplexe Strukturen jeglicher Art analysieren und darstellen lassen. Hier hat man kein »fertiges« Analysewerkzeug vor sich, sondern kann selbst bestimmen, wie und was man auswertet. Seerene wertet Metriken aus verschiedensten Quellen aus und stellt sie als Städte dar. Es eignet sich sehr gut, um die Problematik von technischen Schulden auf der Implementierungsebene für das Management darzustellen. SonarQube ist ein Open-Source-Dashboard, mit dem mitgelieferte und aus Plug-ins bezogene Metriken und Regeln für die Architektur überwacht werden können. TeamScale stellt eine umfassende Unterstützung für Qualitätsmetriken zur Verfügung und integriert sich hervorragend in Entwicklungsumgebungen.

An dieser Stelle bitte ich alle Toolhersteller um Entschuldigung, wenn ihr Tool nicht oder nicht richtig bedacht wurde! Die hier aufgeführten

---

1. *www.axivion.com*
2. *www.neo4j.com*
3. *www.seerene.com, ehemals SoftwareDiagnostics*
4. *www.sonarqube.com, ehemals Sonar*
5. *www.teamscale.com*

Kriterien beziehen sich allein auf meine Arbeit in Architekturverbesserungs-Workshops. Bitte schreiben Sie mir, wenn ich etwas falsch oder gar nicht dargestellt habe, damit ich das in Zukunft berücksichtigen kann.

A.1 Lattix

Lattix[6] erlaubt die Analyse von Softwaresystemen in ActionScript, Ada, C/C++/Objective-C/Delphi Pascal, Excel, Fortran, Java, JavaScript, .NET, Oracle, SQL und Sybase. Nach dem Einlesen wird die Struktur des Systems als Matrix dargestellt. Diese Matrix wird Dependency Structure Matrix (DSM) genannt. Die Beziehungen zwischen den einzelnen Komponenten werden als Zahlen in den jeweiligen Kreuzungspunkten angezeigt. Die Zeilen der Matrix können expandiert und reduziert werden.

Dependency Structure Matrix

Eine geschichtete Architektur würde sich in Lattix in der DSM so präsentieren, dass ausschließlich in den Zeilen unterhalb der Diagonale Beziehungen eingezeichnet sind. Alle Einträge von Beziehungen in Zellen oberhalb der Diagonale stellen Schichtenverletzungen dar. Diese Verletzungen kann man in Lattix bis in den Sourcecode verfolgen und so analysieren.

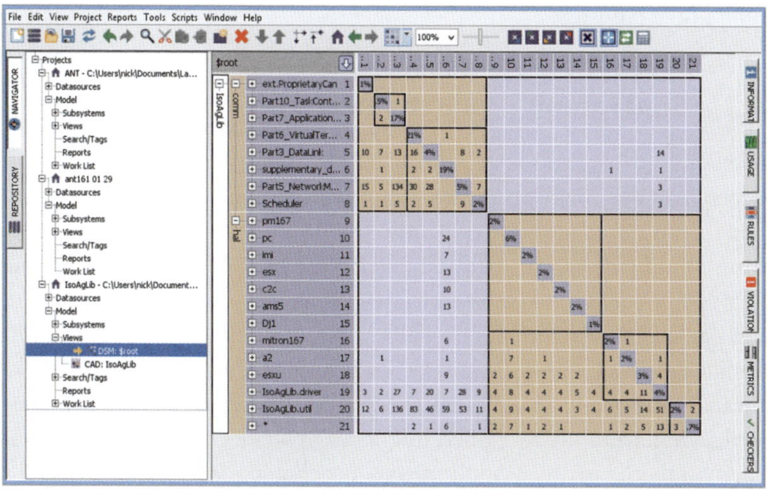

Abb. A–1
Dependency Structure Matrix in Lattix[7]

Conceptual Architecture Diagram

Die Modellierung der Architektur erfolgt auf der Matrix (s. Abb. A–1) oder im Conceptual Architecture Diagram (s. Abb. A–2). Für die einzelnen Beziehungen können Regeln erstellt und Schnittstellen definiert werden.

---

6. *www.lattix.com*
7. Original von der Webseite *www.lattix.com*.

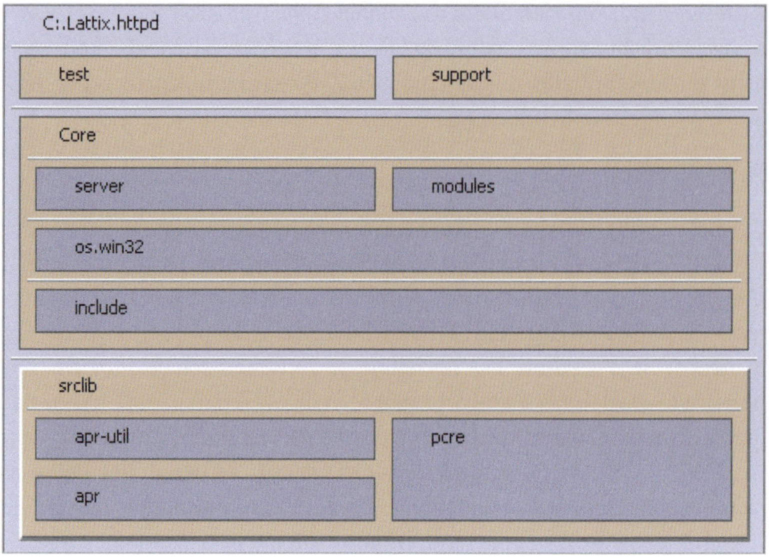

Abb. A–2
Conceptual Architecture Diagram in Lattix[7]

Von den am Beginn des Kapitels definierten Kriterien erfüllt Lattix bis auf Punkt 5 (Reguläre Ausdrücke), Punkt 8 (Beliebige Filter) und Punkt 11 (Beliebige Abfragen) alle anderen Punkte zum Thema Extraktion, Mapping und Analyse.[8]

A.2 Sonargraph-Produktfamilie

Die Sonargraph-Produktfamilie bietet verschiedene Werkzeuge an, mit denen man die innere Struktur von Softwaresystemen untersuchen kann. Sonargraph unterstützt Java, Kotlin (die JVM-Version davon), C#, Python 3 und C/C++, die man mit einer Groovy-basierten Skript-Engine analysieren kann, und bietet eine DSL (domänenspezifische Sprache) an, mit der sich die Architektur modellieren lässt. Die Sonargraph-Produktfamilie umfasst mehrere Produkte: Sonargraph Architect für die Architekturanalyse, Sonargraph-Build, um Metriken und Problemberichte zu erstellen, Sonargraph-Developer, mit dem Entwickler nach Problemen suchen können, bevor sie Änderungen vornehmen, das Versionskontrollsystem und das kostenlose Einstiegsprodukt Sonargraph-Explorer.

Sonargraph Architect – Architecture View

Der Sonargraph Architect ermöglicht die Untersuchung der inneren Struktur von Softwaresystemen in Java. Sonargraph Architect ist das Nachfolgeprodukt der Firma hello2morrow für die Plattform Sotograph und SotoArc (s. Abschnitt A.3). Der Sonargraph Architect erlaubt die

8. Original von der Webseite *www.lattix.com*.

Modellierung von Architekturen in Schichtengruppen, Sichten und Schnitte und es können Schnittstellen festgelegt werden. Diese Modellierung erfolgt in der Architecture View, also nicht direkt auf der Struktur des Sourcecodes, wie bei den anderen hier vorgestellten Werkzeugen.

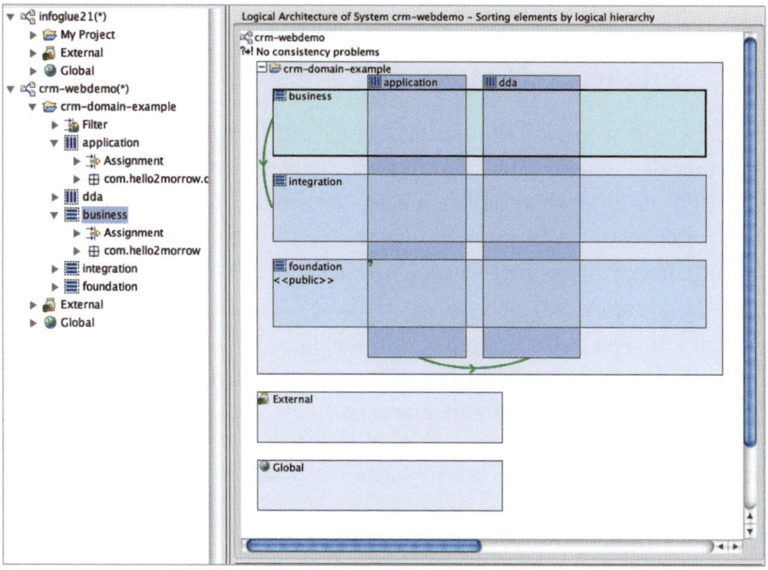

Abb. A-3
Architecture View

Sonargraph Architect – Exploration View

Die Verletzungen der Architektur können anschließend in der Exploration View analysiert werden. Genau wie der Sotograph bietet Sonargraph zahlreiche Filtermöglichkeiten bei der Betrachtung. Abhängigkeiten können in beliebiger Abstraktionstiefe untersucht werden.

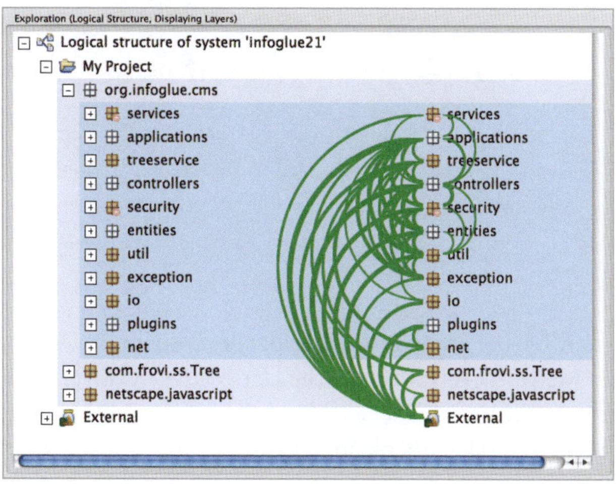

Abb. A-4
Exploration View im Sonargraph

Neben den Möglichkeiten, die Architektur zu analysieren, bietet der Sonargraph eine Vielzahl von Metriken und eine Integration mit Entwicklungsumgebung und SonarQube.

Sonargraph erfüllt alle am Anfang dieses Kapitels definierten Kriterien für die Extraktion, das Mapping und die Analyse.

A.3 SotoArc und Sotograph

SotoArc und Sotograph bilden zusammen eine Plattform, die die Untersuchung der inneren Struktur von Softwaresystemen in C/C++, Java, C#, PHP und ABAP möglich macht. Außerdem bietet die Sotoplattform eine Schnittstelle an, über die weitere Programmiersprachen von Fremdparsern eingespielt werden können.

SotoArc

Abbildung A–5 zeigt SotoArc. In diesem Teil der Plattform wird die Architektur von Softwaresystemen modelliert und die Verletzungen untersucht. Details zu den vom SotoArc angebotenen Möglichkeiten haben Sie in Abschnitt 2.3 kennengelernt.

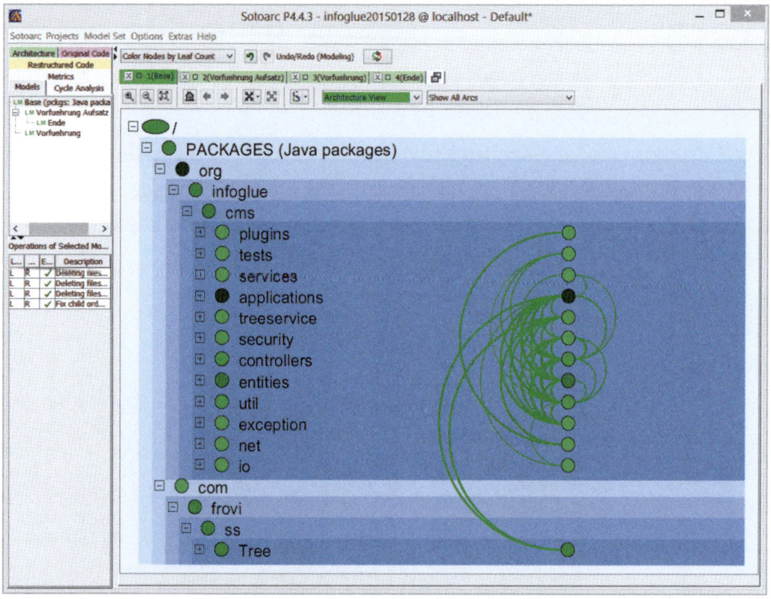

Abb. A–5
SotoArc zur grafischen Modellierung der Architektur

Sotograph

Den zweiten Teil der Sotoplattform bildet der Sotograph. Der Sotograph berechnet Metriken, erlaubt grafische Darstellungen von allen Architekturelementen auf verschiedenen Ebenen und lässt beliebige Abfragen auf der Sotograph-Datenbank zu. Die Datenbank kann darüber hinaus mit einer SQL-Variante bearbeitet werden. Der Vergleich von mehreren Versionen desselben Systems wird unterstützt.

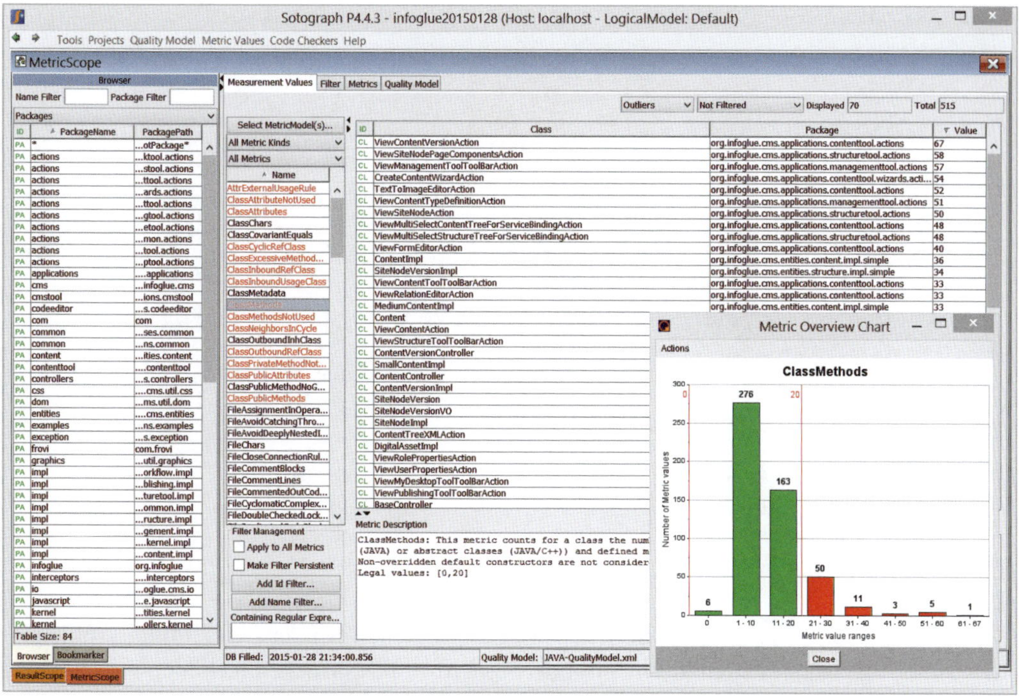

SotoArc und Sotograph erfüllen alle am Anfang dieses Kapitels definierten Kriterien für die Extraktion, das Mapping und die Analyse.

Abb. A–6
Sotograph zur Metrikauswertung

A.4 Structure101

Levelized Structure Map

Structure101 erlaubt die Analyse von Softwaresystemen in Java und C#. Außerdem können über eine Schnittstelle weitere Programmiersprachen von Fremdparsern eingespielt werden. Abbildung A–7 zeigt die Oberfläche von Structure101, über die man die vorhandene Struktur eines Systems analysieren kann. Die Hauptfunktion der Levelized Structure Map ist die Visualisierung von Klassen in ihren Paketen und Build-Artefakten.

Abb. A-7
Levelized Structure Map in Structure101[9]

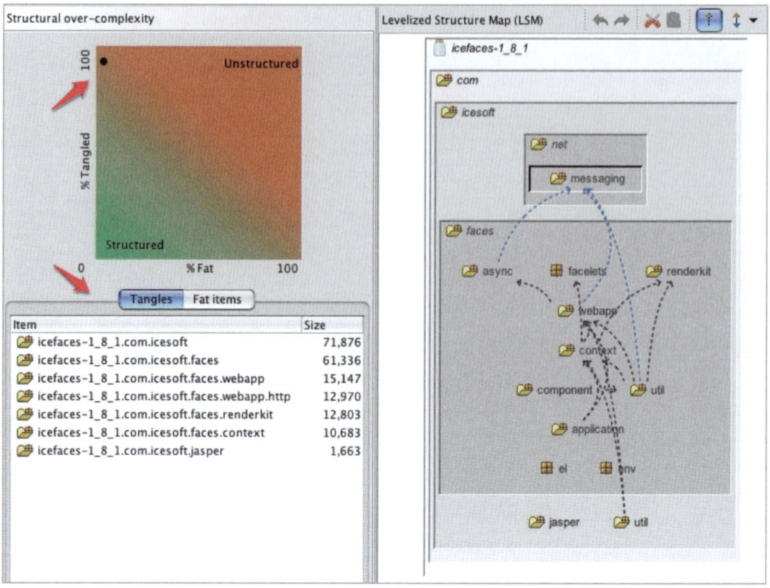

Es gibt zahlreiche Filtermöglichkeiten bei der Betrachtung. Abhängigkeiten können in beliebiger Abstraktionstiefe abgebildet werden. Man kann zum Beispiel wählen, ob alle Abhängigkeiten angezeigt werden sollen oder nur diejenigen zwischen ausgewählten Elementen. Abhängigkeiten zwischen Paketen werden durch Pfeile repräsentiert. Durchgezogene Pfeile sind erlaubt, während gestrichelte Pfeile unerwünschte Abhängigkeiten darstellen. Weiterhin ist es möglich, Elemente innerhalb des Graphen zu verschieben und so Refactorings zu simulieren.

Architecture Diagram

Neben der Arbeit auf der aus Sourcecode und Build-Artefakten extrahierten Ist-Architektur kann man mit Structure101 Architekturdiagramme erzeugen (s. Abb. A–8). Mit diesen Architekturdiagrammen können verschiedene Sichten auf die Architektur modelliert werden. Die Elemente der einzelnen Architekturelemente können über reguläre Ausdrücke beliebig definiert werden und es lassen sich Schnittstellen festlegen. Structure101 berechnet einige Metriken, allerdings ist die Anzahl der Metriken begrenzt.

9. Original von der Webseite *www.structure101.com*.

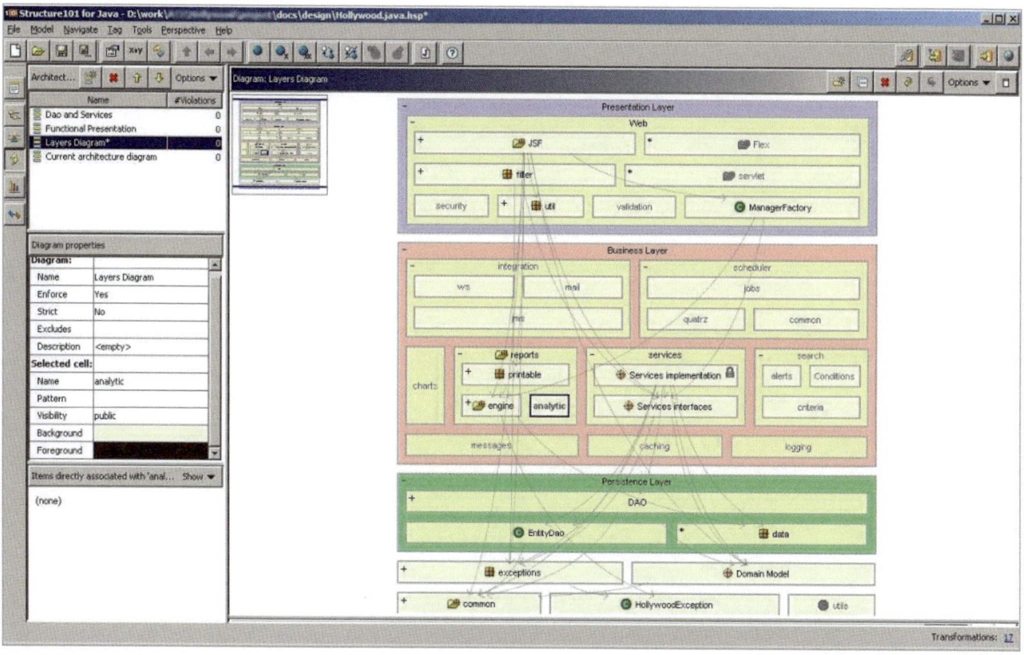

Abb. A–8
Architecture Diagrams in Structure101[10]

Von den am Beginn des Kapitels definierten Kriterien erfüllt Structure101 bis auf die Punkte 10 (Metriken) und 11 (Beliebige Abfragen) alle anderen Punkte zum Thema Extraktion, Mapping und Analyse.

10. Original von der Webseite *www.structure101.com*.

Literatur

[**Alexander 1982**] Alexander, C.: A City is not a Tree. In: Kaplan, S.; Kaplan, R. (eds.): Humanscape – Environments for People, 1982, S. 377–402.

[**Anderson 1989**] Anderson, J. R.: Kognitive Psychologie: eine Einführung. Spektrum der Wissenschaft Verlagsgesellschaft mbH & Co., Heidelberg, 1989.

[**ANSI/IEEE 2000**] ANSI/IEEE-Standard-1471: IEEE Recommended Practice for Architectural Description of Software-Intensive Systems – Description. ANSI/IEEE Computer Society, 2000.

[**Bass et al. 2007**] Bass, M.; Mikulovic, V.; Bass, L.; Herbsleb, J.; Cataldo, M.: Architectural Misalignment: An Experience Report. In: Proceedings of the 6th Working IEEE/IFIP Conference on Software Architecture, IEEE Computer Society, 2007, S. 17–26.

[**Bass et al. 2012**] Bass, L.; Clements, P.; Kazman, R.: Software Architecture in Practice. Addison-Wesley, Reading, MA, 2012.

[**Bäumer et al. 1997**] Bäumer, D.; Gryczan, G.; Knoll, R.; Lilienthal, C.; Riehle, D.; Züllighoven, H.: Framework Development for Large Systems. Communications of the ACM, 40 (1997), 10, S. 52–59.

[**Beck 2005**] Beck, K.: Extreme Programming Explained: Embrace Change. 2nd ed., Pearson Education, Upper Saddle River, NJ, 2005.

[**Becker-Pechau & Bennicke 2007**] Becker-Pechau, P.; Bennicke, M.: Concepts of Modeling Architectural Module Views for Compliance Checks Based on Architectural Styles. In: Software Engineering and Application (SEA 2007), Cambridge, MA, 2007.

[**Becker-Pechau et al. 2006**] Becker-Pechau, P.; Karstens, B.; Lilienthal, C.: Automatisierte Softwareüberprüfung auf der Basis von Architekturregeln. In: Software Engineering 2006, Gesellschaft für Informatik, Leipzig, 2006, S. 27–38.

[**Binder 1999**] Binder, R. V.: Testing object-oriented systems: models, patterns, and tools. Addison Wesley Longmann Publishing Co., Boston, MA, 1999.

[**Bischofberger et al. 2004**] Bischofberger, W.; Kühl, J.; Löffler, S.: Sotograph – A Pragmatic Approach to Source Code Architecture Conformance Checking. In: EWSA 2004, Springer-Verlag, Berlin, Heidelberg, 2004, S. 1–9.

[**Boisot & Child 1999**] Boisot, M.; Child, J.: Organizations as Adaptive Systems in Complex Environments: The Case of China. Organization Science, 10 (1999), 3, S. 237–252.

[**Booch 2004**] Booch, G.: Object-Oriented Analysis and Design with Applications. Addison Wesley Longman Publishing Co., Boston, MA, 2004.

[**Brooks 1986**] Brooks, F. P.: No Silver Bullet – Essence and Accidents of Software Engineering. In: International Federation of Information Processing (IFIP) Congress '86, Dublin, Ireland, Elsevier Science Publisher B.V., 1986, S. 1069–1076.

[**Brügge & Dutroit 2004**] Brügge, B.; Dutroit, A. H.: Objektorientierte Softwaretechnik mit UML, Entwurfsmustern und Java. Pearson Studium, München, 2004.

[**Buschmann et al. 2007**] Buschmann, F.; Henney, K.; Schmidt, D. C.: Pattern-Oriented Software Architecture – On Patterns and Pattern Languages. John Wiley & Sons, 2007.

[**Coad & Yourdon 1994**] Coad, P.; Yourdon, E.: OOD: Objektorientiertes Design. Prentice Hall, München, 1994.

[**Cunningham 1992**] Cunningham, W.: The WyCash Portfolio Management System. Experience Report, OOPSLA '92, 1992.

[**Darcy 2001**] Darcy, D. P.: Software Complexity: Integrating the Task Complexity Model and Cognition. Joseph M. Katz Graduate School of Business, University of Pittsburgh, Pittsburgh, 2001.

[**Darcy & Slaughter 2005**] Darcy, D. P.; Slaughter, S. A.: The Structural Complexity of Software: An Experimental Test. IEEE Transaction on Software Engineering, 31 (2005), 11, S. 982–995.

[**Davis 1984**] Davis, J. S.: Chunks: A Basis for Complexity Measurement. Information Processing & Management, 20 (1984), 1, S. 119–127.

[**Dijkstra 1968**] Dijkstra, E. W.: The Structure of the T.H.E. Multiprogramming System. Communications of the ACM, 11 (1968), 5, S. 341–346.

[**Dijkstra 1976**] Dijkstra, E. W.: A Discipline of Programming. Prentice Hall, Englewood Cliffs, NJ, 1976.

[**Dutke 1994**] Dutke, S.: Mentale Modelle: Konstrukte des Wissens und Verstehens. Verlag für Angewandte Psychologie, Göttingen, 1994.

[**Ebert 1995**] Ebert, C.: Complexity traces: an instrument for software project management. In: Fenton, N. E.; Whitty, R.; Iizuka, Y. (eds.): Software Quality: Assurance and Measurement – A worldwide Perspective. International Thomson Computer Press, London, 1995, S. 166–176.

[Evans 2004] Evans, E.: Domain-Driven Design: Tackling Complexity in the heart of Software. Addison-Wesley, 2004.

[Feathers 2004] Feathers, M. C.: Working Effectively with Legacy Code. Pearson Education, Upper Saddle River, NJ, 2004.

[Fenton & Pfleegler 1997] Fenton, N. E.; Pfleegler, S. L.: Software Metrics: A Rigorous & Practical Approach. PWS Publishing Company, Boston, 1997.

[Fielding 2000] Fielding, R. T.: Architectural Styles and the Design of Network-based Software Architectures. Dissertation University of California, Irvine, 2000.

[Floyd 1992a] Floyd, C.: Software Development as Reality Construction. In: Floyd, C.; Züllighoven, H.; Budde, R.; Keil-Slawik, R. (eds.): Software Development and Reality Construction. Springer-Verlag, Berlin, 1992, S. 86–100.

[Floyd 1992b] Floyd, C.: STEPS Projekthandbuch. University of Hamburg, 1992.

[Floyd 1993] Floyd, C.: STEPS – a methodical approach to PD. Communications of the ACM, 36 (1993), 6, S. 83.

[Floyd & Züllighoven 2002] Floyd, C.; Züllighoven, H.: Softwaretechnik. In: Rechenberg, P.; Pomberger, G. (Hrsg.): Informatik-Handbuch. Hanser Verlag, München, Wien, 2002, S. 763–790.

[Floyd et al. 1989] Floyd, C.; Reisin, F.-M.; Schmidt, G.: STEPS to Software Development with Users. In: ESEC'89, University of Warwick, Coventry, UK, Springer-Verlag, 1989, S. 48–64.

[Fowler 2001] Fowler, M.: Reducing Coupling. IEEE Software, 18 (2001), 4, S. 102–104.

[Fowler 2002] Fowler, M.: Patterns of enterprise application architecture. Addison-Wesley, Boston, MA, 2002.

[Fowler & Lewis 2014] Fowler, M.; Lewis, J.: Microservices, *http://martinfowler.com/articles/microservices.html*, 2014.

[Fowler & Lewis 2015] Fowler, M.; Lewis, J.: Microservices: Nur ein weiteres Konzept in der Softwarearchitektur oder mehr? Objekt-Spektrum, 2015, 01.

[Fowler et al. 2001] Fowler, M.; Beck, K.; Bryant, J.; Opdyke, W.; Roberts, D.: Refactoring – Improving the Design of Existing Code. Addison-Wesley, Boston, MA, 2001.

[Gamma et al. 1994] Gamma, E.; Helm, R.; Johnson, R.; Vlissides, J.: Design Patterns, Elements of Reusable Object-Oriented Software. Addison-Wesley, 1994.

[Garlan 2000] Garlan, D.: Software architecture: a roadmap. In: Proceedings of the Conference on The Future of Software Engineering, ACM Press, Limerick, Ireland, 2000, S. 91–101.

[Glass 2002] Glass, R. L.: Sorting out software complexity. Communications of the ACM, 45 (2002), 11, S. 19–21.

[Henderson-Sellers 1996] Henderson-Sellers, B.: Object-oriented metrics: measures of complexity. Prentice-Hall, Inc., 1996.

[Hofer & Schwentner 2023] Hofer, S.; Schwentner, H.: Domain Storytelling. dpunkt.verlag, Heidelberg, 2023.

[Hofmeister et al. 2000] Hofmeister, C.; Nord, R.; Soni, D.: Applied Software Architecture. Addison-Wesley, 2000.

[Horstmann 2006] Horstmann, C. S.: Object Oriented Design and Patterns. John Wiley & Sons, 2006.

[Hunts & Thomas 2003] Hunts, A.; Thomas, D.: Der pragmatische Programmierer. Hanser Verlag, München, 2003.

[IEEE 1990] IEEE: IEEE Standard Glossary of Software Engineering Terminology. IEEE Computer Society, 1990.

[Jacobson 1992] Jacobson, I.: Object-Oriented Software Engineering. Addison-Wesley, Reading, MA, 1992.

[Jacobson et al. 1999] Jacobson, I.; Booch, G.; Rumbaugh, J.: The Unified Software Development Process. Addison-Wesley, Reading, MA, 1999.

[Kim & Garlan 2006] Kim, J. S.; Garlan, D.: Analyzing architectural styles with alloy. In: Proceedings of the ISSTA 2006 workshop on Role of software architecture for testing and analysis, ACM Press, Portland, Maine, 2006, S. 70–80.

[Kluwe 1992] Kluwe, R. H.: Gedächtnis und Wissen. In: Spada, H. (Hrsg.): Allgemeine Psychologie. Verlag Hans Huber, Bern, 1992, S. 115–188.

[Knodel & Popescu 2007] Knodel, J.; Popescu, D.: A Comparison of Static Architecture Compliance Checking Approaches. In: Proceedings of the Sixth Working IEEE/IFIP Conference on Software Architecture (WICSA'07), IEEE Computer Society, 2007, S. 12.

[Koschke & Simon 2003] Koschke, R.; Simon, D.: Hierarchical Reflexion Models. In: Proceedings of the 10th Working Conference on Reverse Engineering, IEEE Computer Society, 2003, S. 36.

[Kruchten 2004] Kruchten, P.: The Rational Unified Process: An Introduction. 3rd ed., Addison-Wesley, 2004.

[Lakos 1996] Lakos, J.: Large-scale C++ Software Design. Addison Wesley Longmann Publishing Co., Redwood City, CA, 1996.

[Larman 2004] Larman, C.: Applying UML and Patterns: An Introduction to Object-Oriented Analysis and Design and Iterative Development. 3rd ed., Prentice Hall PTR, 2004.

[Lehman 1980] Lehman, M. M.: Programs, Life Cycles, and Laws of Software Evolution. Proceedings of the IEEE, 68 (1980), 9, S. 1060–1076.

[Lilienthal 2007] Lilienthal, C.: Architekturstile in der Praxis. In: Informatik 2007, Informatik trifft Logistik, Bremen, Germany, Lecture Notes in Informatics (LNI), P-109, 2007, S. 320–325.

[Lilienthal 2008] Lilienthal, C.: Komplexität von Softwarearchitekturen, Stile und Strategien. Dissertation Universität Hamburg, 2008.

[Lilienthal & Schwentner 2023] Lilienthal, C.; Schwentner, H.: Domain-Driven Transformation – Monolithen und Microservices zukunftsfähig machen. dpunkt.verlag, Heidelberg, 2023.

[Lilienthal & Züllighoven 1997] Lilienthal, C.; Züllighoven, H.: Application-oriented usage quality: the tools and materials approach. Interactions, 4 (1997), 6, S. 35–41.

[Lippert & Züllighoven 2002] Lippert, M.; Züllighoven, H.: Using extreme programming to manage high-risk projects successfully. In: Software quality and software testing in internet times. Springer-Verlag, New York, 2002, S. 85–100.

[Martin 2000] Martin, R. C.: Principle and Patterns, 2000; *http://www.objectmentor.com/resources/articles/Principles_and_Patterns.pdf*.

[Martin 2013] Martin, R. C.: Agile Software Development, Principles, Patterns, and Practices. Prentice Hall International, Upper Saddle River, NJ, 2013.

[Mayrhauser & Vans 1997] Mayrhauser, A. v.; Vans, A. M.: Program understanding behavior during debugging of large scale software. In: Papers presented at the 7th workshop on Empirical studies of programmers. ACM Press, Alexandria, VA, United States, 1997, S. 157–179.

[McBride 2007] McBride, M. R.: The software architect. Communications of the ACM, 50 (2007), 5, S. 75–81.

[McCabe 1976] McCabe, T.: A Complexity Measure. IEEE Transaction on Software Engineering, SE-2 (1976), 4, S. 308–320.

[McCabe & Butler 1989] McCabe, T.; Butler, C. W.: Design Complexity Measurement and Testing. Communications of the ACM, 32 (1989), 12, S. 1415–1425.

[Melton & Tempero 2006] Melton, H.; Tempero, E.: An Empirical Study of Cycles among Classes in Java. Department of Computer Science, University of Auckland, Nr. UoA-SE-2006-1, 2006.

[Meyer 1995] Meyer, B.: Object success: a manager's guide to object orientation, its impact on the corporation, and its use for reengineering the software process. Prentice-Hall, Inc., 1995.

[Miller 1956] Miller, G. A.: The magical number seven plus minus two: Some limits on our capacity for processing informations. Psychological Review 63, 1956, S. 81–97.

[Murphy et al. 2001] Murphy, G. C.; Notkin, D.; Sullivan, K. J.: Software Reflexion Models: Bridging the Gap between Design and Implementation. IEEE Transaction on Software Engineering, 27 (2001), 4, S. 364–380.

[Myers 1978] Myers, G. J.: Composite/Structured Design. Van Nostrand Reinhold, New York, 1978.

[Nagl 1990] Nagl, M.: Softwaretechnik: methodisches Programmieren im Großen. Springer-Verlag, Berlin, 1990.

[Neumann 2005] Neumann, R.: Identifikation von Softwarequalitätsproblemen anhand historischer Daten des Änderungsmanagements. Diplomarbeit, Institut für Informatik, Lehrstuhl für Software-Systemtechnik, Brandenburgische Technische Universität Cottbus, Cottbus, 2005.

[Nikitina 2007] Nikitina, N.: Bewertung von softwaretechnischen Prinzipien auf der Basis historischer Daten am Beispiel von Eclipse. Diplomarbeit, MIN-Fakultät, Arbeitsbereich Softwaretechnik, Universität Hamburg, Hamburg, 2007.

[Noak 2007] Noak, A.: Unified Quality Measures for Clusterings, Layouts, and Orderings of Graphs, and Their Application as Software Design Criteria. Dissertation, Fakultät für Mathematik, Naturwissenschaften und Informatik, Brandenburgische Technische Universität Cottbus, Cottbus, 2007.

[Norman 1982] Norman, D. A.: Learning and Memory. W. H. Freeman & Co, ACM Press, 1982.

[Parnas 1972] Parnas, D. L.: On the Criteria to be Used in Decomposing Systems into Modules. Communications of the ACM, 15 (1972), 12, S. 1053–1058.

[Parnas 1974] Parnas, D. L.: On a 'Buzzword': Hierarchical Structure. In: IFIP Congress 74, North-Holland Publishing Company, 1974, S. 336–339.

[Parnas 1979] Parnas, D. L.: Designing Software for Ease of Extension and Contraction. In: Hoffmann, D. M.; Weiss, D. M. (eds.): Software fundamentals: Collected Papers by David L. Parnas, Pearson, Saddle River, 1979, S. 269–286.

[Parnas 1994] Parnas, D. L.: Software Aging. In: 16th International Conference on Software Engineering, Sorento, Italy, IEEE Press, 1994, S. 279–287.

[Parnas et al. 1985] Parnas, D. L.; Clements, P.; Weiss, D. M.: The Modular Structure of Complex Systems. IEEE Transaction on Software Engineering, SE-11 (1985), 3, S. 259–266.

[Reussner & Hasselbring 2008] Reussner, R.; Hasselbring, W. (Hrsg.): Handbuch der Software-Architektur. dpunkt.verlag, Heidelberg, 2008.

[Riehle & Züllighoven 1995] Riehle, D.; Züllighoven, H.: A pattern language for tool construction and integration based on the tools and materials metaphor. In: Pattern languages of program design. ACM Press/Addison-Wesley Publishing Co., 1995, S. 9–42.

[Riel 1996] Riel, A. J.: Object-Oriented Design Heuristics. Addison-Wesley Longman Publishing Co., 1996.

[**Roock & Lippert 2004**] Roock, S.; Lippert, M.: Refactorings in großen Softwareprojekten. dpunkt.verlag, Heidelberg, 2004.

[**Savernik 2007**] Savernik, L.: Entwicklung eines automatischen Verfahrens zur Auflösung statischer zyklischer Abhängigkeiten in Softwaresystemen. In: Software Engineering 2007 – Beiträge zu den Workshops, (Hamburg), Lecture Notes in Informatics (LNI), 2007, S. 357–360.

[**Scharping 2006**] Scharping, A.: Architekturvereinbarungen des JCommSys. Bachelorarbeit, MIN-Fakultät, Arbeitsbereich Softwaretechnik, Universität Hamburg, Hamburg, 2006.

[**Siedersleben 2004**] Siedersleben, J.: Moderne Softwarearchitektur: Umsichtig planen, robust bauen mit Quasar. dpunkt.verlag, Heidelberg, 2004.

[**Simon 2001**] Simon, F.: Meßbasierte Qualitätssicherung. Dissertation, Fakultät für Mathematik, Naturwissenschaften und Informatik, Brandenburgische Technische Universität Cottbus, Cottbus, 2001.

[**Simon & Meyerhoff 2002**] Simon, F.; Meyerhoff, D.: OO-Metriken zeigen große Qualitätspotenziale in komplexen Softwaresystemen. Objekt-Spektrum, 2002, 06, S. 28–35.

[**Starke 2020**] Starke, G.: Effektive Softwarearchitekturen: Ein praktischer Leitfaden. Hanser Verlag, München, 2020.

[**Storey et al. 1999**] Storey, M.-A. D.; Fracchia, F. D.; Mueller, H. A. Cognitive Design Elements to Support the Construction of a Mental Model during Software Exploration. Journal of Software Systems, 44 (1999), 3, S. 171–185.

[**Vernon 2017**] Vernon, V.: Domain-Driven Design kompakt. Übersetzt von Carola Lilienthal und Henning Schwentner, dpunkt.verlag, Heidelberg, 2017.

[**Wallnau et al. 1996**] Wallnau, K.; Clements, P.; Morris, E.; Krut, R.: The Gadfly: An Approach to Architectural-Level System Comprehension. In: Proceedings of the 4th International Workshop on Program Comprehension (WPC '96), IEEE Computer Society, 1996, S. 178.

[**Wirfs-Brock & McKean 2002**] Wirfs-Brock, R.; McKean, A.: Object Design: Roles, Responsibilities, and Collaborations. Pearson Education, 2002.

[**Woodfield 1979**] Woodfield, S. N.: An experiment on unit increase in problem complexity. IEEE Transactions on Software Engineering, SE-5 (1979), 2, S. 76–79.

[**Zimmermann & Nagappan 2006**] Zimmermann, T.; Nagappan, N.: Predicting Subsystem Failures using Dependency Graph Complexities. Microsoft Research, Nr. MSR-TR-2006-126, 2006.

[**Züllighoven 2005**] Züllighoven, H.: Object-Oriented Construction Handbook. Morgan Kaufmann Publishers, San Francisco, 2005.

Index